Entwurf

einer

Kameral-Rechnungs-Ordnung.

Zum Gebrauche

für

Gesetzgebungs-Kommissionen deutscher Staaten und Standesherrliche Rentkammern,

so wie

zum Selbstunterrichte im Kameral-Rechnungswesen.

Von

Karl Hüffell,

Doctor der Rechte, Fürstl. Solms-Braunfelsischem Kammer-Assessor.

Verlag von J. Ricker in Giessen.

September 1834.

Vorrede.

Es sind nun ungefähr drei Jahre, als ich von ganz verschiedenen Studien und praktischen Arbeiten hinweg zum Amte der Rechnungsrevision bei hiesiger Fürstlicher Rentkammer berufen wurde. Gleich bei dem Antritte dieses Amtes erwartete mich reicher Stoff zu umfassenden Erfahrungen, die es mir wohl zur Aufgabe machten, mich sofort mit allen Erfordernissen des Kameral-Rechnungswesens vertraut zu machen; mehr aber noch in mir die Ueberzeugung hervorriefen, daß das Rechnungswesen über einen bedeutenden Staats- oder Domanial-Haushalt nur durch eine zureichende Kameral-Rechnungs-Ordnung begründet und zu gewissenhafter Ausführung gebracht werden könnte; daher denn letztere als das nächste und dringendste Bedürfniß betrachtet werden dürfe.

Mit dieser Ueberzeugung mußte auch zugleich in mir der lebhafteste Wunsch zur Befriedigung jenes Bedürfnisses erwachen und meine Schritte zur Erfüllung befördern.

Je eifriger ich mich aber umsah, um in den Gesetzgebungen deutscher Staaten, oder in den Leistungen der kameralistischen Doktrin das willkommene Material zu finden, welches, in leichter Modifikation auf die betreffenden Verhältnisse angewendet und zu einem systematischen Ganzen ausgebildet, in Vorschlag hätte gebracht werden können; desto mehr mußte ich der Gewißheit Raum geben, daß noch kein deutscher Staat eine, den Zeitverhältnissen gleich gebliebene Kameral-Rechnungs-Ordnung besitze, und daß eben so wenig durch Entwürfe solcher Ordnungen auf dem doktrinellen Wege der Gesetzgebung vorgearbeitet worden sey.

Zwar waren mir hierbei die außerordentlichen und segenreichen Fortschritte der deutschen Staaten im Kameral-Rechnungswesen seit dem Anfange dieses Jahrhunderts nicht entgangen, und in freudiger Beobachtung kann man auch immer noch wahrnehmen, wie in ihnen gegenwärtig die lebendigsten Bestrebungen zur Verbesserung dieses Rechnungswesens sich kund geben und die gedeihlichsten Erfolge versprechen. Aber, alles Gute und Vortreffliche, welches so auf gesetzgeblichem Wege geleistet wurde, ist immer nur in einzelnen und vereinzelten Instruktionen, oder Verordnungen enthalten. Wie schwierig und zweifelhaft indessen die Praxis unter solchen vereinzelten Gesetzen wird; wie viele Lücken dabei bleiben; wie große Spaltungen sich über den wichtigsten Gegenständen unvereinbarlich aufthun; wie oft die eine gesetzliche Bestimmung den Boden der anderen untergräbt, und wie bedenklich die Lage der Rechner sowohl, als die der oberaufsehenden Behörden bei solchen Mängeln sich gestaltet: alles dieß ist jedem Eingeweiheten unverkennbar, und eine Gesetzgebung, welche alle ihre Anordnungen, in allen Richtungen, noch nicht zu einem Ganzen, zu einer systematischen Einheit aufzufassen vermag, dürfte wohl nicht bis zu ihrem Jünglingsalter vorangeschritten seyn.

Dieß Alter aber muß wenigstens erreicht werden: jene Einheit der Gesetzgebung ist ein unabweisbares Bedürfniß; sie kann jedoch nur in einer systematischen Kameral-Rechnungs-Ordnung gefunden werden.

So war ich also auf mich selbst verwiesen, und die Dringlichkeit des Bedürfnisses ließ mich nicht säumen, Hand an das Werk zu legen. Vorn herein verband ich daher mit meinen ersten und allen folgenden Revisionsarbeiten unablässig die sorgfältigste legislative Beobachtung; sammelte aus ihr selbst die gesuchten Grundsätze; vervollständigte diese durch das Studium guter Werke; stellte alle sofort in systematische Ordnung; und so ging der Entwurf unmittelbar aus dem Geschäftsleben hervor, dessen festere Bestimmung er zu seinem Gegenstande hat.

Es geschah dieß zunächst bloß im Interesse meines Amtes. Später erst führte mich die Bemerkung des Mangels eines solchen Entwurfes in der kameralistischen Literatur zu dem Entschlusse, jenen, so erweitert, wie er vorliegt, in die Hände des Publikums zu geben.

Ich mag nicht läugnen, daß ich diesen Entschluß keineswegs ohne eine gewisse Befangenheit ausführe.

zwar nicht aus Mißtrauen gegen meine eigene Sorgfalt; denn ich bin überall mit dem redlichsten Bestreben der Wahrheit nachgegangen, und die aufgestellten Grundsätze sind immer aus meiner lautersten Ueberzeugung, nirgends aus rücksichtslosem Neuerungseifer hervorgegangen. Auch nicht, weil ich befürchtete, daß man an der kurzen Dienstzeit Anstand nehmen werde, worin ich in einem mir vorher fremden Geschäftszweige dessen schwierigste Aufgabe zu lösen versuchte; denn vernünftiger Weise darf wohl die Dienstzeit, so wie die Diensterfahrung nicht etwa darnach bemessen werden, wie lange man mit einem Dienste gelebt; sondern nur darnach, was man im Dienste beobachtet und geleistet hat. Was ich berücksichtige, ist der Umstand, daß ich den vielerfahrenen und einsichtsvollen Männern, welche die Gesetzgebung berathen, gleichsam vorgegriffen habe, da sie doch, in gleich lebhafter Erkenntniß des dringenden Bedürfnisses, sehr bald entweder unmittelbar für das Leben, oder zunächst für die Doktrin mit weit gelungeneren Arbeiten thätig geworden seyn würden. Jedoch auch hierüber dürfte ich von der Literär-Geschichte gerechtfertiget werden, welche in allen Zweigen der Wissenschaften vielfaches Zeugniß giebt, daß auch aus geringen Anfängen des einen Schriftstellers die wichtigsten Erfolge in den Bestrebungen nachfolgender Schriftsteller erwuchsen, und daß es daher oft nur um den Anfangspunkt gilt, um bald Großes und Segenreiches zu verwirklichen. Diesen Anfangspunkt will ich daher nur durch meine Arbeit gegeben haben, und es soll mir genug seyn, daß mein Versuch, wenn er auch bald von nachfolgenden gediegeneren Werken zurück gelassen, und hinter ihnen vergessen werden sollte, nur die Veranlassung zur doktrinellen Vorbereitung der Kameral-Rechnungsgesetzgebung gewesen seyn möge.

Bis dahin aber scheint der Entwurf wohl einige Aufmerksamkeit von den Gesetzgebungs-Kommissionen derjenigen deutschen Staaten verdienen zu dürfen, worin die fragliche Gesetzgebung noch nicht bis zur Einheit eines umfassenden Systems vorgeschritten seyn sollte, damit er, unter Erweiterung, Ergänzung, Beschränkung und vaterländischer Modifikation seiner Grundsätze, nur als leiser Anhaltepunkt bei Ausbildung einer Gesetzgebung benutzt werde, deren Nothwendigkeit außer Zweifel steht.

Besonders aber glaube ich, in solcher Weise und Bedingung, den Entwurf den Standesherrlichen Rentkammern empfehlen zu können, in deren Angelegenheit ich eigentlich zunächst gearbeitet habe. Wie sehr schwierig deren Stellung wird, wenn einmal die gerichtliche Verfolgung eines Rechners nothwendig geworden ist, haben diejenigen ermessen, welchen schon dieser traurige Fall gegeben war. Der nächste Gewinn für sie dürfte also aus einer umfassenden Rechnungsordnung darin hervorgehen, daß sie eine sichere Norm für die richterliche Beurtheilung gewonnen hätten, da es nicht bezweifelt werden kann, daß der Richter bei vorkommenden einschlägigen Fällen in seiner Beurtheilung sich streng an die Ordnung binden müßte, zumal wenn die Rechner zuvor gerichtlich darauf verpflichtet worden wären. Ueberdieß ist aber das Finanzwesen der Mediatisirten Hohen Häuser der Lebensnerve Ihres materiellen Glanzes und dessen fortdauernder Integrität; daher schon aus diesem Grunde die sorgfältigste und erschöpfend gute Einrichtung Ihres Kameral-Rechnungswesens eine unerläßliche Bedingung zu Beidem. Daneben erfordern es aber auch noch Ihr intellektueller Glanz und eine Menge sonstiger erheblicher Gründe, in so wichtiger Angelegenheit sich mit den Fortschritten deutscher Staaten auf gleicher Stufe zu erhalten.

Der doktrinelle Standpunkt des Entwurfes machte es ihm zur Aufgabe, zugleich als Anleitung in das Kameral-Rechnungswesen erscheinen zu können, und ich bin der Ueberzeugung, ihn deßhalb auch zum Selbstunterrichte dadurch tauglich gemacht zu haben, daß die Darstellung überall nach logischem Erforderniß in analytischer und synthetischer Entwickelung, ja selbst, so weit es der gesetzgebliche Vortrag erlaubte, in begründender Deduktion gehalten, und dabei ein durchgreifendes System zum Grunde gelegt worden ist. Er verbindet also in dieser Weise die Theorie mit der Praxis, die Lehre mit dem Leben; und ein Anfänger, oder Rechner, welcher sich aus ihm Unterricht, oder Rath nehmen will, hat nicht erst, wie bei einem Lehrbuche, nöthig, die Theorie durch schwierige Vermittelungen auf das Geschäftsleben anzuwenden; sondern er kann, was er findet, unmittelbar, wie es ist, zur Anwendung bringen. Rechnern dürfte es auch, so weit sie freie Hand haben, wohl gerathen seyn, sich die Anwendung des Entwurfes anzueignen; wenigstens mag ihnen die Versicherung gelten, daß sie unter solcher Anwendung niemals in bedenkliche Unannehmlichkeiten ihres Amtes wegen verwickelt werden können.

Was jene Behandlung des Entwurfes anbelangt, so habe ich wohl die Klippen und Irrwege gekannt, welchen die Gesetzgebung in deduktiver Haltung und in dem systematischen Baue ausgesetzt werden kann. Jedoch glaube ich Beide vermieden zu haben. Eine deduktive Haltung kann nur durch Weitläuftigkeit lästig, und durch Scheingründe, oder unvorsichtiges Versteigen für die Interpretation gefährlich werden. Ich habe daher die Fäden des logischen Zusammenhanges und die Bezeichnung der Gründe nur dann aufgenommen, wenn beides nicht leichten Nachdenkens zu finden war; da aber, wo ich sie aufnahm, bin ich nur auf dem festen Boden der Gewißheit geblieben, jedem Zweifel jedoch, so wie jedem Scheingrunde, dessen ich nirgends bedurfte, sorgfältig aus dem Wege gegangen. Auch eine systematische Ordnung, an und für sich eine unabweisbare Bedingung der Gesetzgebung, kann dieser nur dann störend entgegen treten, wenn die Eintheilungen nicht etwa ihren Inhalt bloß logisch umfangen; sondern ihn materiell meistern, oder gar erdrücken. Es ist aber auch nur jenes das Gesetz der wissenschaftlichen Architektonik, und, von ihm geleitet, habe ich denn auch die Eintheilungen nur als logische Formen behandelt, welche dazu dienen sollten, alle Materien und Gegenstände in ihrem Zusammenhange mit der Einheit des Ganzen, und in ihrer Geschiedenheit nach besonderen Merkmalen, zu klarer geistiger Anschaulichkeit darzustellen.

In den Grundsätzen selbst dürfte es vorzüglich die Lehre von der Revision der Rechnungswirthschaft seyn, welcher ich eine neue systematische Ausbildung zu geben gesucht habe. Es ist bekannt, wie wenig bis jetzt noch die Lehre vom Rechnungsprozesse überhaupt bearbeitet wurde, und wie viele verschiedene Meinungen darüber herrschen. Zu deren Beseitigung schien mir vor Allem nothwendig, das gewöhnliche Civil-Verfahren und das Offizial-Verfahren in ihrer wesentlichen Verschiedenheit von einander aufzufassen. Im Civil-Verfahren mag es begründet seyn, daß die Monita nicht, wie man behauptet hat, als Einreden oder Repliken; sondern vielmehr, nach der Meinung der neuesten Prozessualisten, allein als Klagen erscheinen dürfen; nur müssen sie dann als Incidentsachen behandelt werden, da der Rechnungsprozeß mit den Monitis nicht anfängt, sondern sogar ganz ohne dieselben bestehen kann. Auf das Rechnungs-Offizial-Verfahren ist jedoch hiervon keine Anwendung zulässig. Die Ansicht, daß darin der Revisor als Geschäftsführer des Rechnungseigenthümers, der Decernent hingegen als unpartheiischer Richter zwischen diesem und dem Rechner betrachtet werden müsse, würde zu großen Ungereimtheiten führen, welche in ihrer ganzen Auffallenheit bei einem Richter hervortreten, der als Obervormund in der Abnahme der Vormundschaftsrechnungen die Funktionen des Revisors und des Decernenten in seiner Person vereinigt. Der Revisor muß im Offizial-Verfahren zum wenigsten als instruirender Gehülfe des Richters gelten, und darf selbst zugleich mit dem Amte des letzteren bekleidet seyn. In dieser Unterstellung können denn aber die Monita nur die Eigenschaft von Dekreturen besitzen, und dem Verfahren muß die Untersuchungs-Maxime zum Grunde liegen. Auf solcher Voraussetzung beruht das von mir aufgestellte System des Revisionsverfahrens, von welchem ich mich versichert halte, daß es sich nicht allein in seiner praktischen Anwendbarkeit bewähren wird, sondern daß man dasselbe sogar schon vielfältig in der Praxis, wenn auch ohne klares Bewußtseyn und deßhalb schwankend und unsicher, angewendet hat.

Im Uebrigen bin ich zur leichteren Ausführbarkeit des Entwurfes bemüht gewesen, die möglich größeste, jedoch auf zureichender Gründlichkeit gebauete, Einfachheit mit humaner Strenge zu verbinden. Denn ist es überall zur guten Ordnung erforderlich, daß nicht allein Gesetze gegeben, sondern daß sie auch beachtet werden; so tritt dieß Erforderniß ganz besonders bei dem Kameral-Rechnungswesen ein. Alle Weitläuftigkeit, alle Verwickelung und Ueberlastung, welchen hierin der Rechner ausgesetzt wird, hat in gleichem Maße, oft noch mehr, die oberaufsehende Behörde zu büßen. Ohne Einfachheit wird deßhalb der Rechnungsgeschäftsgang unausweichlich entweder ins Stocken gerathen, oder wenigstens nachlässig betrieben und oberflächlich überprüft werden; denn Revident und Rechner, sie müssen eben, gleich beschwert, an gleicher Bürde tragen. Auch stellt die Erfahrung der Gesetzgebung durch alle Zeitalter hindurch dem menschlichen Mitgefühle das rühmende Zeugniß: daß allzustrenge Gebote nicht lange gebieten. Wie sehr muß dieses also hier berücksichtiget werden, wo, wegen der Wechselwirkung der Geschäftslast zwischen Oberaufsicht und Rechnern, Richter und Gerichtete von gleicher Strenge in gleichem Falle bedroht sind.

Erstes Hauptstück.
Staats- (Domanial-) Rechnungsämter und die hierzu zu bestellenden Beamten.

Erstes Kapitel. Stellung der Rechnungsämter in der öffentlichen Amtsverfassung überhaupt.

Zweites Kapitel. Rechnungs-Amtsverfassung.

Erster Titel. Rechnungsamts-Beruf.

Erster Abschnitt. Rechte und Pflichten aller Rechnungsbeamten.

Zweiter Abschnitt. Besondere Rechte und Pflichten der Rechnungsbeamten nach den verschiedenen Hauptamtszweigen.

Erster Unterabschnitt. Rechte und Pflichten der Buchhalter.

Zweiter Unterabschnitt. Rechte und Pflichten der Rechnungskammer-Beamten.

Dritter Unterabschnitt. Rechte und Pflichten der Rendanten.

Zweiter Titel. Rechnungsamts-Ausübung.

Erster Abschnitt. Grundformen der Rechnungsamts-Ausübung.

Zweiter Abschnitt. Organisation der Rechnungsämter.

Erster Unterabschnitt. Allgemeine Organisation der Rechnungsämter.

Zweiter Unterabschnitt. Besondere Organisation der Buchhalterei und Rechnungskammer.

Drittes Kapitel. Einsetzung der Rechnungsämter und Beamten.

Zweites Hauptstück.

Gegenstände der Rechnungsverwaltung.

Drittes Hauptstück.

Raum und Zeit der Rechnungsverwaltung.

Erstes Kapitel. Bezirke und Kompetenz der Rechenämter.

Zweites Kapitel. Bestimmung des Rechnungsjahres.

Viertes Hauptstück.

Pflichten und Befugnisse der Rechner hinsichtlich der Disposition über die Substanz des verwalteten Vermögens.

Fünftes Hauptstück.

Führung des Rechnungshaushaltes.

Erstes Kapitel. Größenberechnung der Rechnungsgegenstände nach Raum und Zeit.

Zweites Kapitel. Erhebung der Gefälle.

Drittes Kapitel. Verwendung der Gefälle.

Viertes Kapitel. Verwaltung der Bestände.

Erster Titel. Kassen-Verwaltung.

Zweiter Titel. Speicher-Verwaltung.

Dritter Titel. Scheuer-Verwaltung.

Vierter Titel. Magazin-Verwaltung.

Sechstes Hauptstück.
Beweisführung über die pflichtmäßige Rechnungsverwaltung.

Erstes Kapitel. Urkunden, als einzig zulässige Art der Rechnungsbeweismittel.

Zweites Kapitel. Nothwendigkeit der Produktion der Urkunden.

Drittes Kapitel. Wesentliche Beschaffenheit der Urkunden.

Erster Titel. Glaubwürdigkeit der Urkunden.

Zweiter Titel. Gültigkeit der Urkunden.

Dritter Titel. Echtheit der Urkunden.

Siebentes Hauptstück.

Verrechnung der Gefälle.

Erstes Kapitel. Allgemeine Grundsätze der Verrechnung.

Erster Titel. Wesentliche Natur der Verrechnung.

Zweiter Titel. Historischer Vortrag der Verrechnung.

Dritter Titel. Arithmetischer Vortrag der Verrechnung.

Vierter Titel. Schriftlichkeit der Verrechnung.

Fünfter Titel. Uebersichtlichkeit der Verrechnung. (System des Tabellenbaues.)

Zweites Kapitel. Abgeleitete Grundsätze der Verrechnung.

Erste Abtheilung. Verrechnung in erster Instanz der Rechenämter.

Erster Titel. Führung der Rechnungsbücher.

Erster Abschnitt. Buchführung laufender Gefälle.

Erster Unterabschnitt. Hülfsbücher.

Erste Eintheilung. Hülfsbücher getrennter Methode.

Erster Absatz. Tagebuch.

I. Allgemeine Grundsätze.

II. Geld-Tagebuch. 1. Rent-Tagebuch.

2. Tagebuch der direkten Steuern.

Zweiter Unterabschnitt. Rechnungsführung.

I. Allgemeine Grundsätze.

II. Geld-Rechnung. 1. Rent-Rechnung.

2. Rechnung der direkten Steuern.

3. Sportel-Rechnung.

4. Geldstrafen-Rechnung.

Zweiter Titel. Rechnungsstellung.

Erster Abschnitt. Allgemeine Grundsätze.

Zweiter Abschnitt. Rechnungsstellung während der Dienstzeit des Rechners.

Dritter Abschnitt. Rechnungsstellung nach dem Austritte des Rechners aus seinem bisherigen Dienste.

Vierter Abschnitt. Rechnungsstellung durch die Erben des Rechners.

Neuntes Hauptstück.
Nachweisungen.

Erstes Kapitel. Allgemeine Grundsätze.

Zweites Kapitel. Monatliche Nachweisungen.

Drittes Kapitel. Quartal-Nachweisungen.

Zehntes Hauptstück.
Revision.

Erstes Kapitel. Revision der Rechnungswirthschaft.

Erster Titel. Revision der Nachweisungen.

Zweiter Titel. Rechnungs-Revision.

Erster Abschnitt. Allgemeine Grundsätze.

Zweiter Abschnitt. Revisionsverfahren in erster Instanz.

Erster Unterabschnitt. Materielles Revisionsverfahren.

Erste Eintheilung. Produktions-Verfahren.

Erster Absatz. Rechnungs-Prüfung.

I. Allgemeine Grundsätze.

II. Formal-Prüfung.

III. Arithmetische Prüfung.

IV. Historische Prüfung.

V. Beweis-Prüfung.

Zweiter Absatz. Monita.

***

Dritter Titel. Lokal-Revision.

Erster Abschnitt. Ordentliche Lokal-Revision.

Zweiter Abschnitt. Außerordentliche Lokal-Revision.

Dritter Abschnitt. Lokal-Revision bei eintretendem Amtswechsel.

Vierter Titel. Rechenamts-Visitation.

Zweites Kapitel. Revision der Buchhalterei.

Verbesserungen.

S 3. Z. 9. v. u. l. welche über die.
— 15. — 5. v. o. st. deren l. denen.
— 41. — 11. v. o. l. oder der Proordination.
— 42. ist der Ueberschrift des §. 134. ein b. vorzusetzen.
Das. und in der Uebersicht S. XVI. ist der Ueberschrift des zweiten Unterabschnitts zuzusetzen: sowie der Rechenämter.
S. 56. Z. 11. v. o. l. Installations-Protokoll abgehalten.
— 62. Z. 3. v. u. st. Lokalrevision l. Revision.
— 78. — 8. v. u. ist das Wort: „selbst" zu streichen.
— 80. — 13. v. o. st. Welche l. welche.
— 82. — 1. v. u. st. des l. der.
— 99. ist der Ueberschrift des §. 338. zuzusetzen: *a*. Ueberhaupt.
— 100. Z. 2. v. u. l. in letzterem Falle ist.
— 107. — 11. v. u. ist d) vor „für" zu setzen.
— 115. — 12. v. u. st. 862 und 863. l. 859 und 860.
— 132. — 15. u. 23. v. o. st. Ziffer l. Ziffern; desgl. S. 134. Z. 12. v. u.
— 160. — 8. v. u. l. werden hier.
— 167. — 18. v. o. st. Abschnitt l. Absatz.
— 169. — 2. v. o. st. ihrem l. ihren.
— — — 10. v. o. st. ersteren l. letzteren.
— 181. — 13. v. u. st. Rent-Tagebuch l. Rent-Handbuch.
— 186. — 9. v. o. l. und beides hinter einander.
— 187. — 10. v. o. st. ist l. sind.
— 191. — 5. v. o. st. 4. l. 3.
— 201 — 3. v. u. st. derselben. l. denselben.
— 202. — 13. v. o. ist das Komma zu streichen.
— 235. — 14. v. u. l. Belege werden.
— 238. — 13. v. u. st. Restenverrechnung. l. Restenrechnung.
— 243. — 17. v. u. st. ihrer künftigen l. deren künftiger.
— 244. — 17. v. o. l. und deren respektiven Restbeträgen.
— 251. — 9. v. u. st. gehört l. gehören.
— 252. — 14. v. o. ist „worden", Z. 30. „sich" zu streichen.
— 257. — 6. v. u. st. geschehen l. besorgt werden.
— 270. — 16. v. u. st. Tages l. Tagebuches.
— 282. — 5. v. u. st. achten l. siebenten.
— 285. — 8. v. u. st. Sie l. Die Kontroll-Extrakte.
— 287. — 10. v. o. st. Spezial l. General.
— 290. — 3. v. u. st. werden l. wird.
— 302. — 6. v. u. l. endlich können.
— 312. — 10. v. u. st. Veränderungen l. Veränderung.

S. 322. Z. 15. v. o. st. Person l. Namen.
— 326. — 15. v. o. st. sie l. eine Urkunde.
— 328 — 11. v. o. st. keine Urkunde l. eine Urkunde nicht.
— 335. — 14. v. o. st. Vernehmlassung l. Vernehmlassungen.
— 341. — 13. v. o. l. und namentlich müssen.
— 342. — 5. v. o. l. jedoch muß, wenn diese.
— 347. — 16. v. u. ist „dem“ zu streichen.
— 354. — 5. v. u. l. zu handeln.
— 357. — 11. v. o. st. C. l. B.
— 365. — 8. v. u. st. Sind l. Ist.
— 371. — 1. v. o. st. worin l. woran.
— 378. — 13. v. o. l. und sollen alle.
— 383. — 15. v. u. l. eben so ist.
— 393. — 1. v. o. st. dabei l. bei dem Geschäfte.

Einleitung.

Grundbegriffe und oberste Grundsätze des Staats- (Domanial-) Rechnungswesens.

I.

Begriffsbestimmung der Staats- (Dom.) Wirthschaft und des Staats- (Dom.) Haushalts.

§. 1.

1. Vorbegriffe. a. Staats- (Dom.) Vermögen.

Das Staats- (Dom.) Vermögen ist der Inbegriff sämmtlicher der Disposition des Staates (der Standesherrschaft) unterworfenen Brauchlichkeiten, welche Gegenstand des Verkehrs seyn können.

§. 2.

b. Staats- (Dom.) Einkünfte.

Staats- (Dom.) Einkünfte oder Gefälle sind alle dergleichen einzelne disponible und verkehrbare Brauchlichkeiten ohne Unterschied ihrer besonderen Quelle, Beschaffenheit, oder Benennung.

§. 3.

c. Staats- (Dom.) Bedürfnisse.

Der Inbegriff sämmtlicher derartiger Brauchlichkeiten, welche zur Erhaltung des Staates (der Standesherrschaft) erforderlich sind, heißt der Staats- (Dom.) Bedarf; die Einzelheiten desselben werden Bedürfnisse genannt.

§. 4.

d. Kameralistische Bedeutung der Staats- (Dom.) Einkünfte und Bedürfnisse.

Alle Staats- (Dom.) Einkünfte und Bedürfnisse sind an und für sich — ihrer Natur nach und ohne Rücksicht auf ihre Größe und Ergiebigkeit — von gleichem Werthe und gleicher Unmittelbarkeit. Es sind daher alle Einkünfte reine Gefälle, und alle Bedürfnisse reine Subsistenzmittel.

§. 5.

2. Begriff der Staats- (Dom.) Wirthschaft.

Die Entwickelung, Erhaltung und Verwendung sämmtlicher Staats- (Dom.) Vermögenskräfte; die Ermittelung, Begrenzung und Befriedigung der Staats- (Dom.) Bedürfnisse; sowie die Herstellung des richtigen Verhältnisses zwischen Vermögen und Bedarf zum Vortheile des ersteren, bilden den Begriff der Staats- (Dom.) Wirthschaft.

§. 6.

3. Begriff des Staats- (Dom.) Haushalts.

Der Inbegriff aller Vermögenskräfte und aller Bedürfnisse des Staates (der Standesherrschaft), in dem Zustande, worin sich beide, in Folge der Wirthschaft und der Verwaltung zur Einnahme und Ausgabe, befinden, wird der Staats- (Dom) Haushalt genannt.

II.

Zweckbegriffe und Mittel der Staats- (Dom.) Wirthschaft und des Staats- (Dom.) Haushalts überhaupt.

§. 7.

1. Staats- (Dom.) Wirthschaft. A. Zweck.

In Folge ihres Begriffes hat die Staats- (Dom.) Wirthschaft zur Aufgabe: die Quellen der Einkünfte rechtlich festzustellen, zu eröffnen und flüssig zu erhalten; die Gründe (Ursachen und Rechtsgründe) der Bedürfnisse zu ermitteln, sie zu reguliren und zu bestreiten; hiernach, in lediglicher

Berücksichtigung des Staats- (Dom.) Wohles, Beides, oder das Eine, oder das Andere, zu belassen, oder zu beschränken, oder zu erweitern; und endlich die wirklich in Aussicht genommene Einkünfte und Bedürfnisse behörig zur Einnahme und Ausgabe zu überweisen.

§. 8.

B. Mittel. a. Finanzspeculationen und Operationen.

Zur Erreichung jener umfassenden Aufgabe hat die Staatswirthschaft vor Allem den Aufwand, nach seiner Nothwendigkeit, seinem Gesammtinteresse und dem gegenseitigen Verhältnisse seiner Bestandtheile unter sich, zu prüfen; die Mittel zur Steigerung des Nutzungswerthes und der Produktion bei dem unmittelbaren Eigenthum aufzusuchen, und die Auflagen, nach Zureichenheit, Gegenstand, Vertheilung, Umlage und Erhebung, im Prinzipe durchgreifender Verhältnißmäßigkeit und möglichster Bequemlichkeit, zu ergründen. Die Resultate solcher Forschung sind hiernächst am wirklichen Leben planmäßig zu versuchen, und nach Maßgabe des Erfolges definitiv auszuführen.

§. 9.

b. Etats. (Voranschläge.) α. Begriff.

Die Möglichkeit, sowohl das Verhältniß der einzelnen Zweige der Bedürfnisse unter sich, als die Zureichenheit des Aufkommens zum Aufwande überblicken zu können, wird durch die Etats (Voranschläge) gegeben. Die Etats sind Verzeichnisse, über die, nach staatswirthschaftlichen Grundsätzen in Aussicht genommenen, künftigen Einkünfte und Bedürfnisse vor einem gewissen Zeitraum und für denselben entworfen werden. Sie dienen ihrem Begriffe nach zunächst nur zur Basis der staatswirthschaftlichen Regulirung, können zugleich aber auch, sofern sie genau bestimmte, und nicht bloß durchschnittlich berechnete Einkünfte und Bedürfnisse enthalten, bei den Rechnungen als Urkunden über die betreffenden Einnahmen und Ausgaben gebraucht werden.

§. 10.

β. Eintheilung.

Die Etats sind entweder Haupt-, oder Sonder-Etats. Die Letzteren gehören den einzelnen Verwaltungszweigen besonders an, und bestimmen die Bedürfnisse und die Einkünfte derselben; sie sind daher so mannigfaltig, als diese Zweige selbst. Die Haupt-Etats hingegen sind diejenigen Voranschläge, welche aus sämmtlichen Sonder-Verwaltungs-Etats zu einem Ganzen gebildet werden. Sie zerfallen wieder in General-, Partikular- und Spezial-Etats, je nachdem sie sich auf einen ganzen Staat, oder nur auf einen provinziellen Bezirk, oder endlich nur auf einen besonderen Rechenamts-Distrikt erstrecken.

§. 11.

γ. Anfertigung. aa. Direktorial-Behörde.

Alle Einkünfte, welche aus der Finanzhoheit und aus sämmtlichen nutzbaren Regalien entspringen, sollen der unmittelbaren Leitung der obersten Finanzbehörde anvertraut werden. Von dieser Regel findet keine Ausnahme Statt. Die Verwaltung jener Gefälle geschieht rein nach finanziellen Zwecken und Grundsätzen; ihre Vertheilung unter mehrere, von einander unabhängige, Behörden würde daher vorn herein die erforderliche Einheit stören, und in der Ausführung durch den unausbleiblichen Wechseleifer der Behörden sowohl das Gleichmaß der einzelnen Finanzzweige unter sich, als die durchgreifende Verhältnißmäßigkeit im Beitrage der einzelnen Staatsgenossen gefährden. Dagegen stehen alle diejenigen Gefälle, welche in Folge der Ausübung der unveräußerlichen Hoheitsrechte aufkommen, nie Zweck, sondern nur nothwendiges Mittel dieser Ausübung seyn können (z. B. Sporteln, Geldstrafen ꝛc.), unter der ausschließlichen Leitung der hierzu berufenen Stellen. Der obersten Finanzbehörde, hiernach Mittelpunkt der gesammten Staatsökonomie und der davon abhängigen Staatsverwaltung überhaupt, ist daher auch die Direktion bei Veranlagung der Hauptetats übertragen.

§. 12.

bb. Konkurrenz sämmtlicher Verwaltungsbehörden.

Zur Bildung der Hauptetats konkurriren sämmtliche Zweige der öffentlichen Verwaltung durch Vorlegung der, ihr Ressort umfassenden, Sonder-Verwaltungs-Etats über Bedürfnisse und Einkünfte. Die Prüfung dieser Etats ist im Einklange mit der bestehenden Staatsverfassung zu bewerkstelligen. I. In konstitutionellen Staaten gehört sie vor die Landstände. 1) Hinsichtlich der Bedürfnisse haben diese nur die Nothwendigkeit der Existenz und der Größe derselben zu beurtheilen; jeder andere Gesichtspunkt kann nicht vor ihre Berathung gehören. 2) In Betreff der Einkünfte sind a) die aus den unveräußerlichen Hoheitsrechten aufkommenden Gefälle kein Gegenstand einer Finanzfrage. Sie stehen daher auch in diesem Betrachte zu keiner Beurtheilung der Stände, sondern sie können von ihnen nur bei denjenigen anderen Zweigen der Gesetzgebung, wohin sie gehören, nach Maßgabe der ihnen hierbei vorbehaltenen Mitwirkung, in Erwägung gezogen werden. b) Bei den aus den nutzbaren Regalien entspringenden Gefällen ist die Größe derselben im Verhältnisse zum Bedarf, die einzige Etatfrage, welche an die Stände gestellt erscheinen kann; denn die Pflicht zur Leistung selbst unterliegt nirgends einer ständischen Beschlußnahme. Nur wenn in dem Etat neue Einkünfte, ohne deßhalb vorher berathenes Gesetz, erscheinen, haben die Stände, wie bei jeder neuen Auflage, nach Maßgabe ihrer Mitwirkung bei der Gesetzgebung, ihre Prüfung auf Gegenstand, Vertheilung, Umlage und Erhebung zu erstrecken. II. In Staaten ohne repräsentative Verfassung (und in Standesherrschaften) ist die Prüfung der Sonder-Etats zunächst der obersten Finanzbehörde vorzubehalten, welche jedoch bei anderen Verwaltungszweigen bloß die Bedürfnisse, nach der Größe der in Aussicht genommenen Einkünfte, und unter lediglicher Anwendung der deßhalb bestehenden gesetzlichen Vorschriften, zu würdigen, und sich, im Falle nothwendig erachteter Abänderungen, nur berathend deßhalb mit der einschlägigen Behörde zu benehmen hat.

§. 13.

cc. Konflikte und Vollziehung der Etats.

Erfolgt keine Einigung auf diesem Wege, so ist die Streitfrage sofort zur höchsten Entscheidung zu bringen. Nach geschehener Prüfung der Sonder-Etats gehört die Anfertigung der Haupt-Etats, als ein bloßer Vollziehungsakt, lediglich zum Ressort der Finanzbehörde. Die Ueberprüfung sämmtlicher Haupt-Etats ist den oberaufsehenden Rechnungsämtern (Hauptst. 10. Kap. 3.) aufgetragen.

§. 14.

dd. Grundsatz der Abzweigung.

Die Abzweigung besteht in der erforderlichen Abstraktion und Konkretion der Rubriken und Posten bezüglich ihrer Erscheinung in den allgemeineren oder spezielleren Etats. Es gilt hierfür der Grundsatz, daß die Einzelnheiten des spezielleren Etats nur summarisch in dem nächsthöheren Etat erscheinen dürfen. Die Uebereinstimmung der Etateinrichtung mit dem Rechnungswesen ist nothwendig. Da indeß die Verzeichnung der Rechnungsgeschichte, in Hinsicht des systematischen Vortrages, an der mannigfaltigen Gestaltung der wirklichen Vorfallenheiten weit größeren Schwierigkeiten unterliegt, als die Einrichtung der Etats; so haben sich diese nach dem Rechnungswesen, und nicht das Letztere nach den Etats zu richten, wenn beide mit einander im Einklange bleiben sollen. In Bildung der Rubriken und Posten der Etats ist daher lediglich denjenigen Grundsätzen zu folgen, welche hierüber in dem Rechnungswesen gelten. Es setzt also die gute Einrichtung der Etats schon ein wohlgeordnetes Rechnungswesen voraus.

§. 15.

ee. Form der Etats und Ausmittelung der Gegenstände.

Sämmtliche Etats werden nach gedruckten (lithographirten) Formularen mit folgenden Spaltenrubriken entworfen:

1) Nummer der a) Artikel, b) Belege; 2) Beschreibung der Einkünfte (Bedürfnisse); 3) Beträge an a) Naturalien, b) Gelde; 4) Bemerkungen (worin namentlich die Abweichung vom nächstfrüheren Etat und die Gründe derselben anzugeben sind). — Die Art und Weise der Ausmittelung der in Aussicht zu nehmenden Gegenstände selbst und ihrer Durchschnittsgrößen, sowie die speziellen Vorschriften zur Ausführung der Etats überhaupt bleiben einer besonderen Staats- (Dom.) Wirthschafts-Ordnung vorbehalten.

§. 16.

2. Staats- (Dom.) Haushalt. a. Zweck.

Dem Staats- (Dom.) Haushalte liegt es ob, den Zustand des öffentlichen Vermögens, so weit es unter Einwirkung der Bewirthschaftung immer möglich ist, durch behörige Einnahme, Ausgabe und Aufbewahrung in der vortheilhaftesten Beschaffenheit zu erhalten. Der Haushalt hat also die Angaben der Wirthschaft auf die zweckmäßigste Weise in der Wirklichkeit auszuführen, und ist mithin ein Zweig der vollziehenden Gewalt, obgleich dennoch nur ein integrirender Bestandtheil der Staats- (Dom.) Wirthschaft selbst.

§. 17.

b. Mittel: Rechnungswesen. α. Begriff.

Das wesentliche Mittel zu dem Zwecke des Haushaltes besteht im Rechnungswesen. Das Kameral- (Staats-, Dom.) Rechnungswesen (Rechnungsverwaltung) ist die Verwaltung sämmtlicher Staats- (Dom.) Einkünfte und Bedürfnisse zur Einnahme, Ausgabe und Aufbewahrung mit Einschluß der Kontrolle und Aufsicht über dieselbe. Der Inbegriff der Resultate der Rechnungsverwaltung in Einnahme, Ausgabe und Aufbewahrung ist der Rechnungshaushalt, die Art und Weise einer tüchtigen Führung der Verwaltung aber die Rechnungswirthschaft.

§. 18.

β. Central-Grundsatz.

Für den ganzen Umfang des Kameral-Rechnungswesens gilt folgender oberste Grundsatz: Die verrechenbaren Staats- (Dom.) Vermögensbestandtheile sollen von Staatsbürgern, ohne Dispositionsbefugniß über die Substanz, nach bestimmten Oertlichkeiten und Zeiträumen, erhoben, aufbewahrt und verwendet, in einem überall erwiesenen Vortrage der Thatsachen nachgezeigt und letztere selbst nicht allein in ihrer Erscheinung beobachtet, sondern auch in ihrer Darstellung mehrzeitig sorgfältiger Prüfung unterworfen werden. — In diesem Central-Prinzipe sind die nachfolgenden einzelnen höchsten Grundsätze enthalten. (§. 19—32.)

§. 19.

γ. Fundamental-Prinzipien. A. Formelle Grundsätze. A. Subjekte der Verwaltung.

Die Staats- (Dom.) Rechnungsverwaltung wird von den hierzu besonders ernannten, befähigten und verantwortlichen Staatsbürgern bekleidet. Die hierzu ernannten Personen sind die Rechnungsbeamten; der auf sie, als solche, überkommene Beruf ist das Rechnungsamt. (Hptst. 1.)

§. 20.

B. Gegenstand. aa. Grundsatz.

Als Gegenstand der Rechnungsverwaltung erscheinet Alles, was als ein Bestandtheil des Staats- (Dom.) Vermögens nach Größen in Einnahme und Ausgabe verrechnet werden kann, und sich zugleich als reines Einkommen, oder reines Subsistenzmittel darstellt. (Hptst. 2.)

§. 21.

bb. Beschränkungen. αα. Inventarien-Wesen.

Solche Staats- (Dom.) Vermögenstheile, die nicht lediglich nach Größen verrechnet, sondern nur nach der Beschreibung ihrer individuellen Beschaffenheit im Bestand und Ab- und Zugang verzeichnet werden können, sind daher nicht Gegenstand des Rechnungswesens; sondern sie werden, wie z. B. Kunstgallerieen, Bibliotheken, Mobilien u. s. w., bloß nach

Inventarien verwaltet. Die Einrichtung dieser Inventarien (Kataloge ꝛc.) ist den besonderen Ressort-Ordnungen überlassen. Wenn einem Rechnungsbeamten die Verwaltung eines solchen Inventarien-Wesens, oder die Aufsicht über dieselbe aufgetragen worden; so ist dieser Beruf nur als ein Nebenamt zu betrachten, welcher, sofern er mit dem Rechnungsamte konner erscheint, in den besonderen Amtsinstruktionen normirt wird.

§. 22.

ββ. Besoldungen und Lohn.

Die Einkünfte des Staats (der Standesherrschaft) werden erst alsdann rein genannt, wenn zuvor jeder zur Aufbringung derselben erforderliche Aufwand in Abzug gebracht worden ist. Jedoch sollen die Besoldungen und der Lohn der zur Beschaffung der — sey es im Wege gewöhnlicher Erhebung, oder aus Staats- (Dom.) Industrie-Anstalten aufkommenden — Einkünfte erforderlichen Diener und Löhner nie als ein solcher Aufwand, sondern vielmehr, da der Staat (die Standesherrschaft) um deren Dienstleistung wirklich reicher wird, lediglich als Subsistenzmittel betrachtet werden.

§. 23.

γγ. Amts-Funktionsbedürfnisse der erhebenden Diener.

In gleicher Weise sollen die sämmtlichen Material-Bedürfnisse, deren die, zur Beschaffung der Einkünfte bestellten, Diener zur unmittelbaren Amtsfunktion benöthiget sind, verrechnet werden, sofern dem Staate (der Standesherrschaft) die Bestreitung derselben obliegt. Die Materialien und Geräthschaften, die zum unmittelbaren Betriebe der Industrie-Anstalten verwendet werden, sind hingegen zu dem, von dem reinen Ertrage abziehbaren, Sachaufwande hinzu zu rechnen.

§. 24.

cc. Ausfall.

Der Ausfall besteht in dem gänzlichen oder theilweisen Nichtaufkommen irgend eines bestimmten Gefälles. Er ist also zwar eine bloße Negation der Einnahme, aber dennoch, als Nichteintritt einer bestimmten Behauptung des Eintritts von Gefällen, ein erhebliches Factum, welches der Verrechnung unterliegt. Sein Vortrag geschieht in der Ausgabe; seiner Entstehung nach gehört er aber überall unter die Disposition über die Einnahme, worin er auch als durchlaufender Posten erscheint.

§. 25.

C. Raum und Zeit.

Jede Rechnungsverwaltung muß nach bestimmten Räumen und Zeitabschnitten begrenzt seyn, theils um als solche existiren, theils um übersehen werden zu können. (Hptst. 3.)

§. 26.

B. Materielle Grundsätze. A. Nichtbefugniß der Rechnungsbeamten zur Disposition über die Substanz des öffentlichen Vermögens.

Kein Beamter, der zur Rechnungsverwaltung berufen ist, kann zu der Disposition über die Substanz des Staats- (Dom.) Vermögens im Allgemeinen befugt werden, da sonst seine Verantwortlichkeit als Rechnungsbeamter mit dieser Befugniß in immerwährende Kollision zum Nachtheile des Vermögens gerathen würde. (Hptst. 4.)

§. 27.

B. Pflicht zur Bethätigung des Rechnungshaushalts.

Der mit dem Rechnungshaushalte bekleidete Beamte hat nach Kräften vorschriftsmäßig für die Erhebung, Verwendung und Aufbewahrung der Vermögensbestandtheile zu sorgen. (Hptst. 5.)

§. 28.

C. Pflicht zur Beweisführung. aa. Beweismittel.

Da die Rechner über das Eintreten oder Nichteintreten der Rechnungsthatsachen keine Dispositionsbefugniß haben, beides also nicht mit ihrer Amtsgewalt vertreten können, wohl aber zur Einsicht in den Rechnungshaushalt darthun müssen; so sind sie darüber zur selbstständigen gesetzlichen Beweisführung verbunden. (Hptst. 6.)

§. 29.

bb. Verrechnung.

Außerdem sind die Rechner verpflichtet, die Rechnungsthatsachen, so wie sie eintreten, oder der Nichteintritt der gewöhnlich aufkommenden ermittelt ist, in Einnahme und Ausgabe zu verzeichnen, um durch eine solche Darstellung (Verrechnung) die Rechnungsgeschichte in Verbindung mit den Beweismitteln festzustellen. (Hptst. 7.)

§. 30.

D. Buchhalterei.

Unerachtet der den Rechnern aufliegenden Verbindlichkeit zur Beweisführung über die, von den dispositionsfähigen Verwaltungsbehörden in Aussicht genommenen und regulirten, Rechnungsthatsachen, würde das Staatsvermögen der erforderlichen Garantie ermangeln, wenn die Wahrnehmung der erfolgenden Dispositionen jenen Behörden, oder den Rechnern allein überlassen und ihnen dadurch Gelegenheit gegeben seyn sollte, wirklich erfolgte Dispositionen entweder zu verschweigen, oder wenigstens zu großem Nachtheile zu verdunkeln. Es ist daher nothwendig, daß, den disponirenden Behörden und den Rechnern selbst gegenüber, eine genaue Beobachtung aller Dispositionen zur Einnahme und Ausgabe Statt finde, und deren Resultate zur immerzeitigen Einsicht verzeichnet werden. Eine solche Verzeichnung soll durch die Buchhalterei bewerkstelliget werden. (Hptst. 8.)

§. 31.

E. Oberaufsicht. aa. Nachweisungen.

Nicht weniger erfordert es die Garantie des Staats- (Dom.) Vermögens, daß dasselbe keinem Schaden von Seiten der Rechner ausgesetzt, sondern ein solcher vielmehr, so weit es zu bewirken, unmöglich gemacht werde. Es ist daher eine ununterbrochene Aufsicht nicht allein über die Thätigkeit der Rechner im Rechnungshaushalte, sondern auch über die Verrechnung und über die sich aus derselben ergebenden Bestände zu führen. Zu diesem Zwecke sind, während des Laufes eines gewissen Rechnungszeitraumes Verzeichnisse (Nachweisungen), welche in summarischer Darstellung den gegenwärtigen Stand des Rechnungshaushaltes bezeichnen, einzureichen. (Hptst. 9.)

§. 32.

bb. Revision.

Ueberdieß sollen in jener Absicht nicht nur mehrzeitig die Ergebnisse der laufenden Verrechnung, sondern auch am Schlusse jedes Rechnungszeitraumes die, innerhalb desselben über die Verwaltung des Rechnungsamtes geführte, Gesammt-Verrechnung einer genauen Prüfung (Revision) unterliegen und diese Prüfung sich auch in jeder der vorangegebenen Beziehungen auf die Ausübung des wirthschaftlichen Dispositions-Berufes der verschiedenen Behörden erstrecken. (Hptst. 10.)

Erstes Hauptstück.

Staats- (Domanial-) Rechnungsämter und die hierzu zu bestellenden Beamten.

Erstes Kapitel.

Stellung der Rechnungsämter in der öffentlichen Amtsverfassung überhaupt.

§. 33.

1. Bestimmung der Stellung.

Die Staats- (Dom.) Rechnungsämter bilden einen selbstständigen Zweig der Staats- (Dom.) Wirthschaftsämter überhaupt.

§. 34.

2. Staats- (Dom.) Wirthschaftsämter. A. Begriff.

Die Staats- (Dom.) Wirthschaftsämter sind diejenigen öffentlichen Stellen, welche zum Betriebe der Staats- (Dom.) Wirthschaft, ihrem ganzen Umfange nach, bestimmt sind. Die mit solchen Stellen bekleideten Staatsbürger sind die Staats- (Dom.) Wirthschaftsbeamten im allgemeinsten Sinne.

§. 35.

B. Eintheilung.

Jene öffentlichen Stellen sind entweder a) disponirende, oder b) oberaufsehende, oder c) vollziehende Aemter.

§. 36.

a. Disponirende Aemter.

Die disponirenden Aemter sind diejenigen, welche zur Führung der Wirthschaft, unter gesetzlicher Vorschrift und

Verantwortlichkeit, über die Substanz des Staats- (Dom.) Vermögens zu verfügen ermächtigt sind, und welchen daher grundsätzlich weder die unmittelbare Verwaltung zur Einnahme und Ausgabe, noch die unmittelbare Aufsicht über diese Verwaltung anvertraut seyn kann und darf, damit nicht ihre Verantwortung über die Disposition mit derjenigen über die Vollziehung in Kollision gerathe, und sie sich nicht selbst zur Kontrolle gesetzt erscheinen mögen. Es gehören hierher die eigentliche Finanzbehörde, als Mittelpunkt der verantwortlichen Staatsvermögens-Disposition und die übrigen Staats- (Dom.) Verwaltungsbehörden, so weit in ihrem Ressort Staats- (Dom.) Gefälle aufkommen und dergleichen Bedürfnisse zu bestreiten sind. Ihre wechselseitige Wirksamkeit in Beziehung der öffentlichen Vermögens-Disposition ist in den §§. 121 — 129. angegeben.

§. 37.

b. Oberaufsehende Aemter. α. Begriff.

Diejenigen Stellen, die den Beruf haben, darüber genau zu wachen, daß sowohl über das Staats- (Dom.) Vermögen gesetzmäßig wirthschaftlich disponirt, als auch zu Folge der Dispositionen die Gefälle behörig erhoben, verwendet, oder aufbewahrt werden, heißen die oberaufsehenden Rechnungsämter.

§. 38.

β. Eintheilung.

Die oberaufsehenden Aemter werden gebildet durch die Buchhalterei und durch die Rechnungskammer.

§. 39.

aa. Buchhalterei.

Die Buchhalterei ist diejenige Behörde, welcher die Kontrolle über das Gesammt-Rechnungswesen nach dem, ihr im Prinzipe (§. 30.) beigelegten, Begriffe übertragen ist. Die hierzu berufenen Beamten heißen Buchhalter.

§. 40.

bb. Rechnungskammer.

Die Rechnungskammer ist die zur Revision des

Rechnungswesens bestellte Behörde. Die Mitglieder derselben sind die Rechnungs- (Revisions) Räthe.

§. 41.

c. Vollziehende Aemter. Rechenämter.

Alle Stellen endlich, deren die Erhebung, die Verwendung oder die Aufbewahrung der Staats- (Dom.) Vermögensbestandtheile aufgetragen ist, werden die vollziehenden Aemter oder Rechenämter, und die damit bekleideten Staatsbürger, Rechner (Rendanten) genannt.

§. 42.

3. Rechnungsämter.

Die in den vorhergehenden §§. 37 — 41. bezeichneten oberaufsehenden und vollziehenden Aemter werden auch unter dem Kollektiv-Namen Rechnungsämter, im Sinne des Prinzips (§. 19.) begriffen.

Zweites Kapitel.

Rechnungs - Amtsverfassung.

§. 43.

1. Begriff.

Die Rechnungs-Amtsverfassung ist der Inbegriff derjenigen Vorschriften, welche den Beruf und die Ausübung der Rechnungsämter bestimmen.

§. 44.

2. Eintheilung.

Sie zerfällt hiernach in eben diese zwei Hauptgegenstände: den Beruf und die Ausübung des Rechnungsamtes im Allgemeinen.

Erster Titel.

Rechnungsamts - Beruf.

§. 45.

1. Begriff.

Der Rechnungsamts-Beruf besteht in den Rechten und Pflichten, welche mit einem Rechnungsamte verbunden sind, und den damit bekleideten Staatsbürgern zukommen.

§. 46.

2. Eintheilung.

Diese Rechte und Pflichten sind entweder allgemeine, welche jedem Rechnungsbeamten; oder besondere, die nur einer bestimmten Klasse von Rechnungsbeamten angehören.

Erster Abschnitt.

Rechte und Pflichten aller Rechnungsbeamten.

§. 47.

1. Pflichten. a. Gesetzliches Verhalten.

Die Rechnungsbeamten sind Organe der Staats- (Dom.) Verwaltung überhaupt und ins Besondere der Staats- (Dom.) Wirthschaft. Sie haben daher in solcher Eigenschaft nicht allein in ihrem Privatverhalten, sondern auch in ihrer öffentlichen Stellung überall der Staatsgesetzgebung, vorzüglich den Vorschriften dieser Ordnung und den, besonders für ihren Wirkungskreis erlassenen, Verfügungen gewissenhaft nachzuleben und hierin ihren Beruf mit lebhaftem Amtsinteresse zu bethätigen.

§. 48.

b. Moralität.

So wie es gewiß ist, daß der religiöse und moralische Standpunkt eines Volkes hauptsächlich von dem gebildeten Theile desselben abhängt, und das unablässige Hinwirken auf eine freie, aufgeklärte, sittlich religiöse Erhebung des Volkes zu den heiligsten Pflichten des Staates gehört; so ist es unverkennbar, daß die Staatsdiener, welche, mehr oder weniger, zu dem gebildeten Stande gehören, und durch ihre öffentliche Stellung und Amtsgewalt oft einflußreicher als andere sind, vorzüglich auf jenen Standpunkt einwirken können und werden. Der Staat ist daher von allen öffentlichen Dienern einen sittlich religiösen Wandel zu verlangen nicht allein berechtigt, sondern noch mehr verpflichtet. Er fordert deßhalb auch einen solchen Wandel von allen Rechnungsbeamten als Staatsdienern; sie sollen sich befleißigen, in Gesinnung und Beispiel dem Volke Muster zu werden.

§. 49.

c. Humanität.

In gleicher Weise ist es die Pflicht der Rechnungsbeamten, in allen Beziehungen ihres Berufes, besonders aber den Verwalteten gegenüber ein menschenfreundliches und Vertrauen erweckendes Verhalten, welchem die amtliche Würde als Folie einer angemessenen persönlichen Berührung dienen mag, zu beobachten. Besonders haben sie jedem, der es verlangt, williges Gehör zu geben, und ihn dabei mit besonnener Ruhe, Unparteilichkeit und Theilnahme zu belehren oder zu bescheiden, auch allen die Abführung ihrer Schuldigkeiten so viel möglich zu erleichtern.

§. 50.

d. Berufsfähigkeit.

Zu den Rechnungsämtern werden nur solche berufen, die sich über ihre Fähigkeit hierzu ausgewiesen haben. Als Erweis derselben sollen zwar zur Inauguration der unteren Amtsstufen Prüfungen, unter gewissen gesetzlich (in dem Staatsdiener-Gesetze) bestimmten Anhaltepunkten Statt finden; dagegen aber die Tauglichkeit zur Beförderung, in Erwägung der Unzuverlässigkeit der Prüfungen, nur aus dem geführten praktischen Dienstleben beurtheilt werden. Die Rechnungsbeamten haben daher regelmäßig auf der unteren Stufe des Amtsberufes ihren Staatsdienst anzutreten, und ihr Vorschreiten in der Amtsstufenfolge wird nicht etwa durch das Testimonium einer neu zu bestehenden formalen Prüfung, sondern durch das lebendige Zeugniß ihrer tüchtigen Amtswirksamkeit bedingt. Sie dürfen daher nach abgelegter Prüfung nicht den Gipfel ihrer Berufsbildung errungen glauben, und durch ein behagliches Stillstehen in die Bodenlosigkeit eines halberlernten Wissens versinken; vielmehr müssen sie, zur Aussicht auf Beförderung unablässig weiter in den Geist der Theorie und Praxis ihrer Berufswissenschaft eindringen und sich Liebe und Wärme für dieselbe erwerben, welche nur aus ihrer gründlichsten Kenntniß hervorgehen können.

§. 51.

e. Verantwortlichkeit.

Jeder Rechnungsbeamte hat die ihm zur selbstthätigen Ausführung übertragenen Amtsgeschäfte überall zu verantworten. Die Verantwortung bestehet in der, mit Gründen, oder äußeren Beweismitteln, oder beiden zugleich entwickelten, Rechtfertigung, daß der Beamte seine Handlung in Gemäßheit der Gesetze und des ihm verliehenen Amtsvertrauens, sowie in den Grenzen seines Wirkungskreises, mit Treue und Gewissenhaftigkeit vollzogen habe.

§. 52.

f. Treue, Fleiss und Ordnung.

In den Bereich der Verantwortlichkeit gehört also auch, daß der Rechnungsbeamte seinem Berufe mit Treue, Fleiß und Ordnungsliebe vorstehe. Er darf es daher nicht dabei bewenden lassen, sich der Verkürzung des Staates, (der Standesherrschaft) zu enthalten; sondern er muß auch positiv auf die Abwendung jedes Schadens und Beförderung des Nutzens aus eigenem Antriebe hinwirken. Eben so muß er eine nach Kräften mögliche Verwendung der Zeit der ausdauernden Dienstthätigkeit widmen, und seinen Beruf mit gehöriger Sonderung und Bevorzugung der Geschäfte nach ihrer Wichtigkeit oder Dringlichkeit erfüllen.

§. 53.

g. Amtsverschwiegenheit.

Die Rechnungsbeamten sind verbunden, die strengste Verschwiegenheit in allen dienstlichen Angelegenheiten, deren Offenbarung dem öffentlichen (Domanial-) Interesse in irgend einer Weise nachtheilig seyn oder werden könnte, zu erhalten. Wahrhaftigkeit und Redlichkeit gegen alle, mit dem öffentlichen Interesse in Berührung tretende, Personen über Gegenstände, deren Kenntnißnahme dieselben zu fordern berechtiget sind, werden jedoch hierdurch natürlich keineswegs beengt oder ausgeschlossen. Auch sind solche in gerichtlichen Zeugenabhörungen nirgends in etwas zu vernachlässigen. Wenn der Beamte indessen gesetzlich von Vernehmungen über spezielle Gegenstände ausdrücklich losgesagt erscheint; so ist er in solchem Falle eine dergleichen Zeugenabhörung im Voraus gänzlich abzulehnen verpflichtet und daher berechtiget.

§. 54.

h. Unbestechlichkeit.

In Beziehung seiner Dienstfunktionen darf der Beamte sich keinerlei Vortheil von dritten Personen versprechen, oder zuweisen; noch weniger aber sich durch einen solchen versprochenen, oder empfangenen Vortheil in Ausübung seiner Dienstfunktionen bestimmen lassen. Bei jeder Zuwiderhandlung in beiderlei bezeichneten Fällen wird er der Bestechung für schuldig erachtet, und der Kriminal-Gerichtsbarkeit zur gesetzlichen Bestrafung überwiesen.

§. 55.

i. Dienstsprache.

Die Rechnungsbeamten, ohne Unterschied ihrer Stellung, sind alle verpflichtet, sich sowohl in schriftlichen Amtsarbeiten, als im mündlichen Amtsverkehre nur der, in dieser Ordnung gebrauchten, Kunstausdrücke mit den ihnen unterlegten Begriffen zu bedienen; daher sowohl selbsterfundene, als sonst entlehnte Kunstwörter und Begriffe in amtlicher Berufsübung überall und zwar aus dem Grunde zu vermeiden, weil es, bei der großen Verschiedenheit der Kunstbenennungen in Ansehung derselben Gegenstände der Kameral-Rechnungswissenschaft, durchaus nothwendig ist, daß wenigstens alle Beamten unter einer und derselben Gesetzgebung auch nach einen und denselben Kunstausdrücken und Begriffen ihre amtlichen Mittheilungen unter einander auswechseln.

§. 56.

k. Ordnungsstrafen, Belobungen, Gratifikationen.

Bei vorfallenden Irregularitäten, oder Subordinationswidrigkeiten im Dienste hat der Rechnungsbeamte jeder Amtsstufe eine, nach dem Ermessen der Vorgesetzten im einzelnen Falle zu bestimmende, Ordnungsstrafe von 1 bis 15 Gulden zu gewärtigen. Dagegen soll ihm aber auch bei ausgezeichneter Dienstleistung eine schriftliche Anerkennung und Belobung zugefertiget, und in den geeigneten Fällen höhern oder höchsten Orts auf eine Gratifikation für ihn angetragen werden.

§. 57.

2. Rechte. a. Persönliche Vorzüge.

Dagegen haben die Rechnungsbeamten das Recht, die ihnen ertheilte Amtsstellung, nach Rang und Wirkungskreis, überall anerkannt; sich von den Vorgesetzten mit Achtung, und von den Untergebenen mit Ehrerbietung behandelt zu verlangen.

§. 58.

b. Besoldung.

Sie sind außerdem berechtiget, die, für das von ihnen bekleidete Amt ausgeworfene, Besoldung in Anspruch zu nehmen, und soll diese ihren Dienstleistungen dergestalt angemessen regulirt werden, daß sie nicht allein für ihre Mühe und Arbeit zureichend belohnt, sondern damit auch so ausgestattet erscheinen, daß sie ihrem Stande gemäß leben können.

§. 59.

c. Sicherheit der Stellung. α. Lebenslängliches Recht auf die Amtsstellung.

Jeder definitiv angestellte Rechnungsbeamte hat ein Recht auf lebenslänglichen Genuß seiner Amtsstellung. Seine Entlassung oder Entsetzung von Titel, Rang, oder Besoldung kann daher nur durch ein gerichtliches Urtheil, nach vorgängiger gesetzlicher Untersuchung, auf den Grund zureichender, ihm zur Last fallender Vergehen, erfolgen. Auch soll er mit Titel, Rang und Besoldung nur aus hinlänglichen (im Staatsdiener-Gesetze näher bestimmten) Gründen, und zwar, wenn diese Gründe auf seiner Persönlichkeit beruhen, unter gesetzlichem Besoldungsabzuge; wenn nicht, unter vollem Gehalte, entlassen, (pensionirt, pragmatisirt,) werden. Suspensionen mit Gehalt sind zwar als Vorsichtsmaßregeln bei erhobenen Untersuchungen; nicht aber als Strafe, mögen sie mit, oder ohne Gehalt erfolgen sollen, auf die Rechnungsstellen anwendbar, weil diese immer eine besondere Einübung erfordern, was öffentliche Interesse daher in solchen Fällen meistens mehr, als der Betroffene selbst, benachtheiliget würde.

§. 60.

β. Definitive Anstellung.

Als definitiv angestellt ist jeder Rechnungsbeamte zu betrachten, der mit einem Rechnungsamte mit fixer Besoldung bekleidet ist, es müßte denn bei seiner Anstellung aus besonderen zulässigen Gründen ein Anderes ausdrücklich vorbehalten worden seyn. Dieser Vorbehalt soll jedoch nur in sehr seltenen Fällen eintreten, sonst aber der Grundsatz festgehalten werden, daß das Vertrauen, welches die Bekleidung eines Amtes erfordert, auch der damit bekleideten Person ungeschmälert angedeihen muß; nicht aber durch unzeitiges Mißtrauen gegen letztere, deren wohlbegründetes Mißtrauen erweckt, und dadurch dem öffentlichen Interesse unausbleiblicher Nachtheil bereitet werden darf.

§. 61.

d. Beförderung.

Jedem Rechnungsbeamten ist überdieß die Aussicht auf Weiterbeförderung offen erhalten. Sie wird zunächst lediglich durch den Grad der Befähigung und des Wandels; unter gleich Qualifizirten aber von dem Dienstalter bedingt. Von jeder Stellung aus findet, unter diesen Bedingungen, ohne jede andere Rücksicht, Weiterbeförderung nach der sich ergebenden Gelegenheit Statt. Es hat daher auch kein Beamter zu fürchten, daß er, wegen der zu seinem Geschäfte ganz besonders ausgebildeten Tauglichkeit, für dasselbe, bei zugleich erwiesener höherer Befähigung, zurückgehalten und ihm so sein Verdienst zur Buße gemacht werde. Ein solches Unrecht soll um so weniger irgendwo unterlaufen, als es zugleich mit jener großen Unklugheit verbunden ist, die nicht allein die freie Ausbildung für solche Geschäfte dadurch, daß sie nicht jeden zuläßt, wohl aber jeden Zugelassenen mit Nachtheil bedroht, gänzlich verhindert, sondern auch die schon dafür ausgebildete Geschicklichkeit lähmet und ertödtet, sowie überdieß nicht zu erwägen scheint, daß der obere Beamte um so viel tauglicher wird, als er tiefer in das Detail der unteren Amtsfunktionen eingedrungen ist.

§. 62.

e. Disposition über die Berufsmittel.

Außerdem endlich hat jeder Rechnungsbeamte das Recht, sich jedes, an sich rechtlich zulässigen, Mittels zur Ausführung seines Amtsberufes zu bedienen. Nur hat er, unter gleich zweckmäßigen Mitteln das wohlfeilste zu wählen. Im Uebrigen kann er aber, besondere gesetzliche Ausnahmen vorbehalten, in der Wahl der Berufsmittel so wenig geschmälert werden, daß er sogar, im Falle er hierin von der oberen Behörde bei irgend einem Amtsgeschäfte verhindert würde, nicht allein diese Nichterledigung, sondern auch den Verzug anderer, hierdurch wesentlich bedingter, Geschäfte mit der betreffenden Behinderung entschuldigen und verantworten kann.

Zweiter Abschnitt.

Besondere Rechte und Pflichten der Rechnungsbeamten nach den verschiedenen Hauptamtszweigen.

§. 63.

Gegenstand.

Unter den besonderen Rechten und Pflichten der verschiedenen Rechnungsamtszweige werden hier nur diejenigen allgemeinen Sonderrechte und Pflichten verstanden, welche sonst in dieser Ordnung nicht ihre besondere Vorschrift finden. Eben so sind von dem allgemeinen Sonderberufe hier auch noch diejenigen Bestimmungen ausgeschlossen, welche die Anstellung des Beamten, seine besondere Stellung und Subordinations-Verhältnisse, seinen speziellen Amts- und Geschäftskreis, seine Besoldung und die seinem Amte eigenthümliche Geschäftsordnung betreffen, welche Bestimmungen spezieller Instruktion vorbehalten bleiben.

Erster Unterabschnitt.

Rechte und Pflichten der Buchhalter.

§. 64.

1. Im Allgemeinen.

Die Buchhalter haben im Allgemeinen diejenigen Rechte und Pflichten, die ihnen vermöge des, im §. 39. festgestellten, Berufes der Kontrolle zukommen. Sie haben daher ihr ununterbrochenes Augenmerk dahin zu richten, daß ihnen keinerlei Disposition über das öffentliche Vermögen fremd bleibe, und sind in dieser Hinsicht berechtiget, überall die erforderlichen Schritte zu thun, wodurch sie in gewisser Kenntniß der wirklich aufkommenden Gefälle und der wirklich zu bestreitenden Bedürfnisse erhalten werden.

§. 65.

2. Ausgeschlossenheit von der Vollziehung.

Die Buchhalter sind kontrollirende Beamten; sie können daher, im Einklange mit ihrem Berufe, nie zur Empfangnahme oder Verausgabung von Gefällen verwendet werden, worüber sie selbst die Buchhaltung führen. Ueberhaupt sollen sie auch sonst mit diesen Geschäften nie zugleich bekleidet seyn, damit der Grundsatz, daß ein Kontroll-Beamter nie zugleich vollziehender Beamter seyn kann, unverrückt bleibe, und die Oberaufsicht nirgends, in das beaufsichtigte Interesse selbst hineingezogen, zu nichte gemacht werde. In konsequenter Folge hiervon sind die Kontrollbeamten, mit Ausnahme der Kassenbuchhalter, frei von aller unmittelbaren Abhängigkeit von den disponirenden Verwaltungsbehörden zu bestellen.

§. 66.

3. Wirkungskreis.

Der Wirkungskreis der Buchhalter richtet sich nach der Stufe der Amtsstellung, worauf sie sich befinden. (§. 139.) Er erstreckt sich auf die Kontrolle entweder nur einer Kasse, oder aller Rechenämter, oder der Spezial-Rechenämter einer Provinz, oder endlich der Provinzial- und General-Rechenämter eines Gebiets.

§. 67.

4. Besondere Befähigung und Obliegenheit.

Die eigenthümliche Obliegenheit der Buchhalter besteht in der Nachweisung des jederzeitigen Zustandes des Staats- (Dom.) Haushaltes in seinem Verhältnisse zur Wirthschaft und Rechnungsverwaltung. Sie müssen also mit den besonderen Vorschriften der öffentlichen Bewirthschaftung eben so genau vertraut seyn, wie mit den allgemeinen und den positiven Grundsätzen des Kameral-Rechnungswesens.

Zweiter Unterabschnitt.

Rechte und Pflichten der Rechnungskammer-Beamten.

§. 68.

1. Im Allgemeinen.

Auch die Rechte und Pflichten der Rechnungskammer-Beamten sind im Allgemeinen durch den, ihnen im §. 40. vorgesteckten, Beruf zur Revision angegeben. Zunächst sind sie verpflichtet, mit allem Fleiße darauf zu sehen, daß das öffentliche Vermögen sowohl in der Disposition über dasselbe, als in der Rechnungsverwaltung gehörig gehandhabt, und das wirthschaftliche Verhältniß zwischen Einkünften und Bedürfnissen hergestellt werde. Zur Beobachtung dieser Pflicht ist ihnen denn auch das Recht zugestanden, sich aller zulässigen Mittel zu bedienen, wodurch sie in den Stand gesetzt werden, ihre Aufsicht überall gesetzlich und pflichtmäßig zu bethätigen.

§. 69.

2. Ausgeschlossenheit von den vollziehenden Aemtern.

Noch weniger als die Buchhalter dürfen die Rechnungskammer-Beamten, um nicht Richter in eigener Sache zu werden, bei der unmittelbaren Erhebung und Verausgabung der Gefälle betheiligt erscheinen. Sie sind daher, als solche, gänzlich davon ausgeschlossen, und zugleich unabhängig von den disponirenden Verwaltungsbehörden.

§. 70.

3. Wirkungskreis.

Ihr Wirkungskreis ist in gleicher Weise, wie derjenige der Buchhalter, von der innehabenden Amtsstufe abhängig. Jedoch begreift er auf der obersten Stufe auch die Superrevision der Spezial-Rechnungen in sich, welche entweder aus eigener Bewegung, oder auf erfolgte Berufung vorgenommen wird.

§. 71.

4. Besondere Befähigung und Obliegenheit.

Die Rechnungskammer-Beamten haben in der richterlichen Funktion der Revision des Rechnungswesens die strengste Rechtlichkeit und Unpartheilichkeit zu üben. Um dieser Obliegenheit nachkommen zu können, müssen sie mit vollständiger Kenntniß des Kameral-Rechnungswesens und der öffentlichen Bewirthschaftung ausgerüstet seyn, und zugleich in der Rechtswissenschaft die zureichende Ausbildung besitzen.

Dritter Unterabschnitt.

Rechte und Pflichten der Rendanten.

§. 72.

1. Im Allgemeinen.

Die Rechner (Rendanten) haben, als Verwalter des ihnen anvertrauten öffentlichen Vermögens, und als solche ausgeschlossen von der Kontrolle (§. 65.) und der Revision (§. 69.), mit allem Fleiße für den pünktlichen Eingang, die vorschriftsmäßige Verwendung und die vortheilhafteste Aufbewahrung der Gefälle Sorge zu tragen. Ueberhaupt sollen sie, soweit es in ihren Wirkungskreis einschlägt, mit positiver Thätigkeit dazu beitragen, daß Verminderung der Einkünfte verhütet, Vermehrung aber, so viel möglich, erzielt werde.

§. 73.

2. Aufmerksamkeit auf die Beschaffenheit und Erhaltung der Gefälle.

In dieser Absicht müssen sie auf alle, in ihrer Verwaltung begriffene, Gefälle zu jeder Zeit die genaueste Aufmerksamkeit richten, und hierin besonders darauf achten, daß keine Gefälle durch Nichteinforderung ungiebig, oder durch unzeitig geduldete Einwendungen zweifelhaft werden. Vielmehr haben sie alle Gefälle, nach ihrer Herrührigkeit und ihrem Schuldtitel, nach dem zahlpflichtigen Subjecte, nach dem damit real belasteten Objekte, und nach der Zeit der Fälligkeit, in die bestimmteste Gewißheit zu setzen, darin zu erhalten, und jedem aufkommenden Widerspruche sofort durch die geeigneten Mittel zureichend zu begegnen.

§. 74.

3. Aufsicht auf das in Benutzung Anderer befindliche öffentliche Vermögen.

Vorzüglich soll der Rechner außer diesem seine stete Beobachtung und Prüfung dahin richten, daß alles öffentliche Vermögen, welches in seinem Amtsbezirke anderen Personen zur Benutzung, sey es im Erbbestands-, Zeitpacht-, Mieth-, oder Leih-Rechte, überlassen worden ist, von denselben vertragsmäßig gehandhabt und nirgends mißbraucht werde. Seine Aufsicht muß sich daher auch auf die Freiheiten, Gerechtsame, Begrenzung (in Rainen und Steinen,) sowie auf die Gebrauchs-, oder Kulturart solcher öffentlicher Vermögensgegenstände erstrecken und bei Zeitpächten besonders darüber wachen, daß in Beziehung der Person der Pächter, der Pachtzeit, des Pachtquantums und der Gutsgröße nirgends Ungewißheit entstehe. Bei vorgefundenen Mängeln, Mißbräuchen, oder Irrungen ist dieserhalb sofort an die vorgesetzte Behörde zu berichten.

§. 75.

4. Aufsicht über selbstverwaltete Grundstücke.

Bei Selbstverwaltung öffentlicher Grundstücke, oder roher Natural-Gefälle hat der Rechner, sofern ihm diese Verwaltung übertragen ist, alles das zu beobachten, was man von einem guten und aufmerksamen Landwirth verlangen kann, weßhalb er sich hierbei überall wegen sorgfältiger Anwendung von landwirthschaftlichen Grundsätzen zu verantworten hat.

§. 76.

5. Kautionspflicht. A. Leistung. a. Ueberhaupt.

Jeder Rechner ist verbunden, zur Sicherung des Rechnungshaushalts eine angemessene Kaution zu leisten, und dieselbe, nothwendiger Eingriffe in dieselbe unerachtet, auf dem Normalbetrage zu erhalten.

§. 77.

b. Kautionsobjekte.

Die Rechenamtskautionen können geleistet werden 1) in barem Gelde, 2) in inländischen Staatspapieren, welchen die zugehörigen Zins-Coupons beigefügt seyn müssen, 3) in Pfandbriefen über inländische Grundstücke und 4) in pfandbrieflichen Aktiv-Kapitalien, welche auf Grandstücke in inländischen Hypothekenbücher eingetragen sind.

§. 78.

c. Kautionshaftbarkeit.

Die Kaution haftet für jeden Verlust, welcher erweislich durch die Verschuldung des Beamten dem Staats- (Dom.) Vermögen zugefügt worden ist, sofern er in einem positiven Schaden und nicht bloß in einem entgangenen Gewinne besteht. Verluste letzterer Art bleiben der gewöhnlichen Amtsverantwortlichkeit heimgestellt.

§. 79.

d. Dauer der Kaution.

Die Haftbarkeit der Kaution dauert so lange, bis die Gewißheit vorliegt, daß von dem Beamten kein, von ihm noch zu bestreitender, Verlust mehr getragen werden muß. Bei dem Dienstaustritte ist sie also von der Zeit ab rückerstattbar, wo der Rechner alle, von ihm abhängende, Erledigungen genügend ausgeführt hat.

§. 80.

e. Kautionsgrösse.

Die Größe der Kaution besteht in 3 Prozent von der Gesammtsumme der jährlichen Solleinnahme eines Rechenamtes, soweit diese bei dem Amtsantritte bestimmt oder durchschnittlich berechnet werden kann; jedoch soll jene nie die Summe von 10,000 Gulden überschreiten.

§. 81.

f. Kautionsberechnung.

Bei jedem Rechenamte wird die erforderliche Kaution (§. 80.) nur einfach berechnet. Ist also hierzu nur ein Beamter berufen, so ist dieser auch allein zur Leistung verpflichtet. Mehrere an einem und demselben Rechenamte angestellte Mitbeamten haben aber, alle ohne Ausnahme, den ganzen Betrag derselben gemeinschaftlich, obgleich jeder seinen Antheil besonders für sich, zu leisten. Derjenige Beamte, dem die Erhebungsgegenstände unmittelbar durch die Hände gehen, trägt zwei Drittheile; jeder andere ein Drittheil bei.

§. 82.

g. Verzinsung der Kaution.

Kautionen in barem Gelde werden dem Besteller nach dem höchsten Zinsfuße verzinset, worin der Staat (die Standesherrschaft) Zinsen leistet, soweit sie nicht fünf Prozent übersteigen. Die mit den Staatspapieren hinterlegten Zins-Coupons werden in den Fälligkeitsterminen wieder an den Kautionssteller ausgehändiget. So weit indessen die Kaution angegriffen worden ist, so weit sind auch verhältnißmäßig die Zins-Coupons verfallen. Sie werden dann zur Zeit der Fälligkeit nur in dem Restbetrage in barem Gelde erstattet.

§. 83.

h. Ermäßigung und Erlassung der Kautionsleistung.

Die Kautionsleistung darf allein in Folge einer, höchsten Orts ergangenen, Verfügung ermäßiget, oder erlassen werden. Ein Antrag hierauf kann nur durch die geprüfte Redlichkeit und Tauglichkeit des Begünstigten motivirt erscheinen, damit wenigstens in diesen beiden Eigenschaften dem öffentlichen Interesse die erforderliche Garantie erhalten bleibe.

§. 84.

B. Kautionsstellung. a. Ueberhaupt.

Die Kaution muß vor dem Amtsantritte bei der installirenden Behörde wirklich gestellt werden. Die Stellung kann von dem Beamten selbst aus eigenen Mitteln, oder von einem Dritten für denselben geschehen. Jedoch muß dieser seinen Willen darüber zu Protokoll zu erkennen geben, und die Kaution unter denselben Bedingungen, wie der Beamte selbst hierzu verpflichtet ist, ohne allen Vorbehalt anbieten. Der eintretende Rechner ist daher bei der Stellung der Kaution über das Eigenthumsverhältniß und die Freiheit der offerirten Kautionsobjekte genaue Kundschaft zu geben verbunden. Jede Verhüllung der Wahrheit hierbei wird als absichtlicher Betrug geahndet.

§. 85.

b. Kautions-Instrument.

Der Deposition vorgängig ist über die, von dem Kaventen durch Stellung der Kaution übernommenen, Verbindlichkeiten ein gerichtlicher Akt (Kautions-Instrument) aufzunehmen, und darin namentlich anzuführen, daß der Besteller, sey es der antretende Beamte selbst, oder ein Dritter, von den Bestimmungen dieser Ordnung über die Kautionspflicht behörig in Kenntniß gesetzt worden sey.

§. 86.

c. Kautionsschein.

Die Berichtigung der Kaution ist von der installirenden Behörde durch eine besondere Quittung zu bescheinigen, welche der Kautionsschein genannt, und durch diejenige Stelle ausgehändiget wird, wobei die Deposition geschieht.

§. 87.

C. Rückgabe der Kaution.

Ist die Kaution ihrer Haftbarkeit (nach §. 79.) entlediget; so muß dieselbe, so weit sie nicht zur Deckung von geeigneten Verlusten hat verwendet werden müssen, dem Besteller, seinen Erben, oder sonstigen Empfangsberechtigten, gegen Aushändigung des quittirten Kautionsscheines, ohne Verzug zurückgestellt werden.

Zweiter Titel.

Rechnungsamts-Ausübung.

§. 88.

1. Begriff.

Die Ausübung des Rechnungsamtes besteht in der Art und Weise der äußeren Bethätigung des Amtsberufes.

§. 89.

2. Eintheilung. a. Grundformen.

Die Ausübung des Amtsberufes beruht theils auf den Grundformen, theils auf der Organisation der Aemter. Die Grundformen sind solche äußere Bedingungen der Amtsausübung, auf welchen der Organismus aller Aemter so wesentlich beruht, daß ohne sie überhaupt dieser nicht gedacht werden kann.

§. 90.

b. Aemter-Organisation.

Die Organisation der Aemter besteht in der, aus den Grundformen der Amtsausübung überhaupt, nach besonderem Bedürfniß bestimmten, besonderen positiven Form zur Ausübung des Amtsberufes. Sie enthält daher immer die wirklich bestehende Amtsform.

Erster Abschnitt.

Grundformen der Rechnungsamts-Ausübung.

§. 91.

I. Umfang.

Zu den Grundformen der Amtsausübung gehören die Qualität, die Konstruktion, die Wechselstellung, die Quantität und die Dauer der Aemter.

§. 92.

II. Entwickelung. 1. Amtsqualität. a. Begriff.

Die Amtsqualität besteht in dem Maße und der Beschaffenheit der Selbstthätigkeit eines Beamten.

§. 93.

b. Eintheilung. *α.* Selbstständigkeit.

Der Beamte ist hiernach entweder selbstständig, oder subaltern. Selbstständig ist derjenige Beamte, welcher seine Diensthandlungen nach eigener Einsicht und Beurtheilung selbstthätig vollziehen darf, und sie hiernach selbst zu verantworten verpflichtet ist.

§. 94.

β. Subalternität.

Subaltern wird ein Beamter genannt, wenn und in so weit er seine Diensthandlungen nach der Einsicht und Beurtheilung, sowie unter lediglicher Verantwortlichkeit eines Vorgesetzten zu vollziehen hat.

§. 95.

2. Amtskonstruktion. a. Begriff.

Die Konstruktion des Amtes besteht in der Art und Weise der Beschränkung eines Beamten in Ausführung der, durch seine Intelligenz allein für geeignet erachteten, Diensthandlungen.

§. 96.

b. Eintheilung. *α.* Bureaukratie. (Amts-Einzelthätigkeit.)

Hiernach ist der Geschäftsgang entweder bureaukratisch (einzelthätig), oder collegialisch (gesammtthätig). Bureaukratisch ist derselbe, wenn das Amt, in seinem ganzen Wirkungskreise, nur von der Intelligenz einer damit bekleideten individuellen Person (einzelthätig) verwaltet wird.

§. 97.

β. Collegial-System. aa. Ueberhaupt. (Amts-Gesammtthätigkeit.)

Collegialisch wird der Geschäftsgang betrieben, wenn jede erhebliche Diensthandlung innerhalb des Kreises eines Amtes von der (gesammtthätigen) Intelligenz mehrerer, damit zu gleicher Befugniß bekleideten, Personen dergestalt abhängig gemacht ist, daß die, bei vernachlässigter oder verhinderter Mitwirkung der Mitbeamten unternommene, Diensthandlung an Richtigkeit leidet.

§. 98.

bb. Collegium.

Der Inbegriff aller zu einer solchen Stelle berufenen Mitbeamten wird ein Rath oder ein Collegium genannt.

§. 99.

cc. Gutachten und Stimmen.

Zur Vermittelung der Gesammt = Intelligenz eines Collegs dienen die Darstellungen der verschiedenen Ansichten und Meinungen (Gutachten) und die Bekennungen zu einer bestimmten Ansicht (Stimmen).

§. 100.

dd. Vorträge (Relationen).

Dem Gutachten muß eine Darstellung des Sach = und Rechtsverhältnisses, worauf jenes begründet wird, vorausgehen, und zur Kenntnißnahme der Mitglieder gebracht werden. Beide Darstellungen zusammen bilden den Collegial-Vortrag (Relation).

§. 101.

ee. Sitz und entscheidende, oder berathende Stimme.

Wer zum Vortrage selbstständig in einem Collegium berechtigt ist, hat Sitz in demselben; wer daneben zur Ablegung seines Meinungsbekenntnisses befugt ist, hat eine Stimme zu führen. Wird diese Stimme zur Bildung der Gesammt = Collegial = Intelligenz mitgezählt, so ist sie entscheidend; wenn nicht, nur berathend.

§. 102.

ff. Collegial-Beschluss.

Diejenige individuelle Ansicht, welche durch Beipflichtung der Stimmen anderer Mitglieder den Vorzug erhält, erscheinet als Gesammt = Intelligenz, und in der Beilegung des Stimmenübergewichts als Gesammt = Wille des Collegs. Dieser Wille, zur Amtshandlung bethätiget, heißt der Collegial = Beschluß.

§. 103.

gg. Umfrage. Stimmeneinhälligkeit und unbedingte, oder bedingte Stimmenmehrheit.

Der Collegial = Beschluß wird hergestellt durch die Um=

frage, d. i. die Aufforderung zur Ablegung der Stimmen und die Zählung derselben. Er erfordert entweder, daß alle Stimmen für die darin enthaltene Meinung übereinstimmen, (Stimmeneinhälligkeit), oder wenigstens, daß sich die Mehrzahl der Stimmen für dieselbe ausspricht. Hierbei genügt entweder schlechthin die Stimmenmehrzahl (unbedingte, absolute Stimmenmehrheit), oder es ist ein bestimmtes Verhältniß der Mehrzahl zur Minderzahl der Stimmen erforderlich, (bedingte, relative Stimmenmehrheit).

§. 104.

hh. Mitgliederanzahl eines Collegiums. Entscheidungsstimme.

Bei mehreren Ansichten läßt sich keine Stimmenmehrheit für eine derselben denken, wenn nicht wenigstens 3 Stimmführende vorhanden sind. Drei Mitglieder werden also in der geringsten Anzahl zur Bildung eines Collegs nothwendig erfordert. Da aber sowohl hierbei, als auch bei einer größeren Anzahl von Mitgliedern sich sehr wohl Stimmengleichheit für die ausgesprochenen verschiedenen Ansichten bilden kann; so soll die entscheidende Stimme eines Mitgliedes für diesen Fall zugleich als Entscheidungsstimme, d. h. als solche Stimme gelten, wodurch bei eingetretener Stimmengleichheit derjenigen Ansicht, für welche sie sich ausgesprochen, der Ausschlag gegeben, mithin dieselbe zum Beschlusse erhoben wird. Damit indessen durch diese übergewichtige Stimme nicht im Voraus auf die Abstimmung eingewirkt werden könne, und damit es dem mit ihr bekleideten Mitgliede möglich bleibe, bei sich darbietender Stimmengleichheit die verschiedenen Ansichten nochmals zu überprüfen; so ist die Entscheidungsstimme immer zuletzt abzugeben.

§. 105.

ii. Moralische und individuelle Persönlichkeit eines Collegiums.

In so fern aus der Vereinigung einer Mehrzahl von Stimmen der Gesammt-Wille des Collegs und hieraus der Beschluß desselben hervorgeht, wird das Collegium als eine moralische (fingirte) Person betrachtet, in welcher die individuelle Persönlichkeit aufgeht. In Rücksicht der vorhergegangenen Ablegung der Stimmen (Abstimmung) bleibt indessen, nach wie vor, die individuelle Persönlichkeit jedes Mitgliedes in voller wechselseitiger Abgeschiedenheit bestehen, und die Verantwortung wird daher auch nur individuell getragen. Kein Verdienst und keine Schuld wird dem Colleg (als moralischer Person), sondern nur den einzelnen betheiligten Mitgliedern zugerechnet. (Collegium non excellit et non peccat.)

§. 106.

kk. Dirigent des Collegiums.

Die Amtsübung eines Collegiums kann nicht mit sich selbst im Einklange bleiben, wenn nicht einem Mitgliede, als Organ des Ganzen, die Leitung des Geschäftsganges übertragen ist. Die Gesammt-Geschäftsleitung soll daher immer einem Mitgliede ausschließlich anvertraut seyn, welches hiervon der Dirigent, (Direktor, Präsident) des Collegiums genannt wird.

§. 107.

3. Wechselstellung der Rechnungsbeamten. a. Begriff.

Sobald sich mehrere Beamten im öffentlichen Dienste eines Staates (einer Standesherrschaft) befinden; so ist davon die nothwendige Folge, daß sie in Rücksicht ihrer Aemter in einer gewissen wechselseitigen, auf die Amtsausübung selbst einwirkenden, Beziehung zu etnander stehen müssen. Diese Beziehung wird die Amts-Wechselstellung genannt.

§. 108.

b. Eintheilung.

Sie besteht in den Verhältnissen von Ueberordnung, Gleichordnung, Unterordnung, Beiordnung und Nebenordnung.

§. 109.

a. Ueberordnung.

In dem Verhältnisse von Ueberordnung, (Vorgesetztheit, Präordination,) befindet sich derjenige

Beamte zu anderen, welcher diesen Amtshandlungen befehlsweise aufzugeben und von ihnen Folgeleistung gegen seine Verfügungen zu fordern berechtigt ist.

§. 110.

β. Gleichordnung.

In Gleichordnung, (Gleichgestelltheit, Koordination,) stehen diejenigen Beamten, welche, auf gleicher Stufe des Berufes, einander nicht befehlsweise, sondern nur ersuchend zu Diensthandlungen veranlassen können, und im Falle der hierauf nicht erfolgenden Erledigung die Befehligung von der respektiven Oberbehörde nachsuchen müssen.

§. 111.

γ. Unterordnung.

Untergeordnet (subordinirt) ist ein Beamter unter den anderen, wenn er verpflichtet ist, den ihm von diesem zugehenden Verfügungen Gehorsam zu leisten.

§. 112.

δ. Beiordnung.

Beigeordnet wird derjenige Beamte genannt, welcher entweder bloß zur Stellvertretung in Verhinderungsfällen einem anderen Beamten zur Seite gesetzt ist, oder welcher zugleich mit diesem, jedoch unter dessen Direktion, die Amtsgeschäfte bureaukratisch zu versehen berechtiget und verpflichtet ist. Sobald nur zwei Beamten zur Bekleidung eines und desselben Amtes berufen sind, findet das Verhältniß der Beiordnung (Proordination) und die bureaukratische Amtskonstruktion Statt.

§. 113.

ε. Nebenordnung.

Alle Beamten, welche in keinem der vorgenannten Dienstverhältnisse stehen, sich jedoch auf Ersuchen hülfreiche Hand zu leisten haben, sind einander nebengeordnet. Die Nebenordnung ist entweder Vorordnung, oder Nachordnung, je nachdem der eine Beamte dem andern an Berufskreis und Rang entweder vor-, oder nachsteht.

§. 114.

4. Amtsquantität. a. Begriff.

Die Quantität der Aemter bestehet theils in der Anzahl derselben, theils in der hierdurch bedingten näheren, oder entfernteren Stellung von dem Regenten, oder von den besonderen Verwaltungsgegenständen selbst.

§. 115.

b. Eintheilung. α. Unmittelbarkeit und Mittelbarkeit der Amtsverwaltungen.

In Rücksicht ihres Abstandes von dem Regenten sind die Amtsverwaltungen entweder unmittelbare, welche zunächst unter dem Regenten stehen, oder mittelbare, die durch Zwischenbehörden von dem Regenten abhängig sind.

§. 116.

β. General-, Partikular- und Spezial-Amtsverwaltungen.

Nach dem Verhältniß ihrer Stellung zu den besonderen Verwaltungsgegenständen selbst, sind dieselben entweder Spezial-Verwaltungen, welche in unmittelbarer Dienstberührung die öffentlichen Vermögensbestandtheile zu verwalten haben; oder Partikular- (Provinzial-) Verwaltungen, die, mehrere Spezial-Verwaltungen in sich begreifend, nur durch diese auf die unmittelbare Verwaltung einwirken; oder General-Verwaltungen, welche durch das Organ mehrerer, unter ihnen stehenden, Partikular-Verwaltungen die Administration bethätigen.

§. 117.

c. Rechnungamts-Instanzen. Instanzenzug.

Die Stufen der Rechnungsämter, welche durch die Gradation ihres Abstandes von dem Regenten und ihrer Stellung zu den Verwaltungsgegenständen selbst gebildet werden, heißen Instanzen; die Stufenfolge von der untersten Stelle ab bis zu der obersten wird der Instanzenzug genannt.

§. 118.

d. Anordnung der einzelnen Amtsverwaltungen überhaupt.

Die Anzahl der Rechnungsämter soll durch das nothwendigste Bedürfniß bestimmt werden; nie sollen von einem Spezial-Amte aus bis zum General-Amte, beide eingerechnet, mehr als 3 Instanzen Statt haben, wohl aber ist ein kürzerer Instanzenzug, wo es der Umfang des Gebietes erlaubt, zu bewerkstelligen.

§. 119.

5. Dauer der Amtsverwaltung.

In Hinsicht der Dauer sind die Amtsverwaltungen entweder permanente, oder temporäre. Jene haben einen immer fortbestehenden, sich nie erschöpfenden Wirkungskreis, und sind die eigentlichen Rechnungsämter; diese hingegen haben einen Wirkungskreis, welcher mit der Erledigung eines bestimmten Geschäftes absolvirt wird. Solche erschöpfbare Wirkungskreise werden Kommissionen; die damit beauftragten Beamten Kommissäre genannt.

Zweiter Abschnitt.

Organisation der Rechnungsämter.

§. 120.

Eintheilung.

Die Rechnungsamts-Organisation erstreckt sich entweder auf die Formen zur Amtsausübung der Rechnungsämter überhaupt sowohl unter sich, als in ihrem Verhältnisse zu anderen einwirkenden Staatsbehörden; oder sie bestimmt die besonderen Amtsformen der einzelnen Rechnungsamtszweige. Im ersten Falle ist sie die allgemeine, im anderen die besondere Organisation der Rechnungsämter.

Erster Unterabschnitt.

Allgemeine Organisation der Rechnungsämter.

§. 121.

I. Verhältniß der disponirenden Verwaltungsämter zu den Rechnungsämtern. 1. Befugniß der Ersteren. a. Ueberhaupt.

Die disponirenden Aemter, mit dem Mittelpunkte der obersten Finanzbehörde, haben (nach §. 8. folg.) die Verpflichtung, die erste Aufgabe der Staatswirthschaft (§. 7.)

in Feststellung, Eröffnung und Erhaltung der Vermögensquellen; in Ermittelung und Bestreitung der Bedürfnisse und in Herstellung des richtigen Verhältnisses beider zu einander, nach Maßgabe ihres Wirkungskreises zu erfüllen. Aus dieser Verpflichtung erwächst ihnen das Recht, alles dasjenige, was in Beziehung des Staats- (Domanial-) Vermögens geschehen soll, innerhalb ihrer Kompetenz an die Rechnungsämter zu verfügen, und deren Gelebung hiernach zu fordern. Sie bestimmen daher auch, was in jeder Instanz und bei jedem einzelnen Rechnungsamte in Einnahme und Ausgabe verrechnet werden soll, oder nicht.

§. 122.

b. Form der Dispositionen.

Die Dispositionen der hierzu befähigten Behörden werden für einen bestimmten Rechnungszeitraum entweder im Voraus in den Voranschlägen (Etats) spezifizirt, oder sie erfolgen einzeln in späteren besonderen Verfügungen; jedoch, außerordentliche Ausnahmen vorbehalten, nur im Bereiche der hierzu disponibel gelassenen Rubriken in den Voranschlägen.

§. 123.

2. Geschäftsgang.

Alle Dispositionen werden von den hierzu berufenen Behörden der Buchhalterei unmittelbar, zur Wahrnehmung derselben, zugefertiget, und von dieser an die Rechnungsstellen weiter befördert.

§. 124.

3. Wechselstellung der Rechnungsämter zu den disponirenden Aemtern.

a. Der Rechenämter. *α.* Ueberhaupt.

Alle Rechenämter sind den disponirenden Behörden, nach dem Umfange der Stellung und des Verwaltungszweiges derselben, vollständig subordinirt. Und zwar stehen die Spezial-Rechenämter unter den Verwaltungszweigen, welchen sie angehören, von der ersten übergeordneten Verwaltungsamtsstufe an, bis zu der höchsten; die Partikular-Rechenämter hingegen stehen nur unter der Provinzial- und höchsten Finanzbehörde, und das General-Rechenamt allein unter der letzteren Behörde.

§. 125.

β. Der Rechenämter, welche nicht unter der Finanzverwaltung stehen.

Diejenigen Spezial-Rechenämter, welche von einer anderen, als der Finanz-Verwaltung unmittelbar abhängen, können von der betreffenden Verwaltungsbehörde überdieß nur in so weit unmittelbar befehligt werden, als es die Vereinnahmung überhaupt, oder die Verausgabung des, von dem Reinertrage in Abzug zu bringenden, Sachaufwandes betrifft. In Hinsicht der Disposition über die Subsistenzmittel können sie nur durch Vermittelung der vorgesetzten Finanzbehörde verfügen. Ein gleiches findet in dieser Hinsicht rücksichtlich der Partikular- und der General-Rechnungsstellen Statt. In Betreff der Vereinnahmung bei den letzteren beiden Rechen-Instanzen hat dagegen die Finanzbehörde allein zu verfügen, und die übrigen Verwaltungszweige haben mit dieser hierin weder eine unmittelbare, noch eine mittelbare Konkurrenz.

§. 126.

b. Der oberaufsehenden Aemter.

Die oberaufsehenden Rechnungsämter sind keiner der disponirenden Behörden subordinirt, sondern denselben vielmehr, wenn sie mit ihnen auf gleicher Berufsstufe stehen, koordinirt; wenn nicht, nebengeordnet.

. 127.

1. Folgen der Wechselstellung. a. In Beziehung auf die Rechenämter.

So weit die disponirenden Behörden zur unmittelbaren Befehligung der Rechenämter befugt sind, so weit sind sie auch berechtiget, sich selbst von der Befolgung ihrer Verfügungen und dem daraus hervorgegangenen Rechnungshaushalte zu überzeugen. Sie können daher entweder persönlich an Ort und Stelle von den Büchern, welche ihnen jeder Zeit offen zu stellen sind, Einsicht nehmen, oder über ihre

Desiderien Bericht erfordern. Die weitere Veranlassung zur Abstellung von etwa entdeckten, und nicht alsbald durch eine einfache Verfügung zu beseitigenden, Gebrechen, haben sie aber der Revisions-Behörde anheim zu stellen, welche mit dem Rechte auch zugleich die Pflicht verbindet, die strengste Befolgung der ergangenen Verfügungen, von Seiten der Rechenämter, zu überwachen.

§. 128.

b. In Beziehung der oberaufsehenden Aemter. α. Der Buchhalterei.

In gleicher Absicht stehet den disponirenden Behörden das Recht zu, von den Büchern der Buchhalterei nach Bedürfniß Einsicht zu nehmen, und sie zu Ertheilung von Aufschlüssen zu veranlassen. Zur Bethätigung des letzteren Rechtes haben sie sich an die Buchhalterei, wenn sie nachgeordnet ist, in Reskripten; wenn sie koordinirt ist, in Dienstschreiben zu wenden, und ein analoges mündliches Benehmen bei Ausübung des eben erwähnten ersteren Rechtes einzuhalten. Im Falle erfolgender Dienstverweigerung, oder Verschleppung, oder sonst entdeckter Gebrechen ist jedoch von ihnen lediglich die Anzeige davon an die vorgesetzte Behörde zu machen.

§. 129.

β. Der Rechnungskammer.

Von der Rechnungskammer können die disponirenden Aemter nur die Mittheilung der, dieser aus den Rechenämtern zugegangenen, Nachweisungen und Rechnungen zur Einsicht, in demjenigen Geschäftsstyle verlangen, welcher von der Wechselstellung der Koordination, oder der Vor- oder Nachordnung angegeben wird.

§. 130.

II. Verhältniß der oberaufsehenden und vollziehenden Rechnungsämter unter sich. 1. Verbindung der Buchhalterei mit der Rechnungskammer.

Die Buchhaltereien und die Rechnungskammern sind sich auf gleicher Stufe des Berufes koordinirt; sonst jedoch, und zwar in derselben Abtheilung des

Wirkungskreises entweder vorgesetzt, oder untergeordnet; in verschiedenen Abtheilungen aber entweder vor-, oder nachgeordnet. Die Buchhalterei und die Rechnungskammer einer und derselben Abtheilung des Wirkungskreises (also auf der höchsten Stufe und in einer Provinz — Partikular-Abtheilung —) sollen immer mit einander unter einer Direktion vereiniget seyn.

§. 131.

2. Verhältniß der Buchhalterei zu den Rechenämtern. a. Ueberhaupt.

Die Buchhalterei stehet zu den Rechenämtern entweder im Verhältnisse der Prä-, oder Prdordination. Beigeordnet ist dieselbe, wenn sie mit einem einzelnen Rechenamte zur Kontrolle verbunden ist; übergeordnet in jeder anderen Stellung. Die Partikular- (Provinzial-) Buchhalterei ist daher allen Rechenämtern einer Provinz; die General-Buchhalterei allen Rechenämtern eines Gebiets vorgesetzt. (§. 139.)

§. 132.

b. Folgen dieser Wechselstellung.

Die Einwirkung der Buchhalterei auf die Rechenämter wird durch ihren Beruf, als einer bloßen beobachtenden Behörde, bedingt. Sie kann daher zur Herstellung dieser Beobachtung überall von den Rechenämtern, in dem Amtsstyle, welchen ihr Wechselverhältniß angiebt, die erforderlichen Aufschlüsse begehren, und eine beigeordnete Buchhalterei hat überdieß bei jeder sich darbietenden Irregularität den Hauptrechner auf deren Beseitigung aufmerksam zu machen und solche ihm anzuempfehlen. Von allen sonst erfundenen Gebrechen, oder Zuwiderhandlungen hat jedoch die Buchhalterei der einschlägigen Rechnungskammer lediglich Anzeige zur weiteren, zugleich zu beantragenden, Veranlassung zu machen.

§. 133.

3. Verhältniß der Rechnungskammer zu den Rechenämtern. a. Ueberhaupt.

Die Rechnungskammer ist den Rechenämtern in derselben Abtheilung des Wirkungskreises immer vorgesetzt; sonst nebengeordnet. Unter der Ober-Rechnungskammer, als General-Behörde, stehen daher alle Rechenämter eines Gebietes; unter der Partikular-, (Provinzial-) Rechnungskammer alle Rechenämter einer Provinz. (§. 152.)

§. 134.

Folge dieser Wechselstellung.

Die Einwirkung der Rechnungskammern auf die untergeordneten Aemter geschieht also überall befehlsweise und sie sind dieserhalb durchhin mit der Dienstgewalt eines Vorgesetzten ausgestattet. Sollte ein Benehmen zwischen mehreren Rechnungskammern, oder mit anderen Behörden erforderlich werden; so erfolgt dieses im Wege der Kommunikation, nach dem Amtsstyle, welchen die besondere Nebenordnung erfordert.

Zweiter Unterabschnitt.

Besondere Organisation der Buchhalterei und Rechnungskammer.

§. 135.

I. Ueberhaupt.

Obgleich unter einer Direktion vereiniget, stehen die Rechnungskammer und die Buchhalterei dennoch in ihrem besonderen Geschäftskreise von einander getrennt. Nur hat der Dirigent alle persönlichen Angelegenheiten und den Geschäftsgang im Allgemeinen zu leiten. Mittheilungen zwischen beiden Behörden gehen den Weg der Cirkulation; wechselseitige Vorlagen werden in derselben Art und Weise, wie diejenigen bei einer Einzelbehörde, gemacht; und die Einsicht der Akten und Rechnungen in den beiderseitigen Registraturen soll, ohne weitere Anfrage, von den Registratoren verstattet werden.

§. 136.

II. Organisation der Buchhalterei. 1. Qualität.

Jeder Beamte, dem eine Buchhaltung, sey sie von welchem Umfange sie wolle, anvertraut ist, fungirt als Buchhalter selbstständig und hat seine Diensthandlungen durchgängig selbst zu verantworten. Die übrigen bei der Buchhalterei angestellten Beamten, namentlich die Expedienten und Pedellen, sind subaltern. Der Registrator hingegen versieht seinen Dienst selbstständig und hat die in denselben einschlagenden Handlungen, nach Intelligenz und Betrieb, selbst zu verantworten.

§. 137.

2. Konstruktion.

Der Geschäftsgang bei der Buchhalterei ist bureaukratisch. Jeder Buchhalter vollzieht daher alle Handlungen in seinem Wirkungskreise bloß nach eigner Intelligenz, ohne von der Konkurrenz der Einsicht eines Mitbeamten beschränkt zu werden. Dessen ungeachtet wird, wenn an einem Amte mehrere Buchhalter fungiren, das Gesammtgeschäft von einem besonderen Dirigenten, der erforderlichen Harmonie wegen, in seinem äußeren Gange geleitet. Der spezielle Geschäftsgang, sowie der innere Geschäftsbetrieb wird von einer besonderen Instruktion angegeben.

§. 138.

3. Wechselstellung.

Sämmtliche Buchhalter sind einander gleichgeordnet. Der Dirigent ist unter Gleichen der Erste mit der, einer Direction eigenthümlichen, Amtsgewalt. Der Registrator und die Subalternen sind untergeordnet; jedoch hat diese, nöthigen Falls, nur der Dirigent mit Dienstverweisen, oder Ordnungsstrafen zu belegen.

§. 139.

4. Quantität. a. Instanzen.

Regelmäßig ist die Zahl der Instanzen der Buchhaltereien nur auf eine, oder zwei zu beschränken. Kann ein Gebiet, seinem Umfange nach, nur in Provinzial-Abtheilungen verwaltet werden, so existiren für dasselbe eine General-Buchhalterei, und so viele Provinzial-Buchhaltereien, als Provinzen; wenn aber das Gebiet im Ganzen verwaltet werden kann, so wird für dasselbe nur eine Buchhalterei bestellt.

§. 140.

b. Personal.

Jede Buchhalterei wird mit so vielen Buchhaltern besetzt, als Personenkräfte zur Versehung ihres Wirkungskreises erforderlich sind. Eben dieß gilt von der Registratur und dem subalternen Dienste, in Ansehung der, zu diesen Stellungen zu ernennenden, Beamten. Ein Sekretär wird ihr indessen nicht beigegeben. Vielmehr hat jeder Buchhalter alle in sein besonderes Ressort; der Dirigent aber außerdem alle in das Gesammtgeschäft einschlagende Ausfertigungen so vollständig zu entwerfen, daß sie sofort zur Expedition abgegeben werden dürfen. Kann die Buchhalterei von einem Beamten bekleidet werden; so hat derselbe die Registratur selbst zu versehen; im Uebrigen sich aber der Subalternen der Rechnungskammer zu bedienen. Im Falle endlich die Buchhalterei einen Beamten nicht hinlänglich beschäftigen würde; so kann sie auch einem Rechnungskammerbeamten selbst aufgetragen werden, welchem dann nach Vorschrift des §. 153. das subalterne Personal untergeordnet ist.

§. 141.

c. Dauer.

Die Buchhalterei ist ihrer Bestimmung nach permanent.

§. 142.

III. Organisation der Rechnungskammer. 1. Qualität.

Jeder Beamte, der bei der Rechnungskammer mit der Revision oder der Aburtheilung der abgelegten Rechnungen berufsmäßig beschäftiget ist, hat seinen Dienstkreis — von welchem Umfange er auch seyn mag, also von dem Probator an bis zu dem Dirigenten hinauf — selbstständig und unter eigener Verantwortung zu versehen. Eben so ist die Dienstführung der Sekretäre und der Registratoren für selbstständig zu betrachten. Sie haben daher alle ihre Diensthandlungen, nach Intelligenz, Selbstthätigkeit und Betrieb, überall zu verantworten, und sind nur aus der Zahl derjenigen geprüften Candidaten zu ernennen, welche, der geforderten Inaugural-Befähigung nach, zu den höchsten Stellen gelangen können. Die Expediemten und das dienende und aufwartende Personal sind subaltern.

§. 143.

2. Konstruktion. a. Ueberhaupt.

Der Geschäftsgang bei der Rechnungskammer, welcher in seiner inneren durchgängigen Einrichtumg besonderer Instruktion vorbehalten bleibt, ist theils collegialisch, theils bureaukratisch. Collegialisch ist er bei der Abtheilung des eigentlichen Rechnungsrathes; bureaukratisch bei der Revision, dem Sekretariate und der Registratur. Alle Abtheilungen stehen unter einem oberen Dirigenten.

§. 144.

b. Rechnungsrath.

Der Rechnungsrath ist dasjenige, einen integrirenden Bestandtheil der Rechnungskammer bildende, Collegium, welches auf den Grund des (von der Revision instruirten) Produktions-Verfahrens über die Beschaffenheit der geprüften Rechnungen, im Justifikations-Verfahren, abzuurtheilen hat. Ein Beschluß wird in der Regel durch unbedingte Stimmenmehrheit, wenn er aber die Verschlimmerung der amtlichen Lage eines Beamten betrifft, durch eine Stimmenmehrheit von zwei Drittheilen hergestellt. Der Dirigent des Rechnungsrathes ist entweder der Direktor der Rechnungskammer überhaupt, oder ein unter diesem noch besonders bestelltes Mitglied. In beiden Fällen führt er mit einer entscheidenden zugleich die Entscheidungs-Stimme.

§. 145.

c. Revision. *α.* Ueberhaupt.

Die Revision (im engeren Sinne) ist die zweite integrirende Abtheilung der Rechnungskammer, welcher der Wirkungskreis vorgesteckt ist, die eingereichten Rechnungen, im Produktions-Verfahren, nach ihrem ganzen Umfange zu prüfen, zu moniren und die Rechner zur Beantwortung der Monita zu veranlassen. Bei einem bedeutenden Umfange des Berufskreises kann sie noch in eine Probatur und Material-Revision konstruirt werden.

§. 146.

β. Probatur.

Die Probatur, versehen von den Probatoren, hat die Formal- und die arithmetische Prüfung sowohl in den Rechnungen, als in den dazu gehörigen Urkunden bureaukratisch dergestalt zu besorgen, daß jeder Probator die ihm zugetheilte Probatur einzelthätig vollziehet.

§. 147.

γ. Material-Revision.

Der Wirkungskreis der Material-Revision umfaßt die historische und die Beweis-Prüfung der Rechnungen, die Entwerfung der Monita, die Einholung der Beantwortungen und die Beförderung der letzteren nebst den Rechnungen und Monitis an den Rechnungsrath. Sie wird von den wirklichen Revisoren (Revisionsräthen) bekleidet, von denen jeder seinen Amtsberuf einzelthätig erfüllt. Dem ersten Revisor ist zugleich die Direktion der Revision und Probatur, mit der hierzu erforderlichen Amtsgewalt, übertragen.

§. 148.

d. Sekretariat.

Zu dem einzelthätigen selbstständigen Berufe des Sekretariats gehören die Protokollführung sowohl in den Sitzungen, als bei Parteivernehmungen, und die Garantie für den Geschäftstyl und die Aktenmäßigkeit der ausgehenden Ausfertigungen, unter Oberaufsicht des Dirigenten. Den letzteren Beruf bethätiget der Sekretär durch die Kontrasignatur und durch die Entwerfung derjenigen Beschlüsse, welche gegen den Entwurf des Referenten, (oder Korreferenten,) durch Abstimmung gefaßt werden, also noch nicht entworfen sind. Alle übrigen

Beschlüsse hat er, bis auf den äußeren Geschäftsstyl, vollständig ausgearbeitet zu erwarten, und kann sie im gegentheiligem Falle wieder zur Vervollständigung an den Referenten zurückgeben. Die Kontrasignatur ist er in allen Fällen verantwortlich zu verweigern berechtiget und verpflichtet, wenn der Beschluß an einer formalen thatsächlichen Aktenwidrigkeit leidet, also entweder mit der Abstimmung wesentlich nicht im Einklange steht, oder einem früheren Beschlusse in derselben Sache widerspricht, ohne daß diese Abweichung in ihm selbst motivirt wäre. Nach Maßgabe der Zureichenheit seiner Geschäftszeit kann auch der Sekretär von dem Dirigenten zu anderen Dienstarbeiten in der Art verwendet werden, daß er bei denselben jene Selbstständigkeit und Selbstthätigkeit behält, welche sonstigen Unterbeamten, auch bei der gemessensten Vorschrift zur Beobachtung einer besonderen Diensthandlungsweise, unverkümmert erhalten bleibt.

§. 149.

c. Registratur.

Die Verwaltung der Registratur besteht in behöriger Veranlagung, Anordnung und Verzeichnung, in sorgfältiger Aufbewahrung und in präciser Vorlegung der Akten. Ist das System der Registratur gesetzlich vorgeschrieben, so hat sich der Registrator an diese Vorschrift strenge zu halten; wenn nicht, so entwirft er selbst ein System, legt es dem Colleg zur Billigung vor, und hält es, nach erfolgter Genehmigung, so lange unausgesetzt ein, bis eine Abänderung auf demselben Wege, oder sonst von der hierzu berechtigten Behörde angeordnet wird. Ueber den Vorrath sämmtlicher Akten sollen systematische Repertorien; über die Ausgabe derselben Vorlagebücher geführt; und auf den Grund derselben Revisionen dergestalt abgehalten werden, daß das Repertorium als Beleg der Einnahme, das Vorlagebuch als Erweis der Ausgabe, und der Inhalt der Gefache als Bestand zu betrachten ist. Für den übrigen Geschäftsgang wird der Registrator besonders instruirt.

§. 150.

f. Subalternes Personal.

Die Subalternen versehen ihr Geschäft zu Folge besonderer Instruktion. Nach Erforderniß seines Umfanges ist dasselbe von einem Inspektor, mit angemessener Amtsgewalt, zu leiten.

§. 151.

3. Wechselstellung.

Unter ihren Dirigenten, als Vorgesetzten, stehen die Glieder des Rechnungsrathes und die wirklichen Revisoren in Koordination. Die Probatoren, Sekretäre und Registratoren, unter sich in gleichem Range, sind untergeordnet, und ihnen wiederum die Subalternen subordinirt, deren Dirigent jedoch auf der Dienststufe der ersteren steht. Verweise und Ordnungsstrafen sind nur die respektiven Dirigenten zu ertheilen berechtiget.

§. 152.

4. Quantität. a. Instanzen.

Die Rechnungskammer besteht entweder nur in einer, oder in zwei Instanzen. Eine Rechnungskammer besteht in denjenigen Gebieten, welche von den höchsten Behörden aus im Ganzen verwaltet werden können; zwei Instanzen hingegen finden in allen Gebieten Statt, die in Provinzial-Abtheilungen verwaltet werden müssen. Hier bestehen eine Ober-Rechnungskammer und so viele Provinzial-Rechnungskammern, als das Gebiet Provinzen enthält. Der Geschäftskreis der ersteren erstreckt sich regelmäßig auf die Partikular-Rechenämter; die Kompetenz der letzteren auf die Spezial-Rechenämter.

§. 153.

b. Personal.

So viel Personenkräfte von dem Umfange des Geschäftsberufes der Rechnungskammer nothwendig erfordert werden, auf so viel Beamten hat sie, nach allen ihren Abtheilungen, Anspruch zu machen, und wird diese erforderliche Anzahl bestellt werden. Wofern der Wirkungskreis einer Rechnungskammer dieselbe in den zwei Abtheilungen für den Rechnungsrath und die Revision nicht hinlänglich beschäftigen könnte; so soll sie nur als Rechnungsrath bestehen, dessen einzelne Glieder dann die Revision selbst ebenfalls zu besorgen haben, und nur nach dem nothwendigen Bedürfniß vom den erforderlichen Probatoren unterstützt werden. Kann überdieß die Gesammt-Rechnungs-Revision in einem Gebiete, oder in einer Provinz, von einem Beamten allein bestritten werden; so wird anstatt des ganzen Rechnungskammer-Personals ein wirklicher Revisor (Revisionsrath) bestellt, welcher zugleich, jedoch nur für Rechnungssachen, Mitglied und Referent bei der, seiner Stellung entsprechenden, Finanzbehörde (Regierung, Rentkammer, Domänenkammer) ist. Er instruirt das Produktions-Verfahren nach seinem ganzen Umfange einzelthätig; bringt sodann die, zum Justifikations-Verfahren reife, Sache zum Vortrage bei der Finanzbehörde, welche hier die Stelle des Rechnungsrathes vertritt, und führt bei der Aburtheilung derselben eine entscheidende Stimme. Gebrechen, welche die Dispositionen veranlaßt haben, hat er, wenn sie selbst auf Versehen beruhen, nicht von großem Belange sind, oder noch nachträglich hergestellt werden können, der Finanzbehörde zur Beseitigung anzuzeigen und zu empfehlen; sonst aber, sowie wenn dieser seiner Anzeige keine Folge gegeben werden sollte, hierüber an die höhere oder höchste Stelle zu berichten. Das Sekretariat und die Registratur verwaltet er innerhalb seines Geschäftskreises selbst, jedoch jenes mit Ausnahme der Kontrasignatur. Zu den unteren Dienstleistungen bedient er sich für sein Ressort regelmäßig der Subalternen der Finanzbehörde. Sein Dienstverhältniß bleibt auch dann unverrückt in derselben Stellung, wenn es nöthig werden sollte, unter ihm noch einen oder mehrere Probatoren anzustellen.

§. 154.

5. Dauer.

Die Rechnungskammer ist ein permamentes Amt. Aus ihrer Mitte können jedoch, zur Erledigung bestimmter Geschäfte, Kommissionen ernannt werden.

§. 155.

IV. Organisation der Rechenämter. 1. Qualität.

Alle Rechenbeamten sind, so weit sie ihre Rechnungsverwaltung zu verantworten haben, selbstständig, wenn sie auch bloß den Beruf eines Untererhebers (Empfängers) bei einem Rechenamte bekleiden sollten. Nur das hierbei angestellte expedirende, dienende und aufwartende Personal ist subaltern.

§. 156.

2. Konstruktion.

Der Geschäftsgang der Bureaukratie ist bei den sämmtlichen Rechenämtern allein zulässig. Auch wenn sie mit mehreren Mitbeamten besetzt sind, so steht jeder von diesen seinem Ressort, (nach besonderer Instruktion,) einzelthätig vor. Der Gesammt-Geschäftsgang bei einem solchen Amte wird indessen von einem Dirigenten geleitet.

§. 157.

3. Wechselstellung.

Alle mit einem Rechenamte derselben Stufe bekleideten Beamten sind sich koordinirt; sonst, in derselben Abtheilung der Verwaltung, entweder vorgesetzt, oder untergeordnet, in verschiedenen Verwaltungsabtheilungen aber nebengeordnet. Die Dirigenten eines Rechenamtes sind im Verhältniß zu den Mitbeamten dieser Stelle die Ersten unter Gleichen, ausgestattet mit der nothwendigen Amtsgewalt. Die Subalternen sind untergeordnet. Eben so die Empfänger in Beziehung zu dem Rechenamte, unter welchem sie angestellt sind.

§. 158.

4. Quantität. a. Instanzen. α. Ueberhaupt.

Die Rechenämter sollen entweder nur in einer, oder in zwei, nie aber in mehr als drei Instanzen bestehen. In einer, wenn alle Einkünfte eines Gebietes unmittelbar von einer Erhebungsstelle aus eingebracht werden können; in zwei, wenn dieses zwar nicht möglich, das Gebiet aber im Ganzen verwaltet werden kann; aus drei endlich, wenn das Gebiet nach Provinzial-Abtheilungen verwaltet werden muß.

§. 159.

β. Ober-Rechenämter.

Die Rechenämter in zweiter und dritter Instanz sind Ober-Rechenämter, und haben bloß Kassen zu verwalten, welche ihre Einnahmen regelmäßig nur aus den Geldüberschüssen der untergeordneten Rechenämter erhalten. Eben aus diesem Grunde stehen sie denn auch hinsichtlich der Einnahmen ausschließlich unter dem Dispositions-Wirkungskreise des Finanz-Departements, welchem, als dem Mittelpunkte des Betriebes der Staatswirthschaft, die Befugniß der Verwendung der Geldüberschüsse allein zusteht, da diese die ursprüngliche Natur ihres Aufkommens abgelegt haben, auf welche den übrigen Verwaltungszweigen, ihrer Stellung nach, überhaupt nur eine Einwirkung zugedacht werden kann. In Ansehung der Ausgabe ist es theils eine Folge des vorerwähnten Verhältnisses der Einnahmen, theils zur Vermeidung von Kollisionen erforderlich, daß die übrigen Verwaltungszweige nur durch Vermittelung der Finanzbehörden darüber an die Ober-Rechenämter verfügen können. (§. 125.) — Diese Aemter sind entweder General-, oder Partikular- (Provinzial) Kassen.

§. 160.

aa. General-Kasse.

Die General-Kasse ist die oberste Kasse eines Gebietes in zweiter, oder dritter Instanz, welche sämmtliche Geldüberschüsse der ihr unmittelbar untergeordneten Rechenämter aufnimmt.

§. 161.

bb. Partikular- (Provinzial-) Kassen.

Die Partikular-Kassen eines Gebietes stehen immer in zweiter Instanz und haben die Geldüberschüsse der Spezial-Rechenämter aufzunehmen.

§. 162.

γ. Spezial-Rechenämter.

Diejenigen Rechenämter, welche den Empfang der Gefälle und Schuldigkeiten unmittelbar von den Debenten, in regelmäßig ausschließlichem Amtsberufe, zu bewirken haben, sind die Spezial-Rechenämter. Sie bilden die erste, und nach Maßgabe des Gebiets die einzige, Instanz, in welcher alle Hülfs- oder Untererhebereien ihres Amtskreises dergestalt mit einbegriffen sind, daß die Verantwortung des pünktlichen Einganges der Gefälle und die eigentliche Rechnungslegung darüber dem Rechenamte selbst obliegt, während die Untererheber Fleiß und Treue in der Erhebung und Verwendung der, ihnen zur Beibringung anvertrauten, Gefälle zu leisten, und ihren Haushalt nur vermittelst ihrer Hülfsbücher nachzuweisen und zu verantworten haben.

§. 163.

b. Rechenamtsarten. α. In Hinsicht des Rechnungshaushaltes.
aa. Erhebungsämter.

Die Rechenämter sollen rücksichtlich des Rechnungshaushaltes regelmäßig nicht als bloße Erhebungs-, oder als bloße Zahlämter bestehen. Für die Erhebung gilt dieß ohne Ausnahme, indem die Hülfs- oder Untererheber, welche allerdings zulässig sind, kein Rechenamt bilden, sondern nur unter Aufsicht und Rechnungslegung eines solchen das Aufbringen der Gefälle besorgen.

§. 164.

bb. Zahlämter.

Hinsichtlich der Zahlung kann von der Regel nur aus besonders dringlichen Gründen eine Ausnahme gemacht werden. In solcher Weise sind zulässig: 1) eine Schulden-Tilgungs-Kasse, zur Garantie der regelmäßigen und unverkümmerten Abführung der Zinsen und der vorgeschriebenen Kapitaltilgung; jedoch nur in so fern, als zur Bestreitung der Schuldenlast eine besondere Verwaltung erforderlich ist, da bei geringfügiger Schuldengröße die Gläubiger keiner solchen Garantie bedürfen; 2) eine Militär-

Kasse, weil theils die Mobilität der Militäär-Bedarfsgelder überall nothwendig offen erhalten werden muß, theils die Dislokation des Militärs ohnehin schon viele Distrikte dergestalt belasten würde, daß die gewöhnlichem Kassen oft nur mit großer Unbequemlichkeit und Aufwand durch Uebersendungen von Zuschüssen in der erforderlichen Suffizienz erhalten werden könnten; endlich 3) Instituten-Kassen, in so fern eine besondere Staatsanstalt an und für sich schon eine eigenthümliche Rechnungsverwaltung erfordert. Ueber diese Zahlkassen können die vorgesetzten Behörden, zu welchem Verwaltungszweige sie auch gehören mögen, unmittelbar und ausschließlich, nach gesetzlicher Vorschrift, verfügen, nachdem sie durch Vermittelung der Finanzbehörde die Kassen regelmäßig mit dem vorbestimmten Bedarf haben versehen lassen. Die Revision dieser Kassen ist jedoch, nach besonders hierüber in Betracht der eigenthümlichen Kasseneinrichtung zu erlassender Instruktion, der einschlägigen Rechnungskammer vorbehalten.

§. 165.

β. In Rücksicht der Gegenstände.

Die verschiedenen Gattungen der Gefälle können auf den Wirkungskreis der Oberrechenämter keinen Einfluß üben, indem diese alle Gefälle der untergeordneten Rechenämter zu Geld in sich aufnehmen. Dagegen bilden die verschiedenen Zweige der Einkünfte auch verschiedene Arten von Spezial-Rechenämter, welche hiervon ihre besonderen Namen, (als: Rent-, Steuer-, Sportel-, Frucht-, Forst- rc. Rechenämter) erhalten.

§. 166.

c. Anzahl der Rechenämter.

Wenn die Staatsverwaltung Provinzial-Rechenämter erforderlich macht, so soll ohne Ausnahme in jeder Provinz nur eine Provinzial-Kasse bestehen. Der Spezial-Rechenämter hingegen sollen so viele eingerichtet werden, als es der Umfang der einzelnen Zweige der Einkünfte erfordert. Es kann daher entweder für jeden Zweig ein besonderes Amt errichter, oder es müssen bis zur vollständigen Beschäftigung eines Beamten mehrere Zweige unter einem Amte verbunden werden.

§. 167.

d. Personal.

Die Oberrechenämter werden, wenn der Umfang des Dienstkreises eine Personenkraft übersteigt, mit mehreren Mitbeamten besetzt, und erhalten außerdem die erforderlichen Expedienten und Boten. Die Spezial-Rechenämter sollen aber durchgängig nur von einem Rechner bekleidet werden, welcher nach dem Umfange des Geschäfts die nothwendigen Untererheber zur Hülfserhebung erhält. Ein zweiter Beamter kann zur ausnahmsweisen Kontrolle nur als Buchhalter beigeordnet werden.

§. 168.

5. Dauer.

Sämmtliche Rechenämter, die einen bleibenden Erhebungskreis haben, sind ihrer Bestimmung nach permanent; diejenigen hingegen, welche zur Rechnungsverwaltung besonderer vorübergehender Einkünfte nothwendig werden, bestehen als Kommissariats-Rechenämter nur so lange, als die Flüssigkeit der betreffenden Einkünfte dauert.

Drittes Kapitel.

Einsetzung der Rechnungsämter und Beamten.

§. 169.

1. Begriff und Eintheilung der Amtseinsetzung.

Die Amtseinsetzung (Bestallung, Installation) besteht in dem öffentlichen Akte, wodurch ein Amt mit seinen Rechten und Pflichten dem hierzu neu berufenen Beamten übertragen wird. Sie ist entweder die Einsetzung in neue Amtsstellen, oder die Wiederbesetzung bestehender Aemter.

§. 170.

2. Erfordernisse. a. Ueberhaupt.

Die Installation muß immer von einem Vorgesetzten geschehen, und die Verpflichtung des zu bestellenden Beamten auf die ausführlich entworfene Instruktion, so wie die Uebergabe der Berufsmittel in sich begreifen.

§. 171.

b. Berufsmittel.

Unter den, einer besonderen Uebergabe bedürfenden, Berufsmitteln werden die Amtslokale, Dienstsiegel, Akten, Rechnungsbücher, Bestände, Behältnisse, Geräthschaften und die Restenverzeichnisse verstanden.

§. 172.

c. Amtslokale.

Eigens vorgerichtete und permanent bestimmte Amtslokale sind überall den Rechnungskammern, den Haupt-Buchhaltereien und den wirklichen Rechenämtern, letzteren auch zugleich noch die erforderlichen Verwahrungsbehältnisse, einzuräumen.

§. 173.

3. Einsetzung in neue Amtsstellen.

Zur Einsetzung in neuerrichtete Amtsstellen ist regelmäßig nur die Verpflichtung auf die besondere Instruktion und die Uebergabe der Amtslokale und der Dienstsiegel, wofern diese der Stelle zukommen, erforderlich. Gehören zu der Besetzung einer Stelle mehrere Mitbeamten, so schließt sich hieran die Einführung und Vorstellung.

§. 174.

4. Wiederbesetzung der Aemter. a. Ueberhaupt.

Bei Wiederbesetzung der Aemter erstreckt sich die Installation außerdem auf die Uebergabe der, im §. 171. weiter genannten, Gegenstände, so weit solche für das betreffende Amt gehören.

§. 175.

b. Uebergabe der Berufsmittel.

Die Registraturen, Bestände, Lokale, Behältnisse und Geräthschaften, sowie die Rechnungsbücher und die Reste werden bei der Wiederbesetzung auf den Grund der deßhalbigen Inventarien, Repertorien und Verzeichnisse, unter vorgängiger Revision, nach einschlägiger Vorschrift der §§. 1350 — 1364. übergeben.

§. 176.

c. Folge hiervon.

Nach vollzogener und bescheinigter Uebergabe der Berufsmittel muß der Beamte für die Qualität und Quantität derselben, so wie sie zu Folge der Bescheinigung tradirt seyn sollen, in gewöhnlicher Amtspflicht haften. Späterhin von ihm angeblich aufgefundene Irrthümer muß er selbst zureichend darthun; es liegt ihm daher die deßhalbige Beweislast auf, und er kann sich zur Erledigung derselben nur der, bei dem Gegenbeweise zulässigen, Beweismittel bedienen.

§. 177.

5. Installations-Protokoll.

Ueber den Akt der Bestallung wird ein besonderes Installations-Protokoll, worin regelmäßig auch sämmtliche übergebene Berufsmittel, entweder in eingeschalteter Spezifikation, oder summarisch auf den Grund der beizufügenden betreffenden Verzeichnisse und Inventarien, aufgenommen und die eigenhändigen Namensschriften des Protokollführers und sämmtlicher Komparenten unterfertigt werden. Sind indessen bei der Uebergabe der Berufsmittel der abgehende Beamte, oder dessen Erben selbst betheiliget, so ist getrennt von dem Installations-Protokolle noch ein besonderes Uebergabe-Protokoll, nach Vorschrift des §. 1361., abzuhalten.

§. 178.

6. Verpflichtung zur Aufräumung der Rückstände.

Die Aufarbeitung der Geschäftsrückstände bei einem wiederbesetzten Rechnungsamte, d. h. solcher Gegenstände, deren Nichterledigung bloß auf dem Verzuge der Amtsvorfahren beruhte, und der Erhebungsreste, soll dem Nachfolger in so weit nicht unentgeltlich zugemuthet werden, als jene Rückstände älter als ein Jahr vor dem Dienstantritte geworden sind. Die Aufräumung solcher Rückstände wird vielmehr, in vorherbestimmten Größen, entweder nach Prozenten, oder stückweise, oder endlich, wenn eine derartige Berechnung nicht anwendbar ist, in einer angemessenen Aversional-Summe vergütet.

Zweites Hauptstück.

Gegenstände der Rechnungsverwaltung.

§. 179.

1. Gegenstände überhaupt.

Alle, nach dem Prinzipe §. 20 — 24. geeigenschaftete, Gegenstände gehören, sobald sie das Staats- (Dom.) Vermögen entweder vermehren, oder vermindern, zur Rechnungsverwaltung.

§. 180.

2. Einnahmegegenstände. Rechnungsstock.

Die verrechenbaren Gegenstände, welche das Vermögen vermehren, gehören zu der Einnahme und sind Rechnungseinkünfte, Intraden. Der Inbegriff sämmtlicher zu einer Rechnungsverwaltung gehörigen Intraden heißt der Rechnungsstock (Rechnungsfond).

§. 181.

a. Natürliche Beschaffenheit der Gegenstände.

Die Einkünfte bestehen, ihrer natürlichen Beschaffenheit nach, in Geld, Naturalien, Mineralien, Materialien, Industriewaaren (Artefakten) und Dienstleistungen.

§. 182.

α. Geld.

Als Geld sind die in Metall geprägten Münzen (Metallgeld) und das gemünzte Papier (Papiergeld) der gewöhnlichen Verrechnung unterworfen. Ausgenommen hiervon sind Staatseffekten, welche nicht auf jeden Inhaber lauten und nicht zu jeder Zeit an den Staat als bar Geld abgesetzt, oder im Verkehre gegen bares Geld eingelöset werden können, da solche keine der Vereinnahmung entsprechende Verausgabung zulassen, sondern die Geldmittel durch den Eingang gerade um ihren geldwerthen Betrag verringern. Als Scheineinnahme, jedoch nur wirkliche Ausgabe werden daher alle eingehende Staatseffekten, soweit ihre Tilgung und Annahme verfügt ist, nur für Rechnung der Schuldentilgungs-Kasse, oder des dieselbe vertretenden sonstigen Kassenressorts angenommen und jener, oder diesem entweder als Barlieferung, oder gegen Rückerstattung des Geldwerthes in Gelde übermacht.

§. 183.

β. Naturalien.

Unter Naturalien werden alle durch Benutzung der Oberfläche der Erde gewonnene Produkte und alle zu Lande, oder zu Wasser erzogene, oder ausgebeutete nutzbare Thiere verstanden. Es gehören dahin Früchte, Forst-, Jagd- und Fischereinutzungen.

§. 184.

aa. Früchte.

Als Früchte werden nicht nur alle perzipirte und ihrer Natur nach zum Verbrauche bestimmte Erzeugnisse der Landwirthschaft, gleichviel ob sie noch roh, oder landwirthschaftlich zugerichtet, oder selbst, jedoch nur als Genußmittel, durch Händearbeit in eine andere Gestalt übergegangen sind, sondern auch alle nutzbare Hausthiere betrachtet.

§. 185.

bb. Forstnutzungen.

Alles, was unmittelbar aus den Forsten roh oder verarbeitet gewonnen wird und seiner Pflanzung, Erhaltung, oder Gewinnung nach einer forstwirthschaftlichen Behandlung bedarf, gehört zu den Forstnutzungsgegenständen. Dahin sind zu zählen: 1) an rohen Produkten: a) Holz, b) Rinde, c) Säfte, d) Früchte (Saamen) und e) Blätter (Laub und Nadeln); 2) an Artefakten: a) Kohlen, b) Theer, c) Kienruß und d) Harz (Pech). Ausgenommen sind in der Regel alle Verpachtungen von

Forstnutzungen, alle Weiden (wohin auch die Mast zu rechnen) und alle mittelbaren Forstnutzungen, als: Concessionsgelder, Holzzölle, Jagd, Fischerei, wilde Bienenzucht u. s. w. Diese Gegenstände sind also von der Forstrechnung ausgeschlossen und werden von besonders dazu autorisirten Rechenämtern verrechnet. Auch sollen die Natural-Verwendungen in den Forst, wenn dieselben nicht vorher aus demselben gewonnen sind, überall nicht; wenn sie aber wirklich vorher aus demselben aufgekommen sind, nur unter der Voraussetzung als durchlaufende Posten verrechnet werden, daß sie, wie z. B. Saamen, als Ernte in Bestand genommen waren. Gegenstände der ersteren Art sind von den hierzu besonders angewiesenen Rechenämtern zu Gelde, auf den Grund der Forstnutzungs- oder Kulturplane und deßhalb ergangener Dekretur, zu verrechnen. Selbstgewonnene, aber nicht zu Ernte und Bestand aufgenommene, Gegenstände, z. B. Steckreiser und Pflänzlinge, werden hingegen in ihrer Verwendung in den Forst, als vorgenommener bloßer Dislokation, nur in den Forstkultur-Planen nachgewiesen.

§. 186.

cc. Jagd- und Fischereinutzungen.

Unter den Jagd- und Fischereinutzungen sind alle jagdbare Thiere mit Einschluß des Vogelfanges, und alle nutzbare Wasserthiere begriffen. Die Verrechnung derselben, dem Gegenstande nach, geschieht im Allgemeinen analog derjenigen, welche bei den Forstnutzungen (§. 185.) angewendet wird.

§. 187.

γ. Mineralien.

Zu den Mineralien gehören alle Berggüter und mineralische Wasser, so weit sie in derjenigen Beschaffenheit, worin sie unmittelbar gewonnen werden, zum Absatze kommen.

§. 188.

δ. Materialien.

Unter Materialien werden diejenigen, nicht sonst als

Rechnungsgegenstände besonders benannten, Brauchlichkeiten verstanden, die in ihrer vorliegenden Beschaffenheit noch nicht zu ihrer Zweckbestimmung verwendet sind, sondern gerade zu einer solchen Verwendung aufbewahrt werden.

§. 189.

ε. Industriewaaren. (Artefakte.)

Industriewaaren (Artefakte) sind alle Mobiliar-Gegenstände, welche durch eine besondere Kunstfertigkeit aus rohen Materialien gebildet, und in einem vorbemessenen Preise bestimmungsmäßig dem Verkehre ausgesetzt sind.

§. 190.

ζ. Dienstleistungen.

Die Dienstleistungen unterliegen einer selbstständigen Verrechnung, wenn sie als Hand-, oder Spanndienste entweder zur Strafbüßung oder vertragsmäßig geleistet werden, ohne daß sie durch Taglohn vergütet werden müßten.

§. 191.

b. Finanzielle Beschaffenheit der Einnahmegegenstände. *a.* Reine Einkünfte.

Nach der finanziellen Beschaffenheit der Einnahmegegenstände richtet sich sowohl die kameralistische Verrechenbarkeit derselben überhaupt, als auch die allgemeine organische Einrichtung ihrer Verrechnung selbst. Zunächst sind nur reine, d. h. solche Einkünfte zulässig, welche so, wie sie zur Einnahme des Rechenamts kommen, auch wieder verausgabt werden sollen, ohne zuvor einer besonderen Spezifikation (Verarbeitung zu einer neuen Sache) zu bedürfen.

§. 192.

aa. Sichere Einkünfte. *αα.* Begriff.

Von den reinen Einkünften werden die unsicheren einer mehr summarischen; die sicheren aber einer mehr detaillirten Verrechnung ausgesetzt. Sichere Einkünfte sind solche, deren Aufkommen entweder 1) im Voraus bestimmt berechnet und nie durch Defraudation beschränkt, oder doch wenigstens 2) kurz vor der Fälligkeit kontrollirt und im Soll festgesetzt werden kann.

§. 193.

ββ. Aufzählung.

Zu den sichern Einkünften — welche in getrennten Tage- und Handbüchern und genauer systematischer Ordnung verrechnet werden — gehören und zwar zu der ersteren Art: 1) die direkten Steuern; 2) die Domanial- Geld- und Natural-Gefälle mit Einschluß sämmtlicher Pachtschillinge auch für solche Gegenstände, die ihrer Natur nach zu den unsicheren Einkünften zu rechnen sind, 3) die Forstnutzungen; zu der anderen Art: 4) die Sporteln, 5) die Strafgelder und 6) die Industriewaaren-Gelder.

§. 194.

bb. Unsichere Einkünfte. αα. Begriff.

Unsicher sind diejenigen Einkünfte, welche im Voraus nicht bestimmt, sondern nur nach Durchschnittsverhältnissen unter Berücksichtigung besonderer Zeit- oder Lokalumstände berechnet, und erst mit ihrem Einkommen in dem wirklichen Soll festgesetzt werden können, auch daneben meist noch unvertilgbarer Defraudation ausgesetzt sind.

§. 195.

ββ. Aufzählung.

Unter die unsicheren Einkünfte — deren Verrechnung summarisch in einem Tagehandbuch geschieht — werden gerechnet: 1) die indirekten Steuern, 2) die Post- und Wegegelder, 3) die Jagd- und Fischereinutzungen, 4) die Mineralien, 5) die Materialien und 6) die Industriewaaren.

§. 196.

β. Unreine Einnahmegegenstände.

Unreine, nicht zur Kameral-Verrechnung geeigenschaftete, Einnahmegegenstände sind alle Sachen, welche in ihrer gegenwärtigen Beschaffenheit entweder noch nicht zum Verkehre, sondern zuvor erst zu einer besonderen Spezifikation, oder als Mittel zum Erwerbe reiner Einkünfte bestimmt sind.

§. 197.

3. Ausgabegegenstände. a. Ueberhaupt. Rechnungsinkumbenz.

Alles, was das Staats- (Dom.) Vermögen an verrechenbaren Bestandtheilen positiv verringert, ist Gegenstand der Ausgabe im Allgemeinen. Der Inbegriff sämmtlicher einer Rechnungsverwaltung aufliegenden Ausgaben heißt, im Gegensatze zum Rechnungsstocke, die Rechnungslast oder Inkumbenz.

§. 198.

b. Subsistenzmittel.

Jede Ausgabe muß dem Prinzip (§. 20.) zu Folge in einem reinen Subsistenzmittel bestehen, um zur Kameral-Verrechnung gelangen zu können. Reines Subsistenzmittel ist aber jede Ausgabe, die unmittelbar aus dem reinen, (wirklichen, oder durch Anleihen erkünstelten,) Staats- (Dom.) Vermögen entnommen und unmittelbar für den Staat (die Standesherrschaft) verwendet wird. Es kommt hierbei nicht darauf an, ob die Verwendung eine absolut nothwendige, oder eine nützliche, oder nur eine luxuriöse ist.

§. 199.

c. Sachaufwand.

Alle Objekte, welche dazu aufgewendet werden müssen, um eine Sache zu derjenigen Spezifikation, oder in denjenigen Zustand zu bringen, worin sie als reines Einkommen betrachtet, oder eine Quelle desselben werden soll, bilden den Sachaufwand. Er unterliegt, mit den in den §§. 21 — 23 bestimmten Modifikationen, keiner kameralistischen, sondern der besonderen technischen Verrechnung, welche der betreffenden Industrieanstalt eigenthümlich ist. Diese Verrechnung ist zwar auch der Lokalrevision der oberaufsehenden Rechnungsbeamten ausgesetzt, jedoch nur auf den Grund besonderer deßhalb zu ertheilender Instruktion.

Drittes Hauptstück.

Raum und Zeit der Rechnungsverwaltung.

Erstes Kapitel.

Bezirke und Kompetenz der Rechenämter.

§. 200.

1. Begriff von Bezirken.

Allen Rechenämtern muß grundsätzlich (§. 25.) zur Möglichkeit ihrer Amtsbethätigung eine bestimmte räumliche Ausdehnung vorgesteckt seyn. Diese Ausdehnung kann sich sowohl auf eine geographische, als eine objektive Grenzlinie beziehen. Die geographische Grenzlinie der räumlichen Ausdehnung eines Rechenamts wird sein Bezirk genannt.

§. 201.

2. Kompetenz. a. Begriff.

Jedes Rechenamt hat nur die Befugniß, seine Amtsgewalt auf den ihm angewiesenen Bezirk und die ihm übertragenen Gegenstände zu erstrecken und die, nur in solcher Grenzlinie schuldige, Parition der betroffenen Personen zu verlangen. Jene Befugniß heißt die Kompetenz des Rechenamtes im Allgemeinen.

§. 202.

b. Eintheilung.

Sie ist entweder Amtszuständigkeit, oder Rechenamtsstand, je nachdem sie aktiv, oder passiv, entweder als Befugniß zur Ausübung, oder als Pflicht zur Parition betrachtet wird.

§. 203.

c. Regulirung der Kompetenz. *α.* Grundsatz der Bezirksbildung.

aa. Im Allgemeinen.

Sämmtliche Bezirke der Rechenämter sind ihrer Ausdehnung nach, in der Regel, mit den Grenzlinien der politischen Verwaltungsbezirke gleichlaufend zu bilden. Dieser Grundsatz gilt auch für die oberaufsehenden Rechnungsämter, bei welchen die Vorschriften der §§. 200—202. im Allgemeinen Anwendung finden.

§. 204.

bb. In Rücksicht der Spezial-Ausdehnung.

Die Ausdehnung der Spezial-Bezirke soll sich indessen regelmäßig nur so weit erstrecken, daß die größte Entfernung einer einbegriffenen Ortschaft von dem Amtssitze nur zwei Meilen beträgt. Sollte also hiermit der politische Spezial-Verwaltungsbezirk nicht übereintreffen, so ist innerhalb desselben, und dann wo möglich nach den Spezial-Justizbezirken, eine weitere Bezirksabtheilung herzustellen. Für die sich selbst fahrenden Naturalien sind überdieß die durch Herkommen, oder Verträge bestimmten Ablieferungsorte unverrückt beizubehalten.

§. 205.

β. Grundsatz der objektiven Erhebung.

Was die einzelnen Gattungen der Einkünfte betrifft, so können dieselben — obgleich jede von ihnen einer besonderen Verrechnung unterliegt — nach ermessenem Bedürfniß entweder sämmtlich, oder nach Auswahl verbunden, oder einzeln zur Kompetenz eines Rechenamts gestellt werden. Jedoch ist hierbei sowohl eine zu große Zersplitterung der Kompetenz, als eine zu große Ueberladung derselben möglichst zu vermeiden.

§. 206.

γ. Grundsatz der Inkumbenzvertheilung. aa. Regel.

Für die Vertheilung der Inkumbenz unter die einzelnen Rechenämter gilt der Grundsatz, daß, in der Regel, so weit ein Rechnungsfond in einem Bezirke aufkommt, so weit auch von demselben die Rechnungslast getragen werden muß.

§. 207.

bb. Anwendung. *αα.* Auf Rechnungsverwaltungen ungemünzter Gegenstände.

Jener Grundsatz findet unbedingte Anwendung auf die Rechnungsverwaltungen der Naturalien, Mineralien, Materialien, Waaren und Dienstleistungen. Alle diese Gegenstände sind ungeeignet durch den Instanzenzug der Rechenämter getrieben zu werden, zumal die oberen Rechenämter (zweiter und dritter Instanz) nur als Kassen bestehen.

§. 208.

ββ. Auf Geld-Rechnungsverwaltungen.

In Betreff der Geld-Rechnungsverwaltungen liegt die Inkumbenz nur so weit auf dem Geld-Rechnungsstocke, als die Bedürfnisse aus der Lokalität, oder der unmittelbaren Verwaltung des Bezirks, worin das Rechenamt liegt und ihn selbst zu seiner Kompetenz umfaßt, entsprungen sind und regelmäßig durch den Fond selbst gedeckt werden können. Bei vorherrschender Insuffizienz des Rechnungsstocks zu seiner Rechnungslast und bei Bedürfnissen, welche aus einem, im Verhältnisse zu der unmittelbaren Verwaltung im Rechenamtsbezirke höheren, Verwaltungszweige entspringen, gehört auch die Bestreitung der Rechnungslast zur respektiven Kompetenz eines Rechenamtes zweiter, oder dritter Instanz.

Zweites Kapitel.

Bestimmung des Rechnungsjahres.

§. 209.

1. Regel.

Die Abwickelung des Rechnungshaushaltes in allen seinen Ergebnissen soll durchgängig an den Zeitraum von einem Jahre gebunden seyn, welches das Rechnungsjahr genannt wird. Das Rechnungsjahr ist bei allen Erhebungsstellen, regelmäßig und so lange nicht eine besondere Ausnahme ausdrücklich vorgeschrieben worden, gleichlaufend mit dem Kalenderjahre.

§. 210.

2. Modifikation.

Die Stellung der Jahresrechnung, sowie die Schließung der Hülfsbücher sind indessen von weiter hinausgerückten Terminen abhängig, welche ihres Orts festgesetzt werden.

Viertes Hauptstück.

Pflichten und Befugnisse der Rechner hinsichtlich der Disposition über die Substanz des verwalteten Vermögens.

§. 211.

1. Grundsatz.

Zu Folge des Prinzips (§. 26.) kann ein Rechnungsbeamter jeder Stellung nur auf den Grund einer besonders ertheilten und maßgeblichen Erlaubniß zu einer Disposition über die Substanz des verwalteten Staats- (Dom.) Vermögens, welches auch das öffentliche oder herrschaftliche genannt wird, berechtiget erscheinen. Bei oberaufsehenden Beamten ist diese Erlaubniß nur in außerordentlichen Fällen zulässig; bei den vollziehenden Beamten oder Rechnern aber darf sie in bestimmten Grenzen regelmäßig Statt finden. In solcher Beschränkung an die obige Regel strenge gebunden, sind denn auch die Rechner, ohne die geeignete Erlaubniß, nirgends befugt, herrschaftliche Vermögensbestandtheile zu benutzen, zu belasten, oder zu veräußern. Nur wenn die Verschiebung der Veräußerung den Untergang, oder eine erhebliche Deterioration des betreffenden Gegenstandes nach sich ziehen würde, kann und muß der Rechner, jedoch unter strenger Verantwortlichkeit, die Veräußerung vornehmen und sofort die höhere Genehmigung nachträglich einholen. Die Dispositionserlaubniß wird ordentlicher Weise von der kompetenten Verwaltungsbehörde; auf außerordentlichem Wege aber unmittelbar von dem Regenten ertheilt.

§. 212.

2. Veräusserungserlaubniss. a. Auf ausserordentlichem Wege.

Wenn höchsten Orts Erlaubniß zur Veräußerung unmittelbar ohne Vermittelung der vorgesetzten Verwaltungsbehörde ertheilt worden ist; so hat der Rechner hiervon dieser Behörde unverzüglich berichtliche Anzeige zu machen.

§. 213.

b. Auf ordentlichem Wege. α. Umfang.

Die Erlaubniß zur Veräußerung auf ordentlichem Wege geschieht entweder im Voraus in Betreff einer ganzen Gattung von Gegenständen; oder sie beschränkt sich auf einen einzelnen Gegenstand. Ferner ertheilt sie die Befugniß entweder zur öffentlichen Ausbietung durch Versteigerung, oder zur Veräußerung aus der Hand. In beiden Fällen hat sich der Rechner genau nach dem Umfange der ertheilten Erlaubniß zu achten.

§. 214.

β. Verfahren bei nicht vorbestimmten Normalpreisen. aa. Bei Versteigerungen. αα. Ueberhaupt.

Bei Versteigerungen soll überall ein Protokoll abgehalten, und solches von dem Protokollführer und sämmtlichen Letztbietenden, oder, sofern eine Wahl vorbehalten worden, von dem Vorletzt- und Letztbietenden bei jedem Gegenstande, unterschrieben werden. Standesherrliche Rechner haben außerdem, wenn die zu versteigernden Gegenstände zusammen voraussichtlich eine Gebotsumme von Einhundert Gulden erreichen werden, den nächsten Schultheißen oder Bürgermeister zu der Versteigerung zuzuziehen und von ihnen das Protokoll mit unterschreiben zu lassen.

§. 215.

ββ. Einholung der Genehmigung.

Diese abgehaltenen Protokolle gehören regelmäßig, und sofern im einzelnen Falle nicht ein Anderes verfügt seyn sollte, zu den einschlägigen Akten des betreffenden Rechnungsamtes. Sie werden aber mit Begleitungsbericht und unter Beifügung von zweifachen tabellarischen Verzeichnissen über die veräußerten Gegenstände unverzüglich der vorgesetzten Verwaltungsbehörde zur Einsicht vorgelegt. Ein solcher Begleitungsbericht muß wenigstens das Haupt-Resultat der Versteigerung in Summen der einzelnen Gattungen von Gegenständen und des Erlöses aus denselben dergestalt darstellen, daß auch aus den Verwaltungsakten das Ergebniß der Versteigerung ersehen werden kann. Die beizufügenden Verzeichnisse hingegen müssen alle Gegenstände und alle daraus erzielte Erlöse speziell aufführen. Das eine Exemplar dieser Verzeichnisse dient zur Ausgabe-Dekretur in Ansehung der veräußerten Gegenstände, das andere zur Dekretur der Einnahme des Erlöses.

§. 216.

bb. Bei Veräußerungen aus der Hand. αα. Ueberhaupt.

Bei Veräußerungen, namentlich Verkäufen aus der Hand hat der Rechner sich jedes Mal von dem Empfänger und Käufer eine Bescheinigung darüber ausstellen zu lassen: welche Gegenstände, in welcher Quantität und um welchen Preis dieselben an diesen überlassen worden sind.

§. 217.

ββ. Einholung der Genehmigung.

Die Einholung der Genehmigung der Veräußerungen aus der Hand, sowie der Einnahme- und Ausgabe-Dekretur wird in der Weise bewerkstelliget, wie solches in dem §. 215. vorgeschrieben ist.

§. 218.

γ. Verfahren bei vorbestimmten Normalpreisen.

Ist bei Versteigerungen im Voraus ein Normalpreis vorgeschrieben, oder auf Antrag genehmiget worden; so kann der definitive Zuschlag sogleich erfolgen, wenn die Gebote diesen Preis erreichen, oder überschreiten, und muß dieserhalb nur alsbald bei der vorgesetzten Verwaltungsbehörde um Ratihabition und Ertheilung der erforderlichen Dekreturen gebeten werden. Im entgegengesetzten Falle ist jedoch die Ratifikation vorzubehalten und deßhalb ohne Verzug an jene Behörde zu berichten. Dasselbe findet bei Veräußerungen aus der Hand Statt. Sind dieß Naturalien-Verkäufe, so müssen Ratihabition und Verrechnungs-Dekreturen in dem ersten vorher gedachten Falle nur von Monat zu Monat erwirkt werden. Auch wird hierbei der Marktpreis der nächstgelegenen Stadt mit Wochenmärkten, oder der in der nächsten Umgegend herrschende Preis als der Normalpreis angesehen, welcher mit den einschlägigen Wochenblättern, oder mit einem Atteste des Bürgermeisters am Orte der abzugebenden Gegenstände zu bescheinigen ist.

§. 219.

3. Kreditirungen. a. Ueberhaupt.

Der Rechner kann niemanden Kredit ertheilen, wenn er hierzu nicht zuvor höhere Erlaubniß erhalten hat. Unter Kredit wird die Vertagung der schuldigen Vertragsleistung eines Kontrahenten zu einer Zeit verstanden, wo von herrschaftlicher Seite der Vertrag bereits erfüllt ist. Es gehört daher hierunter nicht die Vertagung der Leistung von solchen Schuldigkeiten, für welche nach der Natur des Geschäfts bestimmte Terminzahlungen festgesetzt worden sind, oder die herkömmlich an einem bestimmten Tage fällig werden. Solche Vertagungen sind unter dem Begriffe von Stundungen oder Ausstandsertheilungen zu befassen.

§. 220.

b. Deßhalbige Vorsichtsmaßregeln.

Wegen der in der Regel obwaltenden Unzulässigkeit des Kredits haben die Rechner keinen veräußerten Gegenstand eher verabfolgen zu lassen, als bis vorher die Zahlung geschehen und nachgewiesen ist. Bei nicht erfolgender Abholung solcher Gegenstände, sind dieselben auf Gefahr und Kosten der ersten Erständer (Käufer rc.) anderweit zu veräußern. Es ist deßhalb diese Bedingung nicht allein jedes Mal in das Versteigerungs-Protokoll, oder in die Vertrags-Positionen aufzunehmen; sondern der Rechner hat auch niemand als Kontrahenten zuzulassen, der nicht entweder durch seine notorische

Vermögensverhältnisse, oder durch geleistete zureichende Bürgschaft jene Gefahr und Kosten übernehmen kann.

§. 221.

4. Stundungen. a. Unzulässigkeit. α. Im Allgemeinen.

In allen Fällen, worin Kredit ertheilt worden ist, und worin keiner Statt finden darf, soll auch keinerlei Stundung (Ausstand) verwilliget werden.

§. 222.

β. Besonders bei solidarischer Verpflichtung.

Wenn mehrere Schuldner solidarisch, d. h. Einer für Alle und Alle für Einen, verpflichtet sind; so darf keinem einzelnen von ihnen, ohne Einwilligung der anderen, ein Ausstand ertheilt werden.

§. 223.

b. Zulässigkeit. α. Ueberhaupt.

In allen anderen Fällen, also bei bestimmten Terminzahlungen, bei herkömmlichen, oder besonders festgesetzten Verfalltagen, ist es unverletzliche Pflicht des Rechners, sogleich nach fruchtlos verstrichenem Zahlungstermine die geeigneten Zwangsmittel zur Erwirkung der Zahlung anzuwenden. Zugleich wird ihm jedoch die Befugniß ertheilt, auf Anstehen der Schuldner und aus zureichenden Gründen, einen unerstrecklichen Ausstand, und zwar bei Geldgefällen von vier Wochen, bei Fruchtgefällen aber nur von vierzehn Tagen zu gewähren.

§. 224.

β. Gründe derselben.

Zureichend begründet darf der Rechner nur alsdann eine zu ertheilende Stundung annehmen, wenn ihm der Debent nachgewiesen hat: daß er gegenwärtig ohne alle geeignete Mittel sey; in dem Laufe des Ausstandes aber zuverlässig in den Besitz hinreichender Zahlungsmittel kommen werde; der Rechner dabei auch voraussehen kann, daß die Fortsetzung der Zwangsmaßregeln die Zahlung weder schneller herbeizuführen, noch sicherer zu stellen vermag.

§. 225.

γ. Verfügung auf ein Stundungsgesuch. aa. Vom Rechner.

In der Verfügung auf eine erbetene Stundung hat der Rechner dem Debenten zugleich zu eröffnen, daß er nach fruchtlos abgelaufener Frist mit dem Zwangsverfahren sofort vorschreiten werde, wofern selbiger nicht während dieser Zeit einen weiteren Ausstand höchsten oder höheren Orts erwirkt haben sollte.

§. 226.

bb. Von der Verwaltungsbehörde.

Um dem Rechner nicht in der Beitreibung der Gefälle verhinderlich zu seyn, wird die vorgesetzte Verwaltungsbehörde in der Regel auf kein Ausstandsgesuch anders, als nach vorgängiger Anhörung des Rechners mit gutächtlichem Berichte, verfügen. Der Rechner kann daher hiervon die um Ausstand ansuchenden Debenten in Kenntniß setzen, und es ihnen frei stellen, ihre Gesuche an die Verwaltungsbehörde entweder unmittelbar, oder durch seine Hand einzureichen, in welchem letzteren Falle er dann dem Gesuche sogleich seinen gutächtlichen Bericht beizufügen hat.

§. 227.

cc. Art der Mittheilung der Verfügungen.

Verfügungen auf Ausstandsgesuche, welche unmittelbar von der Verwaltungsbehörde aus, oder durch dieselbe gehen, werden, nach Maßgabe der Fälle, entweder nur dem Rechner, mit dem Auftrage zur Bekanntmachung an den Debenten, oder aber diesem letzteren unmittelbar und in gleichzeitiger Abschrift dem Rechner zugefertiget.

§. 228.

δ. Stundung der Schulden von Gläubigern.

Vertetbare Schuldposten derjenigen Personen, welche aus Rechenämtern Zahlungen zu beziehen haben, können bis zum Fälligkeitstermine der letzteren, wenn dessen Eintritt voraus bestimmt ist und zuverlässig in demselben Rechnungsjahre erfolgt, bis zu dem gleichlaufenden Betrage ohne Weiteres gestundet werden. Ueber einen solchen Betrag hinaus kann die Stundung jedoch nur unter Beobachtung der vorhergehenden Vorschriften geschehen, und außerdem sind, wenn Verzugszinsen von der Schuld entrichtet werden müßten, diese für die Zeit des Ausstandes zu berechnen und einzufordern.

§. 229.

5. Inexigibele Posten.

Inexigibele Posten, d. h. solche einzelne Beträge, welche bestimmte Personen schuldig geworden, von diesen aber nicht beizubringen sind, dürfen nur auf den Grund einer, deßhalb von der einschlägigen Verwaltungsbehörde eingeholten, Dekretur in Ausgabe gestellt werden.

§. 230.

6. Ausfälle. a. Wegen Unergiebigkeit.

Ausfälle, welche durch Unergiebigkeit der zu bestimmtem Soll in Einnahme übertragenen Einkünfte entstehen, kann der Rechner nicht stillschweigend, als an und für sich gerechtfertiget, behandeln; sondern er muß vielmehr sogleich, wenn sich ein solcher Ausfall offenbart, deßhalb zureichend an die vorgesetzte Verwaltungsbehörde berichten, und deren Dekretur hierauf, welche sofort erfolgen und ihm, geeigneten Falls, zum Belege dienen soll, erwarten.

§. 231.

b. Wegen Nichtschuldigkeit.

Dasselbe findet Statt, wenn ein Ausfall durch die irrthümliche Aufnahme von Nichtschuldigkeiten — mögen sie solche dem Betrage, oder dem Schuldtitel nach seyn — in das bestimmte Soll veranlaßt wurde.

§. 232.

7. Abgänge durch Kalkülfehler.

Eben so wenig darf der Rechner jemals die von ihm in der Rechnung, oder die von ihm, oder Anderen in Urkunden begangenen Kalkülfehler dadurch heilen wollen, daß er den Betrag des Verstoßes, je nachdem er in Einnahme, oder Ausgabe zu viel erscheint, umgekehrt bezugsweise wieder in Ausgabe, oder in Einnahme aufkommen läßt, und solcher

Gestalt den Fehler zu einem durchlaufenden Posten erhebt; oder daß er einen derartigen Betrag, je nachdem er in Einnahme, oder in Ausgabe zu wenig gestellt ist, umgekehrt bezugsweise in Ausgabe, oder in Einnahme, bei irgend einem Posten, verschweigt, absetzt, oder nicht zur Linie bringt; denn hierdurch würde eine durchlaufende Negation gebildet, welche, formell und materiell gefährlich, weder historisch, noch arithmetisch gedacht werden kann. In solchen Fällen ist daher der Rechner gehalten, die eigenen Kalkülfehler, wo dieß zulässig, und zwar immer vor Einreichung, oder Vorlegung des betreffenden Rechnungsbuches, selbst zu ändern; sonst aber die Person oder Behörde, welche hierzu befugt ist, um Verbesserung anzugehen.

Fünftes Hauptstück.

Führung des Rechnungshaushaltes.

§. 233.

1. Begriff.

In Folge des, dem Rechnungshaushalte im §. 17. beigelegten, Begriffes besteht die Führung desselben in der bezugsweisen richtigen Herstellung, Beobachtung und Behandlung aller Ergebnisse, welche die Einnahme, Ausgabe und Aufbewahrung betreffen.

§. 234.

2. Umfang.

Sie umfaßt hiernach 1) die Größenberechnung der Rechnungsgegenstände nach Raum und Zeit; 2) die Erhebung der Gefälle; 3) die Verwendung der Gefälle und 4) die Verwaltung der Bestände.

Erstes Kapitel.

Grössenberechnung der Rechnungsgegenstände nach Raum und Zeit.

§. 235.

1. Gegenstände überhaupt.

Zu den Größenverhältnissen, deren Berechnung zur gleichförmigen Führung des Rechnungshaushalts an bestimmte Vorschriften gebunden ist, gehören die Münzen, das Maß, das Gewicht, die Stückzählung und die Zeitrechnung.

§. 236.

2. Einzelne Gegenstände. a. Münzen.

Geldgefälle werden nur in Gulden, Kreuzer und Heller (— Thaler, Groschen und Pfennigen —) verrechnet. Gebrochene Zahlen sind hierbei nicht zu dulden. Brüche höherer Münzscheiden müssen daher auf die nächstniedrigere Münzscheide reduzirt; Hellerbrüche aber durchhin ausgeschieden werden. Scheidemünze wird bei einer einzelnen Zahlung regelmäßig nur bis zu dem Betrage von zwei Gulden angenommen und ausgegeben.

§. 237.

b. Mass. α. Ueberhaupt.

Die verschiedenen Arten des Maßes kommen höchstens in drei Scheiden zur Verrechnung, und zwar: a) das Flächenmaß in Morgen, Ruthen und Schuh; b) das Fruchtmaß in Achtel, Mesten und Gescheid (Mäßchen); c) das nasse Maß in Ohm, Maß und Schoppen; d) das Forstmaß, α) bei Bau-, Werk- und Nutzholz in Kubikfuß, (oder Stück,) β) bei Brandholz in Klafter, γ) bei Reiserholz in Haufen und Wellen (Bund), δ) bei Kohlen in Fuder und Bütten, ε) bei Laub in Wagen.

§. 238.

β. Behandlung gebrochener Zahlen.

Gebrochene Zahlen sollen bei allen Arten des Maßes regelmäßig nicht vorkommen. Sie werden vielmehr entweder, analog den Brüchen bei Münzen, auf ganze Zahlen gebracht, oder ausgeschieden. Bei der Ausscheidung sind Brüche in den geringsten Maßscheiden, wenn sie $\frac{1}{2}$ oder darunter betragen, für nichts; wenn darüber, für ein Ganzes anzunehmen. Nur bei Klafter und Bütten dürfen Brüche in Vierteln gebraucht werden.

§. 239.

c. Gewicht.

Die Verrechnung des Gewichtes ist auf Zentner und ganze Pfund beschränkt. Brüche fallen weg. Ihre Reduktion, oder Ausscheidung wird nach Vorschrift des vorhergehenden Paragraphen behandelt.

§. 240.

d. Stückzählung.

Die Stückzählung geschieht entweder in gewöhnlicher

Zählung nach Einheiten, oder nach gewissen Zahlgrößen. In letzterer Art werden nur Fuder und Gebund zugelassen, wobei, sowie bei jeder anderen Stückzählung, ebenfalls keine gebrochene Zahlen zur Rechnung zu bringen, sondern solche, soweit die Reduktion auf ganze Zahlen nicht möglich, unbedingt auszuscheiden sind.

§. 241.

e. Zeitrechnung.

Die Zeitrechnung ist im Allgemeinen übereinstimmend mit der Kalenderrechnung. Das Jahr wird indeß — Rechnungs- und Geschäftstermine ausgeschlossen — nur zu 360; der Monat zu 30 Tagen angenommen. Bei Berechnungen von Quantitäten nach der Zeit soll der Monat nur in drei Drittheilen, d. h. von 10 zu 10 Tagen, dergestalt verrechnet werden, daß der Eintritt der Zeit in eins dieser Drittheile immer für die vollen, von ihm umfaßten, zehn Tage gilt, ohne Unterschied ob vorwärts, oder rückwärts gezählt wird. In dieser Absicht ist, zur Vermeidung von Verlusten, wo es thunlich, ein Anfangstermin (terminus a quo) auf den 1ten, 11ten, oder 21ten; ein Endtermin (terminus ad quem) auf den 10ten, 20ten, oder 30ten eines jeden Monats zu setzen. Quantitäten, welche aus bestimmten einzelnen Tagleistungen erwachsen, sind der gewöhnlichen Zeitrechnung unterworfen.

§. 242.

3. Modifikation der Regel über die Grössenberechnung.

a. Bei der Erhebung.

Die über die Größenberechnung der Rechnungsgegenstände gegebenen Vorschriften leiden keine Anwendung auf die bereits vorlängst bestimmten und hergebrachten Gefälle. Vielmehr werden diese, in den ihnen eigenthümlichen Größen, auf den Grund der deßhalbigen Dokumente und Listen überall mit den ausgeworfenen Brüchen fortgeführt und beigetrieben.

§. 243.

b. Bei der Buchung.

Die Verrechnung solcher Gefälle geschieht, so weit sie

auf den deßfallsigen Listen geführt wird, ebenfalls nur in den ursprünglichen Größenverhältnissen. Sobald sie aber zu der Buchung in den angeordneten Rechnungsbüchern gelangen, sind sie durchhin nach den obigen Vorschriften zu behandeln. Die dabei erforderlichen Reduktionen müssen auf den betreffenden Urkunden selbst, wenn es augenfällig geschehen kann, sonst auf Beilagen, und zwar, bei Ermangelung eingeführter deßhalbiger Reduktionstabellen, in speziell ausgeführten Berechnungen, und nicht bloß in den gewonnenen Resultaten, hergestellt werden. Die in der Kompetenz eines Rechenamtes vorkommenden verschiedenen Größenverhältnisse in Betreff einer und derselben Gattung von Gefällen sollen zu Anfange eines jeden Rechnungsbuches verzeichnet erscheinen.

Zweites Kapitel.

Erhebung der Gefälle.

§. 244.

1. Uebertragung einer jeden Einnahme. a. Ueberhaupt.

Der Rechner hat nichts in Einnahme zu bringen, was ihm nicht zur Erhebung übertragen worden ist. Was daher ein Mal zur Einnahme gestellt worden, darf nirgends in derselben wiederholt werden.

§. 245.

b. Arten.

Die Uebertragung geschieht entweder durch Ueberweisung des Rechnungsstocks selbst zur Verwaltung auf den Grund früherer Rechnungen, Inventarien und Verzeichnisse, oder durch den Etat selbst, oder durch spezielle Dekretur zur Einnahme, welche überall dann erfolgen muß, wenn und wo eine Einnahme zum ersten Male in ihrer jetzigen Beschaffenheit in Aussicht genommen ist.

§. 246.

c. Kompetenz zu Uebertragungen.

Uebertragungen zur Einnahme werden, wenn sie nicht bei Ablieferungen zu anderen Erhebungsstellen erfolgen, regelmäßig nur von der kompetenten Verwaltungsbehörde dekretirt. Sind solche höchsten Orts ausnahmsweise unmittelbar verfügt worden, so müssen die betreffenden Aemter der vorgesetzten Verwaltungsbehörde hierüber sofort Bericht erstatten.

§. 247.

d. Pflicht des Rechners zur Erwirkung der Ueberträge.

Obgleich nach Vorschrift der §§. 244 — 246. keine Einnahme ohne deßhalbige legitime Uebertragung Statt finden kann; so ist es dennoch überall strenge Pflicht des Rechners, Alles, was den Zustand des verwalteten Vermögens vermehrt, oder alle Theile desselben, die zuvor noch nicht darunter begriffen waren, sobald sie anfällig werden, und als solche angesehen werden können, sofort zur Einnahme zu bringen, und entweder im Voraus, oder gleichzeitig um eine Einnahme-Dekretur einzukommen.

§. 248.

2. Gleichlaufenheit der Soll-Vereinnahmung der Gefälle mit dem Rechnungsjahre ihres Verfalltermines.

Alle Einnahmen können nur in dem Rechnungsjahrgange, worin sie fällig werden, im Soll der Einnahme erscheinen, und nur in dem Zeitpunkte, worin sie eingezahlt werden, zur Buchung kommen.

§. 249.

3. Eintreibung der Gefälle. a. Im Allgemeinen.

Zur Vermeidung aller Rückstände hat der Rechner streng darauf zu achten, daß die Gefälle zur Verfallzeit pünktlich eingehen.

§. 250.

b. Mit Verzugszinsen.

Verzugszinsen müssen überall von dem Tage des Verfalltermines ab berechnet und eingefordert werden, wenn dieselben entweder gesetzlich erwachsen, oder besonders verabredet, und in einer Ausstandsertheilung, für die Dauer der Frist derselben, nicht besonders nachgelassen sind. Diese Nachlassung, sowie eine jede andere Zinsenstundung und Ermäßigung, kann jedoch nur von der Verwaltungsbehörde verfügt werden.

§. 251.

c. Antrag auf Niederschlagung eines Schuldpostens.

Nur wenn das Zwangsverfahren gegen säumige Schuldner erschöpft, und dennoch keine Zahlung, oder kein hinreichendes Pfand erzielt worden ist, steht dem Rechner das Recht zu, auf den Grund legitimer Inerigibilitäts-Atteste die ganze, oder theilweise Niederschlagung des betreffenden Schuldpostens in Antrag zu bringen.

§. 252.

d. Abverdienung eines Schuldpostens. α. Ueberhaupt.

In diesem Antrage sowohl, als in anderen geeigneten Fällen, hat der Rechner zugleich gutächtlich darüber zu berichten, auf Welche Art und Weise der Schuldner zur Arbeit, und so zur Abverdienung seiner Schuld angehalten werden könne.

§. 253.

β. Veranschlagung eines Arbeitstages.

Bei abzuverdienenden Posten soll der Tag zu dreißig Kreuzer, ohne Kost, veranschlagt werden.

§. 254.

γ. Veranschlagung der Naturalien zu Gelde.

Naturalien, welche als Gegenstand der Schuld abverdient werden sollen, sind nach dem herrschenden Preise der nächsten Umgegend des betreffenden Rechenamtes zuvor in Geld zu berechnen.

§. 255.

δ. Deßhalb erforderliche Dekreturen.

Im Falle der genehmigten Abverdienung werden zwei besondere Dekreturen ausgefertiget: die eine zur Absetzung des betroffenen Schuldpostens in der ansprechenden Rechnung; die andere zur Vereinnahmung der im Soll festgesetzten Arbeitstage in die einschlägige Arbeitsrechnung.

§. 256.

4. Durchlaufende Posten.

Alle Posten, welche ihrer ursprünglichen Bestimmung, oder besonderer Verfügung nach zur Einnahme erwachsen sind, müssen in Einnahme erscheinen, auch wenn sie in der Wirklichkeit nicht zur Einnahme kommen, dabei aber geeignet sind, gleichzeitig in Ausgabe gestellt zu werden. Solche Posten werden durchlaufende Posten genannt, und es gehören dahin z. B. alle erlassene, niedergeschlagene und abverdiente Schulden, sowie diejenigen Beträge, welche, durch Ab- und Aufrechnung mit Gläubigern, der Kasse zu gut kommen.

§. 257.

6. Erhebungsgeschäftsgang. a. Einnahmetage.

Zur Erhebung hat der Rechner zum wenigsten vier Einnahmetage in der Woche zu bestimmen, in seinem Bezirke bekannt zu machen, und sich an diesen Tagen bis 5 Uhr Nachmittags zu Hause antreffen zu lassen.

§. 258.

b. Erhebung an anderen Tagen. α. An Geschäftstagen.

Auch außer diesen Einnahmetagen, Sonn- und Festtage ausgenommen, ist der Rechner verpflichtet, Zahlungen anzunehmen, wenn er sich in seinem Wohnorte befindet, und die Zahlung vor 5 Uhr Nachmittags angeboten wird.

§. 259.

β. An freien Tagen.

In allen anderen Fällen wird er überdieß auf die Entfernung des Wohnorts der zur Zahlung erscheinenden Schuldner billige Rücksicht nehmen, und durch eine Verweigerung der Zahlungsannahme das herrschaftliche Interesse nirgends gefährden.

§. 260.

c. Erhebung direkter Steuern. α. Parzial-Erhebung.

Was insbesondere die Beiführung der direkten Steuern betrifft, so sind diese sämmtlich in monatlichen Raten, und zwar zu Anfange eines jeden Monats, in den einzelnen Ortschaften zu erheben.

§. 261.

β. Erhebungszeit.

Zur Erhebung ist für jeden Monat ein bestimmter Werktag, mit der Stunde des Anfangs und des Schlusses der

Erheberei, im Voraus öffentlich bekannt zu machen. Kann dieser Tag aus rechtfertigenden Gründen nicht eingehalten werden, so muß drei Tage vor dem neu zu bestimmenden Erhebungstermine dieser zur öffentlichen Kenntniß gelangen.

§. 262.

γ. Vorauszahlungen.

Vorauszahlungen werden zu jeder geeigneten Zeit so weit angenommen, als damit ganze monatliche Raten gedeckt werden können.

§. 263.

δ. Resterhebung. aa. Zeit.

Die erwachsenden Reste sind noch im Laufe des Soll-Monats durch die geeigneten Zwangsmaßregeln beizubringen. Aeltere Rückstände hingegen muß der Erheber vertreten, sofern er sich nicht mit zulässigen Zeugnissen über ihre Unbeibringlichkeit ausweiset.

§. 264.

bb. Ort.

Die Restanten haben die Verpflichtung, ihre Restzahlungen an dem Wohnorte des Empfängers, an den gewöhnlichen Zahltagen und in den Geschäftsstunden abzuführen.

§. 265.

ε. Besetzte Tage des Empfängers.

Die Tage seiner örtlichen Erhebung, welche seine Abwesenheit vom Wohnorte nothwendig machen, soll der Erheber im Umfange seines Erhebungsbezirks zu öffentlicher Bekanntmachung bringen.

§. 266.

d. Abschlägliche Zahlungen.

Abschlägliche Zahlungen sind, bis zu dem Minimum von einem Gulden, einem Achtel, einer Maß, einer Klafter, einer Bütte, einem Zentner, einem Fuder, einem Stück, anzunehmen. Wenn die Schuld dagegen in einem geringeren Betrage besteht, so kann auf die Entrichtung des ganzen Betrags in einer Zahlung, unter Berücksichtigung des vorhergehenden Paragraphen, bestanden werden. Außer den oben genannten Fällen sind abschlägliche Zahlungen überhaupt unzulässig.

§. 267.

e. Einnahme-Methode.

Damit allen Irrungen bei der Einnahme so viel möglich vorgebeugt werde, hat der Rechner die Schuldigkeit zuerst in Empfang zu nehmen; dann dieselbe zu buchen; und zuletzt Quittung zu ertheilen.

§. 268.

f. Ertheilung der Quittungen. α. Ueberhaupt.

Ueber jeden Empfang ist eine Quittung auszustellen, solche aber nie ohne Empfang zu verabfolgen. Für die Abfassung der Quittung gelten die in den §§. 425., 426. und 427. ertheilten Vorschriften.

§. 269.

β. Ausstellung derselben.

Zur Ausstellung dieser Quittungen ist der Rechner allein berechtiget. Ausnahmen finden nur auf den Grund höherer Verfügung und Erlaubniß Statt

§. 270.

γ. Gegenstand. aa. Regel.

In der Regel darf jede von dem Rechner zu ertheilende Quittung nur auf den ältesten Betrag einer theilweise abgeführten Schuldigkeit ausgestellt werden, sofern dieser Betrag liquid und sonst in keinem Rechtsstreite befangen ist.

§. 271.

bb. Ausnahme.

Nur bei ausstehenden verzinslichen Resten und Capitalien leidet dieß eine Ausnahme, indem hierbei die erfolgende Zahlung zuerst auf die Zinsen, und mit dem Ueberschusse auf den Hauptstuhl oder das Kapital quittirt, und in gleicher Weise gebucht wird.

§. 272.

cc. Modifikation.

Auch wenn es aus erheblichen Gründen angemessen erscheint, von einem Schuldner, der mehrere Jahre hindurch eine gleichartige Leistung zu bewirken, dabei sich aber im

Rückstande erhalten hat, die Zahlung auf den neuesten Fälligkeitstermin anzunehmen; so kann dieß nur nach vorgängiger Erlaubniß der kompetenten Verwaltungsbehörde geschehen. Wo aber auch eine solche ertheilt wird, ist immer in der Quittung über die Bezahlung eines neueren Termins der Rückstand aus vorderen Terminen ausdrücklich vorzubehalten, und daneben eine Bescheinigung des Schuldners abzugeben, worin er bekennt, unerachtet erhaltener Quittung über die, auf den neueren Termin geschehene, Zahlung, noch aus vorderen Terminen den, wörtlich auszudrückenden, Betrag rückständig geblieben zu seyn.

§. 273.

6. Assignationen und Cessionen.

Die Erhebung ist regelmäßig nur an die ursprünglichen Schuldner gerichtet. Der Rechner braucht sich daher, ohne höhere Weisung, weder durch Assignation, noch durch Cession einen neuen Schuldner aufdringen zu lassen. Nimmt er sonst einen solchen dennoch an, so trägt er nicht allein unbedingt die Gefahr eines Verlustes, sondern hat sich, wenn das herrschaftliche Interesse dadurch nur entfernt mit einem Schaden bedroht wird, noch überdieß einer ermessenen Ordnungsstrafe zu gewärtigen.

§. 274.

7. Empfangsverzug. a. Begriff.

Verzug im Empfange ist vorhanden, wenn eine ordentlich angebotene Zahlung durch Verschulden des Rechners nicht angenommen worden ist, oder nicht hat angenommen werden können.

§. 275.

b. Wirkung. α. In Beziehung der Rechnungswirthschaft.

Aus dem Empfangsverzuge wird der Rechner in Beziehung der Rechnungswirthschaft zum Ersatze alles dadurch entstehenden Schadens und überdieß zur Entrichtung der Verzugszinsen in denjenigen Fällen verpflichtet, worin der betreffende Schuldner selbst aus dem Zahlungsverzuge zur Abführung von dergleichen Zinsen verbunden ist.

§. 276.

β. In Beziehung des Schuldners.

Der Schuldner wird dagegen von Zeit des Empfangsverzuges ab, nicht allein von der Gefahr des Zahlungsgegenstandes und von seinem etwaigen Zahlungsverzug befreit; sondern er kann auch verlangen, daß der Rechner nunmehr die Zahlung bei ihm in Empfang nehme.

Drittes Kapitel.

Verwendung der Gefälle.

§. 277.

1. Begriff einer Verwendung als Ausgabe.

Jede Verwendung des zur Rechnung verwalteten herrschaftlichen Vermögens außerhalb Kasse, Speicher, Scheuer oder Magazin ist als Ausgabe zu betrachten.

§. 278.

2. Durchlaufende Posten.

In Ausgabe gehen daher auch diejenigen Vermögenstheile, die, wenn sie auch nicht zur wirklichen Einnahme gekommen sind, doch zur Einnahme gestellt werden, und mithin den wirklichen Empfang vermehren würden, wenn ihre Verwendung nicht gleichzeitig eingetreten wäre. Solche Ausgaben gehören zu den durchlaufenden Posten. (§. 256.)

§. 279.

3. Ermächtigung zu jeder Ausgabe.

Der Rechner darf nichts zur Ausgabe bringen, wenn er nicht hierzu durch eine Ausgabe-Dekretur vorgängig autorisirt worden. Nirgends darf ein und derselbe Gegenstand doppelt in Ausgabe gebracht werden. Wo solches vorkommt, folgt jeden Falls die angemessene Ordnungsstrafe, vorbehältlich kriminalrechtlicher Einschreitung, wofern dadurch der Verdacht der Unterschlagung ꝛc. hinlänglich begründet werden sollte. Eine Ausgabe-Dekretur ist überall erforderlich, wann und wo eine Ausgabe zum ersten Male in ihrer jetzigen Eigenschaft und Größe erscheint.

§. 280.

4. Zulassung nachträglicher Einholung derselben. a. Ueberhaupt.

Bei Ausgaben, deren Genehmigung dem Rechner unbezweifelt erscheint, ist es demselben, jedoch nur auf seine Gefahr hin, erlaubt, die ausgezahlten Beträge in den deßfallsigen Verzeichnissen und Quittungen vierteljährig zur nachträglichen Genehmigung mit Bericht einzureichen.

§. 281.

b. Bei Steuerzahlungen.

Hierher gehören namentlich Zahlungen an auferlegten Steuern, sofern diese nicht auf mehrere Jahre unabänderlich festgesetzt, und nach dieser Festsetzung zur gleichmäßigen mehrjährigen Verausgabung dekretirt worden sind.

§. 282.

c. Verfahren.

Wenn, nach Vorschrift des §. 280., mehrere Urkunden mit Verzeichnissen zur Dekretur berichtlich vorgelegt werden; so sind die einzelnen Urkunden selbst mit Dekretur zu versehen, die Verzeichnisse aber zu den Akten der verfügenden Behörde zu registriren. Es dürfen daher in solche Verzeichnisse keine Beträge aufgenommen werden, über welche sich nicht die einschlägigen Urkunden beigefügt finden.

§. 283.

5. Kompetenz zu Ausgabe-Dekreturen.

Ausgabe-Dekreturen können nur höchsten Orts, oder von der einschlägigen Verwaltungsbehörde ertheilt werden. Im ersteren Falle hat das betreffende Rechenamt die Vorschrift des §. 246. zu befolgen.

§. 284.

6. Verwendungen in den eigenen Nutzen des Rechners.

Verwendungen des herrschaftlichen Vermögens, welche von dem Rechner in den eigenen Nutzen, ohne vorgängige Autorisation hierzu, geschehen, werden als Unterschlagung, und zwar bei beweglichen Gegenständen, der Sache selbst, bei unbeweglichen, des Nutzungswerthes, behandelt und verfolgt. Wenn der Rechner indeß in dem Augenblicke, worin die Verwendung entdeckt wird, die bewegliche Sache in gleicher Qualität und Quantität, die unbewegliche aber in ihrer vorigen Beschaffenheit, nebst dem, von der Verwaltungsbehörde zu erwürdigenden, Nutzungswerthe, während der Zeit der eigennutzigen Verwendung, in Geld restituirt, und sich daneben zugleich zureichend ausweiset, daß er keine Veruntreuungen habe begehen wollen; so soll die unterliegende Eigenmächtigkeit nur mit der angemessenen Ordnungsstrafe gerügt werden.

§. 285.

7. Gleichlaufenheit der Ausgabe mit dem Rechnungsjahre ihrer Fälligkeit.

Alle Zahlungen können nur in dem Rechnungsjahrgange, worin sie fällig geworden, in Ausgabe erscheinen; und nur in dem Zeitpunkte, worin sie abgeführt werden, zur Buchung kommen. Ausnahmen hiervon sind besonders zu verfügen.

§. 286.

8. Zahlungsgeschäftsgang. a. Zahlungstage.

Zur Auszahlung hat der Rechner wöchentlich wenigstens zwei Zahltage zu bestimmen und solche in seinem Bezirke bekannt zu machen. Außer diesen Tagen, woran er bis 5 Uhr Nachmittags in seiner Wohnung zu treffen seyn muß, ist der Rechner keine Zahlung zu leisten verbunden, es müßte denn aus der Verschiebung dem herrschaftlichen Interesse irgend ein Nachtheil drohen, oder sonst ein bestimmt einzuhaltender Zahlungstermin eingetreten seyn. In den übrigen Fällen wird jedoch dem Rechner billige Rücksichtnahme und Schonung empfohlen.

§. 287.

b. Auszahlungs-Methode.

Um mögliche Irrungen bei Auszahlungen so viel thunlich entfernt zu halten, hat der Rechner sich dabei zuerst Quittung aushändigen zu lassen; dann den Betrag zu buchen; und zuletzt die Zahlung zu verabfolgen.

§. 288.

c. Auszahlung terminweise fälliger Posten und abschläglicher Beträge.

α. Ueberhaupt und beim Gelde.

Zahlungen, welche terminweise fällig werden, (namentlich

Besoldungen und Pensionen,) sind am Tage der Fälligkeit bei dem Rechenamte in Empfang zu nehmen. Widrigenfalls erfolgt sofort die Uebersendung derselben an den Gläubiger auf dessen Kosten und Gefahr. Auch der Rechner selbst muß dasjenige, was er terminweise zu beziehen hat, auf den Verfalltag pünktlich aus den Beständen entnehmen. Unter einem Gulden ist er keine Zahlung zu leisten verpflichtet, wenn die Forderung nicht selbst geringer steht.

§. 289.

β. Bei Früchten.

Wenn zur Einfassung von terminweise zahlbaren Früchten besondere Wochentage besonders vorbestimmt werden, und bei jeder anderen Fruchtausgabe, braucht der Rechner keine geringere Quantitäten, als ein Achtel, einen Zentner, ein Fuder, ein Stück verabfolgen zu lassen. Reicht indessen der Fruchtbezug an ein solches Maß nicht an, so kann er darauf bestehen, daß der Betrag im Ganzen in Empfang genommen werde.

§. 290.

γ. Bei Abgaben von Forstnutzungsgegenständen.

Unter gleichen Bedingungen ist die Abgabe von Forstnutzungsgegenständen, in dem Minimum von vierteln Klafter, einem Stück, einer Bütte, einem Wagen, dem Forstrechner heimgestellt. Ausgaben in Kubikmaß geschehen indessen, bezüglich der Quantität, nach der vortheilhaftesten Zurichtung des Holzes.

§. 291.

δ. Bei sonstigen Rechnungsgegenständen.

In Betreff der Verausgabung aller sonstigen Rechnungsgegenstände kann der Rechner ebenfalls von der ihm §. 289. nachgegebenen, Berechtigung, in dem Minimum der Verabfolgung von einer Maß, einem Zentner, einem Stück ꝛc., Gebrauch machen.

§. 292.

d. Identitätskundschaft.

Bei Empfängern, welche in Person vor dem Rechenamte erscheinen, muß sich der Rechner vor der Zahlung vergewissern, daß dieselben diejenigen wirklich sind, für welche sie sich ausgeben. Sind sie ihm nicht bekannte Personen, so muß er sich durch andere ihm persönlich bekannte und glaubwürdige Leute, oder durch schriftliche glaubwürdige Personal-Beschreibung von der Identität der Personen überzeugen lassen. Versehen hierbei hat der Rechner zu vertreten.

§. 293.

9. Vorschüsse. a. Aus eignen Mitteln des Rechners.

Aus eignen Mitteln darf der Rechner zur Bestreitung von Ausgaben niemals einen Vorschuß leisten; sondern er ist verbunden, bei der Unzureichenheit der Bestände sich an die Oberbehörde um Vorschuß zu wenden, und nach deren Verfügung zu richten. Vorschüsse aus eigenen Mitteln dürfen daher nicht gebucht, und nicht in dem Rechnungsabschlusse abgerechnet werden.

§. 294.

b. Aus herrschaftlichen Mitteln. α. An Gläubiger.

Gleicher Weise sind alle Vorschüsse an Besoldungen und Pensionen, an Gläubiger und Nichtgläubiger durchaus untersagt, wenn nicht hierzu vorgängig eine gültige Autorisation ertheilt worden ist.

§. 295.

β. An Nichtgläubiger.

Unbefugte Vorschüsse aus herrschaftlichen Mitteln an Nichtgläubiger werden überdieß noch, unter den Bedingungen des §. 284. als Unterschlagungen behandelt, überall aber mit der geeigneten Ordnungsstrafe geahndet.

§. 296.

γ. An andere Rechenämter.

Auch Vorschüsse der Rechenämter unter einander aus herrschaftlichen Mitteln sind ohne höhere Erlaubniß nicht zulässig. Wenn indeß ein Rechenamt, zur Ersparung von Transportkosten, die Geldzahlung, welche es selbst zu leisten hat, einem Rechenamte, von welchem es die Geldüberschüsse bezieht, auftragen will; so steht diesem Ansinnen nichts im Wege; jedoch muß hiernächst eine solche auftragsweise Zahlung als Barablieferung verrechnet und quittirt werden.

§. 297.

10. Assignationen und Cessionen. a. Im Allgemeinen.

Bei vorkommenden Assignationen und Cessionen ist zu unterscheiden, ob dadurch der Gläubiger, sey es das Rechenamt, oder sein Kreditor; oder aber der Schuldner, sey es das Rechenamt, oder sein Debitor, gewechselt werden soll.

§. 298.

b. Gläubigerwechsel. α. Gegen das Rechenamt.

Regelmäßig kann zwar die Zahlung immer nur an den Gläubiger unmittelbar oder mittelbar geschehen, und eben so von diesem nur quittirt werden. Jedoch soll es dem Rechner erlaubt seyn, Assignationen von Gläubigern anzunehmen und an den Assignatarius gegen dessen Quittung zu zahlen. Gleiche Erlaubniß findet bei Cessionen Statt. Nirgends erscheint indessen der Rechner zur Anerkennung und Honorirung von Cessionen und Assignationen, ohne deßhalbige höhere Verfügung, verpflichtet, und haftet daher für alle etwa daraus entstehende Irrungen und Nachtheile.

§. 299.

β. Von Seiten des Rechenamtes.

Schuldner des Rechenamtes sollen indessen, zur Vermeidung sachverschleppender Weiterungen, nicht an Gläubiger desselben zur Zahlung angewiesen oder abgetreten werden; es müßte denn hierzu, aus besonders vorwaltenden Gründen, die Erlaubniß der kompetenden Verwaltungsbehörde vorgängig ertheilt worden seyn.

§. 300.

c. Schuldnerwechsel. α. Von Seiten des Rechenamtes.

Ein Gläubiger muß sich die Verweisung von einem Rechenamte zum anderen, wenn er ein Besoldeter ist, als solcher, nach Maßgabe seiner Bestallung, unbedingt gefallen lassen. Ein anderer Gläubiger indessen ist mit seinen Einwendungen gegen eine solche Anweisung nur dann nicht zu hören, wenn ihm dadurch nicht der mindeste Nachtheil erwächst.

§. 301.

β. Gegen das Rechenamt.

Dagegen kann, nach §. 273., ein neuer Schuldner dem Rechenamte überhaupt nicht aufgedrungen werden. Die Rechner haben sich deßhalb auch zu verwahren, daß ihnen, bei Abrechnung mit mehreren gemeinschaftlich zu fordern habenden Gläubigern, keiner derselben als Schuldner angewiesen werde, der solches ursprünglich nicht war.

§. 302.

II. Kompensationen. a. Ueberhaupt.

Kompensationen können im Allgemeinen, so weit sie rechtlich begründet sind, Statt finden. Sie setzen daher beiderseitige liquide und fällige Forderungen in derselben Gattung von Rechnungsgegenständen voraus, und gehen nur bis zu wechselseitig gleichlaufender Summe.

§. 303.

b. Kompensationen gegen ein und dasselbe Rechenamt und mit verschiedenen Rechenämtern.

Jene Regel leidet unbedingte Anwendung, wenn die Kompensation zwischen einem und demselben Rechenamte und demjenigen, der ihm als Gläubiger und Schuldner gegenüber steht, geschehen soll. Wird aber die Kompensation entweder von einem Rechenamte durch Vermittelung eines anderen Rechenamts, wobei sein Schuldner zu fordern hat, oder von einem Privaten im Verhältnisse zu mehreren Rechenämtern intendirt; so muß in jenem Falle deßhalbige höhere Erlaubniß und Verfügung nachgesucht; in diesem Falle aber kann dem Ansinnen keine Folge gegeben werden.

§. 304.

c. Quittungswechsel.

Die Auswechselung der Quittungen bei Kompensationen wird gerade so bewirkt, als wenn diese nicht erfolgt, sondern vielmehr gegenseitig wirklich Zahlung erfolgt wäre. Zur Vermeidung von Irrungen soll jedoch der geschehenen Kompensation in den betreffenden Quittungen Erwähnung gethan werden.

§. 305.

12. Retention.

Zur **Retention** sind die Rechenämter in Beziehung aller, zur Kompensation nicht geeigneten, wechselseitigen Forderungsobjekte, gegen ihre Gläubiger berechtiget, wenn diese als **Schuldner** säumig geworden sind, und zwar bis zum Zeitpunkte der Verzugsreinigung. Retentionen durch Vermittelung anderer Rechenämter werden auf gleiche Weise wie die Kompensationen dieser Art (§. 303.) erwirkt.

§. 306.

13. Ablieferung der Geldüberschüsse.

Geldüberschüsse, welche sich nach der pünktlichen Bestreitung der, aus dem Rechnungsfond zu deckenden, laufenden Ausgaben herausstellen, sind unverzüglich an die höhere Kasse abzuliefern. Dabei bleiben die Bestimmungen in Ansehung der Kassen, welche keine eignen Lasten zu bestreiten, sondern nur abzuliefern haben, so wie in Betreff der Größe der in Vorrath zu haltenden Gelder der einzelnen Kassen den besonderen Instruktionen vorbehalten.

§. 307.

14. Verpackung bei Ablieferungen. a. Im Allgemeinen.

Bei Geld- und Naturalien-Ablieferungen an andere Rechenämter ist für die gehörige Verpackung und den sichersten Transport Sorge zu tragen.

§. 308.

b. Beim Gelde. α. Ueberhaupt.

Die Verpackung des Geldes geschieht in Rollen, Packeten und Säcken.

§. 309.

β. Inhalt einer Rolle und eines Packetes.

In einer jeden Rolle und in jedem Packete darf sich nur **einerlei Münzsorte** und nur eine Summe befinden, die in **ganzen Gulden**, oder in **ganzen Thalern** ausgeht.

§. 310.

γ. Form und Aufschrift derselben. aa. Ueberhaupt.

Außerdem müssen alle Rollen und Packete aus starkem

blauem Papier gebildet, versiegelt, (Packete auch mit Bindfaden ins Kreuz gebunden,) und mit der Summe und Sorte ihres Inhalts, sowie mit dem Namen des Rendanten oder des Rechenamts überschrieben seyn.

§. 311.

bb. Besonders bei Geld im Preussischen oder 21 Fl. Fusse.

Bei preußischem Gelde ist im Auslande der Inhalt einer Rolle oder eines Packets in Sorte, Thalern und Gulden anzugeben.

§. 312.

δ. Quantitäten in einer Rolle und einem Packete.

Rücksichtlich der in eine Rolle oder ein Packet zu verpackenden Quantität sind zu nehmen

1) an Geld im preußischen oder 21 Gulden-Fuße.

a) In eine Rolle:

Thaler	ganze . .	50 St.	=	50 Rthl.
—	halbe . .	60 —	=	30 —
—	drittel . .	60 —	=	20 —
—	sechstel .	60 —	=	10 —
—	zwölftel .	60 —	=	5 —
Gute Groschen	.	24 —	=	1 —
Silbergroschen	. .	30 —	=	1 —

b) In ein Packet:

5 Rollen	$\frac{1}{3}$	Thalerstücke	=	100 Rthlr.
— —	$\frac{1}{6}$	— —	=	50 —
— —	$\frac{1}{12}$	— —	=	25 —
— —		Silbergroschen	=	5 —

2) An Geld im Conventions- oder 20 (24) Gulden-Fuße. a) In eine Rolle:

Kronenthaler	ganze . .	40 St.	=	108 fl.
— —	halbe . .	40 —	=	54 —
— —	viertel .	80 —	=	54 —
Convent. Thl.	ganze . .	45 —	=	108 —
— —	halbe . .	45 —	=	54 —
— —	viertel .	60 —	=	36 —

Sechsbätzner	75 St.	=	30 fl.	
Dreibätzner	100 —	=	20 —	
Sechskreuzerstücke ...	100 —	=	10 —	
Groschen	100 —	=	5 —	
Kreuzer	60 —	=	1 —	

b) In ein Packet:

5 Rollen Sechsbätzner	=	150 fl.
— — Dreibätzner	=	100 —
— — Sechskrzrst.	=	50 —
— — Groschen	=	25 —
— — Kreuzer	=	5 —

§. 313.

a. Verpackung des Papiergeldes.

Papiergeld wird in einerlei Sorte nur im Betrage von 50 und 100 Rthl. (fl.) in Packete gelegt, mit einem Kreuzbande von blauem starken Papier, unter Receptur-Siegel, verschlossen, und auf dem Kreuzbande in der Art überschrieben, wie solches in den §§. 310 und 311 verordnet ist.

§. 314.

ζ. Verpackung mehrerer Geldpackete in Säcke.

Mehrere Geldpackete sind in starke und wohlverwahrte Säcke zu verpacken, und diese mit dem Dienstsiegel des Rechenamts zu versiegeln.

§. 315.

η. Sortenzettel und Uebertrag.

Jede amtliche Geldablieferung muß mit einem, von dem Einsender unterschriebenen, Sortenzettel und mit einem, ebenfalls unterschriebenen Uebertrage an die Kasse, an welche die Ablieferung geschieht, begleitet werden.

§. 316.

c. Verpackung und Verladung anderer Gegenstände.

Ablieferungen von Körnerfrüchten sind in starken und dienstlich versiegelten Säcken zu bewerkstelligen. In Betreff aller anderen zur Versendung bestimmten Rechnungsgegenstände ist wenigstens darauf zu sehen, daß sie ihrem besonderen Bedürfnisse nach vorsichtig verpackt und gehörig geladen werden. Auch hierbei ist ein Einnahme-Uebertrag erforderlich.

§. 317.

15. Zahlungsverzug. a. Begriff.

Der Rechner befindet sich im Zahlungsverzuge, wenn eine Zahlung an dem ihr vorbestimmten Verfalltage lediglich durch seine Schuld nicht abgeführt worden ist, oder nicht abgeführt werden konnte.

§. 318.

b. Folge. α. Rücksichtlich der Rechnungswirthschaft.

Von dem Tage des Verzuges in der Zahlung ab ist der Rechner, in Beziehung der Rechnungswirthschaft, zur Tragung jedes etwa daraus erwachsenden Schadens verbunden; die Gefahr des betreffenden Rechnungsgegenstandes geht in jeder Rücksicht bis zur Reinigung vom Verzuge auf ihn über, und er muß überdieß noch diejenigen Verzugszinsen aus seinen Mitteln entrichten, welche der Gläubiger aus dem fraglichen Verzuge anzusprechen berechtiget ist, und wirklich anspricht.

§. 319.

β. Rücksichtlich des Gläubigers.

Dem Gläubiger gegenüber wird der Rechner aus dem Zahlungsverzuge verpflichtet, auf seine Kosten und Gefahr jenem den betreffenden Gegenstand zustellen zu lassen.

Viertes Kapitel.

Verwaltung der Bestände.

§. 320.

1. Begriff von Beständen.

Der Bestand (Vorrath) ist der Inbegriff aller in gegenwärtiger Aufbewahrung eines Rechenamtes befindlicher Rechnungsgegenstände. Sämmtliche Vermögensbestandtheile, welche zur Einnahme, aber noch nicht zur Verwendung gekommen sind, werden daher zu den Beständen gerechnet.

§. 321.

2. Grundsatz der Verwahrung.

Die Verwaltung der Bestände soll, in Betracht der amtlichen Stellung der Verwalters und der ihm ausgeworfenen Besoldung, als eine qualifizirte Verwahrung behandelt werden, welche als zweiseitig oneroses Rechtsverhältniß auch mit den hierunter überhaupt begründeten Verpflichtungen verbunden ist.

§. 322.

3. Allgemeine Folge.

Von diesem Rechtsverhältnisse ist es eine allgemeine Folge, daß der Rechner in Beziehung der Bestandsverwaltung nicht etwa bloß aus der absichtlichen Begehung von schädlichen, oder der absichtlichen Unterlassung von nothwendigen Handlungen für jeden Schaden zu haften hat; sondern daß er auch aus jeder anderen schädlichen Thätigkeit oder Unterlassung, selbst wenn letztere nur durch fleißige Aufmerksamkeit vermieden werden könnte, für allen Nachtheil stehen und solchen dienstverantwortlich vertreten muß.

Erster Titel.

Kassen - Verwaltung.

§. 323.

1. Kassenführung. a. Dienstkasse.

Alles zur Verwaltung gehörige Geld in Metall und Papier, so wie auch Obligationen und sonstige wichtige Urkunden müssen in wohlverwahrten Behältnissen, unter zweifachem Verschlusse, an dem sichersten Orte in der Wohnung des Rechners aufbewahrt werden. Das Hauptbehältniß muß in einer eisernen Kiste bestehen, und heißt vorzugsweise die Dienstkasse.

§. 324.

b. Handkasse.

Zu den täglichen Einnahmen und Ausgaben darf sich indessen der Rechner eines bequemeren, aber auch zweifach verschließbaren Behältnisses — die Handkasse genannt —

in seinem Geschäftszimmer bedienen; jedoch muß er dann an jedem Abend den Vorrath aus demselben in die Dienstkasse absetzen.

§. 325.

c. Einrichtung derselben.

Beide Kassen müssen mit hinreichenden Gefächern zur Sonderung der einzelnen Münzsorten versehen seyn.

§. 326.

d. Kassenschlüssel. α. Anzahl.

Behufs des zweifachen Verschlusses der Kassen muß der Rechner zwei, darf aber auch nicht mehr als zwei, und zwar verschieden eingerichtete, Schlüssel führen. Geht ein Schlüssel verloren, so muß derselbe durch einen anderen sofort ersetzt, das zugehörige Schloß aber zuvor in der Besatzung geändert werden.

§. 327.

β. Verwahrung derselben.

Die Schlüssel zu beiden Kassen dürfen keinem Dritten willkürlich vom Rechner anvertraut werden. Widrigenfalls übernimmt er die Gefahr des Verlustes, haftet für allen daraus entstehenden Schaden und muß daneben eine angemessene Ordnungsstrafe erlegen.

§. 328.

e. Freihaltung der Kassen von der Einlegung fremden Eigenthums.

Die Kassen müssen sowohl von des Rechners, als von jedem andern, nicht zur Verwaltung gehörigen, Eigenthume durchaus getrennt gehalten werden. Alles, was sich unter dem Verschlusse der Kassen befindet, wird als herrschaftliches Eigenthum behandelt.

§. 329.

2. Behandlung der Münzen. a. Annahme gültiger Münzsorten.

Nur gültige und gangbare Münzsorten sind nach dem inländischen Kurs zur Kasse zu nehmen. Für eingenommene schlechte Münzsorten muß daher der Rechner gute zu denselben ersetzen.

§. 330.

b. Auswechselung vereinnahmter Gelder.

Zum Nachtheile der Kasse dürfen die Geldbestände ganz, oder theilweise niemals umgewechselt werden. Jede nachtheilige Auswechselung wird als Unterschlagung behandelt.

§. 331.

c. Agiotiren.

Der Gewinn an Agio gehört daher immer der Kasse. Wo er vorkommt, muß sein Betrag von dem Einzähler besonders bescheiniget, und auf den Grund dieses Belegs besonsonders zur Einnahme gestellt erscheinen. Heimliches Verwenden des Agios in den Nutzen des Rechners wird ebenfalls als Unterschlagung geahndet.

§. 332.

d. Verrufung und Herabsetzung der Münzsorten.

Wenn eine Münzsorte verrufen, oder in ihrem bisherigen Werthe herabgesetzt wird; so muß der Rechner, sobald er hiervon Kenntniß erhält, der vorgesetzten Verwaltungsbehörde von seinem Vorrathe an dieser Münzsorte unverzüglich Anzeige machen, und, in Erwartung höherer Verfügung, denselben zur Ablieferung bereit halten.

Zweiter Titel.

Speicher - Verwaltung.

§. 333.

1. Vermessung. a. Auf- und Abfassung der Früchte.

Bei der Auf- und Abfassung der Früchte auf den Speicher und von demselben ist von dem Speicherverwalter die strengste Unparteilichkeit zu beobachten, daher immer seine persönliche Gegenwart erforderlich.

§. 334.

b. Richtigkeit des Masses.

Besonders hat er darauf zu sehen, daß von den Liefernden richtig eingemessen, das Maß gehörig ausgeleeret und eine trockene, reine und marktgiebige Frucht geliefert werde. Dieselbe Aufmerksamkeit ist dahin zu richten, daß bei allen

Ausgaben, vorzüglich bei Verkäufen, richtiges und volles Maß gegeben werde, damit in letzterer Hinsicht die herrschaftlichen Speicher von Kaufliebhabern Anderen nicht nachgesetzt und zum Schaden der Kasse vermieden werden können.

§. 335.

2. Speicheraufsicht. a. Verschluss der Speicher.

Die Speicher sind, so wie die Kassen, immer unter zweifachem Verschluß zu erhalten, und die Schlüssel keinem Dritten willkürlich anzuvertrauen, widrigenfalls die §. 327. bestimmte Verantwortlichkeit eintritt.

§. 336.

b. Reinhaltung derselben.

Auf den Fruchtspeichern ist für die behörige Reinlichkeit, Lüftung und Vertilgung, oder Abhaltung schädlicher Thiere die fleißigste Sorge zu tragen.

§. 337.

c. Behandlung der Früchte. Fruchtlager.

Sämmtliche Früchte sollen auf den Speichern sorgfältig nach ihren Gattungen getrennt und in angemessene Lager (Haufen) mit den, zur gehörigen Absonderung und zum bequemen Hin- und Hergehen erforderlichen, Zwischenräumen gebracht werden. In diesen Lagern dürfen die Früchte regelmäßig nicht über 1 Fuß hoch aufgeschüttet werden, und sind durch oft wiederholtes Umwenden, Auseinanderlegen und andere dienliche Mittel so viel möglich in bester Qualität zu erhalten. Zu den hierbei erforderlichen Arbeiten werden, wenn sie der Fruchtmesser allein nicht ausführen kann, Taglöhner verstattet.

§. 338.

d. Eindorr und Mäusefrass.

Wegen des Abganges an Eindorr und Mäusefraß wird keine Entschädigung verwilliget, daher denn auch die Fruchtquantität in dieser Beziehung nicht unbedingt von dem Rechner vertreten. Der jeweilige Fruchtvorrath soll vielmehr zur treuen verantwortlichen Verwahrung und Verrechnung dergestalt auf Dienstpflichten anvertraut werden, daß bei jeder Abmessung der sämmtlichen vorräthigen Früchte, — sey es im Wege gewöhnlicher Ausgabe, oder des Speichersturzes, also wenigstens jedes Jahr ein Mal, — der Abgang, oder der Ueberschuß an Früchten der Verwaltungsbehörde zur Anzeige zu bringen, und von da aus eine Dekretur zur respektiven Einnahme oder Ausgabe zu erwarten ist. Nach Maßgabe des Erfundes einer treuen Verwaltung wird diese hierauf im gewöhnlichen Geschäftswege erfolgen.

§. 339.

ß. Deſshalbige Vorsichtsmaſsregeln.

Damit in dieser Hinsicht den Verwalter nicht einmal der Verdacht treffen könne, daß er mittelst Vermischung des herrschaftlichen Eigenthums mit dem seinigen einen unerlaubten Gewinn beabsichtige; so ist demselben, bei Verlust seines Dienstes, nicht nur aller Fruchthandel auf eigene Rechnung, sondern auch jede Pachtung von Zehnten und Fruchtgefällen, ferner die Betreibung einer bedeutenden Feldwirthschaft und die Aufspeicherung seiner eigenen Früchte auf die herrschaftlichen Fruchtspeicherräume untersagt. Alle auf herrschaftlichen Fruchtspeichern und den dazu gehörigen Räumen vorgefundene Früchte werden überdieß durchaus als herrschaftliches Eigenthum behandelt, so lange nicht eine Ausnahme auf den Grund höherer Verfügungen nachgewiesen werden kann.

§. 340.

e. Baulicher Zustand der Speicher.

Wenigstens zweimal wöchentlich müssen die Fruchtspeicher rücksichtlich ihrer inneren und äußeren Verwahrung, so wie ihres baulichen Zustandes überhaupt in gehörigen Besicht genommen werden. Bei vorgefundenen Gebrechen sind die Vorkehrungen zur Abhülfe entweder durch Einberichtung, oder aber, wenn Gefahr auf dem Verzuge ist, durch unmittelbar bethätigte Einstellung der nothwendigen Handwerker, zu treffen; in letzterem Falle jedoch sofort nachgängig Bericht zu erstatten.

§. 341.

3. Speicherkarte. a. Begriff und Zweck.

Zur Erhaltung einer guten Ordnung auf den Fruchtspeichern und zur Erleichterung der Lokal-Revision bei den Speicherstürzen sollen jährliche Speicherkarten geführt werden. Die Speicherkarte ist eine tabellarische abbildliche Bezeichnung aller auf einem Fruchtspeicher befindlichen Fruchtlager unter Anführung ihres jederzeitigen Bestandes.

§. 342.

b. Einrichtung.

Zur Herstellung der Speicherkarten ist eine auf Pappendeckel gezogene Bogenfläche, welche dem Umfang des Speichers und der Vielfachheit der darauf vorkommenden Auf- und Abmessungen an Größe entspricht, zu verwenden. Auf diese Fläche werden so viele Felder situationsrecht gezeichnet, als sich Fruchtlager auf dem Speicher befinden, und die Felder selbst tabellarisch eingerichtet und behandelt. Die Tabellenspalten sind mit den Hauptrubriken: 1) Monat, Tag, 2) Zugang, 3) Abgang, 4) Lagerbestand zu überschreiben, und jeder der drei letzteren Rubriken die drei Maßscheiden (§. 237.) unterzuordnen. Der Eintrag geschieht immer in dem Augenblicke der Auf- oder Abmessung, mit Rothstift. Die Karte selbst ist mit der Aufschrift: Speicherkarte zu versehen, und an dem bequemsten Orte des betreffenden Speichers aufzuhängen. Eine Differenz der Einträge in der Karte mit den wirklichen Lagerbeständen wird, wenn sie nicht als Abgang durch Eindorr und Mäusefraß, oder sonst gerechtfertiget werden kann, zum wenigsten immer mit dem Mittelsatze der Ordnungsstrafen geahndet. (Anlage 1.)

Dritter Titel.

Scheuer - Verwaltung.

§. 343.

1. Verschluss und Erhaltung in innerem und baulichem guten Zustande.

Rücksichtlich des Verschlusses, des inneren Zustandes und der baulichen Erhaltung der Scheuer sind die in den §§. 335.

336. 339 und 340. gegebenen Vorschriften, in ihrer Anwendbarkeit hierauf zu beobachten.

§. 344.

2. Einnahme und Ausgabe in der Scheuer. a. Ueberhaupt.

Bei jeder Einnahme und Ausgabe in der Scheuer ist die Gegenwart des Verwalters erforderlich.

§. 345.

b. Ablieferung der Fuhrleute.

Besonders nothwendig ist seine Gegenwart bei der Einnahme der Früchte von dem Felde, damit er auf die richtige Ablieferung derselben von Seiten der Fuhrleute die genaueste Aufmerksamkeit, welche ihm obliegt, verwenden kann.

§. 346.

c. Aufnahme der täglichen Zehnthebung.

Um deßhalb beurtheilen zu können, ob diejenigen Früchte, welche auf dem Felde gezehntet werden, auch wirklich zur Scheuer kommen, soll er sich, während der Ernte, von den betreffenden Zehnthebern jeden Abend angeben lassen, was dieselben den Tag über an Zehnten ausgeworfen haben, und überdieß strenge darauf sehen, daß keine gezehnteten Früchte über Nacht auf dem Felde bleiben.

§. 347.

d. Ernte von selbstverwalteten Grundstücken.

Eine gleiche Aufsicht ist bei der Ernte von selbstverwalteten Grundstücken zu führen, und dabei der Ertrag regelmäßig durch persönliche Einsichtnahme des Verwalters auf dem Felde zu vergewissern.

§. 348.

e. Ausweisung über die zur Scheuer gekommenen Quantitäten.

Der Beweis der Einnahmen auf dem Felde, so wie die Thatsache, daß an einer gewissen sonst gewöhnlichen Fruchtgattung aus der Ernte nichts aufgekommen ist, wird durch schriftliche Atteste der betreffenden Zehntheber und Aufsichter geführt, welche Atteste wiederum durch die täglich aufgenommenen Notizen des Verwalters kontrollirt werden.

§. 349.

3. Aufsicht auf die Drescherei. a. Im Allgemeinen.

Während der Drescherei soll der Verwalter die Scheuer fleißig besuchen, und nachsehen, daß die Fruchthalmen rein ausgedroschen, und das Stroh und die Spreu bezugsweise gehörig aufgebunden und verwahrt werden.

§. 350.

b. Aufnahme des Körnerertrages.

Die Aufnahme des Körnerertrages soll nur in seiner Gegenwart geschehen, und die Quantität der Anlage so wie des Ertrags sofort in dem Drescherei-Tagebuche verzeichnet, hiernächst aber die gewonnene Frucht unter seinen Augen aufgespeichert werden.

§. 351.

c. Verabreichung des Drescherlohnes.

Am Ende einer jeden Woche ist der Drescherlohn zu berechnen, und der Betrag desselben von dem Speicher, und nicht in der Scheuer, in dem Maße, worin aufgemessen worden, in Gegenwart des Verwalters zu verabreichen.

§. 352.

4. Verrechnung des Ertrages aus der Drescherei. a. Ueberhaupt.

Gleich nach Beendigung der Drescherei muß die Drescherei-Rechnung aufgestellt, und sofort zur Revision eingereicht, nach vollzogener Justifikatur und Rückreichung aber als eine Urkunde zur Fruchtrechnung behandelt werden, auf deren Grund die einzelnen gewonnenen Beträge ohne Weiteres in Einnahme unter jeder betreffenden Fruchtgattung zu bringen sind.

§. 353.

b. Im Besonderen. α. Drescherei-Tagebuch.

Das Drescherei-Tagebuch ist dazu bestimmt, daß darin von Tag zu Tag die geschehenen Anlagen und der Ertrag daraus an Frucht, Stroh und Spreu verzeichnet werden. In solcher Rücksicht sind die, unter jeder Fruchtgattung gesondert zu stellenden, Einträge überhaupt nur von der Zeit bedingt, und zur Einrichtung des Tagebuchs folgende Spaltenrubriken erforderlich und zu veranlagen, als: 1) Monat; 2) Tag; 3) Betrag der Anlagen an Fruchthalmen, a) Fuder, b) Gebund; 4) Benennung der Fruchtgattung; 5) Körnerertrag, a) gute Frucht, α) Achtel, β) Mesten, γ) Gescheid; b) schlechte Frucht, α) Achtel, β) Mesten, γ) Gescheid; 6) Strohertrag, a) lang Stroh, α) Fuder, β) Gebund; b) kurz Stroh, α) Fuder, β) Gebund; 7) Spreu, a) Zentner, b) Pfund. Das solcher Gestalt veranlagte Tagebuch enthält auf jeder Seite zur Ueberschrift: Drescherei-Tagebuch der Scheuerverwaltung zu (Namen derselben), sodann rechts: Zeitjahr (Zahl desselben) und links: Erntejahr (Zahl desselben). (Anlage 2.)

§. 354.

β. Drescherei-Rechnung. aa. Requisite derselben.

Die Drescherei-Rechnung ist dasjenige Verzeichniß, worin von jeder Fruchtgattung besonders der ganze auf die Tenne gekommene Betrag an Fruchthalmen, und die daraus gewonnenen Früchte, Stroh und Spreu in Summen aufgeführt werden. Die Summe der Anlagen an Fruchthalmen einer jeden Gattung Früchte wird, als gleichlaufend mit der hierunter zur Scheuer überhaupt gekommenen Summe an Fruchthalmen, mit dem einschlägigen Atteste der Zehntheber oder Aufsichter belegt; der gewonnene Betrag an Früchten, Stroh und Spreu aber mit dem Drescherei-Tagebuche nachgewiesen, welches deshalb von den Aufsehern und Dreschern als richtig bescheiniget werden muß.

§. 355.

bb. Einrichtung derselben.

Zur Einrichtung der Drescherei-Rechnung sind folgende Spaltenrubriken zu gebrauchen: 1) Ordnungsnummer; 2) Nummer des Beleges; 3) Betrag der zur Scheuer gekommenen Fruchthalmen, a) Fuder, b) Gebund; 4) Benennung der Fruchtgattung; 5) Pagina des Drescherei-Tagebuches; 6) Körnerertrag, a) gute Frucht, α) Achtel, β) Mesten, γ) Gescheid; b) schlechte Frucht, α) Achtel, β) Metzen, γ) Gescheid; 7) Strohertrag, a) lang Stroh, α) Fuder, β) Gebund; b) kurz Stroh, α) Fuder, β) Gebund; 8) Spreu, a) Zentner, b) Pfund. (Anlage 3.)

Vierter Titel.

Magazin - Verwaltung.

§. 356.

1. Im Allgemeinen.

Alle Behältnisse, welche außer den Kassen, Speichern und Scheuern zur Aufnahme und Verwahrung der, zur Kameral-Verrechnung ausgesetzten, Vermögensbestandtheile bestimmt sind, werden Magazine genannt. Den Verwaltern derselben liegen im Allgemeinen, hinsichtlich des Verschlusses, der Aufsicht auf den baulichen und inneren Zustand, der Behandlung der Bestände und der persönlichen Abwartung der Einnahmen und Ausgaben, dieselben Pflichten ob, welche bei anderen Bestandsverwaltungen zu erfüllen sind.

§. 357.

2. Holzmagazine. a. Holzhöfe.

Eine gleiche Pflichterfüllung wird daher auch bei der Verwaltung sämmtlicher öffentlicher Holzbehältnisse erfordert, namentlich bei eigentlichen Holzmagazinen oder Behältnissen unter Dach und Fach, und bei Holzhöfen, d. h. bloß eingefriedigten Holzräumen.

§. 358.

b. Waldholzlager. α. Behandlung überhaupt.

Besondere Aufmerksamkeit ist den auf freien Plätzen befindlichen Holzlagern zu widmen, vorzüglich wenn solche in den Forsten selbst vorkommen. Unter Waldholzlager wird jeder Ort im Forste verstanden, woselbst sich gefälltes, oder in Stämmen gefallenes Holz befindet. Was die Wahl solcher Lager betrifft, so ist hierin überhaupt den forstwirthschaftlichen Grundsätzen nachzugehen. Vor Allem aber sind dieselben, so viel möglich, zunächst den fahrbarsten

Wegen und an solchen Orten zu wählen, woran die Ueberwachung erleichtert, die Entwendung aber sowohl aus diesem Grunde, als aus lokaler Beschaffenheit am meisten erschwert wird.

§. 359.

β. Holzlagerkarten. aa. Begriff und Zweck.

Um eine zu jeder Zeit gegebene anschauliche Uebersicht über sämmtliches in den Forsten lagernde Holz erhalten, und auf den Grund derselben die Verwaltung der Waldholzlager leicht überwachen und Entwendungen und Unterschlagungen möglichst verhindern zu können, sollen Holzlagerkarten geführt werden. Holzlagerkarten sind Situationsplane zur ununterbrochenen Bezeichnung der Stätten von sämmtlichem in den Forsten lagernden Holze nebst Angabe der Quantitäten.

§. 360.

bb. Verpflichtung zur Führung der Karten und Arten der Letzteren.

Zur Führung der Holzlagerkarten sind alle unter dem Amtskreise eines Forstrechenamtes fungirende Forstbeamten, vom Forstschützen an bis zum Forstmeister, verpflichtet, und zwar jeder in Beziehung des, unter seinem Schutze, oder seiner Verwaltung stehenden Forstberinges. Nach dem Umfange dieser Beringe theilen sich die Karten selbst ab und werden nach denselben benannt. Geschicht die Forstverwaltung in Bezirken, Revieren und Schutzdistrikten; so werden die Karten bezugsweise Bezirks-, Revier- und Distrikts-Holzlagerkarten, unter Hinzusetzung des jedem Beringe eigenthümlichen Namens, genannt, und die ersteren von dem Forstmeister (Forstinspektor, Oberförster); die anderen von dem Revierförster; die letzten von dem Förster als Forstschutzbeamten geführt. Auf allen Revier- und Distriktskarten müssen die Einträge ohne Ausnahme täglich; auf den Bezirkskarten aber, nach Anleitung der Revierkarten, wöchentlich besorgt werden.

§. 361.

cc. Einrichtung. *aa.* Darstellung überhaupt.

Die Darstellung der Holzlagerkarten wird durch die

situationsrechte Einzeichnung der Holz=Sortimentszeichen in die hierzu eigens lithographirte Forstkarte verwirklicht. Der Forstmeister hat daher seinen Bezirk in eine Bezirkskarte und die erforderlichen Revier= und Schutzdistriktskarten, nach allgemeinen technischen Regeln, zu legen, darin die Markirung der Holzbestände so viel möglich licht zu erhalten, besonders aber alle Grenzen, alle Schneißen, Waldfahrwege und Fußsteige, Wasser und Moraste genau einzuzeichnen, und die Benennungen sowohl hiervon, als von den Distrikten und den angrenzenden Gemarkungen und Wäldern beizuschreiben. Diese Zeichnungen werden in Lithographie genommen, und hiernächst die erforderlichen Exemplare den betreffenden Forstbeamten unter denselben Bedingungen, welche für die Zustellung der Rechnungsformulare (§. 506.) vorgeschrieben sind, überhändiget. Jeder Holzlagerkarte wird ihr eigenthümlicher Name an einer geeigneten Stelle augenfällig aufgeschrieben.

§. 362.

ββ. Bezeichnung der Holzsortimente.

Als Holz=Sortimentszeichen werden zu den Einträgen in die Karten gebraucht, und zwar: 1) für Bauholz überhaupt und a) Landbauholz die Figur eines länglichen Rechtecks; b) für Wasserbauholz dieselbe Figur mit einem aufgezeichneten Dreizack; c) für Bergbauholz dieselbe Figur mit zwei ins Kreuz aufgezeichneten Hämmern; für Schiffsbauholz ebenfalls dieselbe Figur mit einem aufgezeichneten Fähnchen; 2) für Werkholz die Figur einer Raute; 3) für Nutzholz die Figur einer Rhomboide; 4) für Brandholz a) in Klaftern die Figur eines Quadrats, b) in Reisern die Figur von drei wellenförmig gekrümmten, unter einander parallel laufenden Linien; 5) für das zum Verkohlen, oder zu sonstigen Artefakten bestimmte Holz die Figur eines Kegels und endlich 6) für lagernde aber noch nicht forstwirthschaftlich zugerichtete Bäume die Figur eines abgetrumpften Stammes mit dergleichen Aesten. Ueber die Sortimentszeichen werden die Namen der besonderen Holzart nebst den ursprünglichen Quantitäten der Lager in dem, dieser Holzart eigenthümlichen, Maße geschrieben, und bis zu den Lagern hin die Fahr- oder Fußbahnen von dem nächsten Fahrwege an und zwar jene mit zweifachen, diese mit einfachen punktirten Linien angegeben. Neben dem Zeichen herunter sind die Ab- und Zugänge an der Quantität, so wie sie in der Zeit erfolgen, in einzelnen zwar eingerichteten, aber nicht summirten Posten zu verzeichnen. Ist die ursprüngliche Quantität ganz abgegeben, so wird das Sortimentszeichen nebst der beigefügten Verrechnung mit einem Kreuzstriche durchzogen und nicht mehr zur nachfolgenden Karte gebracht. (Anlage 4.)

§. 363.

dd. Einreichung und Revision.

Von Quartal zu Quartal sind die Holzlagerkarten in Reinschrift und Zeichnung von den Förstern, über ihre Schutzdistrikte, an die Revierförster; von diesen, über ihre Reviere nebst den erhaltenen Distriktskarten, an die Forstmeister; und von letzteren, über ihre Bezirke nebst allen abgelieferten Karten, an die vorgesetzte Rechnungskammer einzureichen. Die Revision geschieht auf den Grund der Fällungs-Etats und der einzeln ergangenen Fällungsdekrete und Berichte, sowohl in der Rechnungskammer, als an Ort und Stelle. Die Abhaltung der Lokal-Holzlager-Revisionen (Holzbesichte) ist in dem §. 1310. mit Vorschrift versehen. Vorgefundene Veruntreuungen jeder Art werden als Amtsverbrechen, in ihrer besonderen Beschaffenheit; bloße Irrungen und Nachlässigkeiten aber durch angemessene Ordnungsstrafen verfolgt.

Sechstes Hauptstück.

Beweisführung über die pflichtmässige Rechnungsverwaltung.

§. 364.

1. Begriff.

Die Beweisführung über die pflichtgetreue Rechnungsverwaltung ist die Anwendung und Darstellung aller derjenigen Mittel und Gründe, wodurch die Wahrheit aller Ergebnisse einer tüchtigen Rechnungsverwaltung hergestellt wird.

§. 365.

2. Bereich der Amtsglaubwürdigkeit des Rechners. a. Ueberhaupt.

Aus dem Begriffe der Beweisführung folgt, daß der Rechner über sämmtliche Beweisaufgaben seiner Rechnungsverwaltung durch eigene Handlungen keine Beweismittel herstellen kann, so weit der Beweis für, und nicht gegen ihn daraus hervorgehen soll. Er kann daher namentlich nichts Thatsächliches zur Rechnung beurkunden, wofern die Beurkundung nicht, wie bei seinen Quittungen, gegen seine Ansprüche lautet. Indessen konkurrirt mit dieser Unfähigkeit zugleich seine Amtsglaubwürdigkeit (fides) in der Art, daß die produzirten Beweismittel im Zweifel für echt gehalten werden müssen. Auf dieser Konkurrenz beruht folgender Grundsatz: in Ansehung aller Beweisaufgaben der Rechnungsverwaltung streitet die Vermuthung so lange gegen den Rechner, bis er für dieselben den zureichenden Beweis erbracht hat; in Ansehung der Echtheit der produzirten Beweismittel aber streitet die Vermuthung so lange für den Rechner, bis das Gegentheil zureichend erwiesen worden ist.

§. 366.

b. Allgemeine Folge.

Die nächste und allgemeine Folge aus diesem Grundsatze ist, daß die, als authentische Schriften produzirten, Urkunden auch, bis zum Beweise des Gegentheils, für solche angesehen werden, ohne deßhalb durch ein besonderes Certifikat beglaubiget zu seyn.

§. 367.

c. Einfluß auf Untersuchungen.

Die bezeichnete Vermuthung für den Rechner hindert jedoch überall nicht, auch an den geringsten begründeten Zweifel über die Beschaffenheit der produzirten Beweismittel sofort die erforderliche Ausstellung und weitere Untersuchung zu knüpfen, denn die öffentliche fides kann einem Beamten nirgends zur Schutzwehr gegen die Oberaufsicht dienen.

§. 368.

3. Umfang der Beweisführung.

Die Beweisführung über die Rechnungsverwaltung geschieht durch schriftlichen Vortrag der Rechnungsthatsachen, und durch Vorlegung derjenigen Beweismittel, wodurch diese Thatsachen in Gewißheit gesetzt werden. Jener Vortrag, welcher in der erforderlichen Verrechnung besteht, ist in dieser Eigenschaft Gegenstand des folgenden Hauptstückes; das gegenwärtige Hauptstück dagegen beschränkt sich auf die Bestimmung der Beweismittel.

Erstes Kapitel.

Urkunden, als einzig zulässige Art der Rechnungsbeweismittel.

§. 369.

1. Grundsatz.

Nur Urkunden können als Beweismittel von Rechnungsthatsachen gültig gebraucht werden.

§. 370.

2. Begriff der Rechnungsurkunden.

Unter Rechnungsurkunden (Dokumenten, Belegen) werden schriftliche Abfassungen verstanden, wodurch die Rechnungsthatsachen (Rechnungssätze, Posten) bewahrheitet werden sollen.

§. 371.

3. Ausnahme von der Regel.

Die §. 369. aufgestellte Regel leidet nur dann eine Ausnahme, wenn Urkunden verloren, entwendet, verweigert, oder durch unvorhergesehene und unabwendbare Umstände nicht ausgehändiget worden sind. In allen diesen Fällen dürfen sich die Rechner auch anderer sonst rechtlich zulässiger und zureichender Beweismittel bedienen; jedoch bleiben sie hierneben wegen eines sie dabei treffenden Verschuldens überall verantwortlich.

Zweites Kapitel.

Nothwendigkeit der Produktion der Urkunden.

§. 372.

1. Allgemeine Grundsätze. a. Regel. α. Ueberhaupt.

Alle zur Rechnung behauptete erhebliche Thatsachen müssen nicht allein nach ihrer Wirklichkeit, sondern auch nach ihrer Größe oder in ihren Zahlenverhältnissen mit Urkunden bewahrheitet werden.

§. 373.

β. Nähere Begründung.

Zur Rechnung erheblich ist jede Thatsache, die entweder das Aufkommen, oder Nichtaufkommen einer gewissen Größe unmittelbar in sich begreift, oder die wenigstens als wesentlicher Anhaltepunkt erscheint, nach dessen Maßgabe eine aufgekommene Größe, oder deren Ausfall ermittelt worden ist.

§. 374.

b. Anwendung der Regel. α. Auf die Existenz der Thatsachen. aa. Ueberhaupt.

In Ansehung der Wirklichkeit der Thatsachen muß also nicht nur das Daseyn derjenigen, welche eingetreten seyn sollen; sondern auch das Nichtdaseyn derjenigen beurkundet werden, die zwar als nicht eingetreten angegeben sind, sonst aber gewöhnlich, wenn auch nur von Zeit zu Zeit, zur Rechnung aufkommen.

§. 375.

bb. Ausfall und Ausscheiden von Posten.

Namentlich bedarf daher jeder Ausfall an der Einnahme und jede Ausscheidung eines ständigen, oder wenigstens mehrere Jahre wiederkehrenden Ausgabepostens der zureichenden Beurkundung.

§. 276.

cc. Veränderung der Posten.

Auch eine jede Veränderung an einem Posten der Einnahme, oder der Ausgabe muß mit einem Belege dargethan werden, sobald sie an dessen historischer, oder arithmetischer Beschaffenheit Merkmale zu= oder absetzt, welche vorher nicht bekannt waren.

§. 377.

dd. Abgang und Zuwachs an Rechnungsobjekten.

Besonders ist aller Abgang oder Zuwachs, welcher sich an den, im Bestande befindlichen, Rechnungsobjekten ereignet, urkundlich nachzuweisen, und hierauf vorzüglich bei der Verwaltung der Fruchtspeicher (§. 338.) zu achten.

§. 378.

ee. Lebensatteste.

Lebensatteste sollen bei wiederkehrenden Auszahlungen indessen nur von solchen Personen beigebracht werden, über deren Tod der Verwaltung sonst keine zuverlässige und rechtzeitige Kenntnißnahme offen steht. Die Verbindlichkeit zur Beibringung solcher Atteste wird deßhalb in dem betreffenden Autorisationsdekrete immer besonders auferlegt.

§. 379.

β. Auf die Grössen. aa. Ueberhaupt.

Rücksichtlich der Bewahrheitung der Größen sind solche entweder mit der Thatsache selbst in der Urkunde offenbar dargestellt, oder es sind hier nur die faktischen Anhaltepunkte fixirt, woraus die Zahlenverhältnisse erst ermittelt werden können. In ersterem Falle genügt die Urkunde für sich, in letzterem aber müssen die Berechnungen und Reduktionen entweder auf der Haupturkunde, oder, besonders wenn jene einen getrennten Eintrag bilden, auf selbstständigen Urkunden dargestellt werden.

§. 380.

bb. Bei Quotisationsposten.

Alle Aufkommenheiten, welche erst auf besondere Berechnungen nach gewissen Quotenbeiträgen von den Pflichtigen geleistet, und deßhalb für jede Erhebung besonders verzeichnet werden müssen, sind von den hierzu berufenen Personen oder Behörden in Listen darzustellen, und solche an die kompetente Verwaltungsbehörde einzureichen. Nach vollzogener Prüfung werden von hier ab die Listen unter der erforderlichen Dekretur an die betreffende Rechnungsstelle ordnungsmäßig befördert, und hiernächst von dieser zum Betrieb der Einnahme und zum Belege derselben verwendet.

§. 381.

cc. Ueberträge.

Posten, welche nicht vermittelst einer Dekretur der Verwaltungsbehörde, sondern nur durch den Uebertrag eines Erhebers an den anderen in Einnahme erscheinen, müssen mit einer Urkunde belegt werden, worin bescheiniget ist, daß nicht mehr und nicht weniger, als die eingetragene Quantität, wirklich zur Einnahme übertragen worden sey.

§. 382.

2. Einmaligkeit der Beurkundung.

Jeder Rechnungsposten bedarf übrigens für seine Existenz und Größe im Soll, so lange er unter denselben identischen Merkmalen wieder erscheinet, nur einer einmaligen Beurkundung, und seine Wiederholung geschieht dann auf den Grund vorhergehender abgeschlossener Rechnungen.

§. 383.

3. Beurkundung der Einnahme.

Bei der Einnahme ist, nach dieser Regel, entweder nur das Soll, oder die Soll- und Ist-Einnahme zugleich zu beurkunden; je nachdem die Einnahmen entweder, unter gleichstehendem Ist und Soll, aus Forderungen, Real-Rechten, und sonstigen Gerechtsamen herrühren, oder aber aus anderen Quellen aufkommen. Im ersteren Falle, worin immer die Beobachtung der Zahlpflichtigen zur Sicherung der Ist-Einnahme konkurrirt, ist der Beweis darauf beschränkt, daß nicht mehr zu erheben gewesen, als zur Rechnung gebracht ist, es bedarf also die Gleichstellung der wirklichen Einnahme mit dem Soll keines Beweises. Dagegen ist in dem anderen Falle die Ist-Einnahme entweder wegen der Unbestimmtheit des Solls, oder wegen der Willkürlichkeit im Aufbringen des Ists (wie z. B. bei Forstnutzungen 2c.) solchen Zweifeln ausgesetzt, daß der Beweis, dem Soll gegenüber, sich auch darauf erstrecken muß, daß nicht weniger, als wirklich aufgekommen, zur Einnahme gestellt worden ist.

§. 384.

4. Beurkundung der Ausgabe. a. Im Allgemeinen.

Auf die Ausgabe findet die Regel des §. 382. überhaupt nur bei dem Soll Anwendung, in soweit hierzu überall eine Ermächtigung erfordert wird. Die wirkliche Ausgabe hingegen ist immer eine neue Thatsache, deren Eintritt, — durch die Beurkundung einer früheren gleichartigen Zahlung niemals bewährt, sondern sogar ausgeschlossen, — jedes Mal mit einer besonderen Urkunde dargethan werden muß.

§. 385.

b. Bei erlassenen, niedergeschlagenen und abverdienten Posten.

In dessen Folge sind denn auch alle erlassene, niedergeschlagene und abverdiente Posten mit den Bescheinigungen der begünstigten Personen zu belegen.

§. 386.

c. Bei abgetragenen Passivkapitalien.

Bei abgetragenen Passivkapitalien muß überdieß noch der Schuldbrief kassirt der Zahlungsurkunde beigefügt, oder wenigstens die Kassation von der Behörde, an welche der Schuldbrief zurückgeliefert werden soll, besonders bescheiniget und zugleich der Ort ihrer Repositur angegeben werden.

§. 387.

d. Bei Zahlungen an den Rechner.

Auch der Rechner hat, wie jeder fremde Gläubiger, über die, aus den, unter seiner Verwaltung stehenden, Kassen, Speichern, Magazinen ꝛc. erhaltenen, Zahlungen oder Leistungen sofort nach dem Empfang und zwar um so pünktlicher Quittung auszustellen und solche den einschlägigen Urkunden hinzuzufügen, als dieß für die Sicherstellung des Rechnungshaushalts überhaupt, besonders aber der Lokal-Revisionen und der Abrechnungen mit den Erben der Rechner, oder mit letzteren selbst, wenn sie außer Dienst treten, von großer Erheblichkeit ist.

§. 388.

5. Beurkundung der Reste. a. Regel.

Im Falle die Ist-Einnahme dem Soll nicht gleich steht, ist der dadurch sich bildende Unterschied (Rest, oder Ueberschuß) ebenfalls, so oft er vorkommt, sowohl rücksichtlich seiner Existenz zu beweisen, als in Beziehung des dabei angewendeten Fleißes des Rechners zu rechtfertigen.

§. 389.

b. Beurkundung der Wirklichkeit der Reste.

Der Urkundenbeweis für die Existenz der Reste wird ins Besondere durch des Schuldners unterschriftliche Anerkennung eines, auf seinen Namen geschriebenen, Rückstandes geführt, und zur Urkundenform die in den §§. 862 und 863. vorgeschriebenen Formulare angewendet.

§. 390.

c. Rechtfertigung der Reste. α. Ueberhaupt.

Die Rechtfertigung der Reste geschieht durch die über das Zwangsverfahren verhandelten Akten, oder durch Ausstands-Dekreturen.

§. 391.

β. Exekutions-Papiere.

Wenn der Rechner die Exekutions-Papiere nicht ohne Nachtheil auf immer oder auf längere Zeit aus der Hand geben kann; so ist ihm auch erlaubt, selbige außerordentlich nebst Verzeichnissen darüber an die Verwaltungsbehörde einzuschicken. Diese Verzeichnisse, welche unter laufenden Nummern die Namen der Restanten, die Summe ihrer Rückstände, und die Anrufung der Nummer des zur Rechtfertigung beigefügten Konvoluts enthalten müssen, sollen denn sofort geprüft, dekretirt und mit den Anlagen zurückgesendet werden. So weit in der Dekretur die einzelnen Rückstände gerechtfertiget erkannt sind, so weit können hiernächst die Verzeichnisse selbst nebst Dekretur als Rechtfertigungsurkunden zur Rechnung gebraucht werden.

§. 392.

γ. Ausstands-Dekreturen.

Ausstands-Dekreturen gelten alsdann noch als Rechtfertigungsurkunden, wenn die darin festgesetzten Fristen bereits 14 Tage vor dem Rechnungsstellungs-Termine verflossen sind. Ist der Ablauf einer Frist hingegen schon längere Zeit eingetreten, so müssen zugleich die Exekutions-Papiere der Dekretur beigefügt werden, wofern nicht der, §. 391. erlaubte, Geschäftsweg betreten worden.

Drittes Kapitel.

Wesentliche Beschaffenheit der Urkunden.

§. 393.

1. Grundsatz.

Jede produzirte Urkunde muß vollgültig seyn um volle Beweiskraft zu haben.

§. 394.

2. Begriff vollgültiger Urkunden.

Vollgültig wird diejenige Urkunde genannt, welche glaubwürdig, gültig und echt zugleich ist.

Erster Titel.

Glaubwürdigkeit der Urkunden.

§. 395.

1. Begriff.

Die Glaubwürdigkeit der Urkunden ist der Inbegriff

der zuverlässigen Merkmale der Herrührigkeit ihrer Ausstellung.

§. 396.

2. Urheberschaft. a. Regel.

Eine jede Urkunde muß von demjenigen ausgestellt und mit eigenhändiger Unterschrift vollzogen seyn, der von der Thatsache, worüber der Beweis geführt werden soll, zureichende Kenntniß hat, und zur Ausstellung entweder von Amtswegen berufen, oder sonst, wegen eines eigenthümlichen Interesses an dem betreffenden Gegenstande und einer darin begründeten Verbindlichkeit, ausschließlich berechtiget und verpflichtet ist.

§. 397.

b. Mehrfache Urheberschaft.

Sind mehrere Personen zur Ausstellung berufen, oder berechtiget und verpflichtet; so muß von diesen sämmtlich die Urkunde eigenhändig unterschriftlich vollzogen werden. Bei allen Zahlungen, die an mehrere Theilhaber geschehen, muß daher jeder von diesen seinen Antheil entweder besonders quittiren, oder wenigstens die ausgestellte Hauptquittung eigenhändig unterfertigen.

§. 398.

c. Unerfahrenheit des Ausstellers im Schreiben.

Ist der Aussteller des Schreibens unkundig, so muß die Urkunde von ihm mit drei Kreuzen unterzeichnet, und die Herrührigkeit dieses Handzeichens sowohl, als die dem Aussteller vorgängig geschehene Vorlesung der Urkunde entweder von zwei klassischen Zeugen, oder von einem mit öffentlichem Glauben betrauten Beamten bescheiniget werden.

§. 399.

3. Originalität. a. Urschriftlichkeit überhaupt.

Nur Originalien gelten im Allgemeinen als glaubwürdige Urkunden.

§. 400.

b. Abschriften.

Wenn die Urschriften indessen wegen ihres anderwärts nothwendigen Gebrauchs nicht produzirt werden können, so sind ausnahmsweise auch Abschriften zulässig. Die Gleichlautenheit derselben mit den Originalien muß dann aber von einem hierzu befähigten Beamten beglaubigt, und von dem Rechner der Grund der nicht geschehenen Original-Produktion angeführt werden.

§. 401.

4. Quittirung verzeichneter Schuldigkeiten.

Bei allen von Gläubigern der Kasse mit ihrer Namensunterschrift ausgestellten Verzeichnissen, worin die Schuld und die Ursache, woher solche erwachsen ist, schon zureichend angeführt sind, ist eine bloße Empfangsbescheinigung hinlänglich. Jedoch darf diese nicht über die schon vorhandenen Unterschriftsnamen der Verzeichnisse gesetzt werden; sondern sie muß besonders mit nochmaliger Namensunterschrift erfolgen.

§. 402.

5. Cessionen und Assignationen.

Sobald Cessionen gültig geschehen, oder Assignationen honorirt worden sind; so gelten auch die von den Cessionarien und Assignatarien ausgestellten Quittungen für glaubwürdige Urkunden, und sind nur dann gegen eine Hauptquittung des ursprünglichen Gläubigers auszuwechseln, wenn sie sich bloß auf einen Theil der ganzen betreffenden Forderung des letzteren erstrecken.

§. 403.

6. Vollmachten. a. Bei Mandataren überhaupt.

Namens des ursprünglichen Gläubigers kann ein Anderer nur dann empfangen und quittiren, wenn er hierzu eine gültige Vollmacht beibringt, welche Vollmacht alsdann der von dem Mandatar ausgestellten Quittung als Beilage anzufügen ist.

§. 404.

b. Besonders bei Fuhrleuten, Dienst- und anderen Boten.

Wenn Gelder, Früchte, oder sonstige Gegenstände durch Fuhrleute, Dienst- oder andere Boten für den Empfangsberechtigten abgeholt werden; so hat der Rechner sich nicht nur über die Identität der zur Abholung erscheinenden Personen in Gewißheit zu setzen, sondern auch den Nachweis der Bevollmächtigung von denselben zu verlangen. Unter solcher Bedingung kann er die Zahlung an sie leisten und Interims-Quittungen von ihnen annehmen, im gegentheiligen Falle aber ist er nicht allein für den aus der Zahlung erwachsenden Schaden haftbar, sondern auch einer angemessenen Ordnungsstrafe unterworfen.

§. 405.

7. Legitimation.

Erben oder sonstige Successoren eines Prinzipal-Gläubigers, die an dessen Stelle eine Zahlung in Empfang nehmen wollen, müssen sich als solche zuvor hinlänglich legitimiren.

§. 406.

8. Bescheinigung der Reste.

Rückstände können, wenn ein Restant des Schreibens unkundig ist, oder die unterschriftliche Anerkennung, ohne triftigen Grund, aus Hartnäckigkeit, oder Chikane verweigert, von den Schultheißen, oder Bürgermeistern, unter Anführung der Ursache, weßhalb der Schuldner nicht selbst unterschreibt, bescheiniget werden.

Zweiter Titel.

Gültigkeit der Urkunden.

§. 407.

1. Begriff.

Die Gültigkeit der Urkunden besteht in dem Daseyn aller derjenigen Eigenschaften ihrer Form und ihres Inhalts, wodurch sie überhaupt und nach positiven Vorschriften zu allgemeiner Anerkennung befähiget sind.

§. 408.

2. Form der Urkunden. a. Aeussere Form. α. Format. aa. des Papiers.

Rechnungsurkunden sollen, wo es der Rechner bewirken kann, überall in dem Formate eines halben Bogens beigebracht, und wenn ihr Format kleiner als ein Quartblatt ist, wenigstens auf halbe Bogen aufgeheftet werden.

§. 409.

bb. Der Abfassung.

Eben so dürfen sie an dem linken Rande der ersten und dritten, und an dem rechten Rande der zweiten und vierten Bogenseite nicht zu nahe an das Ende geschrieben werden, damit ihre äußere Integrität bei dem Einbinden erhalten bleibe.

§. 410.

β. Addirung und Laterirung.

Enthält eine Urkunde ein Verzeichniß mehrerer Posten, so sollen diese addirt, und, wenn sich das Verzeichniß über mehrere Seiten erstreckt, die Seitensummen am Schlusse desselben zu einer Hauptsumme zusammen getragen werden.

§. 411.

γ. Paginirung.

Jede Urkunde von mehreren Seiten muß paginirt seyn.

§. 412.

b. Sprache.

Alle Urkunden sind in deutscher Sprache abzufassen. Aussteller, welche dieser nicht kundig sind, müssen daher angehalten werden, eine deutsche Urkunde beizubringen, worunter von einem mit öffentlichem Glauben bestellten Beamten bescheiniget ist, daß der Aussteller nach vorgängiger Verständigung mit dem, von ihm hierzu erwählten, Dolmetscher den Inhalt der Urkunde anerkannt und sie unterschriftlich eigenhändig vollzogen habe.

§. 413.

c. Schrift.

Hebräische Unterschriften der im Deutschschreiben unerfahrenen Israeliten sollen von einem klassischen Zeugen, mit deutschen Buchstaben wiederholt, beigeschrieben werden.

§. 414.

d. Ausdruck der Zahlen.

Die zu empfangenden oder zu zahlenden Summen sind in den Urkunden deutlich, und zu mehrerer Sicherheit in Ziffern und in unterstrichenen Worten zugleich auszudrücken.

§. 415.

3. Legitimität der Urkunden. a. Ertheilungsbefugniß. α. Dekreturen.

In allen Fällen, worin der Rechner nicht ohne höhere Genehmigung handeln darf, müssen die Urkunden mit der erforderlichen Dekretur versehen seyn.

§. 416.

β. Sonstige Ausfertigungen.

Bei allen anderen Gegenständen ist eine Beurkundung von den dazu berufenen, oder berechtigten Personen hinreichend.

§. 417.

b. Oeffentliche Gesetzlichkeit. α. Ueberhaupt.

Wenn für gewisse schriftliche Aufsätze, die als Rechnungsurkunden dienen sollen, eine bestimmte Form in Ansehung der Abfassung, oder des Inhaltes durch Landesgesetze vorgeschrieben ist, so muß dieselbe streng befolgt werden.

§. 418.

β. Bei nicht selbstständigen Personen.

Sollte ins Besondere der Aussteller einer Urkunde entweder in Betreff des Gegenstandes nicht allein, oder hinsichtlich seiner persönlichen Befähigung, nach den Gesetzen noch nicht selbstständig disponiren dürfen; so muß bei Empfangnahmen im ersteren Falle der Beitritt, die Autorisation oder die Einwilligung der hierzu berechtigten Personen beigebracht, im letzteren Falle aber der Vormund oder Kurator bei der Ausstellung der Urkunde gesetzmäßig konkurriren. Die Eigenschaft einer Person als Vormund oder Kurator ist selbst urkundlich zur Rechnung nachzuweisen.

§. 419.

c. Kontrollirung.

Alle Urkunden, wodurch die Einnahme überhaupt und die Ausgabe im Soll regulirt werden, sollen mit dem Sichtschein der einschlägigen Haupt-Buchhalterei versehen werden. Sind es Dekreturen der Verwaltungsbehörden, welche von dem Etat abweichen, so sind sie mit rechtfertigenden Anschreiben an die Buchhalterei zu begleiten, welche dieser zu Belegen dienen, und worin die wirthschaftlichen Gründe der Abweichung kurzhin angegeben werden.

§. 420.

4. Gegenstand der Urkunden. a. Ueberhaupt.

In jeder Urkunde ist der Gegenstand, der durch sie bezeichnet werden soll, vollständig und so genau darzustellen, daß seine Identität keinem Zweifel unterliegen kann. Namentlich muß sie daher, wenn sie Zahlen bescheiniget, nicht nur Zahlen enthalten, sondern die in ihr aufgeführten Zahlen müssen auch genau mit den zu bescheinigenden übereintreffen.

§. 421.

b. Bei Dispositions-Dekreturen.

Dekreturen der Verwaltungsbehörden zur Einnahme und Ausgabe haben dem zu Folge 1) den Schuldtitel, 2) die Zahlengrößen, 3) die Schuldner, oder Gläubiger, 4) das betreffende Rechenamt, 5) die Zeit der Erhebung, oder Zahlung (Fälligkeit), 6) den Ort derselben und 7) das Rechnungsjahr, worin der fragliche Posten verrechnet, oder mit dessen Verrechnung angefangen werden soll, genau zu bestimmen.

§. 422.

c. In Beziehung auf den Rechnungsjahrgang.

Der Gegenstand einer Urkunde darf sich bei der Ausgabe für den Empfang unbedingt, sonst aber hierbei und bei der Einnahme, in so fern nicht auf mehrere Jahrgänge zugleich erstrecken, als der Gegenstand für verschiedene Rechnungsjahre in verschiedenen Größen erscheinen soll, ohne daß diese als Terminzahlungen eines Ganzen betrachtet werden können.

§. 423.

d. Gegenstand der Quittungen. *α.* Historische Beziehung.

aa. Im Allgemeinen.

Eine Quittung muß immer den wirklichen Empfang melden. Sie darf deßhalb nicht Ersuchungsschreiben, Anweisung, Vollmacht ꝛc. und Quittung zugleich seyn; sondern hat überall in selbstständiger Ausfertigung den Empfang als eine bereits geschehene Thatsache zu bescheinigen.

§. 424.

bb. Bei Dekreturen.

Auch die Autorisationen der disponirenden Verwaltungsbehörden zur Verausgabung können nie, zum Beweise der geschehenen Zahlungen, die Quittungen vertreten; es müßte denn ein solches ausdrücklich verfügt worden seyn. Eine dergleichen Verfügung soll aber nur dann Statt finden, wenn die Verwaltungsbehörde über die bereits geschehene Verwendung des Fragegegenstandes hinreichende Gewißheit hat, Quittung oder Bescheinigung indessen nicht füglich mehr zu erhalten stehen, und überdieß aus deren Mangel dem herrschaftlichen Interesse kein Nachtheil erwachsen kann.

§. 425.

β. Wesentlicher Inhalt.

Zum wesentlichen Inhalte einer Quittung gehören: 1) der Name des Zählers, 2) die Beschreibung der Schuldigkeit, 3) die Quantität der Zahlung, 4) das Empfangsbekenntniß und 5) die Unterschrift des Empfängers. Auch soll 6) die Angabe des Ortes und der Zeit der Ausstellung zu den wesentlichen Merkmalen gerechnet werden.

§. 426.

γ. Bedingter Inhalt. aa. Verfalltermine.

Wenn Schuldigkeiten von Zeit zu Zeit wieder aufkommen, so muß auch die Bezeichnung des Verfalltermines in der Quittung enthalten seyn.

§. 427.

bb. Münzsorten.

Die Münzsorte muß überdieß jedes Mal in der Quittung ausgedrückt seyn, wenn die Zahlung in einer bestimmten Münzsorte besonders verabredet worden ist.

§. 428.

e. Interims-Quittungen.

Interims-Quittungen, s. g. Recepisse, Post- und Botenscheine werden nicht als vollgültige Rechnungsurkunden angenommen.

§. 429.

5. Selbstständigkeit der Urkunden.

Jede Urkunde muß für sich, oder mit ihren Beilagen, ein selbstständiges Ganze bilden, eine Bezugnahme derselben auf andere nicht unmittelbar angefügte Urkunden ist daher ungültig, sobald der angezogene Inhalt nicht aus ihr selbst, so weit sie dessen bedarf, genau ersichtlich ist.

Dritter Titel.

Echtheit der Urkunden.

§. 430.

1. Begriff.

Die Echtheit der Urkunden besteht in der Wahrheit, Integrität und Ursprünglichkeit aller zu ihrer Ausstellung erforderlichen äußeren Merkmale.

§. 431.

2. Grundsatz.

Jede Urkunde muß nach Form, Inhalt und Herrührigkeit überall in vollständiger Integrität (Unverletztheit) erscheinen, und darf weder mit sich selbst, noch mit anderen angezogenen Urkunden, oder einschlägigen Thatsachen im Widerspruche stehen.

§. 432.

3. Integrität. a. Im Aeusseren.

Es gelten daher keine zerrissene, zerschnittene, oder durchstrichene Urkunden; es müßte denn hierdurch ihre Kassation bemerklich gemacht, oder sonst dargethan seyn, daß die Verletzung, ohne weitere Ursache und Folge, bloß durch Zufall geschehen ist.

§. 433.

b. Rücksichtlich des Inhalts oder der Ausstellung.

α. Korrekturen und Rasuren.

Aus gleichem Grunde sind durchaus alle Korrekturen und Rasuren in den Urkunden unzuläßig, und müssen deßhalb hieran leidende Urkunden zur neuen Ausstellung gebracht werden.

§. 434.

β. Eingeschobene Abänderungen.

Eingeschobene oder auf den Rand gesetzte Abänderungen in Urkunden werden nur dann geduldet, wenn der Aussteller dieselben durch besondere Namensunterschrift anerkannt hat.

§. 435.

γ. Fälschung.

Eine zu absichtlicher widerrechtlicher Täuschung geschehene Abänderung an dem Inhalte, der Unterschrift, dem Datum, oder dem Siegel der Urkunde wird in jedem Falle als Fälschung behandelt.

§. 436.

δ. Betrug.

In gleicher Weise wird jede Unterschiebung einer in der Herrührigkeit unwahren Urkunde als Betrug verfolgt.

§. 437.

ε. Urheberschaft der Fälschung oder des Betrugs.

Für das Daseyn einer Fälschung oder eines Betruges macht es keinen Unterschied, ob die hierzu dienende Handlung von dem Rechner selbst, oder einem Anderen begangen worden ist, wenn sie nur der Rechner zum Nachtheile der Rechnungsverwaltung benutzt hat, oder benutzen wollte.

§. 438.

ζ. Beweisgründe von Beidem.

Die rechtswidrige Absicht zu täuschen wird als erwiesen betrachtet, sobald juridisch gewiß dargethan worden ist, daß der Rechner um die Fälschung, oder den Betrug wußte, und dennoch damit die Verwaltung benachtheiligte, oder benachtheiligen wollte. Das Wissen des Rechners um eine von ihm solcher Gestalt benutzte betrügliche, oder fälschende Handlung aber ist als erwiesen anzunehmen, sobald juridische Gewißheit darüber obwaltet, daß die Existenz der vorgespiegelten, oder die Nichtexistenz der verheimlichten Thatsache mit dem Inventarium des Rechnungsstockes, oder mit der pflichtmäßigen Wahrnehmung des Rechnungshaushalts in offenbarem Widerspruche steht. Der Nachtheil endlich ist erwiesen, sobald dargethan worden, daß durch die Fälschung oder den Betrug die Rechnungsverwaltung entweder verkürzt worden ist, oder wenigstens verkürzt werden konnte.

§. 439.

γ. Folgen der Unvorsichtigkeit und Fahrlässigkeit.

Ist der Rechner aus Unvorsichtigkeit in Ansehung der Integrität der Urkunden selbst hintergangen worden, oder hat er die Mängel derselben aus Fahrlässigkeit passiren lassen, ohne in beiden Fällen eine rechtswidrige Absicht zu hegen; so hat er, neben Erlegung einer angemessenen Ordnungsstrafe, wenigstens allen daraus erwachsenden Schaden aus eigenen Mitteln zu tragen.

§. 440.

4. Kollision der Urkunden. a. Bei gleichen Summen.

Wenn Urkunden rücksichtlich ihres Inhaltes mit einander kollidiren, so sind sie, sofern sich der Widerspruch auf gleiche Summen bezieht, als nicht vorhanden zu betrachten.

§. 441.

b. Bei ungleichen Summen.

Betrifft die Kollision hingegen nur einen Theil der zu beurkundenden Summe, so heben die widerstreitenden Urkunden bis zu dem gleichlaufenden Betrage einander auf; in Ansehung des unbezweifelten Ueberschusses gilt jedoch diejenige Urkunde, welche denselben enthält.

§. 442.

5. Mehrfachheit der Urkunden. a. Bei gleichen Summen.

Sind über einen und denselben Gegenstand mehrfache Urkunden vorhanden, so wird bei gleichen Summen nur Eine Urkunde als gültig angesehen, jede andere verworfen.

§. 443.

b. Bei ungleichen Summen. α. Wenn eine Urkunde das Ganze enthält.

Bei ungleichen Summen kommt es darauf an, ob die eine von den mehrfachen Urkunden das Ganze, welches beurkundet werden soll, ausdrückt oder nicht. Im ersteren Falle ist die Urkunde, welche das Ganze befaßt, allein gültig, jede andere aber als nicht vorhanden anzusehen.

§. 444.

β. Wenn keine der mehrfachen Urkunden sich auf das Ganze erstreckt.

Im zweiten Falle gelten die mehrfachen Urkunden, in so fern ihre Beurkundung nicht das Ganze überschreitet; für die überschießende Summe hingegen haben sie keine Gültigkeit.

§. 445.

6. Partial-Urkunden.

Zur Vermeidung von Irrungen soll sich eine produzirte Urkunde immer auf das Ganze einer Schuldigkeit aus einem Rechnungsjahrgange erstrecken, und sind daher hiergegen Urkunden, die nur einen Theil dieses Ganzen befassen, zuvor auszuwechseln.

§. 446.

7. Duplikat-Urkunden. a. Ueberhaupt.

Wenn es nöthig wird, eine Urkunde, die bereits vollgültig ausgestellt worden war, zum zweiten Male auszustellen; so muß bei der zweiten Ausstellung nicht allein der veranlassende Grund hierzu ausgedrückt, sondern dieselbe auch in der Abfassung als Duplikat bezeichnet und zugleich mit diesem Worte überschrieben werden.

§. 447.

b. Duplikat-Dekreturen.

Ein Gleiches muß bei Duplikat-Dekreturen zur Einnahme oder Ausgabe Statt finden, wenn die Originalien dem Rechner abhanden gekommen, oder sonst über die Existenz oder den Fortbestand eines zur Einnahme, oder Ausgabe dekretirten Postens erhebliche Zweifel entstanden seyn sollten. In letzterem Falle ist überdieß der bisherige Geschichtsstand des befragten Postens näher zu bezeichnen.

Siebentes Hauptstück.

Verrechnung der Gefälle.

Erstes Kapitel.

Allgemeine Grundsätze der Verrechnung.

Erster Titel.

Wesentliche Natur der Verrechnung.

§. 448.

1. Begriff der Verrechnung der Gefälle.

Die Verrechnung der Gefälle ist die schriftliche, historische und übersichtliche Darstellung aller zur Einnahme und Ausgabe derselben aufgekommenen Ergebnisse (Thatsachen) mit ihren Zahlenverhältnissen, zum Zwecke der Nachweisung einer ordentlichen und redlichen Verwaltung.

§. 449.

2. Nothwendigkeit und Umfang derselben.

Die Verrechnung des verwalteten Vermögens ist überall nothwendig, wenn eine Mehrheit von Vermögenstheilen zur jährlichen Einnahme und Verwendung kommt, jenes also hierbei vor Vernachlässigung, verheimlichter Verschleppung (Unterschlagung), oder Deterioration sicher zu stellen ist. So weit sich die Nothwendigkeit der Verrechnung erstreckt, so weit reicht auch ihr Umfang, indem sie nur da, aber auch immer Statt findet, wo sie nothwendig ist.

§. 450.

3. Möglichkeit derselben. a. Ueberhaupt.

Die Möglichkeit einer Verrechnung ist dadurch bedingt, daß sich die Gegenstände mit Zahlenverhältnissen bezeichnen lassen, daß eine Mehrheit von Gegenständen vorhanden ist, und daß diese nicht allein in ihren Größen bestimmt, sondern auch in ihrer wirklichen Beschaffenheit gegeben sind.

§. 451.

b. Mehrheit von Gegenständen.

Eine besondere Verrechnung eines einfachen Gegenstandes ist demnach unzulässig, und eine Mehrheit von Gegenständen, die mit Zahlengrößen inkommensurabel sind, zur Verrechnung nicht geeignet.

§. 452.

c. Gewißsheit der Grössen.

Gleich unmöglich ist die Verrechnung unbestimmter Größen, weil sie nicht thatsächlich sind, daher weder Ergebnisse der Einnahme oder Ausgabe, noch Anhaltepunkte seyn können, wonach die Rechenschaft über eine Rechnungsverwaltung hergestellt und geprüft werden dürfte. Unbestimmte (muthmaßliche, s. g. präsumtive) Größen, deren problematische Annahme und Berechnung einer guten Wirthschaft bei den Voranschlägen allerdings Bedürfniß ist, sollen daher nirgends in den Rechnungsbüchern, welche keine Probleme zu verarbeiten haben, aufgenommen, und darin auch nicht einmal, es sey denn zur Beurkundung, in Bezug genommen werden, da sie eben mit dem Wesen der Verrechnung in direktem Widerspruche stehen.

§. 453.

d. Wirklichkeit der Gegenstände.

Nicht weniger widersprechend ist es mit dem Wesen der Verrechnung, wenn die Gegenstände nicht in ihrer wirklichen Beschaffenheit, sondern in Geld veranschlagt, zum Zwecke der Summirung aller Vermögenstheile unter einer Benennung, in den Rechnungen dargestellt werden. Solche Geldanschläge widersprechen dem Zwecke der Verrechnung in der Rechtfertigung, indem der Rechner, als solcher, dieselbe nicht zu verantworten hat; sie widersprechen aber zugleich auch dem historischen Vertrage, indem sie, selbst als durchlaufende Posten, nicht thatsächlich sind, und deßhalb auch dann nicht zur wirklichen Einnahme gekommen wären, wenn sie nicht gleichzeitig hätten verwendet werden müssen. Aus diesen Gründen sollen alle Geldanschläge der bezeichneten Art, deren Ermittelung wohl eine nothwendige Aufgabe der Finanzspekulation ist, in allen Rechnungsbüchern durchhin ausgeschlossen, nnd alle Gegenstände nur in ihrer wirklichen Beschaffenheit verrechnet werden. Eben deßhalb sind denn auch thatsächliche, d. h. solche Geldanschläge, welche, (wie z. B. die Miethgeldänschläge der als Besoldungstheile überlassenen Wohnungen,) wirklich zur Einnahme kämen, wenn sie nicht als solche, (z. B. die veranschlagten Miethgelder an die betreffenden Beamten als Miethvergütung,) gleichzeitig in Ausgabe verwendet werden müßten, allerdings nicht allein mögliche, sondern auch nothwendige Gegenstände der Verrechnung.

Zweiter Titel.

Historischer Vortrag der Verrechnung.

§. 454.

1. Begriff und Eintheilung des historischen Vortrags.

Der historische Vortrag ist die Darstellung einer Thatsache oder eines Inbegriffs von Thatsachen in Worten. Er ist entweder materiell, oder formell; je nachdem er nach seinem Inhalte, d. h. seinem Verhältnisse zur Thatsache, oder nur in seiner äußeren Wortstellung betrachtet wird.

§. 455.

2. Materieller Vortrag. a. Wahrheit desselben. α. An und für sich.

Die erste Regel des materiellen historischen Vortrags ist die Wahrheit desselben. Alles zur Verrechnung Vorgetragene soll deßhalb, auch wenn es nicht wesentlich, sondern nur erläuternd wäre, den aufgekommenen Ergebnissen vollkommen treu und entsprechend seyn.

§. 456.

β. Im Verhältniss zu den Quellen.

Um die Uebereinstimmung der vorgetragenen Behauptung mit der ihr zum Grunde liegenden Thatsache genau herzustellen, hat der Rechner dem zu Folge die Quellen, woraus er sie schöpfte, sorgfältig zu prüfen. Bei der unmittelbaren Kenntnißnahme durch eigene Beobachtung muß er sich daher vor jeder Täuschung möglichst sichern; bei der mittelbaren durch Tradition, Zeugen oder Urkunden aber deren Zuverlässigkeit und Glaubwürdigkeit gehörig ermitteln, auch überall, selbst wenn die Produktion einer Urkunde nicht erforderlich wäre, die Quelle namhaft machen, sofern die Angabe der Qualität der Quelle von besonderem Interesse ist. Erhebliche Unwahrheiten in dem historischen Vortrage, auch wenn dieselben nur aus der Nachlässigkeit in Prüfung der Quellen hervorgegangen sind, machen den Rechner immer verantwortlich.

§. 457.

b. Angemessenheit des Vortrags.

Die zweite Regel des materiellen historischen Vortrags ist seine Angemessenheit zu den in ihm enthaltenen Thatsachen. Zur Herstellung derselben sind daher alle, aber auch nur diejenigen Merkmale der Thatsache anzugeben, wodurch eine deutliche Vorstellung von ihr, so wie sie in der Wirklichkeit erschienen ist, begründet wird.

§. 458.

3. Formeller Vortrag. a. Sprache.

Der formelle historische Vortrag besteht in der Wahl der Sprache, und in dem Style, d. h. in der Wahl der Worte und der Wortfügung. In ersterer Hinsicht soll der Vortrag überall in deutscher Sprache geschehen, und darin der Gebrauch von Fremdwörtern so viel möglich vermieden werden.

§. 459.

b. Styl.

Rücksichtlich der Wahl der deutschen Worte und der Wortfügung ist ein ruhiger und besonnener Ausdruck, ohne Empfindelei oder Gesuchtheit, einzuhalten, und dahin zu trachten, daß die, zu einer Vorstellung zu vereinigenden, Gedanken sich durch ihre, weit in einander gefügte, Wortdarstellungen nicht selbst hinderlich, sondern vielmehr immer durch Verbindungsworte hintereinander entwickelt werden, sobald ein oder der andere Gedanke durch die Incinanderfügung für die Auffassung zu sehr verzogen und deßhalb erschwert werden würde.

Dritter Titel.

Arithmetischer Vortrag der Verrechnung.

§. 460.

1. Begriff des arithmetischen Vortrags.

Der arithmetische Vortrag besteht in der Darstellung der Zahlengrößen mit äußeren Zeichen. Diese Zeichen sind entweder Worte oder Ziffer.

§. 461.

2. Darstellung desselben. a. In Worten.

In Worten dürfen die Zahlengrößen nur dann ausgedrückt werden, wenn sie als Anhaltepunkte im historischen Vortrage gegeben sind, oder wenn der Ausdruck in Worten zur Kontrolle dienen soll. Der Gebrauch von Worten, welche jeden Falls zu unterstreichen sind, ist jedoch im ersteren Falle so viel möglich durch die Anwendung der Ziffer zu ersetzen, und im letzteren Falle immer an besondere Vorschrift gebunden.

§. 462.

b. In Ziffern. α. Ueberhaupt.

Alle Zahlengrößen, welche als Resultat eines vorgetragenen Factums erscheinen, also den bestimmten Betrag zur Einnahme, oder zur Ausgabe enthalten, müssen überall in Ziffern ausgedrückt werden.

§. 463.

β. Ununterbrochenheit des Vortrags.

Der Vortrag dieser Beträge in Ziffern muß ununterbrochen geschehen, darf also nicht durch zwischenhinlaufende historische Vorträge, oder sonstige Wortdarstellungen zerstückelt werden.

§. 464.

γ. Benennung der Zahlen.

Alle vorgetragene Zahlengrößen müssen benannt seyn.

§. 465.

δ. Einrichtung derselben.

Sämmtliche untereinander folgende Zahlen müssen gehörig eingerichtet werden.

§. 466.

ε. Zahlennegation.

Wenn Zahlen mit Ziffern ausgedrückt werden, so ist das Nichtvorhandenseyn (die Negation) einer Zahl durch einen Querstrich zu bezeichnen.

§. 467.

ζ. Ausdrückung der arithmetischen Resultate.

Die arithmetischen Resultate, welche aus dem Verhältnisse mehrerer Zahlengrößen zu einander entspringen, müssen überall gezogen und ausgedrückt werden.

Vierter Titel.

Schriftlichkeit der Verrechnung.

§. 468.

1. Begriff und Zweck.

Die Schriftlichkeit der Verrechnung besteht in der Darstellung derselben in den, zu Buchstaben und Züffern angenommenen, Zeichen mit einer sichtbaren Materie auf einer konsistenten Fläche. Ihr Zweck ist die immerwährende Aufbehaltung der zur Verrechnung aufgekommenen Thatsachen und Größen; deren schnelle und deutliche Vergegenwärtigung; sowie die Gewährung sichtbarer Anhaltepunkte zur schleunigen und sicheren Ermittelung der Zahlenverhältnisse.

§. 469.

2. Nothwendigkeit.

Nothwendig ist die schriftliche Verrechnung, nach Maßgabe ihres Zweckes, nicht allein um die Rechtfertigung des

Rechners und die Geschichte der Ergebnisse eines verwalteten Vermögens der zufälligen subjektiven Aufbehaltung im Gedächtnisse zu entrücken, und beides zur objektiven und immerwährenden Kenntnißnahme geeignet zu machen; sondern auch um daneben durch Sicherstellung der Ermittelung der Zahlenverhältnisse Vermögen und Verwaltung zugleich von materiellen Irrungen möglichst zu befreien. In Erwägung solcher Nothwendigkeit sind denn alle zur Verrechnung aufkommende Ergebnisse schriftlich aufzuzeichnen, und der Vorwand eines guten Gedächtnisses kann dem Rechner nirgends in seiner Verantwortlichkeit wegen versäumter, oder verschobener schriftlicher Auszeichnung auch des unbedeutendsten Ergebnisses zur Entschuldigung dienen.

§. 470.

3. Haupterfordernisse. a. Art und Weise der Schriftlichkeit. α. Ueberhaupt.

Die nothwendigen Erfordernisse einer behörigen Ausführung der Schriftlichkeit betreffen entweder die Art und Weise derselben selbst, oder das hierzu zu verwendende Material. In ersterer Hinsicht erfordert die Schrift Deutlichkeit, Augenfälligkeit und Integrität.

§. 471.

β. Deutlichkeit.

Die Deutlichkeit der Schrift ist bedingt durch die leichte Erkennbarkeit der dargestellten Buchstaben und Ziffer, und durch die gehörige Absonderung der Worte und Zahlenstellen. In dieser Weise ist daher eine gute Handschrift zur Verrechnung durchaus anzuwenden und der Fertigkeit einer schönen Handschrift nachzustreben.

§. 472.

γ. Augenfälligkeit.

Die Augenfälligkeit der Schrift besteht in einer solchen abwechselnden Auszeichnung der Schriftzüge, daß die Hauptmomente des Vortrags leichten Blickes aufgefunden werden können. Es sollen daher alle Ueberschriften entweder mit römischer Kurrent-, oder mit deutscher

Kanzleischrift; der übrige Vortrag aber durchgehends mit deutscher Kurrentschrift geschrieben, und außerdem noch die besonders hervorzuhebenden Worte, namentlich Sachrubriken, mit einem geraden Querstriche unterzogen werden.

§. 473.

ε. Integrität. aa. Ueberhaupt.

Die Integrität der Schrift erfordert, daß die Schriftzüge weder vorn herein verstümmelt, noch in ihrer ursprünglichen Beschaffenheit, oder ihrem Zusammenhange verändert werden.

§. 474.

bb. Abbreviaturen.

Abbreviaturen sind daher zu vermeiden. Wo sie indeß vorkommen, müssen sie wenigstens verständlich seyn. Die abgekürzten Worte müssen also so viele Buchstaben enthalten, daß sie nicht mit anderen Worten verwechselt werden können, und überdieß noch mit Konsonanten einer nachfolgenden Sylbe schließen, weil ein Selbstlauter für sich ausgesprochen, daher nicht noch eine nachfolgende Sylbe andeuten kann.

§. 475.

cc. Korrekturen. αα. Rasuren und Durchschreibungen.

Veränderungen an bereits geschriebenen Worten durch Rasuren oder Durchschreibungen dürfen nirgends Statt finden; vielmehr müssen da, wo sie nothwendig werden, die Worte lesbar bleibend durchstrichen und die Korrekturen darüber geschrieben werden.

§. 476.

ββ. Unterpunktirung.

Durchstrichene Worte können dagegen durch Unterpunktirung keine Geltung wieder erlangen; sondern sie sind, wenn sie hergestellt werden sollen, nochmals überzuschreiben, oder mit einem Korrekturzeichen auf den Rand zu setzen.

§. 477.

γγ. Einschiebungen.

Einschiebungen von Worten oder Sätzen, welche den bisherigen Vortrag aus seinem Zusammenhange, oder aus seiner Reihenfolge bringen, sind immer Beweise von Nachlässigkeit, oder Unvorsichtigkeit; oft aber auch Anzeigen von betrüglichen Absichten. Sie müssen daher so viel möglich vermieden werden. In wie fern sie indessen ganz unstatthaft sind, oder wenigstens zu besonderer Verantwortung führen, hängt von der Eigenthümlichkeit der einzelnen Rechnungsbücher ab, und ist seines Orts mit der erforderlichen Vorschrift versehen.

§. 478.

b. Material.

In Betreff des zu verwendenden Materials, ist gutes und in seinem Formate dem ganzen Umfange des Vortrages angemessenes, weißes Papier, und eine haltbare schwarze Tinte zu gebrauchen, welche in der Schrift nicht mit Sand, sondern mit Löschpapier zu trocknen ist. Für Revisions-Korrekturen oder sonstige auszuzeichnende Vermerke hat sich jedoch, zur Vermeidung von Mißverständnissen und Irrungen, die Rechnungskammer rother, die Buchhalterei blauer und der Rechner grüner Tinte zu bedienen.

Fünfter Titel.

Uebersichtlichkeit der Verrechnung. (System des Tabellenbaues.)

§. 479.

1. Begriff der Uebersichtlichkeit.

Die Uebersichtlichkeit eines Rechnungsvortrags besteht in der Kürze, Klarheit, Vollständigkeit und Bildlichkeit der Darstellung seines erheblichen Inhaltes.

§. 480.

2. Herstellung derselben. a. Kürze der Darstellung.

Die Kürze der Rechnungsdarstellung erfordert, daß die Benennungen aller benannten Gegenstände und

Größen, wenn und so oft solche unmittelbar auf einander folgen, nur ein Mal ausgedrückt, und daß deren nicht zu viel neben einander gehäuft werden.

§. 481.

b. Klarheit.

Die Klarheit der Rechnungsdarstellung beruht 1) in der logischen Trennung der Benennungen nach ihren generisch übereinstimmenden, und spezifisch unterschiedenen Merkmalen; 2) in der gehörigen Unterordnung der Gegenstände und Größen unter ihre unmittelbaren Benennungen; und 3) in der geraden Richtung derselben mit allen in Relation genommenen Anhaltepunkten.

§. 482.

c. Vollständigkeit.

Die Vollständigkeit der Rechnungsdarstellung ist bedingt nicht nur durch die Ausdrückung sämmtlicher zu den dargestellten Gegenständen und Größen wesentlich gehörigen Merkmale; sondern auch durch die gleichzeitige Aufnahme aller Anhaltepunkte, welche mit denselben, nach ihrem vorgetragenen Ergebnisse, in wesentlicher Beziehung stehen.

§. 483.

d. Bildlichkeit. α. Begriff.

Die Bildlichkeit der Rechnungsdarstellung endlich besteht in der augenfälligen Abgrenzung der Räume, in welche die Gegenstände und Größen, sowohl in der Unterordnung unter ihre Benennungen, als in der Richtung zu den angezogenen Anhaltepunkten, zu stehen kommen, und in der Auszeichnung der Abgrenzungen nach Maßgabe des generellen oder speziellen Umfanges der Benennungen.

§. 484.

β. Bestandtheile. aa. Linien.

Dieser Auszeichnung wegen können die Abgrenzungen nicht etwa durch Falze, sondern sie müssen immer durch unterscheidbare Linien dargestellt werden.

§. 485.

bb. Scheitel- und Querlinien.

Die bildlichen Darstellungen der Gegenstände und Größen in der Unterordnung unter ihre Benennungen und in der Verbindung mit ihren Anhaltepunkten können möglicher Weise nur in vertikaler, oder in horizontaler Richtung geschehen, und daher zur Raumbegrenzung nur Linien in diesen beiden Richtungen gebraucht werden. Linien in vertikaler Richtung werden Scheitellinien; Linien in horizontaler Richtung Querlinien genannt.

§. 486.

cc. Spalten. Scheitel- und Querspalten.

Die Räume zwischen den Linien heißen Spalten, welche ebenfalls Scheitel- oder Querspalten sind.

§. 487.

dd. Rechen- und sonstige Spalten.

Diejenigen Spalten, die zum reinen Vortrage der arithmetischen Ergebnisse in Einnahme und Ausgabe bestimmt sind, werden vorzugsweise die Linie oder die Rechenspalten; die übrigen Spalten aber nach ihrem besonderen Inhalte, also je nachdem sie zur Nummerirung, zum historischen Vortrage und zur Darstellung von Anhaltepunkten oder Bemerkungen dienen, Ordnungs-, Geschichts-, Belege- rc. Spalten genannt.

§. 488.

ee. Spaltenviereck.

Die einzelnen Gegenstände und Größen können nur da ihren Raum finden, wo sich ihre bezüglichen Scheitel- und Querspalten durchkreuzen, und dadurch ein Viereck bilden, welches das Spaltenviereck genannt wird.

§. 489.

ff. Spaltenfigur.

Vermittelst des Spaltenvierecks werden die einzelnen Gegenstände und Größen nebst ihren Benennungen durch rechtwinkelig von demselben auslaufende, von Linien umschlossene, Spaltenräume dergestalt in Verbindung gesetzt, daß ihre wechselseitige Beziehung zu einander in solchem ununterbrochenen Leitpfade dem Auge offenbar dargestellt wird. Der ganze Umfang dieses mit Linien umschlossenen Raumes heißt die Spaltenfigur, deren mögliche Bildung das sicherste Kriterium der Möglichkeit einer übersichtlichen Verbindung mehrfacher Relationen ist, worauf sich denn die Regel gründet: wo eine Spaltenfigur zur tabellarischen Verbindung mehrfacher Beziehungen möglich ist, da ist diese Verbindung selbst möglich.

§. 490.

γ. Herstellung der Bildlichkeit durch Tabellenbau.

Die Uebersichtlichkeit der Rechnungsdarstellung kann nur vermittelst des Tabellenbaues erreicht werden. Die Veranlagung von Tabellen ist daher in dieser Absicht für den gesammten Rechnungsvortrag zu bewerkstelligen.

§. 491.

aa. Begriff einer Rechnungstabelle.

Eine Rechnungstabelle ist die, der Uebersichtlichkeit wegen gewählte, Darstellung von Mehrheiten verschiedener, mit einander in Beziehung gestellter, Gegenstände und Größen in sich durchkreuzenden Scheitel- und Querspalten, dergestalt, daß alle einzelne relative Gegenstände und Größen der einen, in Scheitelspalten aufgeführten, Mehrheit allen einzelnen korrespondirenden Gegenständen und Größen der anderen, in Querspalten vorgetragenen, Mehrheit in dem Spaltenvierecke zur Bezugnahme begegnen, und hierin das Resultat der Beziehung erscheint. Eine Tabelle ist hiernach nur die Vermittelung der Uebersichtlichkeit des Rechnungsvortrags und beruht deßhalb, wie diese, auf Kürze, Klarheit, Vollständigkeit und Bildlichkeit.

§. 492.

bb. Erfordernisse des Tabellenbaues. αα. Kürze der Tabelle.

Die Kürze der Darstellung wird durch die Tabelle erreicht, indem alle, in Bezugnahme zu stellende, Gegenstände nur ein Mal benannt zu werden brauchen, während sonst die Benennung so oft wiederkehren müßte, als zu vergleichende Gegenstände in der vertikalen Richtung stehen. Eben dieses Zweckes wegen ist die Anordnung dergestalt zu treffen, daß unter den, in der Spitze der Scheitelspalten gesetzten, Benennungen alle Gegenstände und Größen auf einer Fläche ununterbrochen erscheinen können; dagegen aber auch die Veranlagung von Tabellen zu unterlassen, wenn entweder in der vertikalen Richtung keine Mehrheit von Benennungen, oder in der horizontalen Richtung keine Mehrheit von Gegenständen und Größen vorhanden ist, indem hier die Tabelle keine Kürze gewährt, sondern vielmehr fruchtlosen Zeitaufwand und Mühe erfordert. Nur wenn eine Tabellenfläche als Theil zu einem Ganzen gehört, oder Tabellen für wiederkehrende Vorfallenheiten derselben Art im Voraus veranlagt sind, ist es dem Zwecke der Kürze nicht widersprechend, wenn für die Querspalten nur ein einzelner Gegenstand mit seinen Größen aufkommt.

§. 493.

ββ. Klarheit.

Die Klarheit der Tabelle ist dadurch herzustellen, daß nicht allein die Beziehungen, worin die verschiedenen und gehörig eingetheilten Gegenstände und Größen stehen sollen, mit einem Male sämmtlich in Verbindung gestellt, sondern auch die Richtungen aller dieser Beziehungen und ihre sämmtlichen Resultate, vermittelst der Scheitel- und Querspalten und der Spaltenvierecke, zur Wahrnehmung in einem Ueberblicke angegeben werden. In Folge hiervon können denn diejenigen Beziehungen nicht tabellarisch mit einander verbunden werden, deren Resultate sich nicht in Spaltenvierecken darstellen lassen, welche mit den, für die zu verbindenden Beziehungen nöthigen, Scheitel und Querspalten keine Spaltenfigur bilden können.

§. 494.

γγ. Vollständigkeit.

Die Vollständigkeit der Tabelle erfordert, daß alle Relationen, in welche man verschiedene Gegenstände stellen will, wirklich in der Tabelle vorkommen. Die Rechnungstabelle darf deßhalb nicht aus einer neben laufenden Erklärung ihre Vollständigkeit entlehnen; sondern sie muß aus ihren eigenen Benennungen in allen ihren Beziehungen verstanden werden können, daher denn auch alle Relationen gehörig benannt enthalten.

§. 495.

δδ. Bildlichkeit. 1. Darstellung des Tabellenbildes. a. Ueberhaupt.

Die Bildlichkeit der Tabelle endlich muß dadurch in Wirklichkeit treten, daß die in dieselbe aufzunehmenden Räume und deren mehr oder weniger auszuhebenden Begrenzungen in einem zusammenhängenden Ganzen durch stärkere oder feinere, einfache oder doppelte Linien deutlich gezeichnet, und die Benennungen der einzelnen Spalten gehörigen Orts eingeschrieben werden.

§. 496.

b. Bestandtheile. α. Haar- und Grundlinien.

Die feinen Linien werden Haarlinien, die starken Grundlinien genannt.

§. 497.

β. Kopf und Rumpf der Tabelle.

Der Raum, in welchen die Benennungen der Scheitelspalten aufgenommen werden, heißt der Tabellenkopf; der übrige Raum unter demselben dagegen der Rumpf der Tabelle.

§. 498.

aa. Inhalt des Tabellenkopfes.

Der Tabellenkopf muß in dem obersten Hauptraume zur Ueberschrift diejenige Benennung führen, welche die besondere Bestimmung der Tabelle angiebt, und außerdem können darin noch diejenigen Benennungen aufgenommen werden, welche sich auf das Ganze der Tabellenfläche beziehen. Unmittelbar hierunter werden die Benennungen der Spalten in der Weise eingetragen, daß die Hauptabtheilung alle ihre Unterabtheilungen unter sich aufnimmt, ohne von der Raumlänge einer der letzteren überschritten zu werden.

§. 499.

bb. Inhalt des Tabellenrumpfes.

Der **Rumpf der Tabelle** ist für die Eintragung der einzelnen Gegenstände und Größen bestimmt, daher in der Regel leer von vorher eingeschriebenen Benennungen. Nur dann, wenn sämmtliche Gegenstände und Größen der Querspalten bezugsweise unter gleichnamigen Benennungen erscheinen müssen, können diese auf der linken, oder rechten Seite der Tabelle mit dieser selbst vorgestellt werden.

§. 500.

c. Anwendung der Linien. α. Im Allgemeinen, im Tabellenkopfe und in Scheitelrichtung.

Was die Anwendung der Linien betrifft, so werden die einzelnen Tabellenflächen mit einem **Kranze** von doppelten Linien, (einer Grundlinie auswendig und einer Haarlinie inwendig,) auf drei Seiten, die unterste ausgenommen, umgeben, und alle Linien der Scheitelspalten, und der Querspalten im Tabellenkopfe ausgezogen. Die Scheitellinien sind, nach Erforderniß der herzustellenden Augenfälligkeit, entweder einfache Grund-, oder Haarlinien, oder doppelte Grundlinien. Die Linien der Querspalten im Tabellenkopf sind durchaus gleichmäßige Grundlinien, welche, von den Scheitellinien durchschnitten, jede Benennung in einem Vierecke umschließen, so zwar, daß (nach §. 498.) die Vierecke der Unterabtheilungen in der Breite mit dem Vierecke der Haupteintheilung gleichlaufen, und jede Scheitellinie nur so weit durchgezogen wird, bis sie die zu ihrer Spalte gehörige Benennung begrenzt hat. Alle Scheitelspalten werden nummerirt.

§. 501.

β. Im Tabellenrumpfe.

In wiefern die Querlinien im Tabellenrumpfe, welche, wo sie vorkommen, meist **Haarlinien** sind, schon im Voraus, oder erst bei dem Eintrage gezogen werden müssen, oder, als mit dem Eintrage selbst angedeutet, unausgedrückt bleiben können, hängt von der Eigenthümlichkeit der einzelnen Rechnungsbücher ab, und ist deshalb bei den Vorschriften über diese das Nöthige vorgesehen.

§. 502.

γ. Angemessenheit der Spalten und Spaltenvierecke.

Alle Spalten und Spaltenvierecke müssen den, für sie bestimmten, Einschriften oder Einträgen an Raum angemessen, daher, dieser Bestimmung entsprechend, weder zu weit, noch zu enge gezogen werden.

§. 503.

2. Ausführung des Tabellenbildes durch Formulare. a. Begriff eines Rechnungsformulars.

Wenn es möglich ist, für eine umfassende Gesammtheit von Ergebnissen einer Verrechnung gleichförmige Tabellen im Voraus zu entwerfen, so muß dieß bewerkstelligt werden. Solche Entwürfe gleichförmiger Tabellen mit leeren Spalten im Rumpfe werden Rechnungsformulare genannt.

§. 504.

b. Nutzen und Veranlagung der Rechnungsformulare.

Die Rechnungsformulare, als das bildliche Gebäude der Rechnungsdarstellung, erleichtern und vereinfachen nicht allein das Rechnungswesen, sondern haben außerdem auch noch den bedeutenden Nutzen, daß sie die Oberaufsicht befördern und sichern, indem die oberaufsehenden Beamten, unter Vorstellung des Rechnungsbildes, im Voraus mit der Einrichtung der Rechnung vertraut gemacht sind. So wie die Veranlagung der Formulare durch die Möglichkeit einer gleichförmigen Bildung der Tabellen bedingt ist; so soll in jenem Betrachte der Herstellung dieser Möglichkeit, so viel thunlich, nachgestrebt, daher die Einrichtung der Verrechnung so getroffen werden, daß zu ihrer Ausführung überall Formulare angewendet werden können.

§. 505.

c. Vereinfachung der Rechnungsformulare.

Damit bei der Verfolgung dieses Zweckes das Rechnungsbild nicht wiederum durch eine Ueberhäufung von Formen in seiner Auffaßlichkeit verliere, ist die Einrichtung der Formulare so durchgreifend als möglich zu wählen, und einer Vervielfältigung derselben auch dann nicht nachzugehen, wenn auch diese oder jene Mehrheit von Gegenständen und Größen anders anschaulicher dargestellt werden könnte, indem unter Berücksichtigung des Einzelnen das Ganze nicht leiden darf.

§. 506.

d. Druck der Rechnungsformulare.

Da die Veranlagung akurater Formulare nicht allein sehr einförmig und lästig, sondern auch noch mehr zeitraubend ist; so sollen, um den Rechnungsbeamten Gelegenheit zur besseren Verwendung ihrer Zeit und Kräfte im Dienste zu geben, alle vorgeschriebene Formulare, in ganzem Bogenformat, gedruckt (lithographirt) und den Rechnungsbeamten, nach ihrem jährlichen nothwendigen Bedarf, zugestellt; von ihnen aber erst dann und in so weit vergütet werden, wenn und in wie weit ihr Verbrauch einen solchen Bedarf überschreitet.

Zweites Kapitel.

Abgeleitete Grundsätze der Verrechnung.

Erste Abtheilung.

Verrechnung in erster Instanz der Rechenämter.

Erster Titel.

Führung der Rechnungsbücher.

§. 507.

1. Begriff von Rechnungsbüchern.

Rechnungsbücher sind die zur Verrechnung des verwalteten Vermögens angeordneten Bücher.

§. 508.

2. Buchführung. a. Begriff.

Die Buchführung besteht in der vorschriftsmäßigen Veranlagung der Rechnungsbücher und in gleichmäßiger Eintragung der zur Einnahme und zur Ausgabe des verwalteten Vermögens aufgekommenen Ergebnisse.

§. 509.

b. Bestandtheile. *α.* Eintrag.

Ein **Eintrag** ist die Aufzeichnung eines jeden Rechnungsergebnisses, so wie es in der Zeit und nach seiner besonderen Gestaltung aufgekommen ist. Er kann daher nicht allein wirkliche Facta, sondern auch bloße Resultate von Zahlenverhältnissen enthalten.

§. 510.

β. Veranlagung der Bücher. aa. Begriff.

Die **Veranlagung** der Bücher ist die Bereitstellung derselben in einem solchen Zustande, in welchem die Eintragung der aufkommenden Ergebnisse sofort, ohne weitere Vorbereitung, gehörigen Orts geschehen kann.

§. 511.

bb. Gegenstand. Besonders Paginirung.

Zur Veranlagung gehört überall die **Paginirung** der Rechnungsbücher, welche bei der Verrechnung überhaupt immer Statt finden muß, wenn mehrere Seiten auf einander folgen. Außer diesem erfordert die Veranlagung, nach der Verschiedenheit der Rechnungsbücher, entweder bloß die Zusammenfügung der erforderlichen Anzahl Formular-Bogen und die spezielle Ergänzung des Formulars selbst, oder überdieß noch die Einschreibung aller bereits bestimmten, obgleich noch nicht eingetretenen Rechnungsergebnisse. Nach dieser Verschiedenheit der Rechnungsbücher, wovon die erste Art regelmäßig nur Einträge enthalten kann, die letztere aber zugleich eine vollständige Einsicht in das zu verrechnende Vermögen selbst herzustellen hat, muß auch sowohl der historische, als der arithmetische Vortrag besonders modifizirt seyn.

§. 512.

c. Historischer Vortrag. *α.* Ueberhaupt.

Der historische Vortrag erfordert zur Herstellung einer vollständigen Einsicht in das Ganze der zur Verrechnung ausgestellten Gegenstände den Vortrag derselben unter **Rubriken** und **Posten**.

§. 513.

ß. Rubriken. aa. Begriff einer Rechnungsrubrik.

Eine Rechnungsrubrik ist ein, als Ueberschrift (in rubro) gesetztes, abstraktes, d. h. solches Glied der Eintheilung des Ganzen der Verrechnungsgegenstände, welches selbst noch eintheilungsfähig ist.

§. 514.

bb. Nothwendigkeit der Rechnungseintheilung. αα. Begriff, Möglichkeit, Nothwendigkeit und Grund derselben.

Die Eintheilung ist die Zergliederung eines solchen Ganzen in alle seine, mit ihm generisch identische, unter sich aber in wirklichen Merkmalen spezifisch verschiedene, Theile. Möglich ist die Rechnungseintheilung, sobald ein Ganzes gegeben ist, welches aus einzelnen Theilen besteht, die mit ihm alle seine Merkmale gemeinschaftlich, unter sich aber noch besondere, unbezweifelte und entgegengesetzte Merkmale haben. Nothwendig ist dieselbe, so oft ein Ganzes, welches aus solchen Theilen besteht, zugleich mit diesen Theilen, ohne deren vorgängige Zergliederung, nicht zu deutlicher Einsicht aufgefaßt werden kann. Der Eintheilungsgrund beruht demnach in dem Daseyn der bezeichneten Merkmale eines Ganzen und seiner einzelnen Theile.

§. 515.

ββ. Grundsatz des nothwendigen Daseyns der Rechnungsrubriken.

Aus den aufgestellten Begriffen resultirt folgender Grundsatz des nothwendigen Daseyns der Rechnungsrubriken: so oft ein Ganzes, welches aus einzelnen, mit ihm generisch identischen, unter sich aber wirklich spezifisch verschiedenen, Theilen besteht, zugleich mit diesen Theilen nicht zu deutlicher Einsicht aufgefaßt werden kann; so oft muß ein solches Ganze in diese seine Theile oder Rubriken zergliedert werden.

§. 516.

cc. Richtige Bildung der Rechnungsrubriken. αα. Haupt-, Neben- und Unterrubriken.

Eine Rubrik (als Eintheilungsglied) kann wiederum als

ein eintheilungsfähiges Ganze erscheinen, und der Inbegriff aller Glieder kann hiernach aus Neben- und Unterrubriken bestehen. Jene sind solche, welche auf gleicher Höhe unter dem Eingetheilten; diese, welche im Verhältnisse zu jenen, tiefer stehen. Die gleiche, oder ungleiche Höhe (Koordination, oder Subordination) der Rubriken beruht auf dem Umfange der Eintheilungsgründe. Koordinirt sind die Rubriken, wenn ihre unterscheidenden Merkmale gleich allgemein; subordinirt, wenn ihre besonderen Merkmale im Verhältnisse zu den Merkmalen anderer Rubriken einen spezielleren Umfang haben, und zugleich mit Merkmalen verbunden sind, die den Begriff einer anderen Rubrik ausmachen.

§. 517.

ββ. Posten.

Das letzte Glied der Eintheilung ist das Concretum, also eintheilungsunfähig und keine Rubrik mehr, sondern ein Posten. Von ihm aufwärts sind alle höhere Eintheilungsglieder nothwendig eintheilungsfähig, also Abstracta, Rubriken, und das höchste Eingetheilte ist das äußerste Abstractum. Ein Rechnungsposten ist folglich im Verhältnisse zur Rubrizirung, das concrete Eintheilungsglied, welches nie als Ueberschrift, sondern unter derselben vorgetragen wird; oder, an und für sich betrachtet, ein einzelnes, bestimmtes und in sich vollständiges Rechnungsfactum. Die Posten sind also von den Einträgen in so fern verschieden, als diese auch unvollständige Rechnungsfacta, (z. B. abschlägliche Zahlungen) oder gar keine Thatsachen, sondern nur arithmetische Resultate enthalten können. Ein jeder Posten ist deßhalb auch zugleich ein Eintrag; aber nicht, umgekehrt, jeder Eintrag zugleich ein Posten.

§. 518.

γγ. Grundsatz der richtigen Bildung der Rechnungsrubriken.

Auf diesen Erfordernissen zur Herstellung der Rechnungseintheilungen beruht der Grundsatz der richtigen Bildung der Rubriken: so oft ein Ganzes, welches aus einzelnen, mit ihm generisch identischen, unter sich aber wirklich spezifisch verschiedenen, Theilen besteht, zugleich mit diesen Theilen nicht zu deutlicher Einsicht aufgefaßt werden kann; so oft muß ein solches Ganze in Rubriken dergestalt eingetheilt werden, daß Rubriken, welche gleich allgemeine Unterscheidungsmerkmale haben, koordinirt; Rubriken aber, welche nicht allein mit anderen Rubriken deren Merkmale gemeinschaftlich, sondern außerdem noch besondere Merkmale von spezielleren Umfange haben, den bezüglichen Rubriken subordinirt, und dabei keine Eintheilungsglieder zu Rubriken erhoben werden, welche nicht noch Posten unter sich enthalten können.

§. 519.

dd. Letzte Eintheilungsgründe. αα. Der Verrechnung überhaupt. Spalten- und Sachrubriken.

Das äußerste Abstractum der Rechnungseintheilungen ist die Verrechnung selbst. Sie hat zu ihrem Inhalte Thatsachen und die damit verbundenen Größen und Anhaltepunkte. Die Eintheilung der letzteren, welche schon in den Formularen vorgetragen werden, erstrecken sich meist auf die formalen Größengestaltungen der Facta und heißen Spaltenrubriken; die Eintheilungen der Thatsachen sind an Gründe ihres historischen Erscheinens gebunden, und werden Sachrubriken genannt.

§. 520.

ββ. Letzte Sachrubriken.

Die nächsten Arten von thatsächlichen Ergebnissen, welche unter der Verrechnung stehen können, sind diejenigen, wodurch entweder das verrechnete Vermögen vermehrt, oder vermindert wird. Die ersten Sachrubriken sind also: Einnahme und Ausgabe.

§. 521.

a. Einnahmerubriken.

Die Einnahme hat zu thatsächlichen Eintheilungsgründen: 1) die Zeit der Erhebung und der Fälligkeit; 2) die Bestimmbarkeit des Aufkommens der Gefälle; 3) die Dauer der Gefälle;

4) die Feststellung ihrer Größen; 5) die Schuldtitel und 6) die Oertlichkeit der Erhebung. Nach dem ersten Grunde rührt die Einnahme entweder aus dem laufenden Rechnungsjahre her: laufende Einnahme, oder aus einem vorhergehenden. Hier ist die Einnahme entweder noch zu bewirken: Resten-Einnahme, oder bereits geschehen: Vorrath. In Ansehung des zweiten Grundes kann die Einnahme entweder schon vor Anfang des Rechnungsjahres bestimmt werden: ordentliche Einnahme, oder ihre Bestimmung ist erst zur Zeit, wo sie sich darbietet, möglich: außerordentliche Einnahme. In Folge des dritten Grundes ist die Einnahme entweder immerwährend: ständig, oder vorübergehend: unständig, und hinsichtlich des vierten Grundes entweder veränderlich, oder unveränderlich. Eine unständige Einnahme ist ihrer Natur nach auch immer veränderlich; eine ständige kann aber in der Größe entweder unveränderlich, oder aber veränderlich seyn, daher die Eintheilung in ständige unveränderliche und ständige veränderliche Einnahme. Nach den Schuldtiteln bilden sich so viele Neben- und Unterrubriken, als gleich allgemeine, oder besondere, unter diesen begriffene, Schuldtitel vorhanden sind, und in gleicher Weise sind alle Lokalitäten, welche noch Posten unter sich haben können, entweder eben so viele Neben- und Unterrubriken, oder bloß Nebenrubriken, je nachdem sie entweder in Bezirke und Ortschaften eingetheilt sind, oder nicht. Diese Abtheilung selbst wird der besondern Organisation der einzelnen Rechnungsämter vorbehalten. (§. 63.)

§. 522.

b. Ausgaberubriken.

Als thatsächliche Eintheilungsgründe der Ausgabe erscheinen: 1) die Bestimmbarkeit derselben, in deren Hinsicht sie entweder ordentlich oder außerordentlich ist; 2) die Realität derselben, wonach sie entweder wirklich aus dem Vorrath abgeht: wirkliche Ausgabe; oder nicht, hier jedoch denselben um so viel geringer hält, als ein mit dem

Aufkommen zur Einnahme zugleich verwendeter Betrag ausmacht: fingirte Ausgabe; 3) die Dauer derselben; 4) die Feststellung ihrer Größen und 5) ihre Schuldtitel, in welchem dreifachen Betrachte dieselben Eintheilungen, wie bei der Einnahme, Statt finden.

§. 523.

ee. Bezeichnung der Rubriken.

Die Rubriken sollen zwar immer grundsätzlich (§. 518.) gebildet, in ihrem höheren oder niedrigeren Standpunkte aber nicht durch besondere Scheidenamen, (als: Hauptstück, Kapitel, Titel, Abschnitt 2c.) sondern nur mit Ziffern und Buchstaben, stufenweise verschieden, bezeichnet, und mit ihren eigenthümlichen Benennungen nur dann ausdrücklich aufgeführt werden, wenn sich darunter unmittelbar Posten aufführen lassen.

§. 524.

ff. Ordnung gleichgeltender Rubriken.

Nebenrubriken, für deren Folge hintereinander keine besondere logische Gründe sprechen, sind nach dem Alphabet zu ordnen, was also namentlich immer von den Oertlichkeiten gilt.

§. 525.

d. Arithmetischer Vortrag. α. Soll, Ist, Rest (Ueberschuss).

Was den arithmetischen Vortrag betrifft, so ist es (nach §. 452.) gewiß, daß nur bestimmte Größen aufgeführt werden können. Die Bestimmung muß sich deßhalb auf alle Einnahmen und Ausgaben erstrecken, sowie solche vom Rechner bewirkt werden sollen; sie ist folglich der Inbegriff oder der Normal-Bestand aller, in gewisse Aussicht genommenen, Rechnungsereignisse. Eben aus diesem Grunde ist denn auch ihr Vortrag in der Verrechnung überhaupt so unbedingt nothwendig, als ohne ihn der Maßstab zur Verrechnung fehlt, mithin diese selbst nicht gedacht werden kann. Mit der Bestimmung der Größen trifft aber das wirkliche Aufkommen derselben nicht immer überein. Der Rechner kann dagegen immer nur wirkliche Thatsachen als Gründe seiner

Rechtfertigung benutzen, denn nur aus wirklichen Thatsachen geht es hervor, ob sein Rechnungshaushalt mit dem Normal-Bestande des verrechneten Vermögens harmonirt, oder nicht. Der Vortrag der wirklichen Aufkommenheiten ist dieserhalb in der Verrechnung überhaupt gleichfalls unbedingt nothwendig, da eben ohne ihn die Geschichte der Verrechnung fehlt, also die Rechtfertigung ihrer factischen Begründung entrückt wird. Bei Gefällen, welche erst mit ihrem Einkommen im Soll bestimmt werden, fallen die Bestimmung und die Wirklichkeit in eine Rechnungsthatsache zusammen, daher kann denn auch immer nur die Wirklichkeit zum Vortrage gelangen. Wenn aber bei anderen Einkünften die wirklich aufgekommene Größe mit der bestimmten nicht gleichläuft; so wird dadurch ein Unterschied begründet, welcher in einem Ueberschusse, oder in einem Reste besteht, und nicht allein als arithmetisches Resultat erscheint, sondern zugleich auch auf einer Thatsache beruht, die des Beweises bedarf und zur theilweisen Bestimmung der Größen in nachfolgenden Rechnungsjahren dient. In diesem dreifachen Betrachte ist denn auch der Vortrag dieses Unterschiedes in der Verrechnung selbst nothwendig und deßhalb zu bewirken. In wie fern jedoch die Bestimmung, welche das Soll genannt, und die Wirklichkeit, die mit Ist bezeichnet wird, zugleich mit dem Reste (Ueberschuß) auf einer Fläche, oder für sich getrennt zu erscheinen haben; hängt von dem Zwecke der einzelnen Rechnungsbücher ab, bei welchen solches seines Orts vorgeschrieben ist. Sobald indessen ein Rechnungsbuch den Gesammtzweck der Verrechnung erfüllen soll; so ist auch der Vortrag im Soll, Ist und Rest (Ueberschuß) auf einer Fläche erforderlich. Durchaus unzulässig bleibt aber die Nachschleppung der Reste in einer Liquidation, bei bloßer Verrechnung im Soll, worin sie eben so logisch verwerflich, als praktisch unhaltbar ist, indem sie nur aus einem Vortrage der negativen Thatsachen in den Unterlassungen besteht, aus welchen die positiven Ergebnisse des Ists bei den einzelnen Posten nur mit Mühe und Unzuverlässigkeit, durch Vergleichung des Restes mit dem Soll, gefunden werden können.

§. 526.

β. Summen, Postensummen, Seitensummen, Schlussummen.

Die in den Spalten vorgetragenen Größen einer Rubrik müssen, wenn sie zusammen ein Ganzes ausmachen, addirt werden. Das Produkt heißt Summe schlechthin, wenn die Rubrik sich nur über eine Seite erstreckt; Postensumme, wenn es nur einen Posten in sich begreift; Seitensumme, wenn es aus den Größen einer Seite unter einer Rubrik besteht, die mehrere Seiten umfaßt; Schlußsumme endlich, wenn es mehrere Seitensummen in sich enthält.

§. 527.

γ. Transporte. Zusammenträge.

Seitensummen werden entweder von der einen Seite auf die andere oben an übertragen, und dann auf beiden Seiten Transport genannt; oder aber erst zu Ende einer Rubrik zusammengetragen. Bei dieser Bildung der Schlußsummen, welche Zusammentrag genannt wird, behalten die Seitensummen ihre Benennung und sind mit Ziffern auf den einzelnen Seiten zu nummeriren, womit sie in dem Zusammentrage wiederholt werden.

§. 528.

δ. Wiederholungen. Totalsumme.

Sämmtliche Summen der Rubriken in der Einnahme, und in der Ausgabe müssen in eine Summe, die Totalsumme, zusammen gefaßt werden. Dieß geschieht durch die Wiederholung der Rubriken mit ihren Summen und die Addition derselben.

§. 529.

3. Ausschlieslichkeit und Nothwendigkeit der vorgeschriebenen Rechnungsbücher.

Der Rechnungsbeamte ist unbedingt zur Führung der vorgeschriebenen Rechnungsbücher verpflichtet, und darf eigenmächtig nicht die geringste Abänderung in der Einrichtung derselben vornehmen. Dagegen ist es ihm nicht allein erlaubt, sondern auch anempfohlen, Privat-Rechnungsbücher über das verwaltete Vermögen zu seiner Erleichterung und Bequemlichkeit anzulegen; jedoch kann er sich auf dieselben zu seiner Verantwortung, Kriminal-Fälle ausgenommen, nirgends berufen, da sie sonst in seiner dienstlichen Stellung als nicht vorhanden betrachtet werden. Ein Rechner, welcher die vorgeschriebenen Rechnungsbücher nicht führt, oder die geführten Bücher einem zur Einsicht Befugten vorzulegen hartnäckig verweigert, wird als untauglich von seiner Stelle entsetzt. Die Hartnäckigkeit der Verweigerung ist dann anzunehmen, wenn die höchste Ordnungsstrafe deßhalb ohne Erfolg erkannt worden ist. Bloßen Nachlässigkeiten in der Buchführung folgen, so lange sich dadurch nicht die Untauglichkeit des Beamten außer Zweifel gestellt hat, in der Regel nur die angemessenen Ordnungsstrafen; dagegen ist der Rechner zum Ersatze alles Schadens verbunden, der aus seiner Nachlässigkeit erwachsen ist.

§. 530.

4. Amtshörigkeit derselben.

Sämmtliche vorgeschriebene und geführte Rechnungsbücher nebst allen damit in Beziehung stehenden Urkunden und Literalien gehören dem Amte, als solchem, und sind sonach Bestandtheile der Rechnungsregistraturen derjenigen Stellen, welche nach der Bestimmung der einzelnen Rechnungsbücher im Besitze derselben seyn müssen. In Folge dieser Amtshörigkeit der Rechnungsbücher darf denn weder der Rechner selbst, noch dessen Erbe Rechnungsbücher, Urkunden, oder sonstige Dienstliteralien zu irgend einer Zeit, oder unter irgend einem Vorwande der Ausantwortung vorenthalten; es müßten denn solche noch zur Herstellung der Rechtfertigung über die Amtsverwaltung nothwendig seyn, in welchem Falle selbige dem hierzu Verpflichteten so lange, als diese Nothwendigkeit dauert, im Besitze gelassen werden.

§. 531.

5. Hauptzweige der Buchführung.

Die Hauptzweige der Buchführung sind die Buchführung laufender Gefälle und die Buchführung der Reste.

Erster Abschnitt.

Buchführung laufender Gefälle.

§. 532.

1. Begriff der laufenden Gefälle.

Laufende Gefälle sind diejenigen, welche innerhalb eines gegenwärtigen Rechnungsjahres fällig werden und bis zum Schlusse der Hülfsbücher desselben einkommen. Ihre Trennung von den Rückständen aus vorderen Rechnungsjahren ist nothwendig, nicht allein damit das Vermögen aus einem jeden Jahre unvermischt gehalten, sondern auch damit die klare Uebersicht der Rückstände nicht verhindert werde, indem hierdurch sonst unabsehbare Irrungen erwachsen können.

§. 533.

2. Mehrfachheit der Buchführung derselben.

Die Verrechnung der laufenden Gefälle erfordert nicht allein eine Hauptdarstellung ihrer Vereinnahmung und Verausgabung in dem Zeitraume eines Rechnungsjahres zum Zwecke einer jährlichen Rechenschaftsablage; sondern zugleich auch die Aufzeichnung der Vorfallenheiten im Zeitpunkte ihres Aufkommens, oder wenigstens während des Rechnungsjahrs, damit nicht allein zu jeder Zeit eine Rechenschaft möglich ist, sondern auch für die Hauptdarstellung die nothwendigen Materialien gesammelt werden können. Jenes geschieht in der Jahresrechnung; dieses in den Hülfsbüchern.

Erster Unterabschnitt.

Hülfsbücher.

§. 534.

1. Begriff der Hülfsbücher.

Rechnungshülfsbücher sind diejenigen Rechnungsbücher, welche zu der Aufzeichnung von Vorfallenheiten während des Laufes des Rechnungsjahres bestimmt sind, und hierdurch zur Grundlage der Hauptrechnung dienen.

§. 535.

2. Methoden der Hülfsbuchführung.

Der Zweck einer guten Ordnung und damit gleichzeitig

verbundenen Kontrolle macht es nothwendig, daß die Vorfallenheiten im Laufe des Rechnungsjahres nicht nur nach ihrer Zeitfolge, sondern auch nach ihren Gattungen und Arten (Rubriken) aufgezeichnet werden. Die Verrechnung heißt hiernach die chronologische, oder die systematische, und geschieht entweder in zwei Hülfsbüchern, oder nur in einem. Jenes wird die getrennte; dieses die vereinigte Methode der Hülfsbuchführung genannt.

Erste Eintheilung.

Hülfsbücher getrennter Methode.

§. 536.

1. Prinzip.

Alle Einkünfte, welche vor der Einnahme bestimmt in das Soll gestellt werden können, daher Reste, oder Ueberschüsse zulassen, und bei welchen in der Verrechnung nicht jede der erforderlichen Rubriken in einer besonderen Scheitel- oder Querspalte der Tabellenfläche dargestellt zu werden vermag, sind der getrennten Methode der Hülfsbuchführung unterworfen.

§. 537.

2. Gegenstände.

Es gehören hierher alle sichere Einkünfte, welche in dem §. 192. aufgeführt sind.

§. 538.

3. Arten.

Die Hülfsbücher der getrennten Methode sind das Tagebuch und das Handbuch.

Erster Absatz.

Tagebuch.

I.

Allgemeine Grundsätze.

§. 539.

1. Wesentliche Natur des Tagebuches. a. Begriff.

Das Tagebuch ist das chronologische Hülfsbuch, worin alle Rechnungsergebnisse in der Zeit und Beschaffenheit, worin sie aufkommen, bloß nach der Zeitfolge, aufgezeichnet werden.

§. 540.

b. Zweck.

Der Zweck des Tagebuches besteht in der Vergewisserung des Eintrittes der Rechnungsergebnisse in der Zeit; in der möglich schnellsten und sichersten Aufzeichnung derselben; in der daraus hervorgehenden Aufbehaltung derselben zu immerwährendem Gedächtnisse; in dem stets klar liegenden Ueberblicke über den Stand des Rechnungshaushalts; und endlich in der Möglichkeit, jeden Augenblick auf die kürzeste Weise Abrechnung über Einnahme und Ausgabe anstellen zu können.

§. 541.

c. Umfang.

Der Umfang eines Tagebuches kann sich nur auf eine Gattung von Erhebungsgegenständen und nur auf eine, in Hinsicht der Befugniß abgeschlossene Erheberei erstrecken, daher die Regel: so viel Gattungen und Kompetenzen der Erhebungen; so viel einzelne Tagebücher.

§. 542.

d. Inhalt.

Das Tagebuch hat, da es bloß mit der Zeit vorschreitet, nur die wirklichen Ergebnisse im Ist aufzunehmen. Es besteht daher nur aus Einträgen, muß aber auch so viele Einträge enthalten, als Rechnungsergebnisse einzeln aufgekommen sind.

§. 543.

2. Uebersichtlichkeit des Tagebuches. a. Nebeneinanderstellung der Einnahme und Ausgabe.

Der Uebersichtlichkeit wegen sollen im Tagebuche Einnahme und Ausgabe auf einer Fläche dergestalt mit einander verbunden werden, daß sie die Spalte des Tages gemeinschaftlich, sämmtliche übrige Spalten aber für sich besonders erhalten.

§. 544.

b. Gebrauch der Linien.

Die Linien, welche im Voraus gezogen werden können

und müssen, d. h. sämmtliche Scheitelspalten und die Querspalten im Tabellenkopfe, werden schon im Formulare vorgezeichnet. Außerdem sind oberhalb der gebildeten Summen quere Grundlinien zu ziehen. Die Ausziehung der Querlinien im Tabellenrumpfe ist zwar nicht nothwendig; sie muß aber, wenn sie vorkommt, mit Bleistift geschehen, und, wenn sie unterbleibt, durch eine parallele Richtung der Einträge mit der letzten Querlinie im Tabellenkopfe ersetzt werden.

§. 545.

c. Monatliche Trennung der Einträge.

Die Einträge im Tagebuche sind von Monat zu Monat sorgfältig zu trennen, so zwar, daß auf einer Seite, worauf sich noch ein Eintrag, oder Abschluß aus dem vorhergehenden Monat befindet, kein Eintrag eines folgenden Monats eine Stelle finden darf.

§. 546.

3. Beziehung des Tagebuchs auf das Handbuch.

Damit die chronologische Aufzeichnung der Rechnungsergebnisse zugleich mit der systematischen Ordnung derselben in Verbindung gesetzt werde; so ist bei jedem Eintrage des Tagebuches die Pagina zu citiren, auf welcher sich derselbe unter der einschlägigen Rubrik im Handbuche befindet.

§. 547.

4. Veranlagung des Tagebuches. a. Zeit derselben.

Die Veranlagung des Tagebuches muß immer vor Anfang des Rechnungsjahres, für welches es bestimmt ist, vollendet seyn.

§. 548.

b. Art und Weise der Veranlagung.

Zur Veranlagung gehört die Ausfüllung der Formulare in den, für ihre spezielle Bestimmung offen gelassenen, Ueberschriften; die Zusammenheftung der erforderlichen Anzahl Formularbogen; und die Paginirung derselben. Der Einband soll von einem Buchbinder in Pappendeckel besorgt, und mit einem Seiten- und einem Rückschild versehen werden, welche hiernächst mit der Benennung des Tagebuches, so wie sie im Tabellenkopfe des Formulars enthalten ist, nebst Beischrift des Rechnungsjahrganges zu versehen sind.

§. 549.

5. Eintragung ins Tagebuch. a. Zeit derselben.

Jeder Eintrag muß in demselben Augenblicke geschehen, worin die Begebenheit, die durch ihn vorgetragen werden soll, aufgekommen ist. Eine Verschiebung des Eintrages einer Begebenheit über 24 Stunden nach dem Eintritte der letzteren wird wenigstens mit einer Ordnungsstrafe gerügt, die mit dem Minimum anfängt und bei jeder Wiederholung um einen Grad (Gulden) bis zu dem Maximum steigt. Ist dieses Maximum verwirkt, so wird der Rechner als ein untauglicher und unverbesserlicher Beamter, der weder sein eigenes, und noch viel weniger fremdes Vermögen zu wahren gesonnen ist, seines Dienstes entlassen.

§. 550.

b. Beschaffenheit derselben. *α.* Historischer Vortrag.

Im historischen Vortrage ist jeder Eintrag des Tagebuches nach der Eigenthümlichkeit der einzelnen Arten des letzteren so darzustellen, daß die betreffenden Thatsachen ihren allgemeinsten Merkmalen nach unzweideutig erkannt werden können. Er ist also auf die Bezeichnung des Einzählers, oder des Empfängers und des Gegenstandes, oder des letzteren allein, oder endlich des Gegenstandes und des Ortes der Gewinnung, Ernte, Ausbeutung zu beschränken, und diese Bezeichnung nur so weit auszudehnen, als die Erkennbarkeit der zahlenden oder empfangenden Person und des Schuldtitels oder der sonstigen Einnahmequelle im Einklange mit der entsprechenden Rubrik erfordert.

§. 551.

β. Arithmetischer Vortrag. aa. Transportirung.

Der arithmetische Vortrag bleibt im Allgemeinen an die generellen Vorschriften über denselben gebunden; von der zweifachen Methode, die Summen mehrerer Seiten zu produziren, ist jedoch die Transportirung der Seitensummen allein bei dem Tagebuche in Anwendung zu bringen.

§. 552.

bb. Monatlicher Abschluss. *aa.* Herstellung.

Zu Ende eines jeden Monats ist der Abschluß des Tagebuches zu ziehen. Er besteht aus den Schlußsummen der Einnahmen und Ausgaben, welche nach dem Abschluß sofort zum nächsten Monat oben an übertragen werden, und aus dem Resultate des Verhältnisses nicht allein beider Summen zu einander, sondern auch der monatlichen Transporte zu ihnen. Behufs seiner Herstellung werden hinter dem Schlusse der monatlichen Einträge, entweder auf derselben, oder, bei Mangel des Raumes, auf der folgenden Seite (§. 545.) in den historischen Spalten der Ausgabe und Einnahme die Aufschrift: Abschluß des Monats (Name desselben) gesetzt, hierunter die Bezeichnungen: Gesammt-Einnahme, und Gesammt-Ausgabe, unter einander eingetragen, die Beträge derselben in eigens gezogenen Rechenspalten in der Mitte der Fläche ausgeworfen, und sodann unter einer queren Grundlinie der Unterschied (Bestand, Vorrath) gezogen. Dem vorgängig wird unter die Summe der Gesammt-Einnahme der Betrag des aus dem vorhergehenden Monate gemachten Uebertrages gesetzt, hiernach die Reineinnahme gebildet, und diese drei Stellen mit den erwähnten Bezeichnungen innerhalb der historischen Spalten benannt. Ein gleiches Verfahren findet der Einnahme gegenüber bei der Ausgabe Statt. Der sich ergebende Bestand muß als wirklicher Vorrath pflichtmäßig unter dem Abschlusse bescheinigt werden. (Anlage 5.)

§. 553.

ββ. Folge.

Sobald dieser Abschluß in die einschlägige monatliche Nachweisung eingetragen, und letztere eingereicht worden ist, darf an ihm durchaus nichts verändert werden, es müßte denn ein darin aufgefundener Fehler der Revisionsbehörde einberichtet, und von daher die Erlaubniß zur Abänderung ertheilt worden seyn. In diesem Falle ist denn auch von der Revision die angetragene Abänderung in der Nachweisung zu machen, und deßhalb auf den betreffenden Bericht des Rechners Bezug zu nehmen.

§. 554.

6. Integrität der Einträge.

Hinsichtlich der Integrität der Einträge finden bei dem Tagebuche die Vorschriften der §§. 473—476. vollständige Anwendung, dagegen sind die Einschiebungen von vorher sichtbar übergangenen Einträgen und das Ausschneiden oder Ausreißen von Blättern durchaus verboten, sofern nicht höhern Orts auf Antrag Erlaubniß ertheilt seyn sollte. Zuwiderhandlungen begründen den Verdacht des Betruges, und werden jeden Falls mit den geeigneten Ordnungsstrafen verfolgt.

§. 555.

7. Dauer des Tagebuches.

Was die Dauer des Tagebuches betrifft, so fängt es zwar immer mit dem ersten Januar eines jeden Rechnungsjahres an; die Zeit seines Schlusses ist aber nach Erforderniß der einzelnen Rechnungsverwaltungszweige verschieden, daher ihre Bestimmung den Vorschriften über die einzelnen Arten der Tagebücher vorbehalten.

II.

Geld-Tagebuch.

1.

Rent-Tagebuch.

§. 556.

1. Begriff.

Unter Renten werden die Domanial-Geldeinkünfte und sämmtliche Pachtgelder von denjenigen Gegenständen verstanden, welche ihrer Natur nach zu einer anderen Gattung der Rechnungsobjekte gehören. Das darüber zu führende chronologische Hülfsbuch heißt das Rent-Tagebuch.

§. 557.

2. Einrichtung.

Zur tabellarischen Einrichtung dieses Hülfsbuches sind folgende Spaltenrubriken zu verwenden: 1) Pagina des Handbuches; 2) Einnahme, a) Geldbetrag, α) Gulden, β) Kreuzer, γ) Heller, b) Einzähler und Gegenstände; 3) Tag; 4) Ausgabe, a) Empfänger und Gegenstände, b) Geldbetrag, α) Gulden, β) Kreuzer, γ) Heller; 5) Pagina des Handbuches. Im Hauptraume des Tabellenkopfes erhält es die Aufschrift: Rent-Tagebuch des Rentamtes (Name desselben), unmittelbar darunter in der Mitte: Monat (Name desselben), links davon: Rechnungsjahr (Zahl desselben), rechts davon: Zeitjahr (Zahl desselben). (Anlage 5.)

§. 558.

3. Dauer.

Das Rent-Tagebuch fängt an mit dem ersten Januar des Rechnungsjahres, und wird geschlossen am letzten Tage des Märzes im nächstfolgenden Rechnungsjahre.

2.

Tagebuch der direkten Steuern.

§. 559.

1. Einrichtung.

Das Tagebuch der direkten Steuern soll eine, mit dem Rent-Tagebuche ganz gleiche, tabellarische Einrichtung erhalten; nur ist der Tabelle als oberste Aufschrift: Tagebuch direkter Steuern der Steuererheberei (oder des Steueramtes — Name der ersteren oder des letzteren) zu setzen.

§. 560.

2. Eintragung.

Zur Abkürzung der Buchführung sind bei den monatlichen örtlichen Erhebungen nur die, an einem Orte und an einem Tage eingegangenen, Summen, außerdem aber jede einzelne Zahlung in dasselbe einzutragen.

§. 561.

3. Dauer.

Seine Eröffnung ist auf den 1ten Januar des laufenden, und sein Schluß auf den 31ten Januar des nächstfolgenden Rechnungsjahres festgesetzt.

3.

Sportel-Tagebuch.

§. 562.

1. Einrichtung.

Im Sportel-Tagebuch ist ebenfalls die Einrichtung des Rent-Tagebuches beizubehalten; jedoch mit der Ausnahme, daß der Geschichtsspalte der Einnahme die Rubrik: Nummern des Geschäfts-Journals, und der Tabellenfläche die Aufschrift: Sportel-Tagebuch des (Name und Titel der Gerichtsstelle) zu geben ist.

§. 563.

2. Eintragung.

Der Eintrag geschieht nur mit den Nummern des Geschäfts-Journals und zwar bei den laufenden Zahlungen mit der Summe von einem ganzen Tage unter einem Posten; dagegen bei jeder sonstigen einzelnen Zahlung und bei jeder Restzahlung sogleich und einzeln.

§. 564.

3. Dauer.

Das Sportel-Tagebuch hat eine gleiche Dauer mit dem Tagebuch der direkten Steuern.

4.

Geldstrafen-Tagebuch.

§. 565.

1. Einrichtung.

Der Tabellenbau des Geldstrafen-Tagebuches ist überhaupt gleichförmig mit jenem des Rent-Tagebuches; die Geschichtsspalte der Einnahme erhält indessen die Rubrik: Bezeichnung der Strafen und Gestraften; und die ganze Tabellenfläche die oberste Aufschrift: Geldstrafen-Tagebuch des Rechenamtes (Namen desselben).

§. 566.

2. Dauer.

Die Dauer desselben ist an an den, §. 561. bestimmten, Zeitraum gebunden.

5.

Industrie-Geldtagebuch.

§. 567.

1. Begriff.

Industriegelder werden diejenigen Geldeinkünfte genannt, welche aus dem Absatze der, in Staats- (Dom.) Industrieanstalten produzirten, Waaren gelöset werden, so weit sie als reine Einkünfte unmittelbar zu dem herrschaftlichen Vermögen gehören. Das **Industrie-Geldtagebuch** ist zur chronologischen Verrechnung dieser Gelder bestimmt.

§. 568.

2. Einrichtung.

Seine Einrichtung ist nach dem Tabellenbau für das Renttagebuch herzustellen; nur ist die Geschichtsspalte der Einnahme bloß mit: Gegenstände, und die ganze Tabellenfläche oben an mit: Industrie-Geldtagebuch des Rechenamtes (Namen desselben) zu überschreiben, während zu beiden Seiten von der Rubrik des Monats die Bezeichnung des Rechnungsjahres allein nebst der Zahl desselben aufgenommen wird.

§. 569.

3. Dauer.

Hinsichtlich seiner Dauer wird es am ersten Januar des Rechnungsjahres eröffnet, und am 31ten Dezember desselben Jahres geschlossen.

III.

Arbeits-Tagebuch.

§. 570.

1. Begriff.

Unter **Arbeiten** sind alle die, im §. 190. bezeichneten, Dienstleistungen zu verstehen; es gehören also auch dahin diejenigen Hand- oder Spanndienste, wodurch rückständige Schuldigkeiten abverdient werden. Das **Arbeits-Tagebuch** ist das zu deren Verrechnung angeordnete chronologische Hülfsbuch.

§. 571.

2. Einrichtung.

Zu seinem Tabellenbau sind folgende Spaltenrubriken zu verwenden: 1) Pagina des Handbuches; 2) Aufgekommene Arbeitstage, a) Betrag, b) Bezeichnung der Arbeitsschuldigkeit und der Arbeiter; 3) Tag; 4) Verwendung der Arbeitstage, a) Bezeichnung der Verwendung und der Arbeiter, b) Betrag; 5) Pagina des Handbuches. Die Aufschrift im Hauptraume des Tabellenkopfes ist von derjenigen im Industrie-Geldtagebuch nur dadurch verschieden, daß hier oben an die Bezeichnung: Arbeits-Tagebuch des Rechenamtes (Name desselben) zu setzen ist. (Anlage 6.)

§. 572.

3. Dauer.

Das Arbeits-Tagebuch dauert von dem ersten bis zum letzten Tage des Rechnungsjahres.

IV.

Frucht-Tagebuch.

§. 573.

1. Einrichtung. a. Aufnahme der Fruchtgattungen.

Die klare Uebersicht über den jeweiligen Zustand des Frucht-Rechnungshaushalts macht es erforderlich, daß alle Fruchtgattungen, welche unter der Kompetenz eines Frucht-Rechenamtes aufzukommen pflegen, in einem Tabellenbaue des Frucht-Tagebuches aufgeführt werden. Wegen der Vielfachheit dieser Gattungen sind daher die beiden Flächen eines ganzen Bogens hierzu zu verwenden, und bei der Veranlagung des Tagebuches die Bogen entweder einzeln hinter einander oder, mit den entsprechenden Flächen sich zugekehrt, in einander zu fügen.

§. 574.

b. Tabellenbau. *α.* Zur Vorderfläche des Formularbogens.

Die erste Bogenfläche erhält zur Herstellung des Tabellenbaues folgende Spaltenrubriken: 1) Pagina des Handbuches; 2) Einnahme a) Fruchtgattungen und Beträge, mit den Unterrubriken einer angemessenen Anzahl derjenigen Fruchtgattungen selbst und ihrer Maßscheiden, welche nach Achtel, Messen und Gescheid verrechnet werden, b) Einzähler und Gegenstände; 3) Tag; 4) Ausgabe, a) Empfänger und Gegenstände, b) Fruchtgattungen und Beträge, mit denselben vorgenannten Unterrubriken; 5) Pagina des Handbuches. Der Hauptraum im Tabellenkopfe erhält die Ueberschrift: Frucht-Tagebuch des Rechenamtes (Namen desselben) und ferner diejenigen Einschriften und in derjenigen Gestalt, wie sie bei dem Rent-Tagebuch (§. 557.) vorgeschrieben sind. (Anlage 7.)

§. 575.

β. Zur Kehrfläche desselben.

Eine gleiche tabellarische Einrichtung ist für die Kehrfläche des ganzen Formularbogens anzuwenden; unter der Rubrik der Fruchtgattungen und Beträge folgen indeß als Unterrubriken zunächst noch diejenigen, welche nach Achtel, Messen, Gescheid; sodann die, welche nach Gewicht; und zuletzt diejenigen, welche nach der Stückzählung verrechnet werden. (Anlage 8.)

§. 576.

2. Dauer.

Das Frucht-Tagebuch wird mit dem ersten Januar des Rechnungsjahres eröffnet, und am 31ten März des nächstfolgenden Rechnungsjahres geschlossen.

V.

Forst-Tagebuch.

§. 577.

1. Verpflichtung zur Führung.

Zur Führung des Forst-Tagebuches sind die, mit der unmittelbaren Verwaltung der einschlägigen Forstnutzungen beauftragten, Forstwirthschaftsbeamten verpflichtet. Es erstreckt sich daher nur auf ein einzelnes Revier, wird von den Revierförstern, (von den Oberförstern aber nur in der Eigenschaft als Revierförster), in monatlichen besonderen Heften geführt und ist immer bis zum 3ten des dem verrechneten Monate nächstfolgenden Monats an den Oberförster, gegen Bescheinigung, einzureichen.

§. 578.

2. Einrichtung.

Die bedeutende Menge von verschiedenen, mit einander in Verbindung zu stellenden, Relationen, macht es bei dem Forst-Tagebuch unmöglich, seine Einrichtung in der Art zu treffen, daß alle einzelne Rechnungsergebnisse, nach allen ihren unterscheidenden Merkmalen gesondert zusammengestellt, in chronologischer Folge vorzutragen wären. Es genügt deßhalb, wenn darin wenigstens die aufkommenden Größen nach ihren verschiedenen Maßbenennungen als benannte Zahlen ununterbrochen verrechnet, und ihre besonderen Beschaffenheiten aus dem historischen Vortrage erkannt werden können. Hiernach soll dasselbe mit folgenden Spaltenrubriken auf der Querfläche eines halben Bogens versehen werden: 1) Pagina des Handbuches; 2) Einnahme, a) Naturalbeträge, α) Kubikfuß, β) Klafter, γ) Wellen, δ) Stück, ε) Fuder, Bütten, ζ) Wagen, η) Zentner, Pfund, b) Distrikte und Gegenstände; 3) Tag; 4) Ausgabe, a) Empfänger und Gegenstände, b) Naturalbeträge, mit den vorangegebenen Unterrubriken; 5) Pagina des Handbuches. Die Hauptrubrik der Tabelle, im Ganzen dieselbe, wie bei dem Rent-Tagebuche, führt als oberste Aufschrift: Forst-Tagebuch der Revierverwaltung (Name derselben). (Anlage 9.)

§. 579.

3. Historischer Vortrag.

Der historische Vortrag im Forst-Tagebuch muß wenigstens bei der Einnahme den Distrikt, die Holzart, die Gewinnungsart, das Forst- und Verbrauchssortiment, und bei der Ausgabe überdieß noch den Empfänger bezeichnen.

§. 580.

4. Format und Art der Schriftlichkeit.

Damit dieses Tagebuch von den Forstbeamten bei ihren Forstbesuchen immer nachgeführt werden kann, soll es ausnahmsweise in Quart-Format angelegt werden. Auch ist es aus eben diesem Grunde erlaubt, daß die Einträge an Ort und Stelle mit Bleistift geschehen; jedoch sind sie dann vor dem Monatsschlusse mit schwarzer Tinte nachzuschreiben.

§. 581.

5. Monatlicher Abschluß.

Hinter dem monatlichen Abschlusse, welcher nach der allgemeinen Vorschrift (§. 552.) zu bilden ist, sollen die in Bestand gebliebenen Beträge, nach den, im §. 579. angegebenen, Merkmalen gesondert, in Summen nachgewiesen werden, und alle Angaben dieser Nachweisung genau mit den einschlägigen Holzlagerkarten übereinstimmen.

§. 582.

6. Dauer.

Das Forst-Tagebuch schließt mit dem letzten Tage des Rechnungsjahres; beginnt aber ausnahmsweise schon am 1ten November des vorhergehenden Jahres.

Zweiter Abschnitt.

Handbuch.

I.

Allgemeine Grundsätze.

§. 583.

1. Wesentliche Natur. a. Begriff.

Das Handbuch ist das systematische Hülfsbuch, worin sämmtliche Rechnungsergebnisse während der Zeit ihres Aufkommens, nach ihren thatsächlichen, generisch übereinstimmenden und spezifisch verschiedenen Merkmalen geordnet, eingetragen werden.

§. 584.

b. Zweck.

Der Zweck des Handbuches ist, das verrechnete Vermögen in allen seinen Bestandtheilen auch während des Laufes der Verwaltung zu jeder Zeit leicht überblicken; die eigentlichen speziellen Zustände des Einkommens und des Aufwandes in der Wirklichkeit erkennen; den inneren Gang der Rechnungsverwaltung in ihrem Verhältnisse zur Vermögens-

Disposition und der Rechnungswirthschaft beaufsichtigen, und zugleich endlich die Verzeichnung der täglichen Rechnungsergebnisse im Tagebuch kontrolliren zu können.

§. 585.

c. Umfang.

Hinsichtlich seines Umfanges ist das Handbuch an den deßhalb für das Tagebuch (§. 541.) aufgestellten Grundsatz ebenfalls gebunden; so viel Tagebücher also nothwendig sind, eben so viel Handbücher müssen verwendet werden.

§. 586.

d. Inhalt.

Das Handbuch hat, seinem Zwecke entsprechend, die einzeln zu verrechnenden Vermögenstheile in Einnahme und Ausgabe nicht allein im Soll, Ist und Reste auszuweisen, sondern zugleich auch die Verfallzeit und die Zeit der einzelnen Zahlungen aufzuführen. Seine Vorträge bestehen daher theils aus wirklichen Posten, theils aus bloßen Einträgen.

§. 587.

2. Uebersichtlichkeit. a. Trennung der Einnahme von der Ausgabe.

Wegen der Menge der neben einander zu stellenden Relationen und Anhaltepunkte im Handbuche ist, zur Vermeidung einer Ueberladung von Spalten auf einer Fläche, die Einnahme von der Ausgabe durchaus zu trennen, obgleich beide so lange in einem Bande zu verrechnen sind, als die Stärke desselben nicht über 1200 Seiten beträgt. Ist letzteres der Fall, so muß sowohl für die Einnahme, als für die Ausgabe ein besonderer Band veranlagt werden.

§. 588.

b. Gebrauch der Linien.

In Betreff der Anwendung der Linien im Handbuche gilt durchhin die hierüber (§. 544.) zum Tagebuch gegebene Vorschrift.

§. 589.

c. Trennung der Rubriken und Posten.

Die zur systematischen Ordnung des Handbuches erforderlichen Rubriken sind von den unter sie zu stellenden Posten oder Einträgen gehörig zu sondern, und Behufs der nöthigen Augenfälligkeit nach Anleitung des §. 472. zu behandeln. Ueberdieß darf auf einer Seite nur eine Rubrik mit ihrem Posten vorgetragen, und jede Fortsetzung derselben auf einer nachfolgenden Seite muß mit dem vorausgehenden Worte: ferner bezeichnet werden.

§. 590.

3. Beziehung auf das Tagebuch.

Bei jedem Eintrage im Handbuche ist, zur Verbindung desselben mit dem Tagebuche und zur Erleichterung der Kontrolle hierin, die Pagina des ersteren Hülfsbuches, worauf sich derselbe Eintrag befindet, in der dazu bestimmten Spalte anzugeben.

§. 591.

4. Veranlagung. a. Materielle Veranlagung. α. Historischer Vortrag. aa. Im Allgemeinen.

Für die Bildung des historischen Vortrags gelten die darüber (§. 454—459 u. 698—713.) gegebenen allgemeinen Vorschriften und alle über die Rechnungsführung bisher aufgestellten Regeln, so weit sie hierhin einschlagen. Alle Rubriken und Posten sind jedoch mit solchen Zwischenräumen zu veranlagen, daß darunter die im Laufe des Rechnungsjahres nothwendig werdende Postengeschichte und die einzelnen Zahlungen bequem vorgetragen werden können.

§. 592.

bb. Rubriken.

Alle Rubriken des Handbuches sind genau dieselben, welche für die Rechnung des einschlägigen Zweiges vorgeschrieben sind, daher durchaus nach Maßgabe der entsprechenden Rechnung zu veranlagen.

§. 593.

cc. Posten.

Auch die Posten des Handbuches sind dieselben, welche in der betreffenden Rechnung vorzutragen sind, mit dem Unterschiede, daß in jenem alle Quotisations- und sonstige Kollektiv-Posten, nach den einzelnen Debenten oder Gläubigern und den von ihnen zu leistenden oder anzusprechenden einzelnen Beträgen, zu spezifiziren und auf den Grund der deshalbigen Listen sorgfältig einzutragen, dagegen die Hauptsummen solcher Posten nur in der Postengeschichte vor der Linie in Ziffern auszuwerfen sind.

§. 594.

β. Arithmetischer Vortrag.

Bei der Veranlagung des arithmetischen Vortrags sind alle schon bestimmte Größen sofort in das Soll einzutragen, und alle zu einem Ganzen gehörigen Terminal-Beträge in der Geschichtsspalte mit Ziffern auszuwerfen. Wenn hierbei ein Ganzes in mehreren, in verschiedenen Rechnungsjahren fällig werdenden, Terminen zu entrichten ist; so wird dasselbe wie ein Kollektiv-Posten behandelt, also in der Geschichtsspalte die Summe des Ganzen neben der erforderlichen Postengeschichte ausgeworfen, und nur der Betrag jedes einzelnen, im laufenden Rechnungsjahre fällig werdenden, Termines zur Linie gebracht.

§. 595.

b. Formelle Veranlagung.

Die formelle Veranlagung des Handbuches ist an gleiche Erfordernisse, wie das Tagebuch, gebunden, daher nach den hierzu (§. 548.) ertheilten Vorschriften, in analoger Anwendung, zu bewerkstelligen.

§. 596.

c. Zeit der Veranlagung.

Alle zum Soll bestimmten Rechnungsergebnisse müssen, so weit sie dem Rechner vor Anfang des betreffenden Rechnungsjahres bekannt geworden sind, auch noch vor Eintritt dieses Jahres vollständig veranlagt werden; die übrigen Bestimmungen im Soll sind hingegen im Laufe des Rechnungsjahres, so wie sie dem Rechner zur Kenntniß kommen, ohne Aufschub gehörigen Orts zu veranlagen.

§. 597.

5. Eintragung. a. Art der Eintragung. α. Historischer Vortrag.

Die Geschichte des Eintrags im Handbuche unter den bereits veranlagten Posten ist regelmäßig bloß auf die Angabe der Zahlungszeit beschränkt, und nur dann auf die Anführung anderer thatsächlicher Momente zu erstrecken, wenn dadurch zur Postengeschichte selbst nothwendige Zusätze oder Modifikationen herbeigeführt worden sind.

598.

β. Arithmetischer Vortrag. aa. Ueberhaupt.

Der arithmetische Vortrag geschieht bei jedem Eintrage im Soll, Ist und Unterschied (Rest, oder Ueberschuß), jedoch ist bei jedem neuen Eintrag auf denselben Posten der vorher unter ihm gezogene Rest, immer wieder zu streichen, damit die Addition der wirklich noch vorhandenen Reste hergestellt werden kann.

§. 599.

bb. Zusammenträge.

Bei Rubriken, welche sich über mehrere Seiten erstrecken, sind die zu bildenden Seitensummen nicht zu transportiren, sondern am Schlusse der Rubrik zusammen zu tragen, und zwar im Laufe des Rechnungsjahres mit Bleistift, am Schlusse desselben aber durchaus mit schwarzer Tinte. Solche Zusammenträge müssen auch bei dem Schlusse jeder Hauptrubrik zur Bildung der Summe von allen unter ihr befindlichen Unterrubriken Statt finden.

§. 600.

cc. Wiederholungen.

Eben so werden die Totalsummen der Einnahme oder Ausgabe durch Wiederholung sämmtlicher Hauptrubriken und ihrer Summen, in Anwendung der Vorschrift des §. 528. und unter Anrufung der betreffenden Seiten gezogen.

§. 601.

dd. Quartalabschlüsse. *αα.* Herstellung.

Das Handbuch ist von Quartal zu Quartal, und zwar zugleich mit dem Tagebuche des betreffenden Monats förmlich abzuschließen. Zu diesem Zwecke werden alle Seiten und Rubriken mit Bleistift summirt, ebenso die Zusammenträge und Schlußsummen gebildet; sodann alle, auch die Spezial-Rubriken mit ihren Summen, unter Anführung der

Pagina, am Ende des Handbuches mit schwarzer Tinte wiederholt, hierauf die Totalsummen gezogen, und das Resultat des Verhältnisses der Einnahme zur Ausgabe ermittelt und dargestellt. Beim Abschluß eines jeden folgenden Quartals sind die mit Bleistift notirten Summen zu streichen, die neuen ebenso zu vermerken und die Wiederholung in der vorher angegebenen Weise auszuführen.

§. 602.

ββ. Probe.

Sobald der Quartalabschluß des Handbuches hergestellt worden, muß derselbe nicht allein in seinen eigenen Verhältnissen geprüft, sondern auch mit dem Resultate des Tagebuchabschlusses von dem betreffenden Monate verglichen werden. Finden sich Abweichungen zwischen beiden Abschlussen, so ist der Ursache derselben sorgfältig nachzuforschen und hiervon nicht eher abzulassen, bis beide Abschlüsse völlig und fehlerfrei mit einander übereintreffen.

§. 603.

γγ. Folge.

Von dem Augenblicke an, wo der Quartalabschluß des Handbuches in die Quartalnachweisung übertragen und diese eingereicht worden ist, darf von dem Rechner an demselben eigenmächtig nicht das Geringste abgeändert werden. Zur Abänderung von aufgefundenen Fehlern ist daher immer der, §. 553. vorgeschriebene, Geschäftsweg zu betreten.

§. 604.

b. Zeit der Eintragung.

Jede Eintragung ins Handbuch muß regelmäßig zu derselben Zeit geschehen, worin ein Rechnungsergebniß zum Eintrag in das Tagebuch aufgekommen ist. Bei erheblichen Verhinderungen kann sie jedoch auch in den nächstfolgenden Tagen besorgt werden; eine Verschiebung des Eintrags über den dritten Tag von jener Zeit ab ist jedoch untersagt und wird, wo sie ermittelt worden, überall mit einer angemessenen Ordnungsstrafe gerügt.

§. 605.

6. Integrität der Schrift.

Wegen der Unverletzbarkeit der Schrift im Handbuche ist die hierüber zum Tagebuch (§. 554.) gegebene Vorschrift durchaus zu beobachten.

§. 606.

7. Beurkundung. a. Im Allgemeinen.

Während dem Laufe eines Rechnungsjahres gehören sämtliche für die Rechnungsverwaltung einkommende Belege zu dem Handbuche. Alle Posten des Handbuches werden daher interimistisch bis zur Stellung der Rechnung nach denselben Regeln beurkundet, welche für diese letztere selbst gelten.

§. 607.

b. Bei Kollektiv-Posten.

Wenn bei einem Kollektiv-Posten die Summe des Ganzen an besondere, erst im Laufe des Rechnungsjahres sich ergebende, Bedingungen gebunden, also im Voraus zum Soll nicht zu bestimmen ist; so müssen darüber spezifizirte Urkunden, welche auch als Erhebungsrollen dienen können, beigebracht werden.

§. 608.

c. Nummerirung.

Die zum Handbuche zu verwendenden Urkunden werden nach der Zeitfolge, wie sie einlangen, unten in der linken Ecke der ersten Seite mit fortlaufenden Nummern bezeichnet. Die Nummer ist oberhalb eines Querstriches und unterhalb desselben die Zahl des Rechnungsjahrganges mit grüner Tinte zu schreiben. Hat ein Rechenamt mehrere Handbücher zu führen, so muß jedem derselben ein besonderer großer römischer Buchstabe beigelegt und dieser der einschlägigen Belegnummer vorgesetzt werden.

§. 609.

d. Anrufung.

Jede Urkunde wird zum Handbuche in einer besonderen Spalte nur mit der Belegnummer angerufen, wobei es dem

Zwecke auf keine Weise hinderlich ist, daß die Nummern nicht in der Zahlenfolge zu einander zu stehen kommen.

§. 610.

e. Aufbewahrung.

Sämmtliche Urkunden müssen sorgfältig und stets unter Verschluß aufbewahrt; nach den einzelnen Handbüchern gesondert; mit einem starken Umschlag unter behöriger Aufschrift versehen, und ins Kreuz mit Bindfaden umbunden werden. Unordnungen in Aufbewahrung werden nicht ungeahndet nachgesehen.

§. 611.

8. Dauer des Handbuches.

Jedes Handbuch wird mit dem zu ihm gehörigen Tagebuche an einem und demselben Tage eröffnet und geschlossen.

II.

Geld-Handbuch.

1.

Rent-Handbuch.

§. 612.

Einrichtung. a. Zur Einnahme.

Das zur Verrechnung der **Renten** bestimmte **Handbuch** erhält zu seiner tabellarischen Einrichtung für die **Einnahme** folgende Spaltenrubriken: 1) Verfalltermin, a) Monat, b) Tag; 2) Nummer der Belege; 3) Soll, a) Gulden, b) Kreuzer, c) Heller; 4) Postengeschichte; 5) Ist, mit den Unterrubriken der Münzscheiden; 6) Pagina des Tagebuches; 7) Rest mit den Unterrubriken der Münzscheiden. Als Aufschrift steht obenan im Hauptraume des Tabellenkopfes: Geld-Handbuch des Rentamtes (Name desselben) unmittelbar darunter in der Mitte: II. Laufende Einnahme, links davon: Rechnungsjahr, und rechts die Zahl des letzteren. (Anlage 10.)

§. 613.

b. Zur Ausgabe.

Zum Tabellenbau der **Ausgabe** werden dieselben Spaltenrubriken und die Aufschrift, wie bei der Einnahme angewendet, nur tritt hier an die Stelle der Bezeichnung: Laufende Einnahme, die Einschrift: Ausgabe. (Anlage 11.)

2.

Handbuch der direkten Steuern.

§. 614.

1. Einrichtung. a. Zur Einnahme.

Das Handbuch der direkten Steuern ist, unter Berücksichtigung der für diese Einkünfte angeordneten monatlichen Erhebung, zur Einnahme mit folgenden Spaltenrubriken auf einer ganzen Bogenfläche zu versehen: Jährliches Soll; a) Gulden, b) Kreuzer, c) Heller; 2) Monatliches Soll, mit den Unterrubriken der Münzscheiden; 3) Namen und Wohnort der Steuerpflichtigen; 4) Januar, a) Ist mit den Unterrubriken der Münzscheiden, b) Pagina des Tagebuches, c) Rest mit den Unterrubriken zum Ist; 5 — 15) Februar bis December mit den zum Januar angegebenen Unterrubriken. Die Aufschrift im Hauptraum des Tabellenkopfes ist gleichförmig mit jener des Rent-Handbuches, nur steht oben an: Handbuch der direkten Steuern des Steueramtes (der Steuererheberei — Name davon). (Anlage 12.)

§. 615.

b. Zur Ausgabe.

Der Tabellenbau zur Ausgabe soll übereinstimmend mit den Spaltenrubriken des Rent-Handbuches gebildet und auch die Hauptrubrik im Tabellenkopfe des letzteren, unter der, zur speziellen Bezeichnung des hier befragten Handbuches nothwendigen, Abänderung, beibehalten werden.

§. 616.

2. Eintragung.

Die Eintragung der direkten Steuern wird an den festgesetzten monatlichen Ortserhebungen zuerst im Handbuche, sonst aber, nach der Regel, zuerst im Tagebuche besorgt. In jenem Falle haben also die Vorschriften über die Zeit der Eintragung in entgegengesetzter Anwendung Statt. Die an jenen festgesetzten Erhebungstagen eingehenden Steuern werden auf den betreffenden Debenten immer in gerader Linie hinter dem Namen desselben eingetragen, welche Richtung für die Angabe des Datums der Einzahlung selbst in jedem Monate gelten soll. Für verspätet eingehende Zahlungen sind jedoch zwischen den einzelnen Namen der Steuerpflichtigen die zureichenden Räume offen zu lassen, um darin den Datum der Zahlung vor der Linie angeben und diese selbst von da aus in gerader Richtung im einschlägigen Monate buchen zu können.

§. 617.

3. Aufnahme der Einnahmen des Handbuches in das Tagebuch.

Behufs der Aufnahme der an einem festgesetzten Erhebungstage zum Handbuche aufgekommenen Einnahmen in das Tagebuch in einer Summe (§. 570.), sind alle Rechenspalten für das Ist unausgesetzt am Schlusse der Seiten mit Bleistift zu lateriren und diesen Seitensummen jeder einzeln erfolgende Eintrag sogleich zuzusetzen. Nach Beendigung einer monatlichen Erhebung sind sodann die neu sich ergebenden Seitensummen zu den vorigen zu stellen; der Unterschied zu ziehen; die Beträge desselben von sämmtlichen Steuerpflichtigen eines Ortes in eine Summe zu bringen; und hiernächst jene vorigen Seitensummen zu löschen.

§. 618.

4. Quartalabschluss.

Die in vorstehend vorgeschriebener Methode gebildeten Seitensummen dienen auch zur Grundlage des Quartalabschlusses in denjenigen Größen, worin sie sich zur Zeit der Herstellung des letzteren befinden. Sie werden daher in diesem speziell aufgeführt.

3.

Sportel-Handbuch.

§. 619.

1. Einrichtung. a. Zur Einnahme.

Zur tabellarischen Einrichtung der Einnahme des Sportel-Handbuches sind nachstehende Spaltenrubriken zu gebrauchen: 1) Verfallzeit, a) Monat, b) Tag; 2) Soll, a) Sporteln, α) Gulden, β) Kreuzer, γ) Heller, b) Schreibgebühren mit denselben Unterrubriken; 3) Gesammt-Soll mit den vorher angegebenen Unterrubriken; 4) Geschäftsnummern; 5) Bezeichnung der Zahlpflichtigen und der Gegenstände; 6) Ist mit den Unterrubriken der Münzscheiden; 7) Pagina des Tagebuches; 8) Rest mit den zum Ist angeführten Unterrubriken. Die obere Aufschrift bleibt mit der Ausnahme gleich der entsprechenden Rubrik im Rent-Handbuche, daß hier oben an: Sporteln-Handbuch des (Name und Titel der Gerichtsstelle) zu setzen ist. (Anlage 13.)

§. 620.

b. Zur Ausgabe.

Für die Ausgabe ist der Tabellenbau des Rent-Handbuches anzuwenden, woran nur die oberste Aufschrift zu der hier nothwendigen besonderen Bezeichnung verändert wird.

§. 621.

2. Eintragung.

Sämmtliche zur Zeit ihres Aufkommens im Soll sogleich abgeführte Barzahlungen im Gerichte werden hier ausnahmsweise zuerst zum Handbuche, alle anderen hingegen vorerst zum Tagebuche gebracht, und daher die Grundsätze über die Eintragungszeit und die summarische Buchung, so, wie in gleichem Falle bei den Hülfsbüchern zu den direkten Steuern (§. 616. u. 617.), zur Anwendung gebracht. Die angerufenen Geschäftsnummern müssen sich immer in genauer Zahlenfolge an einander schließen, daher der Vortrag der Posten mit dem Geschäfts-Journale in ununterbrochener Uebereinstimmung bleiben.

§. 622.

3. Quartalabschluss.

Dem Quartalabschlusse des Sportel-Handbuches werden die einzelnen mit Bleistift ausgeworfenen Seitensummen zu Grunde gelegt und alle speziell in demselben aufgeführt.

§. 623.

4. Beurkundung.

Zur nächsten Beweisführung über die Richtigkeit der Einträge in ihrem Aufkommen und Ansatze dienen die Anrufung der einschlägigen Nummern im Geschäfts-Journale und die Sporteltarordnung. Jedoch werden diese Beweismittel nicht zum Handbuche Behufs nachgehender Beurkundung der Rechnung verwendet, sondern es ist auf den Grund derselben die Richtigkeit im Soll monatlich von einem besonders hierzu beauftragten Beamten zu bescheinigen, und jede solche Bescheinigung als Einnahmeurkunde beizubringen.

§. 624.

5. Kontrollirung der Tagebuchsabschlüsse.

Zur Prüfung der Richtigkeit der monatlichen Abschlüsse im Tagebuche sollen auch im Handbuche alle Seitensummen eines Monats in denjenigen Größen, worin sie sich am letzten Tage desselben befinden, am Ende seiner Einträge in einem hierzu besonders offen zu lassenden Raume, mit schwar. Tinte zusammen getragen werden.

4.

Geldstrafen-Handbuch.

§. 625.

Einrichtung. a. Zur Einnahme.

Im Geldstrafen-Handbuch ist zur Einnahme, unter der zur speziellen Bezeichnung desselben erforderlichen Abänderung an der obersten Einschrift des Tabellenkopfes im Rent-Tagebuche, die tabellarische Einrichtung des letzteren durchaus in Anwendung zu bringen.

§. 626.

b. Zur Ausgabe.

In gleicher Weise ist hier zu der Ausgabe der einschlägige Tabellenbau des Rent-Tagebuches beizubehalten.

5.

Industrie-Geldhandbuch.

§. 627.

Einrichtung.

Auch bei dem Industrie-Geldhandbuche ist die Einrichtung sowohl zur Einnahme, als zur Ausgabe in der Gestalt, wie sie bei dem Rent-Tagebuche Statt findet, jedoch mit derjenigen Modifikation herzustellen, welche die spezielle Bezeichnung jenes Handbuches erfordert.

III.

Arbeits-Handbuch.

§. 628.

Einrichtung. a. Zur Einnahme.

Der Tabellenbau des Arbeits-Handbuches erfordert zur Einnahme nachstehende Spaltenrubriken: 1) Leistungszeit, a) Monat, b) Tag; 2) Nummer der Belege; 3) Soll; 4) Bezeichnung der Arbeitsschuldigkeit und der Arbeiter; 5) Ist; 6) Pagina des Tagebuches; 7) Rest. Zur Aufschrift im Hauptraume des Tabellenkopfes ist zu setzen: Arbeits-Handbuch des Rechenamtes (Name desselben), unmittelbar darunter in der Mitte: Aufgekommene Arbeitstage, sodann zu beiden Seiten dieser Einschrift: Rechnungsjahr und die Zahl desselben. (Anlage 14.)

§. 629.

b. Zur Ausgabe.

Zur Herrichtung der Ausgabetabelle sind im Ganzen die im vorigen Paragraphen bezeichneten Spaltenrubriken und Aufschriften zu verwenden; die Geschichtsspalte indessen erhält die Rubrik: Bezeichnung der Verwendung und Arbeiter, und in der Aufschrift tritt zwischen Rechnungsjahr und die Zahl desselben die Rubrik: Verwendung der Arbeitstage. (Anlage 15.)

IV.

Frucht-Handbuch.

§. 630.

1. Einrichtung. a. Zur Einnahme.

Der tabellarische Bau des Frucht-Handbuches zur Einnahme ist unter der Aufschrift: Frucht-Handbuch des Rechenamtes (Name desselben) nebst der Benennung der Fruchtgattung, gleichfalls nach §. 612. einzurichten; anstatt der Spalten für die Münzscheiden werden jedoch hier eben so viele Spalten für die Fruchtmaßscheiden gebildet, die Rubriken derselben aber offen gelassen, um sie bei jeder Fruchtgattung mit den dieser zukommenden Maßscheiden überschreiben zu können. Sind dieß weniger als drei Maßscheiden, so werden sie in die vordersten betreffenden Spalten eingerückt, die überflüssigen Spalten dagegen im Tabellenkopfe durchstrichen. (Anlage 16.)

§. 631.

b. Zur Ausgabe.

Eben so ist hier zur Ausgabe das betreffende Formular des Rent-Handbuches, unter den im §. 630. angegebenen Abänderungen, anzuwenden.

§. 632.

2. Wiederholung.

In Absicht der herzustellenden Wiederholungen sind zu Ende des Vortrags einer jeden Fruchtgattung die Haupt- und Unterrubriken bei der Einnahme und bei der Ausgabe ordentlich zusammen zu tragen und in Totalsummen zu bringen.

§. 633.

3. Quartalabschluss.

Im Quartalabschlusse werden hingegen alle Fruchtgattungen neben einander in Spalten gestellt, mit den Unterspalten für ihre eigenthümliche Maßscheiden versehen, und sodann die Resultate der, bei den einzelnen Fruchtgattungen obwaltenden, Rechnungsverhältnisse, welche vor den Rechenspalten zu benennen sind, gezogen. Dem zu Folge sind zuerst von der Einnahme, dann von der Ausgabe Soll, Ist und Rest unter einander, und hiernächst das Verhältniß der Ausgabe zur Einnahme selbst darzustellen. Nur die Totalsummen der einzelnen Fruchtgattungen werden dem Abschlusse zum Grunde gelegt.

V.

Forst-Handbuch.

§. 634.

1. Verpflichtung zur Führung.

Das Forst-Handbuch wird von dem wirklichen Forstrechner geführt, welchem die Stellung der Forstrechnung obliegt.

§. 635.

2. Rubrikenbildung überhaupt.

Die Vielfachheit der bei der Verrechnung der Forstnutzungen in Verhältniß zu stellenden Gegenstände läßt es auch bei dem Forst-Handbuche nicht zu, dieselben sämmtlich abgesondert in einzelnen Spalten darzustellen, wenn nicht jede Seite einen verschiedenen Tabellenbau enthalten und dadurch das Rechnungsbild in sich gänzlich verwirrt und zur Darstellung in gleichförmigen Formularen untauglich gemacht werden soll. Aus diesem Grunde sind auch nur die dem Formulare für das Rent-Tagebuch analogen Spaltenrubriken bei dem Forst-Handbuche überhaupt in Anwendung zu bringen; die Geschichtsspalte hingegen mit mehreren Unterspalten, zur Sonderung der hauptsächlichsten Verschiedenheiten, zu versehen, und alle Gegenstände, welche abgesondert in den betreffenden Spalten keinen Raum finden, in unter einander folgenden Abtheilungen, nach deßhalbiger Vorschrift zur Forstrechnung, vorzutragen.

§. 636.

3. Anwendung der Rechenspalten.

Bei der Einnahme der Forstnutzungen setzt eine richtige Berechnung in den Forstnutzungs-Etats voraus, daß keine Einnahme über die Ertragsfähigkeit irgend eines Bestandes hinaus festgesetzt worden sey; wohl aber kann bei der Gewinnung selbst sich ein Mehr der Einnahme herausstellen. In der Regel können daher keine Reste in der Forstnutzungs-Einnahme, sondern nur Ueberschüsse vorkommen. Es sollen daher auch in diesem Betrachte die Einnahmen im Forst-Handbuche im Soll, Ist und Ueberschusse verrechnet; diejenigen ausnahmsweisen Reste aber, welche sich aus irrthümlicher Berechnung im Forstnutzungs-Etat, oder durch die Renitenz der, zur Abgabe von Forstnutzungen verpflichteten, fremden Waldbesitzer ergeben, nach der betreffenden, zur Rechnungsführung gegebenen, Vorschrift besonders nachgewiesen werden.

§. 637.

4. Einrichtung. a. Zur Einnahme.

Der Tabellenbau zur Einnahme des Forst-Handbuches wird aus folgenden Spaltenrubriken gebildet: 1) Verfallzeit ꝛc.; 2) Nummer der Belege; 3) Soll; 4) Postengeschichte: a) Reviere und Distrikte, b) Holz- und Gewinnungsarten, c) Forst- und Verbrauchssortimente; 5) Ist; 6) Pagina des Tagebuches; 7) Ueberschuß. Unter Soll, Ist und Ueberschuß werden zwei Spalten für die Rubriken des Holzmaßes offen gelassen und solche erst mit den, einer vorgetragenen Sachrubrik der Forstnutzungsgegenstände zukommenden, Maßbenennungen uberschrieben. Im Tabellenkopfe folgt unter der Hauptrubrik: Forst-Handbuch des Forstrechenamtes (Name desselben) die Aufschrift: Einnahme; zu beiden Seiten davon die Bezeichnung des Rechnungsjahres; unmittelbar darunter die Beschreibung des Eigenthumsverhältnisses der Waldungen, und hierunter die Benennung des Haupt-Forstnutzungsgegenstandes. (Anlage 17.)

§. 638.

b. Zur Ausgabe.

Die tabellarische Einrichtung zur Ausgabe im Forst-Handbuche enthält die vorher bestimmten Aufschriften mit der Rubrik: Ausgabe; ebenso die vorbezeichneten Spaltenrubriken, zu welchen unter der Geschichtsspalte noch die Rubrik:

d) Empfänger und Empfangstitel, hinzutritt, während die Spalte des Ueberschusses mit: Rest, zu überschreiben ist. (Anlage 18.)

§. 639.

5. Eintragungszeit.

Die Eintragung in das Forst-Handbuch wird, wenn die zu verrechnenden Gegenstände unter der unmittelbaren Verwaltung des Forstrechners stehen, nach der in der allgemeinen Regel (§. 604.) festgesetzten Zeit besorgt. Geschieht die Verrechnung im Forst-Tagebuche aber von anderen Forstbeamten; so sind erst von Zeit der Einreichung der Tagebücher ab die hierin in Einnahme und Ausgabe verrechneten Posten sofort in das Handbuch zu übertragen, die betreffende Pagina des letzteren in die hiezu offen gelassenen Spalten des einschlägigen Tagebuches zu jedem Posten einzuschreiben, und dieß Geschäft, bei Vermeidung einer angemessenen Ordnungsstrafe, jedes Mal bis zum dritten Tage nach der erfolgten Einreichung des Tagebuches, zu beendigen.

§. 640.

6. Wiederholungen.

Bei den Wiederholungen sind im Forst-Handbuche nur die Reviere ohne Distrikte, die Holz- und Gewinnungsarten, und die Hauptsortimente aufzunehmen; die an letzteren aufgekommenen oder ausgegebenen Beträge in Summen auszuwerfen, und hierunter zur Bildung der Totalsummen nach den verschiedenen Maßverhältnissen zu sondern.

§. 641.

7. Quartalabschlüsse.

Die Herstellung der Quartalabschlüsse, im Allgemeinen an die im §. 601. enthaltene Vorschrift gebunden, soll in dem zu den Quartal-Forst-Nachweisungen (§. 1022.) gegebenen Tabellenbau geschehen.

§. 642.

8. Beurkundung.

Die Verrechnung der Forstnutzungen ist (nach §. 383.) von derjenigen Art, daß bei ihr nicht allein die Ausgabe, sondern auch die Einnahme im Soll und Ist urkundlich bewiesen, daher denn jeder sich ergebende Ueberschuß in Einnahme sofort zur geeigneten Dekretur veranzeigt werden muß. Der Beweis der Isteinnahme soll durch Bescheinigungen der Revierförster geführt werden, zu welchem Ende von diesen, nach dem Muster der Forst-Quartal-Nachweisungen, jährliche Nachweisungen, in Uebereinstimmung mit den Holzlagerkarten, über Einnahme und Ausgabe der Forstnutzungen in ihren Revieren aufzustellen, am Jahresschlusse zum Handbuche dem Forstrechner einzureichen, und demnächst von diesem zur Belegung der Rechnung zu verwenden sind. Die Revierförster haben diese Nachweisung in der Art herzurichten, daß sie während des Rechnungsjahres aus ihrem Tagebuche die einzelnen Beträge in die betreffenden Spalten eintragen, solche am Schlusse des Jahres summiren, und blos mit den gezogenen Summen in Reinschrift stellen. Die Ausgabebelege werden ebenfalls von den Revierförstern bei der Verabreichung der Holznutzungen gesammelt und monatlich, gegen Bescheinigung, an den Forstrechner abgegeben, welcher die Auslösung der Spezialquittungen gegen die erforderlichen Hauptquittungen selbst zu besorgen hat.

Zweite Eintheilung.

Vereinigte Methode der Hülfsbuchführung oder Tagehandbuch.

I.

Allgemeine Grundsätze.

§. 643.

1. Prinzip.

Alle Einkünfte, welche erst mit dem Einkommen im Soll bestimmbar, und bei welchen keine Reste zulässig sind, können in der vereinigten Hülfsbuchführung oder in dem Tagehandbuche verrechnet werden, sofern sie nicht in der Scheitel- und Querrichtung des Tabellenbaues zugleich mehrfache Eintheilungen erfordern, oder wenigstens der Eintheilungen in Querrichtung so wenige vorkommen, daß sie auch bequem in Scheitelspalten dargestellt zu werden vermögen.

§. 644.

2. Gegenstände.

Zu den in der vereinigten Hülfsbuchführung zu verrechnenden Gegenständen gehören die unsicheren Einkünfte, wie sie im §. 195. aufgeführt sind.

§. 645.

3. Wesentliche Natur des Tagehandbuches. a. Begriff.

Das Tagehandbuch ist dasjenige Rechnungshülfsbuch, welches die Verrechnung verwalteter Gegenstände ihrer Zeitfolge und ihrem Systeme nach zugleich und alle Haupteintheilungen in besonderen Spalten vorträgt.

§. 646.

b. Zweck.

Sein Zweck umfaßt nicht allein die besonderen Zwecke des Tagebuches und des Handbuches in der getrennten Hülfsbuchführung, sondern er geht auch noch vorzüglich auf die größte Vereinfachung und Erleichterung der Verrechnung. Aus diesem Grunde ist es überhaupt unanwendbar, wenn dadurch der Tabellenbau zu sehr komplizirt, mithin die Uebersichtlichkeit verhindert wird, oder wenn die systematische Eintheilung darunter leidet oder verloren geht.

§. 647.

c. Umfang.

Hinsichtlich seines Umfanges kann sich das Tagehandbuch ebenfalls, gleichwie das Tagebuch (§. 541.), nur auf eine Gattung und eine Kompetenz von Erhebungsgegenständen erstrecken.

§. 648.

d. Inhalt.

Ebenso hat es, gleich dem Tagebuche mit der Zeit vorschreitend, wie in diesem nur die wirklichen Rechnungsergebnisse im Ist aufzuführen. Alle seine Artikel sind deßhalb Einträge, diese aber, sofern sie Rechnungsthatsachen betreffen, immer zugleich auch Posten.

§. 649.

4. Uebersichtlichkeit.

Zur Erhaltung der Uebersichtlichkeit, welche im Tagehandbuche bei dem Vortrage aller in Verbindung zu stellenden Gegenstände in Spalten durch Ueberhäufung der letzteren verhindert würde, ist die Einnahme von der Ausgabe getrennt und hinter einander vorzutragen. In Hinsicht des Gebrauches der Linien gelten indessen die hierüber zum Tagebuche (§. 544. 545.) gegebenen Vorschriften.

§. 650.

5. Veranlagung.

Da im Tagehandbuche alle Rubriken in Spalten dargestellt, alle thatsächlichen Einträge aber zugleich auch Posten sind, deren bestimmtes Soll erst mit dem Ist bekannt wird; so kann dabei keine materielle, im Voraus hergestellte, Veranlagung, wie bei dem Handbuche, Statt finden. Die allein zulässige formale Veranlagung ist aber durchaus an diejenigen Erfordernisse gebunden, welche dem Tagebuche (§. 547. u. 548.) vorgeschrieben sind.

§. 651.

6. Eintragung. a. Zeit und historischer Vortrag.

Die Eintragung zum Tagehandbuche, der Zeit nach dem §. 519. unterworfen, beschäftigt sich im historischen Vortrage in der Regel nur mit der Bezeichnung der Personen und der Gegenstände, soweit solche nicht von den in Spalten erscheinenden Rubriken zureichend, oder gar nicht angegeben wird.

§. 652.

b. Arithmetischer Vortrag. α. Ueberhaupt.

Der arithmetische Vortrag geschieht nur im Ist; die Seitensummen werden transportirt; Wiederholungen aber finden nicht Statt, da sich in den Rechenspalten ohnehin schon der Gesammtbetrag einer Rubrik bei jedem Transport herausstellt.

§. 653.

β. Abschlüsse.

Aus eben diesem Grunde werden nur monatliche Abschlüsse gebildet, welche hier zugleich auch den Zweck der Quartalabschlüsse, die nur aus ihrem Zusammentrage bestehen könnten, vollständig erfüllen.

§. 654.

7. Integrität der Schrift.

Die Unverletzlichkeit und Wahrheit der aufgeführten Einträge ist auch im Tagehandbuch sorgfältigst zu bewahren, und es finden dieserhalb dieselben Grundsätze Anwendung, welche bei der getrennten Hülfsbuchführung (§. 551.) zu beobachten sind.

§. 655.

8. Beurkundung.

Die Beurkundung der im Tagehandbuche zur Ausgabe gestellten Beträge ist nach den allgemeinen Regeln zu bewirken und herzustellen. In Ansehung derjenigen Einnahmen, welche nach der Art ihres Aufkommens der Beobachtung anderer Personen, außer dem Rechner, ausgesetzt sind, soll die Beurkundung durch diese, nach besonderer Vorschrift, geführt werden. Alle sonstige im Tagehandbuche zu verrechnende Einkünfte, namentlich die indirekten Steuern und die Wegegelder, sind dagegen in richtiger Stellung zur Einnahme, vermittelst der uber die Zahlung derselben zu ertheilenden Blanket-Werthquittungen, zu sichern. Die Form dieser Quittungen muß für jede Gattung von Erhebungsgegenständen verschieden, in ihrer Einrichtung möglichst unnachahmlich, und durch Anschlag an den betreffenden Amtslokalen zur öffentlichen Kenntnißnahme ausgesetzt seyn. Die Werthscheiden derselben sollen bestehen in Quittungen von 1 kr., 5 kr., 10 kr., 1 fl., 5 fl., 10 fl., 50 fl. und 100 fl. Ist die Beschaffenheit der Erhebungsgegenstände von der Art, daß die Quittungen zugleich nach den besonderen Schuldigkeitsbeträgen durchaus eingerichtet werden können, so soll diese Einrichtung vorgezogen werden. Niemand ist verbunden, eine Zahlung zu leisten, ohne über deren Betrag auf den vorgeschriebenen Quittungen Empfangsbescheinigung zu erhalten; dagegen aber jeder, der Zahlung geleistet, und darüber keine vorschriftsmäßige Bescheinigung erhalten hat, verpflichtet, hiervon sofort Anzeige zu machen.

§. 656.

9. Dauer.

Das Tagehandbuch wird bei allen Erhebungszweigen eröffnet am 1ten Januar, und geschlossen am 31ten Dezember eines jeden Rechnungsjahres.

II.

Tagehandbuch der indirekten Steuern.

§. 657.

1. Begriff.

Die indirekten Steuern sind diejenigen Abgaben, welche überall durch besondere Handlungen bedingt werden, und im Schuldtitel der einzeln aufkommenden Erträge der Willkühr der Staatsbürger regelmäßig unterworfen sind. Ihre Verrechnung geschieht in der vereinigten Hülfsbuchführung des Tagehandbuches, welches nach ihnen seinen Namen zu führen hat.

§. 658.

2. Hierher gehörende Gegenstände.

Zu den indirekten Steuern sind zu zählen 1) die Eingangs- Ausgangs- und Durchgangs-Zölle, 2) die Natural-Produktions- u. Verbrauchssteuer und 3) die Stempelsteuer.

§. 659.

3. Einrichtung. a. Zur Einnahme.

Das Tagehandbuch der indirekten Steuern führt zur Einnahme die Spaltenrubriken der Zeit des Eingangs mit Monat und Tag; der speziellen Postengeschichte; ferner aller derjenigen Gegenstände, welche nach den einschlägigen Steuergesetzen besondere Erhebungspositionen bilden; hieran schließt sich die Spalte für die außerordentliche Einnahme, worunter Defekte und sonstige nicht zur unmittelbaren Steuererhebung gehörige Einnahmeposten einzutragen sind. Zuletzt folgt die Spalte für den Gesammtbetrag der in den vorhergehenden Spalten aufgeführten Posten- und Summenbeträge. Alle diese Spalten sind von den Geschichtsspalten ab mit den Unterspalten der Münzscheiden zu versehen. Die Ueberschrift im Hauptraume des Tabellenkopfes besteht in der Rubrik des eigenthümlichen Namens des Tagehandbuches und der Erhebungsstelle, der Einnahme schlechthin, und des Rechnungsjahres in derselben Weise, wie bei dem Handbuche der getrennten Buchführung. (Z. B. Anlage 19.)

§. 660.

b. Zur Ausgabe.

Bei den indirekten Steuererhebungen sollen die Ausgaben regelmäßig nur in der Bestreitung des unmittelbaren Amtsbedürfnisses nnd in Ablieferungen an die Oberrechenämter bestehen. Zu ihrer tabellarischen Einrichtung sind daher auf der Fläche eines Bogens in besonderen Spalten folgende Rubriken darzustellen: 1) Zahlungszeit, a) Monat, b) Tag; 2) Nummer der Belege; 3) spezielle Postengeschichte; 4) Besoldungen und Gratifikationen; 5) Diäten und Reisekosten; 6) Hebgebühren; 7) Büreaukosten; 8) Amtsgeräthschaften; 9) Miethe; 10) Baukosten für Amtslokale; 11) Ablieferungen; 12) Restitutionen; 13) Außerordentliche Ausgaben; 14) Gesammtbetrag. Unter die Spalten 4 — 14 sind die Rubriken der Münzscheiden aufzunehmen. Die Aufschrift der Tabelle bleibt dieselbe, wie die zur Einnahme, mit der zur Bezeichnung der Ausgabe nöthigen Abänderung. Untererhebereien haben nur Ablieferungen in Ausgabe zu verrechnen. Die zu einem Ganzen gehörenden, in bestimmten Raten zu leistenden Zahlungen, (z. B. Besoldungsverabreichungen,) sind monatlich zu bewirken; bei jedem solchen Eintrage muß indessen in der speziellen Postengeschichte der Betrag des Ganzen bemerkt werden. (Anlage 20.)

III.

Post-Tagehandbuch.

§. 661.

1. Begriff, Umfang und Inhalt.

Das Post-Tagehandbuch ist dazu bestimmt, alle Einkünfte, welche durch die Postanstalten aufkommen, so aufzunehmen, wie sie unmittelbar dem Staate verrechnet werden sollen. Das technische Postrechnungswesen, seinem ganzen Umfange nach, ist daher von dieser Verrechnung ausgeschlossen, und einer besonderen Ordnung vorbehalten. Aus diesem Grunde bleibt denn auch der erforderliche Sachaufwand, mit Einschluß sämmtlicher Betriebskosten, der technischen Verrechnung überlassen und wird, auf den Grund besonderer Bescheinigung, in Summe von der Einnahme in Abzug gestellt. Die Disposition darüber steht den Post-Direktoren, in gesetzlichen Grenzen, ausschließlich zu; seine Verrechnung unterliegt dessenungeachtet aber, nach Vorschrift des §. 199., der Revision der Rechnungskammer. Zur Einnahme im Tagehandbuche sind übrigens alle Beträge zu stellen, welche bei dem Postrechenamte **wirklich und für seine Rechnung** eingegangen sind.

§. 662.

2. Einrichtung. a. Zur Einnahme.

Das Post-Tagehandbuch erhält zum Tabellenbau der **Einnahme**, unter der Hauptaufschrift: Tagehandbuch mit der Bezeichnung der Posterhebungsstelle und den übrigen im Tagehandbuche der indirekten Steuern hierunter vorkommenden Bezeichnungen, folgende in besonderen, nebeneinander stehenden Spalten vorzutragende Rubriken: 1) Zeit der Einnahme, a) Monat, b) Tag; 2) spezielle Postengeschichte; 3) Porto von Reitposten; 4) Fahrposten, a) Porto, b) Personenfracht; 5) Schnellposten, a) Porto, b) Personenfracht; 6) Kariolposten, a) Porto, b) Personenfracht; 7) Porto von Botenposten; 8) Staffetten-Expeditionsgebühren; 9) Außerordentliche Einnahmen; 10) Gesammtbetrag. Zwischen den

Rubriken 8 und 9 sind noch die besonderen Einnahmetitel, welche nach den partikulären Postordnungen eigenthümliche Gegenstände der Einnahme bilden, in neben einander stehenden Spalten einzuschalten, und sämmtlichen Rubriken, von Nr. 4. ab, die Unterrubriken der Münzscheiden einzuordnen.

§. 663.

b. Zur Ausgabe.

Der Ausgabe im Post-Tagehandbuche liegt der im §. 660. vorgeschriebene Tabellenbau, mit den darin vorgetragenen Rubriken, ebenfalls zum Grunde, es ist daher in der Tabellenaufschrift nur der Name des in Rede stehenden Hülfsbuches und des Postamtes zu bezeichnen. Bloße Post-Expeditionen haben auch hier nur Ablieferungen zur Ausgabe, und der Vortrag der Terminalposten geschieht nach der im angeführten Paragraphen aufgestellten Regel.

§. 664.

3. Beurkundung.

Zum Beweise der Einträge in Ausgabe dienen die hierzu nach der Regel aufzubringenden Urkunden. Für die Einnahme indessen sind die Postkarten die ersten Beweismittel des Porto's und die Personenzettel die ursprünglichen Belege des Personengeldes. Zur Vermeidung einer zu großen Komplizirung der Beweisführung, sollen jedoch jene ursprünglichen Urkunden nicht zum Tagehandbuche, Behufs ihrer demnächstigen Produktion zur Rechnung, asservirt; sondern es sollen vielmehr auf den Grund derselben monatliche Nachweisungen als Belege beigebracht werden; die Einrichtung dieser, von den Formen des technischen Postrechnungswesens durchhin bedingten, Nachweisungen aber den Postrechnungs-Ordnungen vorbehalten bleiben.

IV.

Tagehandbuch der Wegegelder u. Kommunikationsabgaben.

§. 665.

1. Bestimmung und Gegenstände.

Die Wegegelder, mit Einschluß sämmtlicher Kommunikationsabgaben, gewöhnlich zu den indirekten Steuern gerechnet, gehören zu den onerosen Erwerbungen des Staates, denn sie sind durch kostspielige Anstalten zur Erleichterung der Kommunikation und des Verkehrs bedingt, und gelten ursprünglich nur als Aequivalent für die deshalbigen Unternehmungen und Kosten. In solcher Eigenthümlichkeit sollen sie denn auch nach ihren verschiedenen Zweigen in besonderen, nach ihnen benannten Tagehandbüchern verrechnet werden. Hierher sind zu zählen die Einkünfte von Chausseen, Brücken, Fähren, Schleusen, Leinpfaden, Dämmen, Kanälen und Häfen.

§. 666.

2. Einrichtung und Beurkundung.

Der zu den Tagehandbüchern der Wegegelder und sonstigen Kommunikationsabgaben zu verwendende Tabellenbau, analog demjenigen der im Vorhergehenden angeordneten Tagehandbücher, ist zu der Einnahme dergestalt einzurichten, daß die tarifmäßigen besonderen Sätze des einschlägigen Abgabezweiges als Rubriken in neben einander stehenden Spalten erscheinen. Zu der Ausgabe aber werden die im §. 660. aufgeführten Rubriken beibehalten, wofern die Erhebungsstelle als ein wirkliches Rechenamt besteht, indem bei vorgenannten Abgaben bloße Erhebereien ebenfalls bloße Ablieferungen zu verrechnen haben. Die Beurkundung zur Einnahme vertritt hier durchgängig die Ausstellung von Blanket-Werthquittungen, deren besonderer Geldwerth durchaus nach den einschlägigen tarifmäßigen Sätzen zu bestimmen ist, während ihre Form nach den verschiedenen Abgabezweigen verschieden seyn muß. Der Erweis der Ausgaben ist den allgemeinen Vorschriften nach herzustellen.

V.

Jagd-Tagehandbuch.

§. 667.

1. Verpflichtung zur Führung.

Zur Führung der Jagd-Tagehandbücher sind die Revierförster als solche verpflichtet. Am Schlusse des Rechnungsjahres haben sie selbige nebst den dazu gehörigen Belegen an den Forstrechner, gegen Bescheinigung, einzureichen, welchem die Rechnungsstellung auf den Grund derselben obliegt.

§. 668.

2. Einrichtung.

Das Jagd-Tagehandbuch ist zur Einnahme unter der zu seiner Benennung erforderlichen Aufschrift: Jagd-Tagehandbuch der Revierverwaltung (Name derselben) u. s. w. mit den Spalten: 1) Einnahmezeit ꝛc.; 2) Nummer der Belege; 3) spezielle Postengeschichte, a) Jagden in Schützengesellschaft, b) Alleinjagden, zu versehen, woran sich in nachfolgenden Spalten die Rubriken derjenigen einheimischen jagdbaren Thiere, welche nach partikulärer Jagdordnung verrechnet werden, und eine offen zu lassende Spalte für fremde Jagdthiere anschließen. Z. B. 4) Rothwildpret, a) starke Hirsche, b) geringe Hirsche, c) Spießhirsche, d) alte Thiere, e) Schmalthiere, f) Kälber; 5) Rehwildpret, a) starke Böcke, b) geringe Böcke, c) Spießböcke, d) Altrehe, e) Schmalrehe, f) Kitzchen; 6) Schwarzwildpret, a) Hauptschweine, b) Keiler, c) Bachen, d) Ueberlaufene, e) Frischlinge; 7) Hasen, a) Ausgewachsene, b) Dreiläufer, c) Halbwächsige; 8) Federwildpret, a) Hühner, b) Schnepfen, c) Enten, d) Wachteln, e) Becassinen, f) Spießlerchen; 9) Raubzeug, a) Füchse, b) Katzen. Zur Ausgabe dienen dieselben Rubriken von 4—9, vor dieselben treten folgende Spalten: 1) Zeit der Ausgabe, a) Monat, b) Tag; 2) Nummer der Belege; 3) spezielle Postengeschichte, a) unentgeltliche Ausgaben, b) Verkauf.

§. 669.

3. Beurkundung.

Die Einnahmen von Gesellschaftsjagden werden durch Bescheinigungen der zur Aufsicht bei denselben befehligten Forstschützen (Förster), oder sonstigen Schützen, beurkundet; der Erweis des Aufkommens aus den Alleinjagden bleibt indessen, wegen der Unanwendbarkeit einer Kontrolle, der

Amtsglaubwürdigkeit der zum Alleinjagen berechtigten Forstbeamten heimgestellt. Eben dieser Umstand dürfte aber die Verpachtung der Jagden, bis zum eigenen herrschaftlichen Bedürfniß, wirthschaftlich motiviren.

VI.

Fischerei-Tagehandbuch.

§. 670.

1. Verpflichtung zur Führung.

Das Fischerei-Tagehandbuch wird von den zur Fischwirthschaft besonders angestellten Fischmeistern geführt, welchen auch die Rechnungsstellung obliegt, und die nächste Verwaltung der Fischerei anvertraut ist, ausschließlich der Teichfischerei, die der Forstverwaltung vorbehalten bleibt.

§. 671.

2. Einrichtung.

Die Einrichtung des Fischerei-Tagehandbuchs ist, unter Anwendung der zur Tabellenrubrik für dasselbe erforderlichen besonderen Aufschrift, zur Einnahme und Ausgabe durchaus analog den Rubriken zum Jagd-Tagehandbuch herzustellen. Auch hier werden also in der Hauptspalte 4 und folgenden die besonderen Fischarten vorgetragen. Wo wilde Fischerei und Teichfischerei zugleich vorkommen, sind diese bei kleinem Umfange zusammen in einem Tagehandbuch (so wie demnächst in einer Rechnung) vorzutragen, und in dieser Absicht die Postengeschichte in die entsprechenden beiden Unterrubriken einzutheilen. Ist indessen jede dieser Arten der Fischerei von solchem Umfange, daß eine besondere Verrechnung räthlich erscheint; so soll eine abgesonderte Buchführung angewendet werden.

§. 672.

3. Beurkundung.

Bei der Teichfischerei ist die Einnahme mit Bescheinigungen der Forstbeamten, welche die Befischung der Teiche geleitet haben, zu belegen. Die Einnahme der wilden Fischerei soll bei großen Fischfängen durch besondere Fischkontroleure bescheiniget werden; bei kleiner Fischerei muß die Richtigstellung derselben dagegen der Amtstreue der Fischmeister lediglich anvertraut bleiben. In wirthschaftlichem Betrachte dürfte es daher auch hier räthlich erscheinen, durch Ueberlassung der wilden Fischerei an Privatpersonen, in Zeitpacht oder gegen gewisse Abgaben, unsichere Einkünfte in sichere zu verwandeln.

VII.

Mineralien-Tagehandbuch.

§. 673.

1. Einrichtung.

Die Mineralien, welche in der Beschaffenheit, worin sie unmittelbar gewonnen werden, zum Absatze kommen (§. 187.), sind nach ihren besonderen Zweigen in Tagehandbüchern dergestalt zu verrechnen, daß, unter Darstellung ihrer eigenthümlichen Sortimente in Spalten, sowohl für die Einnahme als für die Ausgabe die Einrichtung des Jagd-Tagehandbuchs zu Grunde gelegt werden muß. Bei der Ausgabe sind indeß zur Kontrolle der Geldrechnung die verschiedenen Sortimente unter die Hauptrubriken: Barverkauf, und: Verkauf auf Rechnung, zu bringen. Die Verrechnung der Mineralien zu Geld wird entweder einem anderen bestehenden Rechenamte, oder einer besonderen Erheberei übertragen. In diesem Falle sind die Hülfsbücher nach den, für die Verrechnung der Industriegelder (§. 567—569 und §. 627) angewendeten, Grundsätzen einzurichten.

§. 674.

2. Beurkundung.

Der Erweis der Einnahme wird durch Bescheinigungen der amtlich bestellten Aufseher geführt; die Ausgabe hingegen nach den allgemeinen Regeln beurkundet.

VIII.

Materialien-Tagehandbuch.

§. 675.

1. Einrichtung.

Die Materialien-Tagehandbücher sind für jeden einzelnen Zweig von Materialien besonders zu führen, und unter Aufnahme der zu jedem Zweige besonders gehörenden Sortimente, analog dem Jagd-Tagehandbuche, zur Einnahme und Ausgabe einzurichten.

§. 676.

2. Beurkundung.

Zum Beweise der Einnahme dienen auch hier die Bescheinigungen der aufsehenden, oder derjenigen Beamten, welche für die Kompletirung der Magazine Sorge zu tragen haben. Die Ausgabe folgt den allgemeinen Regeln des Rechnungs-Urkundenbeweises.

IX.

Industrie-Waaren-Tagehandbuch.

§. 677.

1. Inhalt.

Im Industrie-Waaren-Tagehandbuch geschieht die Natural-Verrechnung der in Staats- (Domanial-) Industrieanstalten verfertigten Waaren, nach deren einzelnen Zweigen es abgesondert geführt werden muß.

§. 678.

2. Einrichtung.

Sein Tabellenbau ist, in der äußeren Einrichtung, von der Darstellungsart der Rubriken im Mineralien-Tagehandbuche, sowohl für die Einnahme, als für die Ausgabe, zu entlehnen, und hier, wie dort, jede einzelne Art von Waaren, so weit sie für eine besondere Verrechnung zureichend erheblich erscheint, in einer besonderen Spalte darzustellen.

§. 679.

3. Beurkundung.

Der Beweis zur Verrechnung der Industriewaaren wird nach Vorschrift des §. 676. bewerkstelligt.

Zweiter Unterabschnitt.
Rechnungsführung.

I.
Allgemeine Grundsätze

§. 680.

1. Wesentliche Natur der Rechnung. a. Begriff.

Die Rechnung (Jahresrechnung, Hauptrechnung) ist die schriftliche, historische und übersichtliche Darstellung aller, in einem bestimmten Rechnungsjahre bei einer Verwaltung zur Einnahme und Ausgabe aufgekommenen Ergebnisse (Thatsachen), nebst zureichendem Urkundenbeweise über die Wahrheit und Vollständigkeit derselben.

§. 681.

b. Zweck.

Sie hat den Zweck der Nachweisung einer ordentlichen und redlichen Verwaltung und der urkundlichen Feststellung der Intraden und Inkumbenzen für Vergangenheit, Gegenwart und Zukunft.

§. 682.

c. Umfang.

Die Rechnung erstreckt sich über den ganzen zu einem Kompetenzzweige gehörenden Fond und dessen Inkumbenz. Jede Rechnung muß daher ein in sich abgeschlossenes Ganze seyn, und darf ihre Beweise nur aus ihren eigenen Urkunden, oder aus einer ihr vorhergehenden Rechnung desselben Zweiges schöpfen, nie aber auf Urkunden anderer, früher, gleichzeitig oder später zu stellenden, Rechnungen ihren Beweis unmittelbar gründen, gesetzt auch, daß diese Rechnungen zur Kontrolle dienen mögen oder sollen.

§. 683.

d. Inhalt. *α.* Ueberhaupt.

Ihrem Inhalte nach hat jede Rechnung, sowohl zur Ausgabe als zur Einnahme, das Soll, das Ist und den Unterschied vorzutragen, sofern diese drei Rechnungsverhältnisse nicht, wie bei der vereinigten Buchführung, in ein

Ergebniß — das Ist zusammen fallen, und daher sich auch nur auf die Darstellung im Ist beschränken, während außerordentliche Abweichungen davon in besonderen Nachweisungen zu verrechnen sind. In Hinsicht der Beschaffenheit der einzelnen Zahlungen in der Zeit und Größe ist es jedoch für die Rechnung unerheblich, in welchem Zeitpunkte und in welchen speziellen Quantitäten dieselben während des Rechnungsjahres erfolgt sind; vielmehr genügt die Gewißheit des Daseyns oder Nichtdaseyns derselben und der höchsten Größe ihres Betrages. Die Rechnung enthält daher nur Posten zu ihren concreten thatsächlichen Vorträgen. Das Verhältniß derselben im Soll und Ist muß regelmäßig in Gleichgestelltheit bestehen, Abweichungen hiervon gehören daher immer zur Ausnahme, und bedürfen der besonderen gesetzlichen Zulassung.

§. 681.

β. Einnahme-Reste, Ueberschüsse, Zuschüsse.

Einnahmereste dürfen nur aus besonders rechtfertigenden Gründen bei solchen Einkünften vorkommen, welche im Voraus im wirklichen Soll bestimmt werden, und unterliegen einer besonderen Nachweisung und Verrechnung in der Buchführung der Reste (§. 783 folg.), weßhalb in einer besonderen Spalte das einschlägige Restenverzeichniß, nach seinen Nummern, angerufen werden muß. Eben so bedürfen die Ueberschüsse, bei den hierzu fähigen Einnahmezweigen besonderer Rechtfertigung, ihr Betrag wird indessen schon in der Rechnung, worin derselbe aufkommt, durch das um eben so viel höher gestellte Ist dargethan, und bedarf daher keiner weiteren Nachweisung. Zuschüsse, d. h. außerordentliche Unterstützungen, welche dem einen Rechenamte von dem andern zur Erhaltung seiner Zahlungszureichenheit gemacht werden, übersteigen die Kräfte des betreffenden Rechnungsfonds, und sind als außerordentlicher Zuwachs, auf den Grund vollgültiger Einnahmebelege, unter besonderer Rubrik zur Einnahme zu stellen.

§. 685.

γ. Ausgabe. aa. Im Allgemeinen.

Die Unterschiede zwischen dem Soll und Ist der Ausgabe bestehen in Abschlagszahlungen, Vorschüssen, Ausgaberestem und Ausgabeersparnissen.

§. 686.

bb. Abschlagszahlungen und Vorschüsse.

Abschlagszahlungen werden diejenigen Ausgaben genannt, welche an den Uebernehmer einer Arbeit, nach theilweiser Herstellung, jedoch vor der Vollendung, auf die bereits geschehene Leistung abgeführt werden, ohne daß darüber ein dekreturfähiges Verdienst- oder Auslagen-Verzeichniß aufgestellt worden ist. Vorschüsse sind Zahlungen, die an dergleichen Uebernehmer unter sonst gleichen Umständen geschehen, ehe und bevor sie mit der Leistung den Anfang gemacht haben. Beiderlei Ausgaben sind vorläufig zu einer definitiven Dekretur nicht geeignet, und werden daher in der Rechnung nicht zur Ausgabe gestellt, sondern nach dem Rechnungsabschlusse im Barbestand in geldwerthen Papieren besonders nachgewiesen. In den Hülfsbüchern werden solche Ausgaben bei dem Schlusse derselben wieder an der Ausgabe abgesetzt, und so ferner als Ausgabe in die nächstfolgenden Hülfsbücher übertragen. Ist eine ordentliche Verdienst- oder Auslagen-Nachweisung von dem Uebernehmer nicht mehr zu erwarten, so hat der Rechner auf deßhalbige definitive Dekretur anzutragen.

§. 687.

cc. Ausgabereste.

Reste, welche durch Nichtabführung der im Soll definitiv bestimmten Ausgaben erwachsen, heißen Ausgabereste im eigentlichen Sinne und dürfen nie aus bloßer temporärer Insuffizienz des belasteten speziellen oder partikulären Fonds, sondern nur aus sonstigen, vom Rechner unabwendbaren und höhern Orts gebilligten Ursachen, vorkommen und verrechnet werden. In jenem Falle hat der Rechner vielmehr rechtzeitig um den erforderlichen Zuschuß von dem kompetenten Rechenamte nachzusuchen; in diesem Falle aber werden die Reste zur nächsten Rechnung an derselben Stelle zu dem Namen des Gläubigers, und vor dessen sonst noch auszusprechende Zahlungsposten, in das Soll gestellt, und so fernerhin bis zur Tilgung oder Ausscheidung fortgeführt.

§. 688.

dd. Ausgabeersparnisse.

Wird der Unterschied zwischen dem Soll und Ist dadurch in der Ausgabe herbeigeführt, daß ein bestimmter Posten während des Laufes des Rechnungsjahres ganz oder theilweise ausfällt; so muß der ausfallende Betrag vermittelst geeigneter Dekretur an dem Soll des betreffenden Postens schon in den Hülfsbüchern abgesetzt werden, und dieses in der herabgesetzten Größe zur Rechnung erscheinen.

§. 689.

e. Dauer.

Eine Rechnung umfaßt immer nur den Zeitraum eines Rechnungsjahres, und nur die hierin aufkommenden Fälligkeiten. Rechnungen, welche einen größeren Zeitraum beschreiben, sind durchaus unzulässig.

§. 690.

2. Uebersichtlichkeit. a. Trennung der Einnahme von der Ausgabe.

Auch bei der Rechnung sind aus den zum Handbuch (§. 587.) angeführten Gründen, Einnahme und Ausgabe von einander getrennt, jedoch so lange in einem Bande auf einander folgend zu verrechnen, als dieser nicht 1200 Seiten überschreitet. Bei einer erforderlichen größeren Seitenanzahl wird die Einnahme sowohl als die Ausgabe in einem besonderen Bande vorgetragen.

§. 691.

b. Gebrauch der Linien.

Außer den zu den Scheitel- und Querspalten im Tabellenkopfe schon im Formular gegebenen Linien, müssen in der Rechnung auch alle Haarlinien im Tabellenrumpfe, so wie die queren Grundlinien oberhalb der gebildeten Summen, und zwar jene mit Bleistift, diese, wie gewöhnlich, mit schwarzer Tinte gezogen werden.

§. 692.

c. Trennung der Rubriken und Posten.

In Ansehung der augenfälligen Darstellung der Rubriken und Posten gilt zur Rechnung gleichfalls die bei dem Handbuche (§. 589) aufgestellte Regel, und eben hiernach sind auch die Fortsetzungen der Rubriken zu behandeln.

§. 693.

3. Verhältniſs der Rechnung zu den Hülfsbüchern.

Die Rechnung als eine bloße gedrängtere systematische Darstellung der Hülfsbücher muß in Ansehung der arithmetischen Hauptresultate in Einnahme, Ausgabe und Abschluß mit denselben durchaus übereintreffen. Rücksichtlich des historischen und des speziellen arithmetischen Postenvortrages steht die Rechnung hingegen nur mit dem Handbuche (Tagehandbuche) in unmittelbarer und so wesentlicher Verbindung, daß sie nur durch die summarische Darstellung der dort spezifizirten Kollektivposten und aller unter einem Posten vorgetragenen Abschlag- und Terminal-Zahlungen von demselben abweicht. Der förmliche definitive Abschluß des Handbuches ist daher immer zur Rechnung erforderlich; die Allegation der entsprechenden Stellen in jenem findet dagegen hierin nicht Statt, indem die Rechnung, einmal in selbstständiger und zureichender Darstellung hervorgetreten, zu ihrer Haltung der Unterstützung eines Hülfsbuches nicht mehr bedarf.

§. 694.

4. Rechnungsführung. A. Begriff. Rechnungsstyl.

Die Rechnungsführung besteht in der ordnungmäßigen Veranlagung der Rechnungen und in der vorgeschriebenen Eintragung der in derselben darzustellenden Ergebnisse. Der Inbegriff der zur Herstellung der Rechnungsführung gegebenen Regeln wird der Rechnungsstyl genannt.

§. 695.

B. Veranlagung.

Zur Bereitstellung der Rechnung in eintragsfähigen Zustand ist nur die vorausgehende formelle Veranlagung erforderlich, da die materielle mit der ausführlichen Eintragung selbst in eine Handlung zusammenfällt. Für jene Veranlagung aber gelten, bis auf den Einband (§. 878.), in analoger Anwendung, die hierüber zum Tagebuche (§. 548.) gegebenen Vorschriften.

§. 696.

C. Historischer Vortrag. A. Vortrag der Sachrubriken. a. Bildung.

In Ansehung der Rubrikenbildung sind zu jedem besonderen Zweige von Rechnungen, diejenigen Sachrubriken zu verwenden, welche für denselben durch besondere Vorschrift angeordnet worden. Jede eigenmächtige Abänderung unterliegt einer angemessenen Ordnungsstrafe. Zu deren Vermeidung hat daher der Rechner, bei sich ergebender Unzureichenheit der gesetzlichen Vorschrift, die Aufnahme und Einreihung der etwa weiter nothwendig werdenden Sachrubriken von der Bestimmung der kompetenten Rechnungskammer im Voraus, durch Vermittelung der vorgesetzten Verwaltungsbehörde, abhängig zu machen.

§. 697.

b. Darstellung.

Die zu verwendenden Sachrubriken werden, sofern ihnen nicht einzelne besondere Spalten gewidmet sind, in der Geschichtsspalte unter Beobachtung der §§. 472. und 692. dargestellt, und unter ihnen den Vortrag der, in gewöhnlicher Zeilenbreite auf einander folgenden, Posten ausgeführt.

§. 698.

B. Vortrag der Posten. a. Postengeschichte. α. Begriff und allgemeine Erfordernisse.

Die Postengeschichte ist die Beschreibung der einzelnen zur Rechnung aufgekommenen Thatsachen. Sie ist im Allgemeinen an die bei dem historischen Vortrage überhaupt (§. 454—459.) zu beobachtenden Regeln gebunden. Zu ihrer Angemessenheit erfordert sie ins Besondere die genaue Bezeichnung des Einzählers oder des Empfängers, des Gegenstandes selbst, unter den Merkmalen, welche ihn als Einnahmequelle oder Ausgabetitel deutlich erkennbar machen, und des Zeitraumes, für welchen die Zahlung geschehen ist. Hauptmerkmale oder Merkmale, die für denselben Posten unverändert wiederkehren, müssen zuerst; zufällige und abänderliche Merkmale aber jenen nachfolgend entwickelt werden.

§. 699.

β. Ständige Posten.

Ständige Posten sind in der Geschichtserzählung, womit sie in vorgehenden Rechnungen vorgetragen sind, in allen folgenden so lange unverändert fortzuführen, bis eine Berichtigung von der kompetenten Behörde angeordnet worden ist.

§. 700.

γ. Wiederkehrende temporäre Posten.

Bei Posten, welche nach bestimmten im Voraus abgegrenzten Zeiträumen aufkommen, sollen diese Räume selbst in ihrer Geschichte angegeben werden. Sind dieß Posten, die eine Zeit lang fortgesetzt eintreten, (wiederkehrende temporäre Posten); so muß deßfalls nicht allein der bestimmte Zeitraum, von wo ab und bis wohin eine Zahlung erfolgen soll, sondern zugleich der besondere Zeitabschnitt, worin und zum wie vielten Male gerade jetzt die Zahlung erfolgt ist, genau angegeben werden.

§. 701.

δ. Ständige unterbrochene Posten.

Ebenso ist bei Posten, unter welchen zwar ständig, aber nicht fortgesetzt, sondern nur in Wiederkehr nach einem oder mehreren Zwischenjahren, eine Zahlung aufkommt (ständige unterbrochene Posten) der Zeitpunkt der Wiederkehr, oder wenigstens die Bedingung derselben anzugeben, und jeder solcher Posten in jeder Rechnung, auch wenn dieß oder das andere Mal nichts unter ihm aufkommt, vorzutragen.

§. 702.

ε. Einhällige Posten.

Wenn eine Rubrik für alle darunter aufzuführende Posten so bezeichnend ist, daß, (wie z. B. bei Verkauf,) diese Posten in ihrer wesentlichen Beschaffenheit mit der Rubrik durchaus gleiche Merkmale haben; so sind zur Unterscheidung solcher **einhälligen** Posten accidentelle Merkmale, z. B. die Empfänger, die Zeit der Handlung, oder die Dekretur, der Preis rc. anzuführen. Die Wiederholung der Bezeichnung der Rubrik bei dergleichen Posten ist aber als eine mißtönige Tautologie durchaus zu vermeiden.

§. 703.

ζ. Kollektiv-Posten. aa. Im Allgemeinen.

Besondere Aufmerksamkeit ist der Geschichte der **Kollektiv-Posten** zu widmen. Es werden hierunter alle diejenige Posten verstanden, welche unter **einem** Eintrage mehrere, in allen historischen Merkmalen übereinstimmende und ihrem Aufkommen nach zu einem Ganzen gehörende, Zahlungen durch oder an mehrere Personen in sich begreifen. Alle im Handbuch vorgetragene, zu solcher Zusammenfassung befähigte, spezielle Posten sind der Kürze wegen in Kollektiv-Posten zusammen zu ziehen; die Geschichtserzählung derselben hat sich aber, obgleich durchaus vollständig, immer in solcher abstrakten Haltung zu bewegen, daß jedes der von ihr gegebenen Merkmale auch jedem der kolligirten Posten wirklich zukommt.

§. 704.

bb. Quotisationsposten.

Ist das Aufkommen von Größen an das Daseyn faktischer Begründungen gebunden, und muß es nach Maßgabe der letzteren ermittelt werden; so ist im historischen Vortrage immer nicht nur der thatsächliche Grund, sondern auch das arithmetische Verhältniß anzugeben, nach welchem die aufkommende Größe erwächst. Namentlich gilt dieß von den **Quotisationsposten**, d. h. solchen Posten, deren zu verrechnende Größe den Gesammtbetrag eines Ganzen der nach Quoten zu leistenden Zahlungen von Pflichtigen oder an Berechtigte ausmacht.

§. 705.

cc. Terminalposten.

Die Geschichtserzählung der Terminal- d. i. derjenigen Posten, welche die zu einem Ganzen gehörigen, aber in einzelnen Terminen abführbaren Zahlungen in einem Eintrage enthalten, hat der erfolgten Terminzahlungen keine Erwähnung zu thun, wenn die Termine, nach dem Zeitraume der Schuldigkeit des Ganzen, alle in das Rechnungsjahr selbst fallen. Tritt dagegen die Verfallzeit der Termine eines solchen Ganzen theils in dem einen, theils in dem andern Rechnungsjahre ein; so müssen die zur Rechnung wirklich fällig gewordenen Termine zureichend beschrieben werden.

§. 706.

b. Postenfolge. α. Ueberhaupt.

Was die Folge der Posten im Allgemeinen betrifft, so bleibt diese, in Ermangelung besonderer Vorschrift, regelmäßig dem Ermessen des Rechners überlassen; jedoch soll die Reihenfolge der ständigen Posten immer nach bestimmter, besonderer Instruktion vorbehaltener, Anordnung Statt finden.

§. 707.

β. Alte Posten.

Mit Posten, welche schon in vorhergehender Rechnung vorgekommen sind, muß in den nachfolgenden Rechnungen diejenige Reihenfolge unverändert eingehalten werden, welche ihrem früheren Vortrage bereits zum Grunde gelegt war.

§. 708.

γ. Neue Posten.

Neu hinzukommende Posten, denen überhaupt oder wenigstens in früheren Rechnungen kein bestimmter Platz angewiesen ist, sind immer zu Ende der ihnen zukommenden Rubrik anzufügen.

§. 709.

c. Postenausscheidung. α. Bezeichnung.

Wenn ein einzelner, sonst wiederkehrender Posten ausscheidet; so soll ihm in der Rechnung von demjenigen Rechnungsjahre, worin er zu erscheinen aufhört, die Bemerkung, daß und von welchem Zeitpunkte an er ausscheidet, ausdrücklich beigesetzt werden.

§. 710.

β. Lückenergänzung.

Zur Ergänzung der dadurch in der spätern Rechnung entstehenden Lücke ist der ihm zunächst folgende Posten an dem ihm zunächst vorhergehenden Posten unmittelbar anzuschließen, wofern nicht nach §. 708. ein neuer Posten an seine Stelle tritt.

§. 711.

d. Postenmangel.

Sind unter einer Rubrik, welche in Rechnung unausgesetzt vorgetragen werden muß, in einem Rechnungsjahre keine Zahlungen im Soll aufgekommen; so wird dieser Postenmangel mit: Nichts oder: Vacat bezeichnet.

§. 712.

e. Postenverschleifung.

Jeder Posten darf nur unter der ihm zukommenden Rubrik vorgetragen; die Verschleifung eines Postens unter eine Rubrik aber, welche ihm logisch fremd ist, nirgends ungerügt gelassen werden, weil dergleichen Mängel der Ueberprüfung hinderlich, oder sogar zur Versteckung absichtlicher Beeinträchtigungen mißbraucht werden können.

§. 713.

f. Doppelposten.

Noch weniger ist der doppelte Vortrag eines und desselben Postens an verschiedenen Stellen ungerügt passiren zu lassen, vielmehr der Ursache eines solchen Doppelpostens genau nachzuforschen, und sein Erscheinen, wenn es mit gewöhnlicher Aufmerksamkeit vermieden werden konnte, mit der geeigneten Ordnungsstrafe, oder sonst nach Anleitung des §. 279. zu verfolgen.

§. 714.

D. Arithmetischer Vortrag. a. Im Allgemeinen.

Der arithmetische Vortrag erheischt, unter Anwendung der allgemeinen Regeln (§. 460—467. 525—528.) eine deutliche, wo möglich schöne Schrift aller zu den Posten oder als Resultate vorgetragenen Zahlen. Auch sollen zur Erleichterung der Prüfung und zur Vermeidung von Kalkülfehlern auf einer Seite in einer Rechenspalte nicht mehr als 30 Zahleneinträge unter einander Statt finden.

§. 715.

b. Kollektiv-Zahlen.

Bei der Bildung der Kollektiv-Posten sind die, darunter in dem Handbuche auf die einzelnen Zahlpflichtigen, oder Empfangsberechtigten, oder auf einzelne Termine gebuchten, Sonderbeträge vorgängig in richtige Summen zu bringen und mit diesen, welche im Rechnungsstyl die Kollektiv-Zahlen genannt werden, in die Linie zu stellen. Zu ihrer Probe müssen nach §. 703—705. in dem historischen Vortrage auch dann die nöthigen Anhaltepunkte vollständig angegeben seyn, wenn die kolligirten Posten in Urkunden spezifizirt nachgewiesen werden.

§. 716.

c. Zusammenträge.

Die Addition der unter den Haupt- oder Spezial-Rubriken vorkommenden Postenbeträge ist in der Rechnung in derselben Weise, wie bei dem Handbuche (§. 599.), durch Bildung von Seitensummen und Zusammenträgen zu bewirken.

§. 717.

d. Wiederholungen. α. Im Allgemeinen.

Auch die Totalsummen werden hier durch Wiederholungen der Einnahme, und der Ausgabe, nach Anweisung der §§. 528. und 600. hergestellt. Zugleich sind aber hierbei in Absicht der Rückweisung auf die einzelnen Seiten, worauf sich die wiederholten Summen der Rubriken befinden, die Belegespalten mit: Pagina, zu überschreiben und hierunter jeder Rubrik gegenüber die einschlägige Pagina anzuführen.

§. 718.

β. Probe und Folge bei der Einnahme.

Die im Kalkül richtig stehende Totalsumme der Einnahme muß von dem Rechner durchaus entweder in Barbestand, oder in gültiger und erwiesener Verwendung gewährt werden. Wenn die Einnahme in Soll, Ist und Rest gebucht worden, so muß die Richtigkeit dieser drei Verhältnisse in Prüfung gestellt, namentlich der Erweis des Daseyns und der Rechtfertigung der gezogenen Reste außer Zweifel gesetzt werden. Jeden nicht gerechtfertigten oder nicht erwiesenen Rest hat der Rechner als Einnahme zu gewähren.

§. 719.

γ. Verhältniss der Einnahme zur Ausgabe.

In der Regel darf weder die Einnahme von der Ausgabe, noch die Ausgabe von der Einnahme überstiegen werden, und es ist also zur Rechnung das Verhältniß dieser beiden Sachrubriken immer darzustellen. Ob und wie viel bei Rechenämtern zur Rechnung in Vorrath (Bestand) gehalten werden darf, ist bei Gelderhebungen von besonderer Instruktion; bei anderen Rechenämtern aber theils von der Disposition, theils von dem erfolgten Absatze abhängig.

§. 720.

e. Abschluss.

Das Resultat des Verhältnisses der Ausgabe zur Einnahme ist in der Rechnung durch den Abschluß herzustellen, indem zu Ende derselben, unter dieser Aufschrift, durch Subtraktion die Differenz ermittelt wird. Dem Rechnungsabschlusse liegt immer, der Istausgabe gegenüber, nur die Isteinnahme zum Grunde, während ihr Minderstand zur Solleinnahme der besonderen Verrechnung der Reste vorbehalten bleibt. Das Verhältniß der Ausgabe zur Einnahme kann möglicher Weise bestehen in Vergleichung, Vorrath, Rezeß oder Dezeß.

§. 721.

α. Vergleichung.

Die Vergleichung ist vorhanden, wenn die Einnahme

gegen die Ausgabe aufgeht. Sie ist das regelrechte Resultat, und wird bei dem Mangel eines Unterschiedes an dessen Stelle mit den Worten: Vergleicht sich, ausgedrückt.

§. 722.

β. Vorrath.

Der Vorrath besteht in dem Ueberschusse der Einnahme zur Ausgabe. Wo er vorkommen darf, ist er zur nächstfolgenden Rechnung zu übertragen, und in den Hülfsbüchern als erster Posten, bei dem Tagebuche aber, welches mit dem Tagebuche des vorhergehenden Rechnungsjahres noch einen oder mehrere Monate gleichlauft, als erster Eintrag desjenigen Monats, der dem Schlusse des vorjährigen Tagebuches folgt, sofort zu buchen.

§. 723.

γ. Rezess.

Kann der ermittelte Ueberschuß der Einnahme zur Ausgabe von dem Rechner weder als Vorrath, noch durch eine sonstige rechnungsmäßige, aber übersehene Verwendung gewährt und nachgewiesen werden; so ist dadurch eine Verwaltungsschuld desselben begründet, welche Rezeß genannt wird, und entweder als reiner, oder als gezogener Rezeß erscheint, je nachdem sie sich unmittelbar aus dem Rechnungsabschlusse, oder erst in Folge der gepflogenen Revisionsverhandlungen herausstellt. Jeder vorgefundene Rezeß verpflichtet den Rechner unbedingt zu promptem Ersatze; von der Art der Herbeiführung, der Offenlegung oder Versteckung, und von der Größe desselben, an und für sich und im Verhältnisse zu den Vermögensumständen des Rechners, hängt es jedoch ab, ob er bloß als Rechnungsirrthum behandelt; oder aber mit Ordnungsstrafen, oder kriminalrechtlich verfolgt werden soll.

§. 724.

δ. Dezess.

Ein Dezeß (sonst s. g. Aktiv-Rezeß) besteht in der Unzureichenheit der verrechneten Einnahme zur Ausgabe. Er kann nur dadurch gebildet werden, daß entweder wirklich eingegangene ordnungsmäßige Einnahmen nicht zu Buche gebracht, oder daß verbotene Vorlagen von dem Rechner aus fremden Mitteln gemacht worden sind, die weder gebucht noch im Abschlusse aufgerechnet werden dürfen (§. 293.), oder endlich daß Ausgaben, die zum späteren Rechnungsjahre gehören, schon in der früheren Rechnung vorkommen. In den beiden ersten Fällen ist der Dezeß für nicht geschrieben; in letzterem Falle aber jede herübergezogene Ausgabe als in dieser Rechnung ungültig zu betrachten (§. 1100.).

§. 725.

5. Ordnungsnummern.

Zur Erleichterung der Anrufung aller in der Rechnung vorkommenden Posten, sollen dieselben mit laufenden Ordnungsnummern sowohl in der Einnahme, als in der Ausgabe, jedoch in beiden mit Eins anfangend versehen werden.

§. 726.

6. Integrität der Schrift.

In Hinsicht der Integrität der Schrift gelten zur Rechnung im Allgemeinen die §. 473—477. gegebenen Vorschriften. Jedoch sollen Abbreviaturen durchaus nicht, und die sonst zulässigen Korrekturen nur in so fern geduldet werden, als dergleichen im Ganzen nicht mehr, als auf einem Zehntheil der Seiten und auf einer Seite nur ein Mal vorkommt. Im widrigen Falle wird die Rechnung als Schmutzschrift an den Rechner zur Wiedereinreichung in neu genommener Abschrift zurückgegeben.

§. 727.

7. Beurkundung. a. Im Allgemeinen.

Zum Beweise der vorgetragenen Thatsachen sind zu allen denjenigen Posten, die sich nicht bereits auf einen urkundlichen Nachweis in einer vorhergehenden Rechnung gründen, die erforderlichen Urkunden aufzubringen. Es sind hierzu die, schon zu dem Handbuche (Tagehandbuche) vollständig zu sammelnden, Belege zu verwenden und solche, nachdem die Interimsscheine gegen Hauptbelege eingewechselt worden, nach der Reihenfolge der einzelnen Posten in der Rechnung genau zu ordnen.

§. 728.

b. Rechnungshörigkeit der Urkunden.

Alle zur Rechnung gebrachten und zu derselben unbezweifelt gehörigen Urkunden müssen auf immer mit derselben verbunden bleiben. Bei eintretender Nothwendigkeit anderweiter Verwendung einer zur Rechnung aufgebrachten Urkunde, kann solche nur unter Zurückbehaltung einer beglaubigten Abschrift und unter Vermerkung der Art und Weise der geschehenen anderweiten Verwendung, nach vorgängig eingeholter Erlaubniß der vorgesetzten Rechnungskammer, verabfolgt werden.

§. 729.

c. Beurkundung der Kollektivposten.

Kollektiv-Posten, welche unter den im §. 607. angegebenen Bedingungen gebildet worden, sind auch zur Rechnung mit den schon zum Handbuche erforderlichen Listen (Registern) zu beurkunden.

§. 730.

d. Nummerirung der Urkunden.

Alle Urkunden müssen, zur Einnahme und Ausgabe mit Eins anfangend, unter laufenden Nummern verzeichnet werden. Die Nummerirung geschieht mit schwarzer Tinte, rechts oben auf der ersten Seite der Urkunde, und zwar bei den Hauptbelegen mit arabischen Ziffern, bei Nebenbelegen oder Beilagen mit römischen großen Buchstaben unter Hinweisung auf die zugehörige Hauptnummer.

§. 731.

e. Anrufung.

Die Anrufung der Urkunden erfolgt, in einer hierzu eigends zu verwendenden Spalte, vermittelst der ihnen gegebenen Nummern. Die Nummerfolge muß hierbei so lange und fortgesetzt ununterbrochen eingehalten werden, als die Anrufung zum ersten Male geschieht. Soll zur Haupturkunde auch einer ihrer Nebenbelege, oder zu einem oder dem andern die Pagina angerufen werden; so sind die besonderen Zählzeichen mit zwischengezogenen Querstrichen untereinander vorzutragen, so zwar, daß immer zuerst die Hauptnummer, dann die Litera und zuletzt die Pagina zu stehen kommt.

II.

Geld-Rechnung.

1.

Rent-Rechnung.

§. 732.

1. Rubrikenbildung. a. Eintheilungsgründe.

Unter Anwendung der in den §§. 521. und 522. entwikkelten allgemeinen thatsächlichen Eintheilungsgründe ergeben sich für die Rentrechnung folgende besondere Eintheilungen der Sachrubriken. A. Zur Einnahme: I) Vorrath, (immer unter der Voraussetzung, daß sich die Kasse, nach besonderer Vorschrift (§. 719.), in demselben erhalten darf); II) laufende Einnahme, 1) ordentliche Einnahme, A) ständige Einnahme, a) ständige unveränderliche Einnahme, α) Grundzinsen, Gülten und Renten, β) Erbpächte, aa) von Gütern, bb) von Mühlen, αα) Schlag- und Mühlenzins, ββ) Mühlenschweingelder; γ) Staatsrenten; b) ständige veränderliche Einnahme; B) unständige Einnahme, a) Zeitpächte, α) von Gütern, aa) von großen und Hofgütern, bb) von Güterparzellen; β) von Mühlen, γ) von Jagden, δ) vom Fischereien, ε) von Forstnutzungen, ζ) von Hütten, η) von Zehnten; b) Miethgelder, c) Verkauf, α) von Früchten, β) von Forstnutzungsgegenständen, γ) von Wildpret, δ) von Fischen; d) Mastgelder, e) Einnahme aus Darlehen, (sofern dieselbe vorkommen darf,) α) eingegangene Kapitalien, β) eingezahlte Zinsen, γ) aufgenommene Kapitalien; f) Einlieferung aus anderen Kassen, g) Zuschüsse, h) Agio; 2) außerordentliche Einnahme. B. Zur Ausgabe: I) ordentliche Ausgabe, A) wirkliche Ausgabe, a) ständige Ausgabe; b) unständige Ausgabe, α) Zur Inkumbenzbestreitung, aa) an die Herrschaft, (wofern unmittelbar aus den Unterrechenämtern solche Ausgaben bestritten werden sollen); bb) Verwaltungskosten, 1) persönliche, αα) Besoldungen und Gratifikationen, ββ) Pensionen und Gnadengehalte, γγ) Diäten und Reisekosten, δδ) Hebgebühren, εε) Kopialien, ζζ) Tage- und Werklohn, ηη) Fuhr- und Botenlohn, ιι) Besondere Dienstgebühren; 2) sächliche Verwaltungskosten, αα) Bureaukosten, a) Schreibmaterialien, b) Druckmaterialien, c) Amtsbibliothek, d) Holz und Licht; ββ) Amtsgeräthschaften, γγ) Miethe, δδ) Gerichts- Prozeß- und Stempelkosten, εε) Insertionskosten; cc) Unterhaltungskosten, αα) Baukosten, ββ) Landkulturkosten, γγ) Forstkulturkosten, δδ) Ankauf von Naturalien; dd) Geschenke und Unterstützungen, ee) öffentliche Lasten, αα) ordinäre Steuern, ββ) extraordinäre Steuern, γγ) Kommunalbeiträge, δδ) Kriegs- Einquartirungs- und Fourage-Lieferungskosten; ff) Schuldentilgung, (im Falle und soweit solche den Spezialämtern hingewiesen ist,) αα) Kapitaltilgung, ββ) Zinsenzahlungen; gg) ausgeliehene Aktiv-Kapitalien, (wenn zu deren Ausleihung ein Spezialamt besonders befugt worden); β) Ablieferungen, γ) Verlust an Münze, δ) Restitutionen; B) fingirte Ausgaben, a) Erlassungen; b) Niederschlagungen; c) Abverdienungen; II) außerordentliche Ausgabe.

§. 783.

b. Einnahmerubriken.

Von den vorher aufgeführten Eintheilungsgründen sind, in Anwendung des §. 523., alle bloß logische Gliederungen zur Rechnung auszuscheiden, daher für die Einnahme nur folgende Sachrubriken aufzuführen. 1) Vorrath. 2) Grundzinsen, Gülten und Renten. 3) Erbpächte. 4) Schlag- und Mühlenzins. 5) Mühlenschweingelder. 6) Staatsrenten. 7) Ständige veränderliche Einnahme. 8) Zeitpächte von großen und Hofgütern. 9) Zeitpächte von Güterparzellen. 10) Mühlen-Zeitpächte. 11) Jagd-Zeitpächte. 12) Fischerei-Zeitpächte. 13) Forstnutzungs-Zeitpächte. 14) Hütten-Zeitpächte. 15) Zehnten-Zeitpächte. 16) Miethgelder. 17) Fruchtverkauf. 18) Verkauf von Forstnutzungsgegenständen. 19) Wildpretsverkauf. 20) Fischverkauf. 21) Mastgelder. 22) Eingegangene Kapitalien. 23) Eingezahlte Zinsen. 24)

Aufgenommene Kapitalien. 25) Einlieferungen aus anderen Kassen. 26) Zuschüsse. 27) Agio. 28) Außerordentliche Einnahme. Nach Bedürfniß werden den voraufgeführten Hauptrubriken noch die nöthigen Unterrubriken, jedoch immer nur in einer Gliederung, eingeordnet.

§. 734.

c. Ausgaberubriken.

In gleicher Art sind zur Rechnungsausgabe nur nachstehende Sachrubriken aus den Eintheilungsgründen des §. 732. zu bilden. 1) Ständige Ausgaben. 2) An die Herrschaft. 3) Besoldungen und Gratifikationen. 4) Pensionen und Gnadengehalte. 5) Diäten und Reisekosten. 6) Hebgebühren. 7) Kopialien. 8) Tage- und Werklohn. 9) Fuhr- und Botenlohn. 10) Besondere Dienstgebühren. 11) Schreibmaterialien. 12) Druckmaterialien. 13) Amtsbibliothek. 14) Büreaubedürfniß an Holz und Licht. 15) Amtsgeräthschaften. 16) Miethe. 17) Gerichts- Prozeß- und Stempelkosten. 18) Insertionskosten. 19) Baukosten. 20) Landkulturkosten. 21) Forstkulturkosten. 22) Ankauf von Naturalien. 23) Geschenke und Unterstützungen. 24) Ordinäre Steuern. 25) Extraordinäre Steuern. 26) Kommunalbeiträge. 27) Kriegs-, Einquartirungs- und Fourage-Lieferungskosten. 28) Kapitaltilgung. 29) Zinsenzahlung. 30) Ausgeliehene Aktiv-Kapitalien. 31) Ablieferungen. 32) Verlust an Münze. 33) Restitutionen. 34) Erlassungen. 35) Niedergeschlagene Posten. 36) Abverdiente Posten. 37) Außerordentliche Ausgabe. Auch hier müssen nach Bedürfniß der Hauptrubriken die erforderlichen Unterrubriken, in einer Gliederung, aufgeführt werden.

§. 735.

2. Tabellenbau. a. Zur Einnahme.

Der Tabellenbau der Rentrechnung besteht zur Einnahme, unter der Tabellenrubrik: Rentrechnung des Rentamtes (Name desselben), II. Laufende Einnahme, nebst dem Rechnungsjahre zu beiden Seiten, aus folgenden Spaltenrubriken: 1) Ordnungsnummer; 2) Nummer der Belege; 3) Soll;

4) Postengeschichte; 5) Ist; 6) Rest; 7) Nummer des Resten-Rechtfertigungs-Verzeichnisses. Die Rechenspalten sind mit den Rubriken der Munzscheiden zu versehen. (Anlage 21.)

§. 736.

b. Zur Ausgabe.

Zur Ausgabe ist derselbe Tabellenbau, mit Weglassung der siebenten Hauptspalte, zu verwenden. In der Aufschrift tritt die Rubrik: Ausgabe, zwischen die Angabe des Rechnungsjahres. (Anlage 22.)

2.

Rechnung der direkten Steuern.

§. 737.

1. Rubrikenbildung. a. Einnahmerubriken.

Bei den direkten Steuerrechnungen dienen zu den thatsächlichen Rubriken der Einnahme zunächst die nach gesetzlicher Bestimmung bestehenden einzelnen Zweige der direkten Steuern. Hierunter sind sodann die einzelnen Erhebungsbezirke, und unter diesen die einzelnen Ortschaften mit den ganzen Beträgen ihrer Steuerschuldigkeit alphabetisch aufzuführen. Nach Erforderniß folgen die Rubriken: Einlieferungen, Zuschüsse, Agio, Außerordentliche Einnahme, während die Rubrik: Vorrath, vorausgeht.

§. 738.

b. Ausgaberubriken.

In Betreff der Rubrizirung der Ausgabe kommt es darauf an, ob die Steuerkassen hauptsächlich zu Ablieferungen bestimmt, oder auch mit allgemeiner Inkumbenz belastet sind. Im ersten Falle haben sie nur die zum Steuer-Tagehandbuche (§. 660.) aufgeführten Ausgabe-Sachrubriken, nach Anleitung des §. 732. detaillirt, nebst den Rubriken der fingirten Ausgaben zu verwenden. Letzteren Falles hingegen finden die im §. 734. benannten Rubriken, mit Ausnahme der Nrn. 20—27., ihre Stelle, wobei als ständige unveränderliche Ausgabe die Staats-Entschädigungsrenten, als ständige veränderliche Ausgabe aber die Steuervergütungen, beide mit ihren Unterabtheilungen in einer Gliederung, einzuschalten sind.

§. 739.

2. Tabellenbau.

Die Rechnungen der direkten Steuern erhalten zu ihrem Tabellenbau, unter der Aufschrift ihres Namens und der Benennung des Steueramtes, durchaus dieselbe Einrichtung und Form zur Einnahme und Ausgabe, wie solche zur Rentrechnung (§. 735 — 736.) angegeben sind.

3.

Sportel-Rechnung.

§. 740.

1. Rubrikenbildung. a. Einnahmerubriken.

Die in den Sportelrechnungen vorzutragenden Gerichtsgebühren sind unter denjenigen Rubriken zur Einnahme zu bringen, welche von den besonderen Zweigen der einer Stelle anvertrauten Gerichtsbarkeit angegeben werden. Ihnen vorausgehend steht die Rubrik: Vorrath, und ihnen folgend sind die Rubriken: Zuschüsse und Außerordentliche Einnahme, aufzunehmen. Unter den ersteren Rubriken werden die Einnahmen nach Monaten summarisch vorgetragen, und deßhalb in der Spalte der Geschäftsnummern die Anfangs- und Schlußnummer zu jedem Eintrage angegeben.

§. 741.

b. Ausgaberubriken.

Zur Ausgabe der Sportelrechnung sind, unter der, bei guter Justizverwaltung vorauszusetzenden, Vorherrschung der Unzureichenheit des Rechnungsstockes zu den von dieser Verwaltung veranlaßten Kosten (§. 208.), nur die sächlichen Verwaltungskosten, Restitutionen, die fingirten Ausgaben und Ablieferungen (§. 732.) als Sachrubriken aufzuführen. In gegentheiliger Voraussetzung indessen finden die im §. 734. vorgetragenen Sachrubriken, mit Ausnahme der Nrn. 2. 17. 20 — 27., in der Regel Anwendung.

§. 742.

2. Tabellenbau.

Für die Sportelrechnung soll dieselbe Tabellenform zur Einnahme und Ausgabe, wie bei der Rentrechnung angewendet werden; jedoch ist die Geschichtsspalte in die Rubriken: a) Geschäftsnummern, b) Bezeichnung der Zahlpflichtigen und der Gegenstände, abzutheilen, und die Aufschrift mit dem eigenthümlichen Namen der Rechnung nebst dem Namen und Titel der Gerichtsstelle zu versehen.

4.

Geldstrafen-Rechnung.

§. 743.

1. Rubrikenbildung. a. Einnahmerubriken.

Die Bildung der Einnahmerubriken zur Geldstrafen-Rechnung hat sich nach den einzelnen Arten der mit Geldstrafe belegten Vergehen zu richten. Nächst ihnen sind die Rubriken: Zuschüsse und Außerordentliche Einnahme; ihnen vorgängig aber die Rubrik: Vorrath, aufzuführen. Die Einnahme ist unter den ersteren Rubriken nach einzelnen Bezirken, Ortschaften und den Namen der Strafpflichtigen zu buchen.

§. 744.

b. Ausgaberubriken.

Alle Ausgabe soll in dieser Rechnung nur unter den einzelnen Rubriken der sächlichen Verwaltungskosten, der Unterhaltungskosten, welche als persönliche und als sächliche in besondere Rubriken zu bilden sind, ferner der Straferecutionskosten, der Ablieferungen, der Restitutionen, der fingirten, und der außerordentlichen Ausgabe vorgetragen werden.

§. 745.

2. Tabellenbau.

Die tabellarische Einrichtung ist hier ebenfalls zur Einnahme und zur Ausgabe dieselbe, wie bei der Rentrechnung, unter der, die Geldstrafen-Rechnung und das Rechenamt bezeichnenden, besonderen Aufschrift.

5.

Industrie-Geldrechnung.

§. 746.

1. Rubrikenbildung. a. Einnahmerubriken.

Zur Industrie-Geldrechnung werden die Rubriken der Einnahme gleichfalls von den einzelnen Arten der, im Industrie-Waaren-Tagehandbuch verrechneten, Waaren angegeben, solche in Einnahme aus Barzahlungen und Einnahme aus dem Kreditverkaufe abgetheilt, und hierunter die Beträge nach Monaten gebucht. Nach Bedürfniß sind die Rubriken: Vorrath, Zuschüsse und Außerordentliche Einnahme, beizuordnen. Der Sachaufwand der Industrieanstalten muß, auf den Grund einer Bescheinigung der einschlägigen Dispositionsbehörde, in einer Summe von der Gesammt-Ist-Einnahme in Abzug gebracht, und der Rest als diejenige Summe betrachtet werden, gegen welche die Rechnungsausgabe in Verhältniß steht.

§. 747.

b. Ausgaberubriken.

Die Ausgabe dieser Rechnung wird unter den näher detaillirten Rubriken zur Ausgabe des Steuer-Tagehandbuches (§. 660.) vorgetragen.

§. 748.

2. Tabellenbau.

Auch zur Industrie-Geldrechnung ist der Tabellenbau der Rentrechnung beizubehalten, und nur die Aufschrift zur erforderlichen Bezeichnung jener Rechnung einzurichten.

III.

Arbeits-Rechnung.

§. 749.

1. Rubrikenbildung. a. Eintheilungsgründe.

Die Verrechnung der Arbeitstage hat die ganz besondere Eigenthümlichkeit, daß bei ihr das Istaufkommen derselben von ihrer Verwendung überhaupt dergestalt bedingt wird, daß jenes erst durch diese entsteht, also die Ausgabe immer zugleich als wirkliche Einnahme erscheint. Daher gilt denn auch unter dem Aufkommen das dem Soll gegenüberstehende Ist für die Verwendung im Allgemeinen, und die gezogenen Reste sind ebenfalls gleichbedeutend mit den in der Leistung der Tagarbeiten gebliebenen Rückstände. Durch die, vermittelst der bezeichneten Verrechnung dargestellte, Nachweisung des Solls mit der wirklichen Leistung überhaupt ist jedoch die Rechnungsfrage über die besondere Art der Verwendung und über deren eigenthümliches Soll, Ist und Rest nicht erlediget, obgleich solche nicht weniger dem Rechner zur Rechtfertigung gestellt seyn muß. Zur Entwickelung der letzteren Aufgabe sollen daher in der Arbeits-Rechnung unter der Verwendung die dieser eigenthümlich zukommenden Abtheilungen der Arbeitsleistungen, mit dem ihnen besonders zugehörigen Soll, Ist und Rest, einzeln rubrizirt, laterirt, in Schlußsummen gestellt, und unter jeder Verwendungsrubrik die dahin verwendeten einzelnen Arbeiter alphabetisch aufgeführt werden. In dieser Absicht ist schon bei dem Handbuche jede geleistete Tagarbeit nach Anleitung des Tagebuches zugleich im Ist des Aufkommens und im Ist der Verwendung zu buchen, um dadurch den Nachweis zu liefern, was der einzelne Arbeiter überhaupt, und wo, wann und auf welche Weise er es geleistet hat. Zur Rechnung geschehen diese beiden Vorträge, wie gewöhnlich, in Summen; die Reste der Leistungen selbst werden von dem Aufkommen weg zum Restenverzeichnisse; die Reste der einzelnen Verwendungsrubriken aber zur nachfolgenden Rechnung ins Verwendungs-Soll übertragen, oder, im Falle die betreffenden Arbeitsgegenstände weiter nicht ausgeführt werden sollen, auf den Grund besonderer Dekreturen, unter der fraglichen Rubrik selbst, als fingirte Verwendung den wirklich geleisteten Arbeitstagen zugezählt, und auf solche Weise abgesetzt.

§. 750.

b. Einnahmerubriken.

Alle zum Aufkommen zu stellenden Arbeitstage sind

zunächst unter den Sachrubriken: 1) Strafarbeiten, 2) Vertragsmäßige Arbeiten, 3) Abverdienungen, vorzutragen. Hieran schließen sich die Rubriken: 4) Ueberwiesene Arbeitstage aus anderen Aemtern, 5) Außerordentliches Aufkommen.

§. 751.

c. Ausgaberubriken.

Die ersten Rubriken der Verwendung werden von den einzelnen Arten der wirklichen Arbeitsgegenstände gebildet. Nächst diesen folgen die Rubriken: Uebertragene Arbeitstage an andere Aemter; Erlassungen, Außerordentliche Verwendung.

§. 752.

2. Tabellenbau.

Die Arbeitsrechnung ist im Tabellenbau zum Aufkommen und zur Verwendung nach dem Arbeitshandbuche herzustellen, so zwar, daß, unter der Aufschrift des Namens der Rechnung und des Rechenamtes, an die Stelle der Spalte für die Verfallzeit die Rubrick: Ordnungsnummer, gesetzt; die Spalte für die Pagina des Tagebuches aber ausgeschieden, und hinter der Restspalte des Aufkommens die Rubrik: Nummer des Resten-Rechtfertigungs-Verzeichnisses, als letzte Spalte aufgenommen wird.

IV.

Frucht-Rechnung.

§. 753.

1. Eigenthümliche Beschaffenheit.

In Folge des im §. 453. aufgestellten Grundsatzes ist die Frucht-Rechnung immer nur Natural-Rechnung, ohne die Verwerthung der Früchte in Geld aufzuführen. Der Gelderlös aus den letzteren wird vielmehr, vermittelst besonderer Verzeichnisse (§. 215 — 218.), den Rentämtern zur Einnahme übertragen.

§. 754.

2. Rubrikenbildung. a. Einnahmerubriken.

Nach Anleitung der §§. 521 — 523. sind zur Einnahme

der Fruchtrechnung die einzelnen Fruchtgattungen selbst die ersten Sachrubriken und werden schon im Tabellenkopfe aufgeführt. Unter jeder Fruchtgattung sind sodann, nach Erforderniß, in der Geschichtsspalte nachstehende Sachrubriken aufzuführen. 1) Vorrath. 2) Ständige Grundzinsen und Renten. 3) Erbpächte von Gütern. 5) Mühlenerbpächte. 5) Sackzehnten. 6) Selbstverwaltete Zehnten. 7) Verpachtete Zehnten. 8) Ständige veränderliche Grundzinsen. 9) Große Zeitpächte. 10) Kleine Zeitpächte. 11) Mühlen-Zeitpächte. 12) Zehnten-Zeitpächte. 13) Ernte. 14) Ankauf. 15) Einlieferungen aus anderen Aemtern. 16) Zuschüsse. 17) Außerordentliche Einnahme.

§. 755.

b. Ausgaberubriken.

Auch bei der Ausgabe bilden die Fruchtgattungen die ersten Sachrubriken in der vorher bezeichneten Darstellung. Als weitere in der Geschichtsspalte zu entwickelnde Sachrubriken sind nach Erforderniß nachbenannte zu verwenden. 1) Ständige Ausgabe. 2) Zur Hofhaltung. 3) Apanagen. 4) Zum Marstall. 5) Zu herrschaftlichen Gärten. 6) Besoldungen. 7) Pensionen und Gnadengehalte. 8) Lohn. 9) Geschenke und Unterstützungen. 10) Zum Bauwesen. 11) Verkauf. 12) Ablieferungen. 13) Restitutionen. 14) Erlassungen. 15) Niedergeschlagene Posten. 16) Abverdiente Posten. 17) Außerordentliche Ausgabe. Den Hauptrubriken werden, nach besonderem Bedürfniß, die erforderlichen Unterrubriken eingeordnet, was auch für die Einnahme gilt.

§. 756.

3. Tabellenbau. a. Zur Einnahme und Ausgabe.

In der Fruchtrechnung ist für die Einnahme und für die Ausgabe die Tabellenform des Fruchthandbuches, unter den im §. 752. angegebenen Modifikationen, zur Anwendung zu bringen.

§. 757.

b. Zum Abschlusse.

Zum Abschlusse hingegen soll der, im §. 633. für den

Abschluß des Fruchthandbuches verordnete, Tabellenbau unverändert beibehalten werden.

§. 758.

4. Bildung des Abschlusses.

Der Rechnungsabschluß selbst ist ebenfalls ganz nach Vorschrift des vorangeführten §. 633. herzustellen.

V.

Forst-Rechnung.

§. 759.

1. Eigenthümliche Beschaffenheit.

Die Forst-Rechnung ist grundsätzlich (§. 453.) auch immer nur reine Natural-Rechnung, ausgeschlossen von dem Vortrage des Geldwerthes der Nutzungsgegenstände. Die Geldeinnahmen aus veräußerten Forstnutzungen sind regelmäßig den Rentämtern, auf den Grund besonderer Verzeichnisse (§. 215 — 218.), welche hier analog dem Rechnungsvortrage eingerichtet werden müssen, zu überweisen. Obgleich die Forst-Rechnungshülfsbücher (§. 582 und 611.) ausnahmsweise, um schon zur forstwirthschaftlichen Fällungszeit für das nachfolgende Jahr, zur Buchung bereit zu stehen, mit dem 1ten November vor dem Rechnungsjahre eröffnet werden; so hat die Rechnung, in welcher ohnehin die Zeitverhältnisse der Hülfsbücher nicht weiter zum Vorschein kommen dürfen (§. 683.), dennoch nur die zum Rechnungsjahre derselben fälligen Einnahmen und Ausgaben zu ihrem Gegenstande.

§. 760.

2. Behandlung der Einnahmereste. a. Wegen Unzureichenheit der Bestände.

Sollten sich durch eine außerordentliche Abweichung des Resultates der Hauung von dem Forstnutzungs-Etat, im Verhältnisse des Solls zum Ist (§. 636.), Einnahmereste in der Verwaltung hervorstellen; so ist, auf darüber erfolgte Anzeige, von der Verwaltungsbehörde das Soll um den Betrag jenes Ausfalles herabzusetzen, und der Buchhalterei, so wie dem Forstrechner selbst hiervon im gewöhnlichen Geschäftsgange Kenntniß zu geben.

§. 761.

b. Wegen Säumigkeit von Abgabepflichtigen, oder Unergiebigkeit ihrer Waldungen.

Sind die Einnahmereste hingegen durch die Renitenz der zur Abgabe von Forstnutzungen verpflichteten fremden Waldbesitzer, oder durch die Unergiebigkeit der hier betroffenen Wälder erwachsen; so müssen dieselben unmittelbar hinter der Einnahme verzeichnet, in der folgenden Rechnung gleichlautend aufgeführt, die unterdessen erfolgten Leistungen ins Ist gestellt, die etwa neu sich ergebenden Reste unter dem Namen der betroffenen Waldung hinzugefügt, und jeder Posten ordnungsmäßig belegt, die Belege selbst aber in der Reihenfolge zu den Einnahmeurkunden gebracht werden.

§. 762.

3. Rubrikenbildung. a. Eintheilungsgründe.

Den allgemeinen thatsächlichen Eintheilungsgründen des Rechnungsvortrags (§. 521 u. 522.) vorausgehend, sind bei den Forstnutzungen in der Einnahme und in der Ausgabe noch nachstehende, aus ihrer eigenthümlichen Natur hervorgehende, Eintheilungsgründe dargeboten. 1) Das Eigenthumsverhältniß der Waldungen, wonach die Nutzungen entweder aus dem unmittelbaren reinen Eigenthume, oder auf den Titel des Obereigenthums, Miteigenthums, oder anderer Real-Gerechtsame an fremden Waldungen bezogen werden. 2) Die Haupt-Forstnutzungsgegenstände, nach der im §. 185. enthaltenen Aufzählung. 3) Die Oertlichkeit der Gewinnung, worunter die Reviere und die Distrikte zu unterscheiden sind. 4) Die Holzarten, und zwar: a) die Klassen, (nach der inneren Lebensbildung durch Säfte und Blätter): Laubholz und Nadelholz; b) die Ordnungen, (nach Schaftwuchs und Dauer): Bäume, Sträuche und Stauden; c) die Gattungen, (nach Blüthe und Frucht): Eichen, Buchen ꝛc.; d) die Arten, (nach Form, Farbe, Größe, Gehalt und Nebenbildung einzelner Gattungen unter sich): Traubeneiche, Stieleiche ꝛc. 5) Die Gewinnungsarten, als: Hauholz, Windfallholz, Lagerholz und Leseholz. 6) Die Forstsortimente, namentlich: Stammholz, Klotzholz, Spalten- oder Scheitholz, Prügelholz, Stockholz, Stangenholz, Reiser und Spanholz. 7) Die Verbrauchssortimente, wohin gehören: a) Bauholz, α) Landbauholz, β) Wasserbauholz, γ) Bergbauholz, δ) Schiffsbauholz; b) Werkholz; c) Nutzholz; d) Brandholz, α) Feuerholz, β) Kohlholz, γ) Schwelholz. In Absicht der Verrechnung ist unter Bauholz alles dasjenige Holz zu verstehen, welches auf offenen Werkplätzen zu Bauten verarbeitet, oder sonst hierzu unverfeinert verwendet wird; unter Werkholz dasjenige Holz, womit die in geschlossenen Werkstätten arbeitenden, verfeinernden Hand- oder Kunstgewerbe zu versehen sind; unter Nutzholz hingegen alles Holz, welches bloß in seiner forstmäßigen Zurichtung zum Gebrauche unmittelbar bestimmt und nach der Stückzählung abzugeben ist; und endlich unter Schwelholz sämmtliches Holz, aus dessen Aufbrennung (Schwelung) Artefacte gewonnen werden. Feuer- und Kohlholz sind nach ihren gewöhnlichen Begriffen verstanden.

§. 763.

b. Einnahmerubriken.

Alle vorhergehend bezeichneten Eintheilungsgründe sind von Einfluß auf die Verwerthung der Forstnutzungen, und deßhalb auch für die Naturalverrechnung derselben von Bedeutung. Sie sollen daher auch dem Forstrechnungsvortrage zum Grunde gelegt werden. Zur Erleichterung der Klarheit und Bildlichkeit sind bei der Einnahme die Rubriken, welche aus den obigen Eintheilungsgründen Nr. 1 und 2. hervorgehen, schon im Tabellenkopfe; die durch die übrigen Eintheilungsgründe von Nr. 3 — 7. bedingten Rubriken aber in drei besonderen Spalten, nach Vorschrift des §. 637., unter der Geschichtsspalte darzustellen. Die Ordnung der Rubriken wird zunächst von den Verbrauchssortimenten dirigirt, welche in der im vorigen Paragraphen bezeichneten Reihenfolge hinter einander entwickelt werden. Jedes dieser Sortimente ist in die Sachrubriken: 1) Vorrath und 2) Laufende Einnahme, einzutheilen, worunter dann die aufgekommenen einzelnen und speziellen Verbrauchs- und Forstsortimente gebucht werden müssen. Zunächst den Verbrauchssortimenten dirigiren, in der links vorhergehenden Spalte, die Gewinnungsarten, so wie sie im §. 762. benannt sind, den materiellen Vortrag. Ihnen untergeordnet, werden mit der gewöhnlichen Benennung: Holzarten, nur die Holzgattungen, welche zu dem betreffenden Verbrauchssortimente gehören, in einer besonders zu bestimmenden Reihenfolge aufgeführt, worin zwar die logische Absonderung nach Klassen und Ordnungen zu wahren, beide jedoch nicht ausdrücklich bemerkbar zu machen sind. Zuletzt bestimmen, in der ersten Unterspalte der Postengeschichte, die Reviere die Ordnung der vorzutragenden Gegenstände. Jedes Verbrauchssortiment ist also nebst seinen Holz- und Gewinnungsarten revierweise durchzuführen; die Durchführung selbst aber geschieht vermittelst der in alphabetischer Folge unter die Reviere zu stellenden Distrikte, so zwar wie ihre Anrufung durch die in ihnen vorgekommene Einnahme an den einzelnen Holzarten selbst erfordert wird. Auf einer Seite darf nur ein Hauptverbrauchssortiment erscheinen; dagegen können mehrere Reviere auf derselben Seite zum Vortrage gelangen.

§. 764.

c. Ausgaberubriken.

Zur Ausgabe ist dieselbe Ordnung der Sachrubriken anzuwenden. Unter die Postengeschichte tritt indeß noch die vierte Spalte, worunter die Empfänger und die Empfangstitel eingetragen werden. Die Empfangstitel sind in folgende Sachrubriken einzutheilen: 1) Ständige Lasten; 2) Zum herrschaftlichen Bedarf; 3) Besoldungen; 4) Unentgeltliche Abgaben; 5) Verkauf; 6) Außerordentliche Ausgabe. Unter diesen Rubriken folgen die einzelnen Empfangsberechtigten; die Rubriken selbst aber werden von den, in den vorhergehenden Geschichtsunterspalten entwickelten, Sachrubriken geleitet.

§. 765.

4. Arithmetischer Vortrag.

Die Aufsummirung der in gewöhnlicher Weise auszuwerfenden Beträge geschieht unter jedem Hauptverbrauchs-sortimente und jeder Gewinnungsart für jede Holzart besonders, und wird von mehreren Seiten zusammen getragen. Diese Summen bilden die einzelnen Stellen der Wiederholung, worunter, wie bei dem Handbuche (§. 640.), nur die Reviere, die Holz- und Gewinnungsarten und die Hauptverbrauchssortimente aufzuführen sind. Jedes der eben bezeichneten Sortimente wird für sich wiederholt.

§. 766.

5. Tabellenbau. a. Zur Einnahme und Ausgabe.

Die zu der Forstrechnung zu verwendende Tabellenform ist für die Einnahme und für die Ausgabe von der Einrichtung im Forsthandbuche nur durch diejenigen Abänderungen verschieden, welche auch hier, nach Anleitung der im §. 752. angeordneten Modifikationen, an der Handbuchsform vorgenommen werden müssen. Außerdem ist zur Einnahme die Spalte für die Nummer des Restenverzeichnisses wegzulassen. (Anlagen 23 u. 24.)

§. 767.

b. Zum Abschlusse.

Zum Abschlusse wird der zur Quartal-Forst-Nachweisung (§. 1022.) vorgeschriebene Tabellenbau so, wie zum Handbuche, ohne alle Veränderung verwendet.

§. 768.

6. Bildung des Abschlusses.

Da nach diesem Tabellenbilde die Hauptnutzungsgegenstände sowohl, als die Hauptverbrauchssortimente des Holzes in neben einander stehenden Spalten als Rubriken aufgeführt werden; so sind diesen vorausgehend nur die Reviere, die Gewinnungsarten und die Holzarten aufzuführen. Letztere dirigiren hier zunächst den Vortrag, und nach ihnen die Gewinnungsarten vor den Revieren. Der Eintrag erfolgt mit den in den Wiederholungen enthaltenen einzelnen Summen. Bei jeder Holzart werden die Rechnungsverhältnisse sowohl der Einnahme und der Ausgabe im Soll, Ist und Ueberschuß oder Rest unter sich, als beider selbst zu einander abgeschlossen, und, wenn in solcher Art alle Verbrauchssortimente durchgegangen sind, nachfolgend ein ähnlicher Abschluß mit den Totalsummen der Hauptverbrauchssortimente, zur Ermittelung des Verhältnisses der Einnahme zur Ausgabe, dargestellt.

§. 769.

7. Beurkundung.

Die Ausführung des Urkundenbeweises ist bei der Forstrechnung nach den schon zum Handbuche (§. 642.) gegebenen Vorschriften zu bewerkstelligen.

VI.

Rechnungen der vereinigten Methode.

§. 770.

1. Eigenthümliche Natur.

Rechnungen der vereinigten Methode werden diejenigen Rechnungen genannt, welchen die vereinigte Buchführung oder das Tagehandbuch zum Grunde liegt. Sie sind durchgängig zur Einnahme und Ausgabe nach der Tabellenform des Tagehandbuches ihres Zweiges in der Art einzurichten, daß sie in der Aufschrift den eigenthümlichen Namen der Rechnung und des Rechenamtes enthalten, und an die Stelle der Zeitspalte die Spalte für die Ordnungsnummer aufnehmen müssen, welcher die Spalte der Belegnummern bei den hierzu geeigneten Gegenständen folgt. Außer den Geldrechnungen sind alle übrige Rechnungen der vereinigten Methode reine Natural-Rechnungen, welche deßhalb den Geldwerth der verrechneten Objekte nicht nachzuweisen haben.

§. 771.

2. Geldrechnungen. a. Einnahme.

In den Geldrechnungen der vereinigten Methode ist die Einnahme in monatlichen Beträgen aufzuführen, und von dem Gesammtbetrage derselben der Sachaufwand, da, wo er vorkommt, in einer Summe abzuziehen.

§. 772.

b. Ausgabe.

Die Ausgabe hingegen soll übereinstimmend mit dem

Vortrage in dem Tagehandbuche, jedoch unter der Modifikation dargestellt werden, daß die zu einem Ganzen gehörenden, in bestimmten Raten zu leistenden Zahlungen (§. 660.) mit ihren vollständigen Beträgen je in einem Posten zusammengefaßt werden müssen.

§. 773.

3. Jagd-Rechnungen.

Bei den Jagd-Rechnungen werden zur Einnahme die Gesellschaftsjagden und die Alleinjagden hinter einander, ohne in Spalten abgetheilt zu seyn, beide nach Revieren, und dann erstere nach den einzelnen Jagden, letztere aber im Jahres-Gesammtbetrage aufgeführt, zu welchem Ende diese vorerst aus dem Tagehandbuche auszuziehen sind. Die Ausgabe ist unter den Rubriken: 1) Unentgeltliche Abgabe und 2) Verkauf, vorzutragen, und hierunter mit Angabe der einzelnen Empfänger zu spezifiziren.

§. 774.

4. Fischerei-Rechnungen.

In den Fischerei-Rechnungen sollen zur Einnahme die Teichfischerei und die wilde Fischerei ebenfalls nicht in Spalten, sondern hinter einander folgend getrennt; dann unter jener die einzelnen Teiche; unter dieser bei großen Fischereien die einzelnen Fischfänge, sonst aber nur der jährliche Gesammtbetrag dargestellt werden. Die Ausgabe erhält die zur Jagdrechnung vorgeschriebene materielle Einrichtung.

§. 775.

5. Mineralien-Rechnung.

Die Einnahme in der Mineralien-Rechnung wird nach monatlichen Beträgen gebucht. Die Ausgabe ist in die Rubriken: 1) Unentgeltliche Abgabe, 2) Barverkauf, 3) Verkauf auf Rechnung, einzutheilen, unter welchen die einzelnen Empfänger angegeben werden müssen.

§. 776.

6. Materialien-Rechnung.

Die Materialien-Rechnung hat die Einnahme

nach den einzelnen Erträgen aufzunehmen; die Ausgabe aber nach den besonderen Bestimmungsgegenständen und den Empfängern zu entwickeln.

§. 777.

7. Industrie-Waaren-Rechnung.

Der materielle Vortrag in den Industrie-Waaren-Rechnungen ist durchaus nach deßhalbiger Vorschrift zur Mineralien-Rechnung (§. 775.) herzustellen.

Zweiter Abschnitt.

Buchführung der Reste.

Erster Unterabschnitt.

Allgemeine Grundsätze.

§. 778.

1. Begriff der Reste.

Reste werden die rückständigen Gefälle aus abgelaufenen Rechnungsjahren genannt, deren Hülfsbücher geschlossen sind. Die nothwendige Trennung der Reste von den laufenden Gefällen in der Verrechnung ist bereits im §. 532. ausgesprochen.

§. 779.

2. Zulässigkeit der Reste.

Zulässig sind dieselben überhaupt nur bei solchen Einkünften, wobei Rückstände gesetzlich aufkommen können. Sie fallen also weg bei allen indirekten Abgaben, bei allen sonstigen Gefällen, deren Soll erst mit dem Ist gegeben wird, und bei Forstnutzungen.

§. 780.

3. Behandlung der Reste.

Von dem Augenblicke der Schließung der Hülfsbücher an sind die Rückstände aus dem einschlägigen Rechnungsjahrgange als Reste zu betrachten und zu buchen. Eine Zuwiderhandlung muß deßhalb als eine absichtliche Entstellung einer Rechnungsthatsache erscheinen, und wird als Betrug geahndet.

§. 781.

4. Neureste und Hinterreste.

Die Reste stammen entweder aus dem nächstverflossenen Rechnungsjahre, oder aus vorderen Jahren. Jene werden Neureste, diese Hinterreste genannt.

§. 782.

5. Erhebungsjahr der Reste.

Das Erhebungsjahr der Reste lauft von Schluß zu Schluß der Hülfsbücher der besonderen einschlägigen Erhebungszweige.

§. 783.

6. Verrechnung der Reste.

a. Grundsatz.

Die Reste sind zwar als ein eigenthümlicher Bestandtheil der Erhebung im Allgemeinen zu betrachten; sie stehen aber dennoch mit der Verrechnung der laufenden Gefälle als eine Rubrik in Verbindung, welche die erste Stelle einnimmt, mit ihrem Betrage zu der Total-Summe der laufenden Gefälle hinzugezählt wird und hiermit die Total-Summe aller Einnahmen bildet.

§. 784.

b. Rechnungsbücher und Restenverzeichnisse.

α. Ueberhaupt.

Zur Verrechnung der Reste sind gleiche Rechnungsbücher, wie zu den sicheren Gefällen, zu verwenden, und solche auf den Grund von Restenverzeichnissen herzustellen. Die Hülfsbücher, welche auch hier der Rechnung vorausgehen, bestehen mithin aus dem Tagebuche und dem Handbuche.

§. 785.

β. Innere Ordnung der Reste.

In Betreff der inneren Ordnung der Reste soll zwar der zweifache Zweck: die Ergiebigkeit der Intraden sowohl, als die Restanten selbst kennen zu lernen, erreicht; dadurch aber keineswegs die Leichtigkeit der Restenverrechnung gehindert werden. Beides geschieht, wenn nur in einem Restenverzeichnisse die Neureste nach den Rubriken, unter welchen sie aufkommen, die Hinterreste aber bloß nach den

Namen der Restanten, welche sie schulden, vorgetragen; in den Rechnungsbüchern hingegen alle Reste in der letzteren Art verrechnet erscheinen. Durch den Rubrikat-Vortrag der nächstvorjährigen Reste im Restenverzeichnisse ist nämlich, im Vergleiche mit den vorderjährigen einschlägigen Restennachweisungen, die Ergiebigkeit der betreffenden Intrade und ihr Verhältniß zur Vermögenskraft der betroffenen Staatsbürger zureichend zu beurtheilen; nach dieser gewonnenen Einsicht kann es aber bei allen Resten nur von Interesse seyn, die Namen der Restanten selbst zu erfahren, um die Zahlfähigen von den Unzahlfähigen unterscheiden zu können. Da nun auf der letzteren Ermittelung zugleich die größte Vereinfachung der Restenverrechnung beruht, so ist diese danach herzustellen.

§. 786.

γ. Verhältniß zu den Rechnungsbüchern laufender Gefälle.

Die zu den Resten zu verwendenden Rechnungsbücher bilden, mit Ausnahme des Tagebuches, selbstständige, jedoch integrirende Bestandtheile der, zur Verrechnung sicherer Erhebungszweige überhaupt angeordneten, Rechnungsbücher, und gehen der Buchführung der laufenden Gefälle voraus, mit welchen sie indeß durch fortlaufende Seitenzahlen in Verbindung zu setzen sind.

§. 787.

δ. Wechselseitiger Zusammenhang der Restenbücher und Verzeichnisse.

Zur klarsten Uebersicht der Restenverwaltung sollen alle dazu zu verwendende Rechnungsbücher und Verzeichnisse vermittelst Bezugnahme der Ordnungsnummern dergestalt in Zusammenhang gesetzt werden, daß sich von jedem Buche und jedem Verzeichnisse aus jeder Restposten in allen anderen einschlägigen Büchern und Verzeichnissen mittelbar oder unmittelbar, nach der Nummer, ersehen läßt.

Zweiter Unterabschnitt.

Resten-Hülfsbücher.

Erste Eintheilung.

Tagebuch.

§. 788.

1. Gemeinschaftlichkeit des laufenden Tagebuches.

Zu der chronologischen Verrechnung der Reste dient das Tagebuch der laufenden Gefälle, ohne weitere Abänderung, und unter denselben Vorschriften, welche für dieses gelten; jedoch mit der Maßgabe, daß jedem Resteneintrage die Bezeichnung als Rest besonders beizufügen ist. Einer besonderen Abtheilung der Rechenspalten für die Reste bedarf es indessen nicht, da die Reste nur so, wie eine andere Hauptrubrik, zu betrachten sind.

§. 789.

2. Anrufung des Resten-Handbuches.

Das Resten-Handbuch ist daher bloß mit Anführung der Pagina, worauf sich der betreffende Eintrag gebucht befindet, anzugeben.

Zweite Eintheilung.

Resten-Handbuch.

I.

Allgemeine Grundsätze.

§. 790.

1. Wesentliche Natur des Restenhandbuches. a. Begriff.

Das Resten-Handbuch ist das systematische Hülfsbuch, worin die Reste während des Laufes ihres Erhebungsjahres zur Verrechnung gebracht werden.

§. 791.

b. Zweck.

Die dem Handbuche überhaupt (§. 584.) beigelegte Bestimmung ist auch in ihrer Anwendung auf die Verwaltung der Reste der Zweck des Handbuches der Letzteren. Besonders aber soll dadurch die durchgreifendste Trennung der Reste von den laufenden Gefällen während der Verwaltung erreicht werden.

§. 792.

c. Umfang.

Das Resten-Handbuch erstreckt sich nur auf denjenigen Erhebungszweig, welcher zur Verrechnung in dem einschlägigen Tagebuche der laufenden Gefälle geeignet ist, und bleibt daneben bloß auf die Einnahme beschränkt.

§. 793.

d. Inhalt.

Die Einnahme des Resten-Handbuches ist, gleich der laufenden Einnahme, im Soll, Ist und Reste zu verzeichnen. Sein Vortrag besteht daher ebenfalls theils in Posten, theils in bloßen Einträgen.

§. 794.

2. Uebersichtlichkeit.

Die Uebersichtlichkeit des Resten-Handbuches ist, in Beziehung des Gebrauches der Linien und der Trennung der Rubriken und Posten, nach den hierüber zum Handbuche (§. 588 — 589.) gegebenen Vorschriften, unter Berücksichtigung des §. 832., herzustellen.

§. 795.

3. Verhältniss zu den Hülfsbüchern. a. Zum Tagebuche.

Das Restenhandbuch steht zu dem Tagebuche in demselben Verhältniß, worin sich das Handbuch der laufenden Gefälle zu demselben befindet. Daher ist denn auch zu jedem Eintrage im Resten-Handbuche die Pagina des Tagebuches, worauf sich derselbe befindet, anzurufen.

§. 796.

b. Zum laufenden Handbuche.

Mit dem Handbuche der laufenden Gefälle bildet das Resten-Handbuch einen integrirenden Bestandtheil des systematischen Hülfsbuches zur Verrechnung des betreffenden Erhebungszweiges überhaupt; es geht indeß (nach §. 786.) dem ersteren voran und ist durch fortlaufende Seitenzahlen mit demselben verbunden.

§. 797.

4. Veranlagung. a. Materielle Veranlagung.

Die materielle Veranlagung des Resten-Handbuches ist zunächst von dem Inhalte und der Rubrizirung des einschlägigen Resten-Reversal-Verzeichnisses abhängig, und richtet sich im Uebrigen nach den in den §§. 591 -- 594 enthaltenen Vorschriften.

§. 798.

b. Formelle Veranlagung.

In Hinsicht der formellen Veranlagung wird das Resten-Handbuch zugleich mit dem Handbuche der laufenden Gefälle (nach Anleitung des §. 595.) vorgerichtet und paginirt. Die für dasselbe erforderliche Seitenanzahl ist indessen bis zu dem Zeitpunkte offen zu lassen, wo die Hülfsmittel zur materiellen Veranlagung gegeben sind.

§. 799.

c. Zeit der Veranlagung.

Dieser Zeitpunkt tritt sofort nach der Aufstellung der einschlägigen Restenverzeichnisse ein, wonächst binnen 10 Tagen die materielle Veranlagung vollendet seyn muß.

§. 800.

5. Eintragung. a. Eintragungsart. α. Historischer Vortrag.

Die Einträge im Resten-Handbuche bestehen nur aus den auf die Reste eingegangenen Zahlungen. Hierauf ist also auch der geschichtliche Vortrag derselben zu beschränken, und nur unter den Bedingungen des §. 597. weiter auszudehnen.

§. 801.

β. Arithmetischer Vortrag.

Eben so ist der arithmetische Vortrag im Resten-Handbuche, bezüglich der Buchung im Soll, Ist und Rest, der Zusammenträge, der Wiederholungen und der Quartalabschlüsse den Vorschriften der §§. 598 — 603., unter Mitanwendung der §§. 783. u. 855., unterworfen.

§. 802.

b. Eintragungszeit.

Die Buchung im Resten-Handbuche muß auch hier regelmäßig sofort nach Eintritt einer Restenzahlung geschehen, und eine Verschiebung derselben findet nur unter der, im §. 604. gegebenen, Bestimmung eine Entschuldigung.

§. 803.

6. Integrität der Schrift.

Die Schrift im Resten-Handbuche ist nach Maßgabe des §. 554. in Unverletztheit zu erhalten. Veränderungen, die an der bereits geschehenen Veranlagung, auf den Grund der Revisionsverhandlungen gemacht werden müssen, sind mit den deßhalbigen Dekreturen der Rechnungskammer zu belegen.

§. 804.

7. Ordnungsnummer.

Alle einzelne Reste erhalten im Handbuche eine laufende Ordnungsnummer, welche mit der Ordnungsnummer des Resten-Reversal-Verzeichnisses (§. 856.) übereinstimmend und dadurch geeignet ist, jeden Posten mit allen Stellen, wo er sich sonst vorfindet, in Zusammenhang zu bringen.

§. 805.

8. Beurkundung.

Die Solleinnahme der Reste wird zunächst mit den aufgestellten Restenverzeichnissen und außerdem mit den noch besonders darüber ergehenden Dekreturen beurkundet, und diese Belege so wie bei dem laufenden Handbuche behandelt.

§. 806.

9. Dauer.

Die Dauer des Resten-Handbuches beschreibt gerade den Zeitraum des Resten-Erhebungsjahres. Es wird also eröffnet nach dem Schlusse der einschlägigen Hülfsbücher des vorhergehenden Rechnungsjahres, und geschlossen zugleich mit den Hülfsbüchern für das laufende Rechnungsjahr.

II.

Geld-Resten-Handbücher.

§. 807.

1. Einrichtung.

Alle **Geldeinkünfte**, wobei Reste gesetzlich aufkommen dürfen, werden auf eine und dieselbe Weise im Handbuche verrechnet; jedoch ist jedem Erhebungszweig ein eigenthümlich besonderes Handbuch zu widmen. Zum Tabellenbau müssen folgende Spaltenrubriken verwendet werden: 1) Laufende Ordnungsnummer; 2) Ordnungsnummer der Rechnung von (Jahrzahl der nächstvorhergehenden Rechnung); 3) Nummer der Belege; 4) Rest-Soll; 5) Restengeschichte, a) Restenjahrgang, b) Benennung der Restanten und der Rückstände; 6) Ist; 7) Pagina des Tagebuches; 8) Rest. Unter die Rechenspalten sind die Rubriken der Münzscheiden zu ordnen. Die oberste Ueberschrift im Tabellenkopfe zur Benennung des Handbuches ist gleichförmig mit der entsprechenden Rubrik zum laufenden Handbuche. Unmittelbar darunter folgt die Aufschrift: I. Resten-Einnahme, nebst Angabe des Rechnungsjahres zu beiden Seiten davon. (Anlage 25.) — Die Sportelreste erhalten sowohl hier, als in allen übrigen Tabellenformen der Restenverrechnung, unter der Geschichtsspalte noch die Unterrubrik: c) Geschäftsnummern.

§. 808.

2. Dauer.

Die Geld-Resten-Handbücher dauern und zwar 1) das Rent-Resten-Handbuch vom 1ten April des laufenden bis zum 31ten März des nächstfolgenden Rechnungsjahres; 2) das Steuer-, das Sportel- und das Geldstrafen-Resten-Handbuch vom 1ten Februar des laufenden bis zum letzten Januar des nachfolgenden Rechnungsjahres, und 3) das Industrie-Geldresten-Handbuch von dem 1ten Januar bis zum letzten Dezember des laufenden Rechnungsjahres.

III.

Arbeits-Resten-Handbuch.

§. 809.

1. Einrichtung.

Das Handbuch der Arbeitsreste ist unter den für die Geldresten-Handbücher vorgeschriebenen Spaltenrubriken mit der Abänderung zu führen, daß der zweiten Geschichtsspalte die Rubrik: Bezeichnung der Restanten und der

Arbeitsschuldigkeit, gegeben und jede Rechenspalte nur zur Aufnahme der Anzahl Tage bestimmt wird. Die Benennung des Handbuches im Tabellenkopfe ist gleichlautend mit der des laufenden Handbuches, und unter derselben die Aufschrift: Rückständige Arbeitstage, mit Angabe des Rechnungsjahres zu beiden Seiten, aufzunehmen.

§. 810.

2. Dauer.

Die Buchführung der Arbeitsreste im Handbuche wird mit dem ersten Tage des laufenden Rechnungsjahres eröffnet und am letzten Tage desselben geschlossen.

IV.

Frucht-Resten-Handbuch.

§. 811.

1. Einrichtung.

Dem Handbuche der Fruchtreste liegt dieselbe Tabellenform zum Grunde, welche für das Handbuch der Geldreste (§. 807.) angeordnet worden. Die Rechenspalten sind jedoch (nach §. 630.) offen zu lassen, und unter der besonderen Benennung des Handbuches die Rubrik: I. Resten-Einnahme, die Bezeichnung des Rechnungsjahres zu beiden Seiten davon, und hierunter der Name der Fruchtgattung einzuordnen.

§. 812.

2. Wiederholungen.

Die bei einer jeden Fruchtgattung gezogene Totalsumme der Reste ist zu der, durch die Wiederholung gefundenen, Totalsumme der laufenden Einnahme, unter derselben Fruchtgattung, zu stellen, um daraus die Totalsumme der Gesammt-Einnahme zu bilden.

§. 813.

3. Dauer.

Das Handbuch der Fruchtreste ist an einen gleichen Eröffnungs- und Schließungs-Termin, wie das Handbuch der Rentreste, gebunden.

Dritter Unterabschnitt.

Resten-Rechnung.

I.

Allgemeine Grundsätze.

§. 814.

1. Wesentliche Natur der Resten-Rechnung. a. Begriff und Zweck.

Resten-Rechnung wird derjenige integrirende Bestandtheil der Jahresrechnung genannt, worin die, aus dem einschlägigen Erhebungszweige erwachsenen und in einem bestimmten Erhebungsjahre verwalteten, Rückstände verrechnet werden. Der Zweck derselben besteht, außer der allgemeinen Bestimmung der Rechnung überhaupt, in der Ausführung der nothwendigen Trennung der laufenden Gefälle von den Rückständen.

§. 815.

b. Umfang und Inhalt.

Ihr Umfang ist, unter den sonstigen Bedingungen des §. 682., durch die, in dem Resten-Reversal-Verzeichnisse erwiesenen, Reste bedingt, welche letztere in derselben wiederum im Soll, Ist und Rest vorgetragen werden müssen.

§. 816.

2. Uebersichtlichkeit.

Die Uebersichtlichkeit der Restenverrechnung unterliegt durchaus denselben Vorschriften, welche hierüber für die Rechnung (§. 690 — 692) gegeben sind.

§. 817.

3. Zusammenhang der Resten-Rechnung mit den einschlägigen Rechnungsbüchern. a. Mit dem Handbuche.

Mit dem Resten-Handbuche ist sie dadurch in unmittelbare Verbindung zu setzen, daß ihre Posten durchaus unter den Ordnungsnummern des ersteren vorgetragen werden.

§. 818.

b. Mit der laufenden Rechn ng.

Im Verhältniß zu der Rechnung der laufenden Gefälle steht die Resten-Rechnung nur als eine Hauptrubrik derselben voran; wird aber mit ihr nicht nur durch die Paginirung, sondern auch durch die Fortsetzung der Ordnungsnummern in Zusammenhang gestellt.

§. 819.

4. Resten-Rechnungsführung. a. Im Allgemeinen.

Die Resten-Rechnung wird nach den allgemeinen Vorschriften des Rechnungsstyles geführt, so weit nicht diese besondere Art der Verrechnung eine Modifikation nothwendig macht.

§. 820.

b. Rubrikenbildung und Wiederholung.

Eine solche Modifikation findet ins Besondere hinsichtlich der Rubrikenbildung Statt, welche durchaus nach Maßgabe des Resten-Reversal-Verzeichnisses auszuführen ist. In Betreff der Wiederholung aber soll die Totalsumme der Reste, nach Vorschrift des §. 855. berechnet, mit der Totalsumme der laufenden Einnahme zusammengestellt, und hiernach die Totalsumme der Gesammt-Einnahme gezogen werden.

§. 821.

5. Beurkundung.

Die Beurkundung der Reste in Rechnungseinnahme geschieht, unter Anwendung des §. 805., nach deßhalbiger Vorschrift zur Rechnungsstellung. (§. 885.)

§. 822.

6. Dauer.

Die Dauer der Resten-Rechnung ist bedingt durch den Schluß der Hülfsbücher für den einschlägigen Rechnungszweig, indem sie das Erhebungsjahr von Schluß zu Schluß derselben zu beschreiben hat. In ihrem Zusammenhange mit der laufenden Rechnung ist dieß jedoch eben so wenig bemerkbar zu machen, wie in der letzteren auf den, über das Rechnungsjahr hinausgehenden, Schluß ihrer Hülfsbücher Rücksicht genommen wird. Das Rechnungsjahr der Reste wird daher ebenfalls mit der Zahl des Jahrganges der laufenden Rechnung bezeichnet.

II.

Geld-Resten-Rechnung.

§. 823.

Einrichtung.

Sämmtliche Rechnungen der **Geldreste** erhalten zur Aufschrift die eigenthümliche Benennung der Rechnung und hierunter die Rubrik: I. Resten-Einnahme, mit Benennung des Rechnungsjahres zu beiden Seiten davon. Die Tabellenform derselben ist aus nachstehenden Spaltenrubriken zu bilden: 1) Ordnungsnummer; 2) Rest-Soll; 3) Restengeschichte, a) Restenjahrgang, b) Benennung der Restanten und der Rückstände; 4) Ist; 5) Rest; 6) Ordnungsnummer des Resten-Rechtfertigungs-Verzeichnisses. Unter die Rechenspalten treten die Unterrubriken der Münzscheiden. (Anlage 26.)

III.

Arbeits-Resten-Rechnung.

§. 824.

Einrichtung.

Bei den **Arbeits-Resten-Rechnungen** werden an der vorher bezeichneten Tabellenform nur die zweite Geschichtsspalte und die Rechenspalten abgeändert. Beiden sind die im §. 809. bezeichneten Ueberschriften zu geben.

IV.

Frucht-Resten-Rechnung.

§. 825.

1. Einrichtung.

Auch zu der **Frucht-Resten-Rechnung** ist die im §. 823. vorgeschriebene Tabelleneinrichtung mit der einzigen Modifikation beizubehalten, daß hier die Rechenspalten, Behufs der nach Bedürfniß einzuschreibenden Unterrubriken der Maßscheiden, offen gelassen werden müssen.

§. 826.

2. Wiederholungen.

Die Wiederholung der Reste und der laufenden Gefälle ist hier auf dieselbe Art wie bei dem Resten-Handbuche (§. 811.) auszuführen.

§. 827.

3. Verrechnung der zu Geld veranschlagten Fruchtreste.

Sind nach besonderer gesetzlicher Bestimmung, oder zu Folge höherer Verfügung, Fruchtreste in ihrer Veranschlagung zu Gelde weiter zur Einnahme zu verrechnen; so gehört die Erhebung des Geldanschlags vor die Rentämter. Bei solcher Verwandlung von einzelnen Resten werden diese in der Liquidation zur Absetzung, d. h. zur durchlaufenden Einnahme und Ausgabe der Fruchtrechnung, und zur Geld-Einnahme der Rentrechnung dekretirt. Müssen hingegen alle aufkommende Fruchtreste zu Geld verrechnet werden; so sind die nachfolgend verordneten Restenverzeichnisse immer zu der abgelegten Rechnung aufzustellen, die Rubrik: Restbetrag in die Unterrubriken: a) in Natur, b) in Geldanschlag abzutheilen, und in der letzteren Spalte immer der Gesammtbetrag des Geldanschlags von den zunächst aufgeführten einzelnen Rückständen eines Restanten auszuwerfen. Sodann müssen auf den Grund des Rechtfertigungs-Verzeichnisses die Reste unter der Schlußsumme jeder Gattung in Einnahme und Ausgabe der Fruchtrechnung gestellt; die Geldanschläge aber vermittelst des Reversal-Verzeichnisses zur Einnahme der Rentrechnung dekretirt werden, worin sie zunächst als laufende Einnahme unter der geeigneten Rubrik zu verrechnen sind. — Da indessen die Verwandlung in Geld den Eingang der Fruchtreste keineswegs fördert, und durchschnittlich auch keine pekuniäre Vortheile gewährt; so ist die Natural-Verrechnung vorzuziehen und deßhalb dieser Ordnung zu Grunde gelegt.

Vierter Unterabschnitt.

Resten-Verzeichnisse.

§. 828.

1. Wesentliche Natur der Restenverzeichnisse. a. Begriff.

Ein Restenverzeichniß ist eine übersichtliche urkundliche Nachweisung aller in einem Erhebungsjahre rückständig gebliebenen Einkünfte.

§. 829.

b. Zweck.

Die Restenverzeichnisse haben den Zweck, die verbliebenen Reste in der kürzesten und klarsten Darstellung anschaulich zu machen; ihre Sicherheit dadurch zu befördern; die Rechtfertigung und den Beweis derselben zu erleichtern; und zur Grundlage ihrer künftigen Verrechnung zu dienen.

§. 830.

c. Umfang.

Seinem Umfange nach ist jedes Restenverzeichniß nur auf die Reste aus einem einzelnen Erhebungszweige beschränkt; eine Häufung verschiedenartiger Reste mithin gänzlich unzulässig.

§. 831.

d. Inhalt.

Der materielle Inhalt der Restenverzeichnisse ist nur mit der Darstellung der wirklichen Reste in Gegenstand und Betrag beschäftiget, und beruht bloß auf dem Resultate der, sich bei der vorausgegangenen Verrechnung zwischen Soll und Ist ergebenen, thatsächlichen Verhältnisse. Aus diesem Grunde bestehet denn ein Restenverzeichniß auch immer aus so viel Posten, als einzelne Reste vorkommen.

§. 832.

2. Uebersichtlichkeit.

Zur Herstellung der Uebersichtlichkeit der Restenverzeichnisse sind dieselben überhaupt den deßhalbigen allgemeinen Vorschriften unterworfen, ins Besondere hinsichtlich der Anwendung der Linien, wie die Rechnung (§. 691.) zu behandeln. Was hingegen den Vortrag der Rubriken und Posten betrifft; so ist es bei ihnen, unter Einhaltung der übrigen Regeln, auch zulässig, daß mehrere Rubriken der Neureste, jedoch nicht mehrere Ortschaften der Hinterreste, auf einer Seite vorgetragen werden.

§. 833.

3. Nummerirung der Reste.

Allen Resten sind, nach ihren einzelnen Posten, in den

Restenverzeichnissen nicht nur laufende Ordnungsnummern zu geben, sondern auch einer jeden solchen Nummer zugleich die Ordnungsnummern der einschlägigen Stelle in der betreffenden Rechnung und dem korrespondirenden Restenverzeichnisse beizusetzen.

§. 834.

4. Integrität der Schrift.

Die Unverletztheit der Schrift ist in den Restenverzeichnissen nicht nur, in deren Eigenschaft als schriftlicher Rechnungsausfertigungen, nach den Vorschriften der §§. 473 — 477. zu wahren; sondern zugleich auch, in deren Eigenschaft als Urkunden, den, in den §§. 432 — 439. zur Echtheit der Urkunden entwickelten, Grundsätzen unterworfen.

§. 835.

5. Arten.

Die Restenverzeichnisse müssen zweifach aufgestellt, beide Exemplare aber auf verschiedene Art eingerichtet werden, je nachdem sie entweder, aus der gestellten Rechnung ausgezogen, zur Rechtfertigung, oder, in ihren einzelnen Beträgen erwiesen, zur Grundlage ihrer künftigen Verrechnung dienen sollen. Sie theilen sich daher hiernach ein in Resten-Rechtfertigungs- und Resten-Reversal-Verzeichnisse.

§. 836.

A. Resten-Rechtfertigungs-Verzeichniß. a. Begriff.

Das Resten-Rechtfertigungs-Verzeichniß ist dasjenige Restenverzeichniß, welches den Bestand der Reste, wie sie in der einschlägigen abgelegten Rechnung vorkommen, darstellt, die Rechtfertigungsgründe derselben bezeichnet und letztere beurkundet.

§. 837.

b. Anfertigung. α. Veranlagung.

Zur Veranlagung des Rechtfertigungs-Verzeichnisses genügt die Bereitstellung der erforderlichen Anzahl Formular-Bogen, die Paginirung derselben und die Ausfüllung der zur speziellen Bezeichnung offen gelassenen Rubriken.

§. 838.

β. Eintragung. αα. Historischer Vortrag. α1. Im Allgemeinen.

Sofort nach der Veranlagung sind die einzelnen Reste gerade in der Art und Folge, wie sie in der abgelegten bezüglichen Rechnung vorgefunden werden, einzutragen. Die Geschichte der Reste bedarf indeß keiner größeren Ausdehnung, als solche zu einem jeden Eintrage im Tagebuche (§. 550.) erforderlich ist; jedoch muß zu jedem Reste, der nicht als Neurest vorgetragen wird, die Zahl des Rechnungsjahres, woraus er stammt, beigefügt werden.

§. 839.

ββ. Kollektiv- und Quotisations-Posten.

Sind bei Kollektiv- oder Quotisations-Posten Reste aufgekommen, so ist zwar der einzelne betreffende Debent und sein Restbetrag aus der abgelegten Rechnung nicht erkennbar; sie müssen aber dennoch einzeln mit den Namen der Restanten und der respektiven Restbeträge spezifizirt werden. Diese Spezifikation erfolgt auf den Grund der einschlägigen Erhebungslisten oder der Aufführung im laufenden Handbuche; ihre Gewißheit aber zum Rechnungsvortrage, welche nur bei Neuresten in Frage kommen kann, wird, ohne Produktion jener Listen oder Handbücher, ermittelt theils durch die Uebereinstimmung der Summe der so spezifizirten Beträge mit dem in der Rechnuug ausgeworfenen bezüglichen Reste, theils durch die Anerkennung der spezifizirten Beträge von Seiten der Restanten im Reversal-Verzeichnisse.

§. 840.

γγ. Rubrikenbildung.

Die Vorträge sind unter die Hauptrubriken: Hinterreste und Neureste zu stellen, und hierunter von einander zu trennen. Die Hinterreste gehen voran, da sie die Rückstände von den schon in der abgelegten Rechnung verrechneten Resten enthalten, und werden nach Ortschaften und hierunter nach den Restanten, beide in alphabetischer Reihenfolge, geordnet. Die Neureste hingegen müssen unter denselben Rubriken, worunter sie vorkommen, aufgeführt werden. Bei

Fruchtresten ist jede Fruchtgattung besonders mit den vorstehend bezeichneten Rubriken vorzutragen.

§. 841.

ßß. Darstellung der Rubriken und Posten.

Die Darstellung der vorgenannten Rubriken nebst den, als Posten unter ihnen erscheinenden, einzelnen Resten wird nach Vorschrift des §. 697., unter der im §. 840. enthaltenen Modifikation, ausgeführt.

§. 842.

bb. Arithmetischer Vortrag. αα. Im Allgemeinen.

Unter Anwendung der für den arithmetischen Vortrag geltenden allgemeinen, hierher einschlägigen Regeln (§. 460 – 467. und 526 — 528.), hat derselbe in dem Rechtfertigungs-Verzeichnisse nicht allein die, sich bei jedem Restanten und bei jeder Rubrik der Neureste ergebenden, Reste im Einzelnen, sondern zugleich auch im Ganzen, in neben einander stehenden Rechenspalten auszuwerfen, und sich überdieß in seiner formalen Gestaltung nach §. 714. zu richten.

§. 843.

ββ. Kollektiv-Zahlen.

Kollektiv-Zahlen kommen im Rechtfertigungs-Verzeichnisse eben so wenig vor, als irgend eine Art von Kollektiv-Posten (nach §. 839.) darin Platz finden darf.

§. 844.

γγ. Transporte und Wiederholungen.

Die einzelnen Seitensummen in demselben sind zu transportiren, die Hinterreste sowohl als die Neureste, jene nach Ortschaften, diese nach den Rechnungsrubriken, in Schlußsummen zu bringen; sodann beide ihres Orts hiermit in Wiederholung zu stellen; und endlich die hierdurch gefundenen Summen, am Schlusse des Verzeichnisses, vermittelst einer Hauptwiederholung, in die Totalsumme der Reste zusammen zu fassen.

§. 845.

c. Zusammenhang mit der Rechnung und dem Universal-Verzeichnisse.

Der Zusammenhang des Resten-Rechtfertigungs-Verzeichnisses mit der abgelegten Rechnung und dem Resten-Reversal-Verzeichnisse wird durch die im §. 833. aufgegebene Nummerirung bewerkstelligt. Jeder Posten im ersteren Verzeichnisse ist mit einer Ordnungsnummer zu versehen; hierneben stellt sich zunächst die betreffende Ordnungsnummer der abgelegten Rechnung, wogegen in diese zur letzten Spalte die einschlägige Ordnungsnummer des Verzeichnisses zu bringen ist; sodann kommt hierin in die Spalte neben an die bezügliche Ordnungsnummer des Reversal-Verzeichnisses, wogegen wiederum umgekehrt in letzterem, bei dem korrespondirenden Posten, die Ordnungsnummer des Rechtfertigungs-Verzeichnisses sowohl, als der abgelegten Rechnung anzurufen ist.

§. 846.

d. Verwendung.

Seinem Begriffe nach gehöret das Resten-Rechtfertigungs-Verzeichniß ausschließlich zu der abgelegten Rechnung, aus welcher es gezogen worden.

§. 847.

e. Rechtfertigung.

Die Rechtfertigung der einzelnen Reste ist in dem Verzeichnisse selbst, in der dazu bestimmten Spalte, mit den Hauptmomenten ihrer Gründe zu bezeichnen, ihre Bestätigung aber durch die beizufügenden Rechtfertigungsbelege zu erbringen, so wie diesen auch ihre etwa nothwendige nähere Entwickelung vorzubehalten.

§. 848.

f. Beurkundung.

Die Beurkundung geschieht nach den hierüber zur Rechnung (§. 727. 728. 730. 731.) aufgestellten Grundsätzen.

§. 849.

g. Tabellenbau, *α.* Für Geldreste.

Der Tabellenbau des Rechtfertigungs-Verzeichnisses für Geldreste besteht, unter der Aufschrift seines Namens nebst der darunter folgenden Benennung des Rechenamtes und des Rechnungsjahres, aus folgenden Spaltenrubriken: 1) Ordnungsnummer, a) laufende, b) der Rechnung von (Zahl des

Jahrganges), c) des Reversal-Verzeichnisses; 2) Restengeschichte, a) Restenjahrgang, b) Benennung der Restanten und der Rückstände; 3) Restbetrag im a) Einzelnen, b) Ganzen, (beide mit den Unterrubriken der Münzscheiden); 4) Nummer der Belege; 5) Rechtfertigungsgründe. (Anlage 27.)

§. 850.

β. Für Fruchtreste.

Derselbe Tabellenbau gilt für das Rechtfertigungs-Verzeichniß der Fruchtreste, wobei jedoch die Rechenspalten zu drei Maßscheiden offen zu lassen sind.

§. 851.

γ. Für Arbeitsreste.

Das Rechtfertigungs-Verzeichniß der Arbeitsreste ist in derselben Art, nur mit der Abänderung einzurichten, daß die Rechenspalten die Rubrik: Tage, die zweite Geschichtsspalte aber die Aufschrift: Bezeichnung der Restanten und der Arbeitsschuldigkeit, erhalten.

§. 852.

B. Resten-Reversal-Verzeichniß. a. Begriff.

Resten-Reversal-Verzeichniß wird dasjenige Restenverzeichniß genannt, worin alle in einem Erhebungsjahre verbliebene Reste, zum Beweise ihrer wirklichen Existenz, von den Restanten selbst durch ihre Namensschrift anerkannt werden, und welches zur Grundlage der künftigen Restenverrechnung bestimmt ist.

§. 853.

b. Anfertigung. α. Veranlagung.

Die Veranlagung dieses Verzeichnisses geschieht auf dieselbe Weise, wie bei dem Rechtfert.-Verzeichnisse (§. 837.).

§. 854.

β. Historischer Vortrag.

Auch bei dem historischen Vortrage gelten die vorher in den §§. 838 — 841. aufgestellten Regeln; jedoch ist die Rubrikenbildung durchgängig, ohne Unterscheidung der Hinterreste von den Neuresten, und zwar zur Verzeichnung der

Fruchtreste unter den einzelnen Fruchtgattungen, nur nach Ortschaften und Restanten herzustellen.

§. 855.

γ. Arithmetischer Vortrag.

Nicht weniger folgt der arithmetische Vortrag den, in den §§. 842 — 844. vorgetragenen, Grundsätzen, unter der Modifikation, daß am Schluße des Reversal-Verzeichnisses nur die Ortschaften mit den in denselben ausstehenden Restensummen in eine Wiederholung zusammen zu tragen sind.

§. 856.

c. Zusammenhang mit dem Rechtfertigungs-Verzeichnisse und den Rechnungsbüchern.

Das Resten-Reversal-Verzeichniß ist vermittelst der Nummerirung seiner Posten nicht nur mit dem Rechtfertigungs-Verzeichnisse, sondern auch mit der abgelegten Rechnung, so wie mit dem Handbuche und der Rechnung der künftigen Restenverrechnung dergestalt in Zusammenhang zu stellen, daß unmittelbar von ihm aus jeder Rest in jedem der vorgenannten Bücher und Verzeichnisse, nach der Nummer, sofort aufgefunden werden kann. In solcher Eigenschaft bildet dasselbe den Mittelpunkt der gesammten Restenverrechnung, mit welcher es in jeder Richtung durch die einfachsten Bezugnahmen in Verbindung steht. Es tritt nämlich mit den Rechnungsbüchern der künftigen Restenverrechnung dadurch in Zusammenhang, daß in dem Restenhandbuche sowohl, als in der Restenrechnung die einzelnen Reste ganz nach und mit seiner laufenden Ordnungsnummer gebucht werden; mit dem Rechtfertigungs-Verzeichnisse und der abgelegten Rechnung indeß wird sein Zusammenhang schon durch die im §. 845. vorgeschriebene Nummerirung hergestellt.

§. 857.

d. Reversirung.

Die Anerkennung der Reste geschieht durch die von den Restanten auf dem Verzeichnisse zu vollziehende Beischrift ihres Namens. Damit die Reversirung in dieser Art so schnell als möglich bewirkt werden könne, darf das Reversal-

Verzeichniß in einzelnen, nach Ortschaften getrennten, Bogen oder Abtheilungen angefertiget werden, welche sodann den Amtsboten zur schnellen Einholung der Reversal-Namensschriften zu behändigen sind.

§. 858.

e. Verwendung.

Das Resten-Reversal-Verzeichniß wird zwar zum Beweise der Reste zu der eben abgelegten Rechnung produzirt; jedoch ist es nur ein urkundlicher Bestandtheil der nächstfolgenden Rechnung, zu welcher es, nach seinem Gebrauche bei dem darauf gegründeten Restenhandbuche, zu bringen ist.

§. 859.

f. Tabellenbau. α. Für Geldreste.

Unter der eigenthümlichen, nach Anleitung des §. 849. herzustellenden, Aufschrift ist der Tabellenbau der Reversal-Verzeichnisse für Geldreste aus folgenden Spaltenrubriken zu bilden: 1) Ordnungsnummer, a) laufende, b) des Rechtfertigungs-Verzeichnisses, c) der Rechnung von (Zahl des Jahrganges); 2) Restengeschichte, a) Restenjahrgang, b) Benennung der Restanten und der Rückstände; 3) Restbetrag im a) Einzelnen, b) Ganzen, (beide mit den Unterrubriken der Münzscheiden); 4) Anerkenntniß der Restanten durch Beischrift ihrer Namen. (Anlage 28.)

§. 860.

β. Für Frucht- und Arbeitsreste.

Unter Berücksichtigung und Anwendung der in den §§. 850. und 851. angegebenen eigenthümlichen Formen, ist der vorher angeordnete Tabellenbau auch für die Reversal-Verzeichnisse der Frucht- und Arbeitsreste zu verwenden.

§. 861.

6. Gemeinschaftliche Verwendung der Restenverzeichnisse.

Zu Folge der eigenthümlichen Verwendung einer jeden Art der Restenverzeichnisse zur Rechnung (§. 846. und 858.) müssen zu jeder, auf eine mit Resten abgeschlossene Rechnung ferner gestellte und mit Resten abgeschlossene, Rechnung zwei Reversal-Verzeichnisse und ein Rechtfertigungs-Verzeichniß produzirt werden, und zwar: 1) zum Nachweise der Reste im Soll das Reversal-Verzeichniß der vorjährigen Rechnung; 2) zur Rechtfertigung der wiederum wirklich verbliebenen Reste das Rechtfertigungs-Verzeichniß; und 3) zum Beweise der Richtigkeit dieser Reste das Reversal-Verzeichniß zu der vorliegenden Rechnung. Erste beide Verzeichnisse bleiben bei der produzirten Rechnung, das letztgenannte Reversal-Verzeichniß geht aber unter Justifikations-Dekretur wieder an das Rechenamt zurück, um zur Beurkundung zunächst des Handbuches, und hierauf der nächstfolgenden Rechnung dienen zu können.

Zweiter Titel.

Rechnungsstellung.

Erster Abschnitt.

Allgemeine Grundsätze.

§. 862.

1. Begriff der Rechnungsstellung.

Die Rechnungsstellung ist der Inbegriff derjenigen Regeln, wonach die definitive Ausfertigung der Rechnung, die produktionsfähige äußere Zurichtung derselben nebst ihren Zubehörungen und ihre Einreichung selbst geschehen muß.

§. 863.

2. Vollständigkeit.

Als erste Regel der Rechnungsstellung gilt ihre Vollständigkeit. Rechnungen dürfen daher nirgends auf einen bloßen Zeitabschnitt des Rechnungsjahres einer weiter reichenden Verwaltung beschränkt werden.

§. 864.

a. Hauptrechnungen.

Vielmehr müssen sie, unter den Bedingungen des §. 682., immer ein volles Rechnungsjahr umfassen. Es sind also nur Haupt- oder Jahresrechnungen zur Produktion geeignet.

§. 865.

b. Stückrechnungen.

Stückrechnungen hingegen, mögen sie nun den Zeitabschnitt zu Anfang des Jahres (eigentliche Stückrechnungen), oder den Zeitabschnitt zu Ende des Jahres (s. g. Stumpfrechnungen,) beschreiben, sind bei einer weiter reichenden Verwaltung durchaus nicht zu dulden, da sie für Gegenwart und Zukunft ein Quell unabsehbarer Irrthümer werden können.

§. 866.

c. Inaugural- und Schlußrechnungen.

Wenn indessen eine Rechnungsverwaltung im Laufe des gewöhnlichen Rechnungsjahres allererst ihren Anfang nimmt, oder darin definitiv geschlossen wird; so ist es dem Grundsatze der Vollständigkeit nicht widersprechend, die erste oder die letzte Rechnung dieser Verwaltung auf den bestimmten Zeitabschnitt zu beschränken. Es ist sogar, im Einklange mit den übrigen Grundsätzen dieser Ordnung, nur eine solche Rechnungsstellung möglich, und sie soll daher in der bezeichneten Voraussetzung immer Statt finden. Eine Rechnung der ersteren Art wird Inaugural-, der anderen Schlußrechnung genannt, wovon jede nur dem bestimmten Zeitabschnitt, jedoch selbstständig und unverkürzt angehöret.

§. 867.

3. Bestandtheile.

Jede Rechnung besteht aus dem Original-Rechnungsbande selbst, aus dem Duplikate, aus den dazu gehörigen Urkunden und bezugsweise aus den Restenverzeichnissen nebst Belegen.

§. 868.

4. Ausfertigung.

Zur Ausfertigung der Rechnung gehört: Die Vollziehung, der Titel, das Register, die Rechenamts-Mobiliar-Inventarien, die allgemeinen Nachrichten, die äußere Form und die Aufstellung des Duplikats.

§. 869.

a. Vollziehung.

Behufs Vollziehung der Rechnung ist dieselbe sowohl auf dem Titel, als am Schlusse mit der eigenhändigen Namensschrift des Rechners zu versehen.

§. 870.

b. Titel. *a.* Ueberhaupt.

Der Titel selbst muß enthalten: den Namen der Rechnung und des Rechenamtes, die Benennung des Rechnungsjahrganges und den Titel und Namen des Rechners, welche letztere mit der vorausgehenden Titelaufschrift durch die Worte: geführt von, in Verbindung treten. Sodann sind am Ende des Titelblattes, unter der Aufschrift: Beilagen, sämmtliche mit der Rechnung produzirten Urkundenbände, einschließlich der Restenverzeichnisse, und unter Angabe der ersten und letzten Nummer jedes Bandes zu verzeichnen. Ueberdieß wird auf der Kehrseite des Titelblattes, unter der Aufschrift: Kautionsvermerk, angegeben, ob, wann und wie von dem Rechner Kaution gestellt worden, und bei welcher Stelle das Kautions-Instrument deponirt worden ist.

§. 871.

β. Bei Dreschereirechnungen.

Die (§. 354 und 355.) vorgeschriebene Dreschereirechnung, welche überall auf einer Bogenfläche ausgeführt werden kann, und wofür deßhalb die Formulare nur auf der inwendigen Bogenfläche gedruckt werden, erhält indeß auf der ersten Seite nur die Aufschrift: Dreschereirechnung des Frucht-Rechenamtes (Name desselben) für das Rechnungsjahr (Zahl desselben), und wird bloß am Schlusse von dem Rechner eigenhändig unterschrieben.

§. 872.

c. Register. *α.* Erfordernisse desselben.

Zunächst auf das Titelblatt folgt das Register zur Rechnung. Es muß dieses in der Art eingerichtet seyn, daß sich aus demselben leichten Blickes von einer jeden Rubrik, unter jeder zur Rechnung gekommenen Gattung von Gegenständen, die Zahl der Seite, worauf solche anfängt, ersehen werden kann.

§. 873.

β. Einrichtung. aa. Geld- und Arbeitsrechnungs-Register.

Die Register der Geldrechnungen sind unter der

Aufschrift: Register, in folgender Tabellenform darzustellen: 1) Einnahme, a) Rubriken, b) Pagina; 2) Ausgabe, a) Rubriken, b) Pagina. Die Wiederholungen werden ebenfalls am Schlusse der aufgeführten Rubriken angegeben, und unter der Ausgabe auch die Pagina des Abschlusses eingetragen. Bei Geldrechnungen der vereinigten Hülfsbuchführung, so wie bei den übrigen dahin gehörigen Rechnungen, beschränkt sich die Angabe des Registers bloß auf die Pagina der Einnahme, der Ausgabe und des Abschlusses. Zu den Arbeitsrechnungen werden die Register in analoger Anwendung des obigen Formulars ausgefertiget.

§. 874.

bb. Fruchtrechnungs-Register.

Zur Darstellung des Registers der Fruchtrechnung sind in Tabellenform zuerst die Rubriken der Einnahme und Ausgabe, nach diesen beiden Hauptrubriken in Querrichtung abgetheilt, in einer Spalte, sodann in nebengestellte Spalten sämmtliche zur Rechnung gekommene Fruchtgattungen aufzuführen, und hierunter die Pagina anzugeben. (Anlage 29.)

§. 875.

cc. Forstrechnungs-Register.

Das Forstrechnungs-Register endlich wird unter folgendem Tabellenbilde dargestellt: 1) Hauptrubriken; 2) Holzarten; 3) Reviere; 4) Bauholz, a) Hauholz, b) Windfallholz; 5) Werkholz; 6) Nutzholz, beide mit den Unterrubriken des Bauholzes; 7) Brandholz, a) Hauholz, b) Windfallholz, c) Lagerholz, d) Leseholz; 8) Rinde; 9) Säfte; 10) Saamen; 11) Laub; 12) Kohlen; 13) Theer; 14) Kienruß; 15) Pech. In den Scheitelspalten von den Revieren ab sind die Pagina anzugeben, die Reviere selbst bei jeder Holzart in Querrichtung von denselben ab zu wiederholen. Kommen in einer Forstrechnung mehr Reviere als Holzarten vor; so wechseln beide ihre Stellung und Behandlung in dem Register. (Anlage 30.)

§. 876.

d. Rechenamts-Mobiliar-Inventarium.

Nach dem Register ist das Inventarium des Rechenamts-Mobiliares aufzustellen. Es wird unter dieser Aufschrift nach folgendem Tabellenbau ausgeführt: 1) Voriger Bestand, a) Gegenstände, b) Stück; 2) Zugang, a) Gegenstände, b) Stück, c) Nummer der Belege; 3) Abgang, a) Gegenstände, b) Stück, c) Nummer der Belege; 4) Jetziger Bestand, a) Gegenstände, b) Stück. Die Belege des Zugangs sind unter die ersten Nummern der Einnahmeurkunden, und eben so die Abgangsbelege zu den Ausgabeurkunden zu bringen.

§. 877.

e. Allgemeine Nachrichten.

Hiernächst sind nach besonderer Vorschrift die, auf die ganze Rechnung Bezug habenden und erheblichen, Nachrichten anzugeben. Es gehört hierunter immer die Angabe der Verhältnisse der Münzsorten, des Maßes, Gewichtes ꝛc. zu der Normal-Größenberechnung, sofern nämlich die, der Rechnung zum Grunde liegende Größenberechnung davon abweicht.

§. 878.

f. Aeussere Form. α. Einband.

Die äußere Form der Rechnung anlangend, soll dieselbe von einem Buchbinder in starken Franzband eingebunden, beschnitten, mit einem Seiten- und einem Rückschilde versehen und jedes Schild mit dem erforderlichen Titel bedruckt werden. Alle leere Blätter sind vor dem Einbande wegzunehmen.

§. 879.

β. Aufschriften.

Die Schilder erhalten zur Aufschrift den Namen der Rechnung und die Jahrzahl. Ersterem ist der Name des Rechenamtes als Beiwort vorzusetzen, und die Jahrzahl durch das Vorwort: von, mit dem Namen der Rechnung zu verbinden.

§. 880.

g. Duplikat.

Keine Rechnung darf in bloßer einfacher Aufstellung (als Unikat) überreicht werden; sondern sie muß immer in zweifacher Ausfertigung, wovon das für die Rechnungskammer bestimmte Exemplar das Original, das andere aber das Duplikat genannt wird, zur Produktion gelangen. Das Duplikat, welches nach geschlossener Revision zur Rechenamts-Registratur gehört, ist als die bloße Abschrift der Rechnung zu betrachten und muß von Seite zu Seite und in der äußeren Form genau mit der Original-Rechnung übereinstimmen.

§. 881.

5. Produktion der Urkunden. a. Ordnung.

Die Urkunden sollen, nachdem sie zu Folge der §§. 727 und 730., mit Hülfe der Anrufungsnummern zum Handbuche, geordnet und nummerirt worden sind, für die Einnahme und für die Ausgabe getrennt, und für jede von diesen in besondere Bände gebracht werden.

§. 882.

b. Einband.

Der Einband der Urkunden ist auf dieselbe Weise, wie bei der Rechnung selbst, jedoch unbeschnitten, besorgen zu lassen.

§. 883.

c. Aufschriften.

Auf die Schilder kommt die Aufschrift: Einnahme- (Ausgabe-) Urkunden zur (Name der Rechnung mit dem als Beiwort vorgesetzten Namen des Rechenamtes) von (Zahl des Rechnungsjahrganges) Nr. ... bis ... Dieselbe Aufschrift wird auf einem Titelblatte dem Bande vorangefügt.

§. 884.

d. Umfang eines Bandes.

Ein Urkundenband der Einnahme oder der Ausgabe darf höchstens nur 1200 Seiten oder 600 Blätter enthalten. Bei Ueberschreitung dieser Seitenzahl sind die Urkunden in mehrere, unter sich ähnlich starke, Bände abzutheilen, so zwar, daß der vorhergehende Band mit einem Hundert der Nummerfolge schließen, der nächste aber mit Nr. 1 des folgenden Hunderts anfangen muß.

§. 885.

6. Produktion der Restenverzeichnisse. a. Ordnung.

Bei der Produktion der Restenverzeichnisse nimmt das Reversal-Verzeichniß aus vorjähriger Rechnung, zur Begründung des Solls in gegenwärtiger Rechnung, die erste Stelle ein; ihm folgt das Rechtfertigungs-Verzeichniß der produzirten Rechnung nebst Belegen, und diesem das neueste Reversal-Verzeichniß.

§. 886.

b. Einband.

Nur die vorher genannten ersten beiden Verzeichnisse sind nebst den Belegen auf dieselbe Art, wie die Urkunden, einbinden zu lassen. Das neueste Reversal-Verzeichniß dagegen ist nur geheftet zu produziren, da es zunächst wieder in die Hand des Rechners zurückkehrt.

§. 887.

c. Aufschriften.

Von den Restenverzeichnissen erhält jedes sein eigenthümliches Titelblatt mit der, den Namen desselben, die zugehörige Rechnung und den Jahrgang genau bezeichnenden, Aufschrift. Bei dem Reversal-Verzeichniß ist zu dem Rechnungsjahrgange, woraus es stammt, noch der Jahrgang, worin es das Soll begründen soll, mit den Worten: zur Einnahme in (Jahrzahl) hinzuzufügen. Die Schilder dagegen erhalten bloß die Aufschrift: Restenverzeichnisse zur (Name der Rechnung mit dem in einem Beiwort vorgesetzten Namen des Rechenamtes) von (Zahl des Rechnungsjahrganges).

Zweiter Abschnitt.

Rechnungsstellung während der Dienstzeit des Rechners.

§. 888.

1. Grundsatz der Rechnungsstellung.

In Folge der Verpflichtung des Rechners zur Beweisführung (§. 28.) und zur Rechnungsführung über die unter seiner Verwaltung stehenden Rechnungsobjekte (§. 29.), so wie in seiner Eigenschaft eines Verwalters über fremdes Vermögen, ist derselbe auch zur Rechnungsstellung von dem Augenblicke an unbedingt verbunden, wo das bestimmte Rechnungsjahr der Verwaltung abgelaufen, und die Rechtfertigung allein von ihm abhängig, er also nicht durch vorgesetzte Behörden daran verhindert ist. Zu dieser Verhinderung gehört namentlich, wenn eine vorgesetzte Kasse oder Behörde Einnahmen seiner Kompetenz unmittelbar an sich gezogen, oder durch Ablieferung erhalten hat, ohne ihm Quittung darüber zu ertheilen, da der Rechner in solchem Falle die betreffende Intrade nicht, im offenbaren Widerspruche mit der Wirklichkeit, in dem Restenverzeichniß zu liquidiren vermag. Ferner gehört bei Kommissariats- oder Schlußrechnungen auch dahin der Mangel einer Dekretur über Kosten, Besoldung des Rechners oder andere Ausgaben, welche in den befragten Rechnungen gebucht seyn sollen, so wie überhaupt der Mangel an vollgültigen und richtig stehenden Einnahme-Belegen. Uebrigens findet von der Rechnungsstellung in Betracht der nothwendigen Sicherung der allgemeinen Finanzverwaltung und besonders des, dabei auch obwaltenden, Interesses der Schuldner, durchaus keine Befreiung Statt; wohl aber kann der Rechner höchsten Orts im Voraus von allen für ihn nachtheiligen Folgen der Revision los gesagt werden, während die letztere ebenfalls unumgänglich bleibt.

§. 889.

2. Anfertigungszeit.

Die Veranlagung der Rechnung muß, so weit solches geschehen kann, schon vor dem Schluß der Hülfsbücher geschehen, damit solche hiernächst bis zum Rechnungstermine ohne Schwierigkeit beendigt seyn kann.

§. 890.

3. Rechnungstermin.

Die aufgestellte Rechnung ist zu der vorgeschriebenen Zeit bei der Rechnungskammer einzureichen. Der hierzu vorbestimmte Tag wird der Rechnungstermin genannt. Er tritt durchgängig vier Wochen nach dem Schlusse der Hülfsbücher ein. Es sind daher 1) die Rent-Rechnung und die Frucht-Rechnung am 1ten Mai; 2) die direkte Steuer-, die Sportel- und die Geldstrafen-Rechnung am 1ten März; 3) die Industrie-Geldrechnung, die Arbeits- und die Forst-Rechnung, so wie sämmtliche Rechnungen der vereinigten Methode am 1ten Februar des nächstfolgenden Jahres abzulegen.

§. 891.

4. Verfahren bei dem Ungehorsame. a. Ueberhaupt.

Wenn der Rechner den Rechnungstermin mit Einsendung der Rechnung nicht eingehalten hat; so muß noch an demselben oder am nächstfolgenden Tage ein Erinnerungsreskript an ihn erlassen, und die sofortige Einreichung aufgegeben werden.

§. 892.

b. Strafmonitorien.

Ist von hier ab ein Zeitraum, worin nach dem gewöhnlichen Kommunikationslauf ein umgehender Bericht von dem Rechner hätte eingegangen seyn können, fruchtlos verstrichen; so wird ihm, unter der vorigen Bedingung, die Einsendung der Rechnung durch ein Strafmonitorium, mit Ansetzung einer bestimmten angemessenen Ordnungsstrafe im Falle fernerer Versäumniß, nochmals anbefohlen.

§. 893.

c. Botenabfertigung. α. Anwendung.

Wenn auch hiernach ein gleicher Zeitraum ohne Erfolg abläuft; so ist sofort ein Bote an den säumigen Rechner zur Abholung der Rechnung abzufertigen, die vorher angedrohete Ordnungsstrafe für verwirkt zu erkennen, und solche dem einschlägigen Rechenamte zur Einziehung zu überweisen.

§. 894.

β. Botenlohn und Auszahlung.

Der Bote erhält für jede Tagreise, zu 4 Meilen, und für jeden Tag, den er, von dem beschickten Rechner aufgehalten, an dessen Wohnort zuzubringen genöthigt wird, einen Lohn von 1 fl. 12 kr., der ihm von jenem sofort ausgezahlt werden muß.

§. 895.

γ. Verhalten des Boten.

Der Bote soll täglich wenigstens 4 Meilen zurücklegen, darf sich nur 5 Tage von dem Rechner aufhalten lassen, und muß über die Zeit dieses seines Aufenthalts eine, entweder vom Rechner, oder von der Ortsbehörde ausgestellte, Bescheinigung beibringen.

§. 896.

d. Absendung eines Kommissärs. α. Anwendung.

Kehrt der Bote ohne die Rechnung zurück; so ist, im Falle der Rechner nicht seine bisherige unabweisliche Verhinderung dargethan und die Nachsendung sobald möglich versprochen hat, ein Sachverständiger mit Instruktion und dem Auftrage als Kommissär abzusenden, an Ort und Stelle mit Hülfe des Rechners die Rechnung aufzustellen und an sich zu nehmen.

§. 897.

β. Kostenersatz.

Der Kommissär hat die, nach seiner Amtsstufe bestimmten, Diäten und Transportkosten anzusprechen, welche dem säumigen Rechner ebenfalls zur Last fallen. Jedoch sind dieselben von dem Kommissäre bei der Rechnungskammer zu liquidiren, von dieser festzusetzen, und nach erfolgter Dekretur von der angewiesenen Kasse auszuzahlen, welche sie wieder von dem Rechner einzuziehen hat.

§. 898.

e. Folge verweigerter Rechnungsstellung.

Sobald der Rechner die Ablegung der Rechnung verweigert, wird er sofort seines Amtes entsetzt. Die Verweigerung ist als vorhanden anzunehmen, wenn er dem erschienenen Komissäre die sofortige Offenstellung seines Rechnungshaushaltes und die Vorlegung sämmtlicher Hülfsbücher, Urkunden und sonstiger Rechnungsliteralien vorenthält, unter welchem Vorwande es auch immer seyn möge; oder wenn er die Verweigerung durch offenbare Erklärung an den Tag gelegt hat.

§. 899.

5. Fristerstreckungen. a. Zulässigkeit.

Ist der Rechner durch nothwendige Abwesenheit in Amtsgeschäften, durch ertheilten Urlaub, durch Krankheit, durch erhebliche häusliche Unfälle, oder aus anderen ähnlichen Ursachen verhindert, die Rechnung an dem bestimmten Termine einzureichen; so ist er berechtigt, um Fristerstreckung einzukommen.

§. 900.

b. Anbringung der Fristgesuche.

Die deßhalbigen Fristgesuche müssen indessen, nöthigen Falls mit den erforderlichen amtlichen Attesten versehen, spätestens am Rechnungstermine selbst einlaufen, da sie sonst keine Berücksichtigung finden.

§. 901.

c. Kompetenz und Zeiträume der Fristertheilung.

Zur Fristertheilung ist nur die Rechnungskammer selbst ermächtiget, wohin also die Gesuche unmittelbar eingesendet werden müssen. Die Fristerstreckung wird zum ersten Male höchstens auf vier Wochen, bei wiederholtem Gesuche nur auf vierzehn Tage, und über beide Zeiträume hinaus niemals verwilliget.

§. 902.

d. Fristenlauf.

Die verstattete Frist fängt immer von dem Tage des Rechnungstermins, oder der Beendigung der vorher verwilligten Frist an zu laufen. Sollte dem Rechner daher keine Dekretur zugegangen seyn, so hat er innerhalb der, im vorigen Paragraphen angegebenen, bezugsweisen Fristräume deßhalbige Anzeige bei der Rechnungskammer zu machen. Der Mangel einer eingelangten Dekretur auf sein Fristgesuch gibt ihm aber stillschweigend das Recht zur Benutzung des gesetzlichen Fristraumes, wogegen aber auch die Verheimlichung der angelangten Dekretur als Betrug geahndet wird.

Dritter Abschnitt.

Rechnungsstellung nach dem Austritte des Rechners aus seinem bisherigen Dienste.

§. 903.

1. Grundsatz.

Auch nach dem Austritte aus seinem bisherigen Dienstverhältnisse behält der Rechner die Pflicht zur Rechnungsstellung und Vertretung seines Rechnungshaushalts in derselben Art, wie solche ihm zuvor oblag; daher denn auch die Kaution bis zur Erledigung fortdauernd verhaftet bleibt.

§. 904.

2. Geschäftsgang. a. Bei ehrenvollem Austritte. α. Zur Zeit der Rechnungsstellung.

Wenn sein Austritt auf eine ehrenvolle Weise für ihn geschehen; so wird ihm, wenn jener zur Zeit des Rechnungstermins erfolgt, die Rechnungsstellung, wie sonst, überlassen, und die Einweisung des Nachfolgers bloß auf den Grund der, in Gegenwart eines, zu diesem Geschäfte berufenen und instruirten, Kommissärs abgeschlossenen, Hülfsbücher nebst der sonst erforderlichen Abnahme und Ueberhändigung der Berufsmittel vollzogen. Die Kaution des Rechners bleibt jedoch auch in diesem Falle so lange haftbar, bis von dem neuen Rechner alle Posten bei den Schuldnern angerufen und von diesen anerkannt worden sind, sofern der abgehende Rechner hierüber den Beweis nicht vorher übernehmen und ausführen wollte und würde.

§. 905.

β. Zu anderer Zeit.

Findet der Austritt zu einer anderen Zeit Statt; so hat der Rechner, bevor er seine Stelle verläßt, unter der Geschäftsleitung eines hierzu besonders verordneten Kommissärs, den Haushalt nach Anleitung der §§. 1356 — 1366 klar zu stellen und zu rechtfertigen.

§. 906.

b. Bei Suspensionen.

Bei Amtssuspensionen, die nach §. 59. nur als Untersuchungsmaßregel, nicht als Strafe Statt finden sollen, geschieht die Stellung der bereits ablegbaren Rechnungen in gewöhnlicher Art; die Ueberweisung der Verwaltung aber an den interimistischen Rechner erfolgt auf den Grund des, in Gegenwart eines Kommissärs hergestellten, Abschlusses der Hülfsbücher, und besonderer Verzeichnung der Reste. Die interimistische Verwaltung muß dann jedoch wenigstens bis zu einem Rechnungstermin fortgesetzt werden, damit unter Rechtfertigung und Erweis der Reste die Restitution der Verwaltung auf einfachen Bücherabschluß geschehen kann.

§. 907.

c. Bei Remotionen und Dienstentsetzungen.

Ist die Remotion oder Dienstentsetzung gegen einen Rechner ausgesprochen; so erfolgt sofort die Versiegelung der Amtslokalitäten und Literalien, wonächst alsdann nach Vorschrift der §§. 1349—1366. weiter zu verfahren ist.

Vierter Abschnitt.

Rechnungsstellung durch die Erben des Rechners.

§. 908.

1. Verpflichtung der Erben zur Rechnungsstellung. a. Grundsatz.

Die Erben sind in allen Fällen zur Rechnungsstellung verbunden, worin ihr Erblasser zu derselben verpflichtet gewesen. Sie müssen daher von allen verflossenen Rechnungsjahren, oder sonst verrechnungsbaren Zeitabschnitten die schuldigen Rechnungen zur Ablegung bringen, oder den Haushalt rechtfertigen.

§. 909.

b. Besondere Bedingungen. α. In Betreff der Rechnungsstellung.

Die Rechnungsstellung liegt den Erben indeß nur bezüglich der Vertretung des Erblassers, nicht als Geschäftsbetrieb selbst ob. Sie sind deßhalb verbunden, die Rechnungen von einem, nach ihrer Wahl bestimmten und als ihr Anwalt geltenden, dem Geschäfte gewachsenen Manne aus der Zahl der aktiven herrschaftlichen Rechnungsbeamten aufstellen zu lassen; dagegen aber werden die deßhalbigen Kosten, in Vergütung der angemessenen Diäten und Transportkosten, von der Kasse getragen.

§. 910.

β. Rücksichtlich der Offenstellung des Rechnungshaushaltes.

Zur Offenstellung des Rechnungshaushaltes sind gleichfalls die Erben des Rechners eben so verpflichtet, wie dieser selbst es gewesen seyn würde, und zwar solches einschließlich der Vorlegung und Ausantwortung der Amtspapiere. Nachtheile, welche dem herrschaftlichen Interesse aus irgend einer Weigerung hierin erwachsen, sind die Erben aus eigener Verschuldung durchaus zu vertreten verbunden, und darf dieserhalb die zureichende Retention an der Kaution ausgeübt werden.

§. 911.

2. Grundsatz der Vertretung.

In Betreff der Vertretungspflicht der Erben für ihren Erblasser haben dieselben, so weit die Kaution reicht, für alle von diesem herbeigeführte positive Schäden zu haften; über die Kaution hinaus aber für dergleichen Schäden nur in so fern sie reicher dadurch geworden sind. Sie müssen sich daher auch jeder, in Folge dieser Ordnung zulässigen und angeordneten, Untersuchung unterziehen, welche unmittelbar auf die Konstatirung solcher Schäden abzielt, auch wenn sie gegen die Erben allererst eröffnet werden sollte. Dagegen sind sie frei von aller Vertretung der Strafhandlungen ihres Erblassers, als solcher, und selbst rückständige Ordnungs- und sonstige Geldstrafen desselben, als Rechners, sollen nicht von ihnen nachgezahlt werden.

§. 912.

3. Geschäftsgang. a. Versiegelung.

Sofort nach eingelangter Nachricht von dem erfolgten Tode eines Rechners sind die Amtslokalitäten und Reposituren unter gerichtliches Siegel zu legen, dem die Erben ihr Privatsiegel ebenfalls beifügen dürfen.

§. 913.

b. Eröffnung des Geschäfts.

Vierzehn Tage hiernach, unter welcher Zeit die erforderlichen Vorsichtsmaßregeln durch Erlassung von Rundschreiben im Amtsbezirke des verstorbenen Rechners zu treffen sind, wird zur Entsiegelung, durch Requisition der betreffenden Gerichtspersonen, geschritten, und damit das Geschäft eröffnet.

§. 914.

c. Abhaltung desselben.

Die Abhaltung dieses Geschäfts ist ganz nach den Vorschriften der §§. 1350 — 1366. einzurichten.

Zweite Abtheilung.

Verrechnung in zweiter und dritter Instanz der Rechenämter.

§. 915.

1. Grundsatz der Verrechnung.

Alle Oberrechenämter zweiter und dritter Instanz haben nur Geldeinkünfte zu verwalten und zu verrechnen; jede Art von Natural-Rechnungsverwaltungen ist daher durchaus von ihrer Kompetenz ausgeschlossen. Unter dieser Beschränkung gelten indeß die, für die Verrechnung in erster Instanz der Rechenämter gegebenen, Vorschriften auch für die Verrechnung bei den Oberrechenämtern, sofern nicht durch deren besondere Stellung eine Abänderung nothwendig und besonders verordnet worden ist.

§. 916.

2. Eigenthümlichkeit der Buchführung.

Die verschiedenen Methoden der getrennten und der vereinigten Buchführung kommen bei den Oberrechenämtern nicht vor; das ganze Rechnungswesen wird vielmehr in besonderen Tagebüchern und Handbüchern, wie die sicheren Einkünfte, entwickelt.

§. 917.

3. Einnahme.

In Ansehung der eigenthümlichen Behandlung der Einnahmen sind die mittelbaren von den unmittelbaren zu unterscheiden. Jene bestehen bloß in der Einlieferung der Ueberschüsse aus den untergeordneten Rechenämtern; diese hingegen aus den Einkünften der, den Oberrechenämtern zur eigenen ursprünglichen Erhebung übertragenen, Intraden.

§. 918.

a. Mittelbare Erhebung. *α.* Historischer Vortrag.

Für die Einnahme der Ueberschüsse gilt die Regel, daß sie nur in so weit unter abgesonderten Rubriken vorgetragen werden können, als sie bei der ursprünglichen Erhebung unter denselben abgesondert zugleich in Einnahme und in Ausgabe verrechnet worden sind. Fließen die verschiedenen Einnahme-Rubriken hier alle zur Ausgabe zusammen; so ist die Buchung einer Einlieferung von Geldern auf diese oder jene Rubrik eine Fiktion, welche, dem Wesen der Verrechnung fremd, nur zur Selbsttäuschung dienen kann, mithin nirgends sanktionirt erscheinen darf. Da nun bei den einzelnen Zweigen der Spezial-Rechenämter alle Einnahmen, ohne Unterschied ihrer Benennung, im Ganzen zu der gesammten Ausgabe, in der Regel, zu verwenden sind; so sollen die Oberrechenämter die Einlieferungen unter den einzelnen Erhebungszweigen nur nach den Rechenämtern, als den einzig übrigen Rubriken, zu Buche bringen, worunter die einzeln geschehenen Einlieferungen die Posten bilden. Das General-Rechenamt dritter Instanz hat folglich nur die Provinzial-Rechenämter zu Rubriken der mittelbaren Einnahme.

§. 919.

β. Arithmetischer Vortrag.

Ueberdieß kann die mittelbare Einnahme der Oberrechenämter immer nur so viel im wirklichen Soll nachweisen, als an Einlieferungen im Ist aufgekommen. Bei unsicheren Einkünften ist solches unbedingt der Fall; bei sicheren Intraden aber aus dem Grunde, weil die verbleibenden Reste an Einlieferungen entweder aus Einnahmeresten bei den ursprünglichen Erhebereien entstehen, die hier ohnehin nachgewiesen, daher nicht zum zweiten Male verrechnet zu werden brauchen, oder aber durch die Mehrausgaben in den Rechenämtern erster Instanz unvermeidlich sind, dann jedoch auch nachfolgend nicht zur Oberkasse gedeckt werden können. Das wirkliche Soll wird daher in den Rechnungen der Oberrechenämter zur mittelbaren Einnahme nicht vorgetragen. Um indessen einen Anhaltepunkt der Gestaltung des Haushalts während des Rechnungsjahres zu gewinnen, muß die mittelbare Einnahme hier durchgehends in dem Etat-Soll, dem Ist und dem sich gegen jenes Soll herausstellenden Reste gebucht werden.

§. 920.

b. Unmittelbare Erhebung. *α.* Verrechnung.

Sämmtliche, den Oberrechenämtern zur eigenen Erhebung überwiesene, unmittelbare Einnahmen werden hingegen auf dieselbe Weise, wie die sicheren Einkünfte der Spezial-Rechenämter verrechnet, und in den Resten nachgewiesen. Sollen dergleichen Einnahmen zur unverkürzten und speziellen Einlieferung an besonders angewiesene Kassen gelangen; so ist das betroffene Oberrechenamt in deren Beziehung nur als eine Untererheberei zu betrachten, und seine Verrechnung wird durch die bloße Hülfsbuchführung (§. 162.) absolvirt.

§. 921.

β. Gegenstände.

Zur eigenen Erhebung können übrigens nur vorausbestimmbare Geldeinkünfte von den Oberrechenämtern verwaltet werden. Sind denselben auch unsichere Einkünfte zur unmitelbaren Erhebung überwiesen; so bilden sie in so weit ein Spezial-Rechenamt, mit allen den, von einem solchen zu beobachtenden, Verpflichtungen.

§. 922.

4. Ausgabe. a. Rubrikenbildung.

Bei der Ausgabe sind die im §. 731. vorgeschriebenen Rubriken in Anwendung zu bringen, und unter denjenigen von ihnen, welche dazu geeignet erscheinen, die einzelnen Verwaltungszweige als Unterrubriken aufzuführen.

§. 923.

b. Zahlkassen.

Die von den Oberrechenämtern mit ihrem Bedarf zu versehenden Zahlkassen bilden je einzeln nur einen Ausgabe-Posten, welcher mit der Hauptquittung des betreffenden Zahlmeisters zu belegen ist. Sind diese Zahlämter permanent, so stellen sie ihre Rechnungen selbstständig; sind es aber nur Kommissariats-Zahlämter, so werden die von ihnen zu stellenden Rechnungen nebst Urkunden zu der Hauptquittung über ihren Empfang, als Beilagen der Oberrechenamts-Rechnung, produzirt.

§. 924.

5. Allgemeine Ordnung des Vortrags.

In der Rechnung selbst sind zuerst die unmittelbaren, dann die mittelbaren Einnahmen, hiernächst die Ausgabe vorzutragen, und die Rechnungsführung im Uebrigen nach den allgemeinen Regeln zu bewerkstelligen.

§. 925.

6. Rechnungsstellung. a. Im Allgemeinen.

Die Stellung der Rechnungen folgt ebenfalls den hierüber bei der Verrechnung in erster Instanz aufgestellten Grundsätzen, so weit nicht durch die Art der Amtsbesetzung eine einfachere Verfahrensweise bei dem Austritte des Rechners und der Rechnungsstellung durch die Erben eintreten kann.

§. 926.

b. Rechnungstermin.

Der Rechnungstermin ist bei den Rechenämtern zweiter Instanz auf den 1ten Juni, bei dem General-Rechenamt dritter Instanz auf den 1ten Juli des folgenden Jahres festgesetzt. Die Hülfsbücher werden um einen Monat früher, also bezugsweise am letzten April und am letzten Mai geschlossen.

Achtes Hauptstück.

Buchhalterei.

§. 927.

1. Begriff der Buchhalterei.

Die Buchhalterei im objectiven und allgemeinen Sinne besteht in der Kontrollführung über eine herrschaftliche Vermögensverwaltung, unter gänzlicher Ausschließung des Buchhalters von der persönlichen Vereinnahmung oder Verausgabung der Vermögensbestandtheile.

§. 928.

2. Buchhalterei-Behörde.

In subjektivem Sinne wird unter Buchhalterei diejenige Behörde verstanden, welcher die vorbezeichnete Kontrollführung aufgetragen ist.

§. 929.

3. Allgemeine Erfordernisse der Buchhalterei.

Die Buchhalterei unterliegt in ihrer Herstellung den zur Verrechnung §. 454 — 530. gegebenen allgemeinen Vorschriften, sofern nicht eine Modifikation ausdrücklich vorgeschrieben worden ist.

§. 930.

4. Eintheilung.

Sie zerfällt in die gemischte und in die reine Buchhalterei, je nachdem sie zugleich in einer Hülfsbuchführung besteht, oder nicht. Jene wird die Kassen-Buchhalterei, diese die Staats- oder Haupt-Buchhalterei genannt.

Erstes Kapitel.

Kassen-Buchhalterei.

§. 931.

1. Begriff und Zweck.

Die Kassen-Buchhalterei ist die gemischte Buchhalterei, welche bei einzelnen Kassen oder sonstigen Rechenämtern theils zur Vertheilung der Arbeit, theils und hauptsächlich zur Kontrolle und Sicherung des Vermögens, dem Rechner gegenüber, bestellt ist.

§. 932.

2. Anwendung.

Sie soll bei Spezial-Kassen nur dann eingeführt werden, wenn die voraussichtliche jährliche Einnahme regelmäßig über 100,000 fl. beträgt, oder sonst erhebliche Gründe dieselbe anrathen. Bei Provinzial- und General-Kassen hingegen findet sie immer Statt.

§. 933.

3. Ausführung. a. Ueberhaupt.

Zur Herstellung der Kontrolle wird von dem Hauptrechner das Tagebuch; von dem Buchhalter aber das Handbuch geführt. Letzterer ist überall von der wirklichen Einnahme und Ausgabe der Rechnungsobjekte ausgeschlossen, bei welchen er mithin nie persönlich betheiligt werden kann. Jede Quittung über jede Einnahme hingegen muß so gewiß vom Hauptrechner und dem Buchhalter zugleich ausgestellt werden, als sie sonst an Richtigkeit leidet, und den einseitigen Aussteller des Betrugs verdächtig macht.

§. 934.

b. Bei Spezial-Kassen.

Die Buchhaltereien der Spezial-Kassen werden immer nur von einem Beamten bekleidet, daher ist diesem das Handbuch, oder ein zweites Tagehandbuch allein zu überlassen.

§. 935.

c. Bei Provinzial- und General-Kassen. *a.* Führung des Tagebuchs.

Bei Provinzial- und General-Kassen soll das Tagebuch ebenfalls von den Hauptrechnern, und zwar entweder nur von einem, oder, wenn der Umfang des Geschäfts es erfordert, von zwei Beamten geführt werden, von welchen der eine die Einnahme, der andere die Ausgabe zu verwalten hat. In letzterem Falle ist das Tagebuch, in getrennten Bänden, für die Einnahme und für die Ausgabe abzutheilen, die Tabellenform des §. 557. aber dahin abzuändern, daß die Ausgabe mit der dritten Hauptspalte anfängt; die Einnahme hingegen von derselben Spalte einschließlich ab bis zur ersten, in umgekehrter Reihenfolge, nach Art der Ausgabe, eingerichtet wird. Der monatliche Abschluß muß in gewöhnlicher Form in beiden Büchern Statt finden, und die Bezeichnung der Pagina des Handbuches auf Angabe des einschlägigen Buchführers geschehen.

§. 936.

β. Führung des Handbuches.

Auch die Führung des Handbuches ist bei Oberrechenämtern nach Bedürfniß seines Umfanges entweder einem, oder mehreren Beamten anzuvertrauen, von denen keiner bei der Führung des Tages betheiligt seyn darf. Bei der Verwendung mehrerer Buchführer wird das Handbuch nach Erhebungszweigen in besondere Bände abgetheilt, solche aber durch fortlaufende Pagina mit einander in Verbindung gesetzt. Die Quartalabschlüsse hat der, damit besonders beauftragte, Beamte am Ende des letzten Bandes in regelmäßiger Form herzustellen. Die Ausstellung der Quittungen über Einnahmen geschieht von dem Hauptrechner und dem Buchhalter, in deren Ressort die Einnahme einschlägt.

Zweites Kapitel.

Haupt-Buchhalterei.

§. 937.

I. Wesentliche Natur. 1. Begriff.

Die Haupt- oder Staats-Buchhalterei ist die reine Buchhalterei, welche, schlechthin abgeschieden von der Verrechnung zur wirklichen Einnahme und Ausgabe, die

Anordnungen der Wirthschaft im Verhältnisse zu den Ergebnissen des Haushalts, gegenüber den Verwaltungsbehörden und den Rechnern, durch unausgesetzte Beobachtung während des Rechnungsjahres, in schriftliche Kontrolle zu stellen hat. Sie wird von der Behörde gleichen Namens, unter dem, dieser schon im §. 30. und 39. beigelegten, Begriffe, geführt.

§. 938.

2. Zweck.

Hiernach bildet die Haupt-Buchhalterei den Vereinigungspunkt einer schriftlichen, übersichtlichen Entwickelung der Wirthschaft und des Haushalts, in welcher Eigenschaft ihr, als der Basis des gesammten Kameral-Rechnungswesens, der Zweck vorgesteckt ist: die Wechselwirkung des Haushalts und der Wirthschaft unter einander unausgesetzt wahrzunehmen; die eigenthümliche Gestaltung einer jeden derselben für Gegenwart und Zukunft zu veranschaulichen; die Lücken der wirthschaftlichen Feststellungen zu ergänzen; eine allgemeine Kontrolle möglich zu machen; und endlich die Materialien zu liefern, um das Gesammtresultat des ganzen Finanzwesens aus einem Jahre in einer Darstellung umfassen zu können. Durch die Kontrolle sollen ins Besondere noch die sonst mit einander in Beziehung stehenden Rechnungen, zur Beschleunigung der Revision, von einander unabhängig gemacht, und die fällig gewordenen Beträge der voraus bestimmbaren Einkünfte und Ausgaben in ihren monatlichen oder vierteljährigen Größen erkennbar werden.

§. 939.

3. Gegenstand.

Ihrem Zwecke entsprechend, hat die Haupt-Buchhalterei alle qualitative und quantitative Verhältnisse der Vorausbestimmung und der Wirklichkeit in sich aufzunehmen und für den Vortrag sowohl der bloßen wirthschaftlichen Aestimationen, als der wirklich erschienenen Realitäten gleich geeignet zu erscheinen. Eben deßhalb finden die §§. 452. und 453., welche die Aufführung muthmaßlicher

Größen und unfaktischer Geldanschläge bei der Verrechnung untersagen, hier keine Anwendung.

§. 940.

II. Ausführbarkeit.

Zur Ausführbarkeit der Haupt-Buchhalterei, unter der gestellten Aufgabe, dienen als Hülfsmittel: das Etat-Soll, das wirkliche Soll, das Ist, die Reste, die Geldanschläge und die Garantie für die erforderlichen Wahrnehmungen.

§. 941.

1. Etat-Soll.

Das muthmaßliche oder Etat-Soll wird aus den, für die einzelnen Rechenämter entworfenen, Etats entnommen, welche deßhalb der Buchhalterei vorgelegt werden müssen.

§. 942.

2. Effektives Soll.

Das wirkliche Soll ergiebt sich bei den im Voraus bestimmbaren Größen entweder aus den Etats selbst, oder aus den, von den disponirenden Behörden deßhalb erlassenen, Dekreturen, wohin auch die dekretirten Verkaufslisten gehören; bei demjenigen Soll aber, welches erst mit der Einnahme bestimmt werden kann, aus den Nachweisungen der einschlägigen Rechenämter. Ihm vorgängig müssen jedoch erst Abgang und Zugang am Etat-Soll festgestellt und daher diese Verhältnisse ebenfalls nachgewiesen werden.

§. 943.

3. Ist und Rest.

Eben so sind das Ist und die Reste auf den Grund der Nachweisungen und Ueberträge zu Buche zu bringen.

§. 944.

4. Geldanschläge.

Alle in Natur verrechnete Gegenstände außer Gelde müssen zugleich ein Mal in ihrem Geldwerth angegeben werden. Es soll daher regelmäßig nur von den Ausgaben und den verbleibenden Beständen die Auswerfung des Geldwerthes Statt finden, und zwar bei verkauften Objekten in den **Verkaufspreisen**, auf den Grund der deßhalbigen Listen und Dekreturen; sonst aber überall nach den bestehenden **Kammertaxen**.

§. 945.

6. Sicherung der Wahrnehmung. a. Gegenüber den Dispositionsbehörden.

Zur Sicherung der Wahrnehmung der Buchhalterei in allen, zu ihrer Beobachtung ausgestellten, Gegenständen ist bereits im §. 123. der Geschäftsgang mit den disponirenden Behörden, und im §. 119. die Anwendung eines **Sichtscheins** verordnet worden.

§. 946.

b. Gegenüber den oberaufsehenden und vollziehenden Rechnungsämtern.

Eben so sollen auch alle an die Revisionsbehörde eingehenden Nachweisungen, nach ihrer Prüfung, sofort an die Buchhalterei zur Einsicht abgegeben, und die bei Ablieferung von Ueberschüssen zweifach auszufertigenden Ueberträge, von dem abliefernden Rechenamte aus, durch die Buchhaltereien an die Empfangskasse befördert werden. In letzterem Falle ist hiernächst das eine Exemplar der Ueberträge der abgelieferten Gelder, welche mit dem Sortenzettel unmittelbar an die Empfangskasse gehen, von dieser quittirt, an das abliefernde Rechenamt zu übermachen. Die etwa bei den Ablieferungssummen vorgefallenen Irrungen werden ebenfalls durch Vermittelung der Buchhalterei beseitigt.

§. 947.

c. Sichtschein. α. Anordnung.

Damit sichere Merkmale dafür erworben werden, daß keine Gegenstände, welche zur Beobachtung der Buchhalterei ausgesetzt werden müssen, dieser vorenthalten, oder von ihr selbst unbeachtet gelassen worden seyen, ist die geschehene Wahrnehmung immer durch einen besonderen Vermerk nachzuweisen.

§. 948.

β. Begriff und Abfassung.

Der Vermerk der Buchhalterei, wodurch sie die geschehene Beobachtung der, zu ihrer Wahrnehmung und Benutzung auszustellenden, Ausfertigungen bestätiget, wird der Sichtschein genannt. Er hat zu seinem Inhalte bloß das Wort: "Gesehen", oder: "Kontrollirt", mit Ort und Datum nebst Zeichnung der einschlägigen Buchhalterei und des kontrollirenden Buchhalters. Seine Abfassung geschieht mit blauer Tinte rechts oben an auf der ersten Seite der wahrzunehmenden Ausfertigungen.

§. 949.

γ. Folge unterlassener Ausstellung.

Wenn Urkunden oder andere Ausfertigungen, welche kontrollirt seyn müssen, ohne aufgesetzten Sichtschein von den Rechnern zu den Rechnungen benutzt, oder von den Registratoren reponirt werden; so ist eine solche Nachlässigkeit unnachsichtlich mit der geeigneten Ordnungsstrafe zu rügen. Eine gleiche Rüge trifft den Buchhalter, welcher vorschriftswidrig die Ausstellung des Sichtscheines unterlassen.

§. 950.

III. Instanzen und Abzweigung.

Nach Maßgabe der, den Buchhaltereibehörden vorgezeichneten, Instanzen (§. 139.) und Wirkungskreisen (§. 66.) ist auch der Buchhaltereidienst von verschiedenem Umfange. Eine Buchhalterei einziger Stelle hat die Buchhaltung über alle Rechnungsverwaltungen eines Gebiets zu führen; bei zwei vorhandenen Instanzen hingegen führt die General-Buchhalterei die Buchhaltung über die Oberrechnungsverwaltungen, während den Provinzial-Buchhaltereien die Buchhaltung über die Spezial-Rechnungsverwaltungen vorbehalten ist.

§. 951.

IV. Buchhaltung. 1. Begriff.

Die Buchhaltung besteht in der systematischen, der Verrechnung selbst unparteiisch gegenüberstehenden, Verzeichnung der wirthschaftlichen Vorausbestimmungen und der Thatsachen des Haushalts nebst den Verhältnissen beider zu einander.

§. 952.

2. Hauptbücher. A. Begriff.

Die zur Buchhaltung zu verwendenden Bücher werden die Hauptbücher genannt.

§. 953.

B. Umfang.

Ein Hauptbuch erstreckt sich regelmäßig auf alle Rechenämter eines und desselben Einnahmezweiges und einer und derselben Instanz. Jedoch sind in demselben die einzelnen Rechenämter, in Einnahme und Ausgabe, von einander genau abgesondert vorzutragen.

§. 954.

C. Inhalt.

Der Inhalt eines Hauptbuches ist nach Maßgabe des Zweckes der Buchhalterei, ihrer Gegenstände und der möglichen Hülfsmittel zu normiren, und wird durch Einrichtung des Tabellenbaues näher bezeichnet. Hinsichtlich des Vortrages der Münze und des Maßes sollen, in Ausnahme von der §. 336 und 337. gegebenen Regel, immer nur die zwei ersten Scheiden aufgeführt, die etwa unter der dritten Scheide vorkommenden Zahlen aber in einem Bruche der zweiten Scheide dergestalt ausgedrückt werden, daß der Nenner die Zahl der Einheiten enthält, welche von Scheiden der dritten Größe auf eine Scheide der zweiten Größe gehen. Der Sachaufwand wird unter besonderer Rubrik zu der Ausgabe gezogen.

§. 955.

D. Uebersichtlichkeit.

Die Uebersichtlichkeit des Hauptbuches ist in der Trennung der Einnahme von der Ausgabe, in dem Gebrauch der Linien und in der Trennung der Rubriken und Posten nach den hierüber zur Rechnungsführung (§. 690 — 692.) gegebenen Vorschriften herzustellen.

§. 956.

E. Veranlagung. a. Materielle Veranlagung. α. Historischer Vortrag. aa. Im Allgemeinen.

Nicht weniger hat sich der historische Vortrag, überhaupt an die allgemeinen Vorschriften gebunden, in seiner Anwendung bei dem Hauptbuche nach dem Rechnungsstyle zu richten.

§. 957.

bb. Rubrikenbildung.

Besonders gilt dieß von der Bildung der Rubriken, welche ganz übereinstimmend mit den Rubriken der bezüglichen Rechnungen anzuwenden sind.

§. 958.

cc. Vortrag der Posten. αα. Ueberhaupt.

Auch der Vortrag der Posten ist im Allgemeinen von dem Rechnungsstyle abhängig und hiernach (§. 698—713.) einzurichten.

§. 959.

ββ. Ständige unveränderliche Posten.

Ständige unveränderliche Posten werden jedoch in einem Eintrage, unter der Bezeichnung der sie unmittelbar umfassenden Rubrik, vorgetragen.

§. 960.

γγ. Ständige veränderliche Posten.

Eben so sind ständige veränderliche Posten, deren Bestimmung im Etat-Soll einer Veränderung voraussichtlich nicht unterliegt, zu behandeln.

§. 961.

δδ. Unständige Posten.

Dasselbe gilt von den auf unbestimmte Zeit, oder auf Lebenszeit der Berechtigten wiederkehrenden Posten, wenn dieselben im betreffenden Rechnungsjahre keiner besonderen Dekretur bedürfen. Unständige veränderliche Posten, welche auf den Grund besonders zu dekretirender Verzeichnisse zum Hauptbuche gelangen, werden ebenfalls im Ist nur mit den, in den Verzeichnissen angegebenen, Summen aufgenommen.

Jedoch sind unter solchen Posten hinlängliche Räume zu Nachträgen offen zu lassen.

§. 962.

αα. Sonstige Posten.

Alle andere Posten außer den vorher bezeichneten (§. 959 — 961.), welche zum Hauptbuche die Abstraktionsposten genannt werden, müssen wie in der Rechnung spezifizirt erscheinen.

§. 963.

ζζ. Darstellung der Abstraktions-Posten.

Wenn mehrere Abstraktionsposten unmittelbar auf einander folgen, so können sie ausnahmsweise auf einer Seite vorgetragen werden, sofern sie einerlei Größenberechnung zulassen; von Rubriken, welche spezifizirte Posten unter sich enthalten, darf hingegen immer nur eine auf einer Seite erscheinen.

§. 964.

β. Arithmetischer Vortrag.

Der arithmetische Vortrag wird in der Regel nur mit dem Etat-Soll veranlagt. Bei Abstraktionsposten ist derselbe jedoch, mit Ausnahme der unständigen veränderlichen Posten des §. 961., in der Veranlagung zugleich, unter Negation des Ab- oder Zugangs, weiter auf die Einschreibung des wirklichen Solls sowohl mit seinem Jahresbetrage, als mit den in den einzelnen Monaten aufkommenden Fälligkeiten zu erstrecken.

§. 965.

b. Formelle Veranlagung.

Die formelle Veranlagung ist in analoger Anwendung der Vorschrift des §. 548. zu bewerkstelligen.

§. 966.

c. Zeit der Veranlagung.

Das Hauptbuch muß von der Zeit an, wo der Buchhalterei die einschlägigen Etats oder besonderen Dekreturen mitgetheilt worden sind, sofort in Veranlagung gestellt werden, und hierin, so weit die Hülfsmittel reichen, vor Anfang des bezüglichen Rechnungsjahres vollendet seyn.

§. 967.

F. Eintragung. a. Eintragungsart. α. Historischer Vortrag.

Die Einträge haben sich in der Regel mit der Postengeschichte weiter nicht zu beschäftigen. Nur wenn sich ausnahmsweise abändernde oder modifizirende Merkmale an der Geschichte herausgestellt haben, sind solche noch nachzutragen.

§. 968.

β. Arithmetischer Vortrag. aa. Ueberhaupt.

Der arithmetische Vortrag ist nach der darüber zur Rechnung (§. 714.) ertheilten Vorschrift auszuführen, sofern nicht ein Anderes besonders verordnet worden.

§. 969.

bb. Gegenstände.

Es gehört zu demselben die Einstellung der Beträge im wirklichen Soll, im Ist und im Reste (Ueberschuß), sodann die Auswerfung der Geldanschläge, welche nach §. 944. zu behandeln sind.

§. 970.

cc. Wirkliches Soll. αι. Bedingungen des Vortrags.

Bei der Eintragung der Ergebnisse im wirklichen Soll müssen die Resultate des Zu- oder Abgangs außer Zweifel stehen und zugleich zur Linie ausgesetzt werden. Der Vortrag ist daher hier bedingt durch die bereits geschehene definitive Vorausbestimmung, oder von dem Erfolge der Ist-Einnahme selbst, sofern hiervon die Normirung des wirklichen Solls abhängt.

§. 971.

ββ. Form des Vortrags.

Das wirkliche Soll wird in seinem jährlichen, und bei den im Voraus genau bestimmbaren Gefällen und Ausgaben in der Regel auch in seinem monatlichen oder vierteljährigen, Betrage gebucht, damit vermittelst der letzteren Buchung die jeweiligen Fälligkeiten in dieser Art übersehen werden können. Auch die Abstraktionsposten werden zum monatlichen oder vierteljährigen Soll, so wie solches von seinen besonderen Fälligkeits-Terminen normirt erscheint, in summarischen Einträgen dargestellt. Das nur im Jahresbetrage auszusetzende Soll gelangt indessen erst dann zur Eintragung, wenn das jährliche Gesammt-Ist gebucht ist, und zwar mit diesem in gleichlautenden Größen.

§. 972.

dd. Vortrag des Ist's.

Das Ist soll in jährlichen und Quartal-Beträgen zu Buche gebracht werden, indem die hierzu erforderlichen Quartal-Nachweisungen von den Rechenämtern in kürzeren Zeiträumen nicht eingehen.

§. 973.

ee. Vortrag der Reste.

Da die Reste sich nicht übersichtlich nach Quartalen hinter einander buchen lassen, auch ihre Auffindung, durch Vergleichung des Ist's mit dem Soll, in jedem Augenblicke leicht zu bewirken steht; so sind sie nur im ganzen Jahresbetrage, auf den Grund der letzten Nachweisung aus dem Handbuche eines Rechnungsjahres, vorzutragen. Die zwischenzeitig quartalweise erwachsenen Reste hingegen hat die Buchhalterei, auf Erfordern, durch eigene Berechnung in ihren Beträgen zu ermitteln.

§. 974.

ff. Zusammenträge.

Zusammenträge und Wiederholungen werden gewöhnlich erst bei der Schließung des Hauptbuches, und zwar in derselben Art und Weise, wie bei der Rechnung, gebildet.

§. 975.

gg. Abschlüsse.

Quartalabschlüsse finden in der Regel gar nicht Statt, sind aber, wenn sie ausnahmsweise gezogen werden sollen, wie bei dem Handbuche (§. 601.) anzufertigen. Dagegen ist die Bildung der jährlichen Abschlüsse in den Hauptbüchern immer erforderlich; von Rechenamt zu Rechenamt darin anzuwenden; und, in Ermangelung besonderer Vorschrift, nach der Einrichtung in den einschlägigen Rechnungen auszuführen.

§. 976.

b. Eintragungszeit.

Alle zu dem Hauptbuche aufgekommene Kontrollgegenstände müssen sofort, wie sie offiziell zur Kenntniß der Buchhalterei gelangen, gebucht werden. Verzögerungen sind in derselben Art, wie bei dem Handbuche (§. 604.), zu ahnden.

§. 977.

G. Integrität der Schrift.

Die Schrift im Hauptbuche erfordert neben sorgfältiger Reinhaltung die möglichste Deutlichkeit, und es gilt für die Integrität derselben die im §. 554. gegebene Vorschrift.

§. 978.

H. Beurkundung.

Keine Vorträge im Hauptbuche bedürfen, da sie nur zur Kontrolle dienen und an und für sich keine, von den Buchhaltern zu vertretende, Thatsachen enthalten, eines besonderen Beweises. Damit indessen auch die wirthschaftlichen Dispositionen, so weit sie von dem Etat abweichen (§. 419.), oder andere außerordentliche Modifikationen, die bei der Rechnungsverwaltung eintreten, ohne Einsicht der betreffenden Akten sofort geprüft werden können; so sollen dergleichen Umstände in einer beigefügten Bemerkung angegeben, und die zum Grunde liegende schriftliche Ausfertigung als Beilage angefügt werden. Die Spalte für die Beilagen muß daher der Spalte für die Bemerkungen zunächst stehen; die Nummerirung der Beilagen und die Anrufung derselben geschieht aber in derselben Art, wie solches zur Rechnung (§. 730 und 731.) vorgeschrieben.

§. 979.

I. Tabellenbau. a. Grundlagen.

Sämmtliche zur Einrichtung der Hauptbücher zu verwendende Tabellenformen sind in Beziehung auf die allgemeine Zweckbestimmung der ersteren mit einander übereinstimmend, und zwar ohne Unterschied, ob sie Gegenstände der vereinigten, oder der getrennten Buchführung betreffen. In Rücksicht der Darstellung der monatlichen oder vierteljährigen Fälligkeiten und nach den Gattungen der Gegenstände sind aber die Formen abhängig von der Vorausbestimmbarkeit und der Größenberechnung der Einkünfte. Nur bei den im Voraus bestimmbaren Gegenständen findet eine Zergliederung des Solls nach den Zeitpunkten der Fälligkeit Statt, bei allen anderen nicht. Zu den Einnahmegegenständen, welche im Voraus (vor Anfang des Rechnungsjahres) bestimmt in das Soll gestellt werden können, gehören hier indessen nur die im §. 193. von Nr. 1 — 3. aufgeführten, Rechnungsobjekte, nämlich: die direkten Steuern, die Domanial-, Geld- und Natural-Gefälle und die Forstnutzungen.

§. 980.

b. Hauptbücher über die Spezial-Rechnungsverwaltungen.

α. Rent-Hauptbuch.

Der Tabellenbau des Rent-Hauptbuches hat auf einer Bogenfläche in Einnahme und Ausgabe folgende Spaltenrubriken: 1) Etat-Soll; 2) Postengeschichte; 3) Zugang; 4) Abgang; 5) wirkliches Soll, a) Jahresbetrag, b) monatlicher Betrag, mit den Unterrubriken der einzelnen Monate; 6) Ist, a) Quartalbeträge, mit den Unterrubriken der 4 Quartale des laufenden und des 1ten Quartals des nächstfolgenden Jahres, b) Jahresbetrag; 7) Rest; 8) Nummer der Beilagen; 9) Bemerkungen. Allen Rechenspalten werden die Rubriken der Münzscheiden untergeordnet. Der Hauptraum des Tabellenkopfes erhält die Aufschrift: Rent-Hauptbuch (Name und Titel der Buchhalterei), darunter mit vorgesetzter laufender Nummer: Rentamt (Name desselben) und hierunter Einnahme (oder Ausgabe) mit der Bezeichnung des Rechnungsjahres zu beiden Seiten. (Anlage 31.)

§. 981.

β. Hauptbuch der direkten Steuern.

Eine gleiche Einrichtung, unter der eigenthümlich zu modifizirenden Tabellenaufschrift, ist dem Hauptbuche der direkten Steuern zu geben.

§. 982.

γ. Frucht-Hauptbuch.

Auch das Frucht-Hauptbuch erhält zur Einnahme und Ausgabe im Allgemeinen dieselbe Einrichtung. Die Tabellenaufschrift ist jedoch jener des Frucht-Handbuches (§. 630.) analog, und mit der Einschaltung der einzeln kontrollirten Rechenämter, einzurichten. Eben so, wie in diesem Hülfsbuche, werden die Spalten für die Frucht-Maßscheiden behandelt. Außerdem muß zur Ausgabe zwischen den im §. 980. aufgeführten Spaltenrubriken 6. und 7. die Rubrik: Geldanschlag, eingeschaltet, und diese in die Unterspalten: a) in den Verkaufspreisen, b) nach der Taxe, eingetheilt werden. Der jährliche Abschluß wird von Rechenamt zu Rechenamt am Ende der hierfür verwendeten Abtheilungen, unter demselben Tabellenbild, für jede Fruchtgattung besonders, gezogen.

§. 983.

δ. Forst-Hauptbuch.

Zur tabellarischen Einrichtung des Forst-Hauptbuches sind für die Einnahme nachstehende Spaltenrubriken auf einer Bogenfläche zu verwenden: 1) Etat-Soll; 2) Postengeschichte, a) Reviere und Distrikte, b) Holz- und Gewinnungsarten, c) Forst- und Verbrauchs-Sortimente; 3) Zugang; 4) Abgang; 5) wirkliches Soll, a) Jahresbetrag, b) Quartalbeträge, mit den Unterspalten des letzten Quartals vom vorhergehenden und der vier Quartale im laufenden Rechnungsjahre; 6) Ist, a) Quartalbeträge, mit den vorhergehend bezeichneten Unterspalten, b) Jahresbetrag; 7) Ueberschuß; 8) Nummer der Beilagen; 9) Bemerkungen. Für die Ausgabe dient derselbe Tabellenbau, nur tritt zur Geschichtsspalte noch die Rubrik d) Empfangstitel, hinzu, an die Stelle der achten Hauptspalte die Rubrik: Gesammt-Rest, und zwischen die sechste und siebente Hauptspalte die Rubrik des Geldanschlags mit den, §. 982. angegebenen, Unterabtheilungen. Die den Rechenspalten unterzuordnenden Rubriken der Forstmaße sind nach Vorschrift des §. 637. herzustellen.

Die Tabellenaufschrift zur Einnahme und Ausgabe geschieht ebenfalls in analoger Anwendung der deßhalbigen Vorschriften in den §§. 637. und 638., mit der Maßgabe der hier erforderten eigenthümlichen Bezeichnung des Hauptbuches und der Buchhalterei nebst den einzelnen kontrollirten Forst-Rechenämtern. Unter demselben Tabellenbilde ist am Schlusse der Abtheilungen für die einzelnen Rechenämter der jährliche Hauptbuchs-Abschluß, von Holzart zu Holzart, nach Anleitung der §§. 765. und 768. herzustellen. (Anlage 32.)

§. 984.

ε. Hauptbücher der nicht im Voraus bestimmbaren Geldeinkünfte.

Die Hauptbücher für diejenigen Geldeinkünfte, welche vor Anfang des Rechnungsjahres nicht bestimmt in das Soll gestellt werden können, namentlich für die Sporteln, die Strafgelder, die Industriegelder, die indirekten Steuern, die Postgelder und die Wege- und Kommunikationsgelder, erhalten, unter der, jedem besonderen Hauptbuche, nach Anleitung des (§. 980.) zu gebenden, eigenthümlichen Aufschrift, den Tabellenbau des Rent-Hauptbuches mit der wesentlichen Modifikation, daß hier das Soll der Einnahme nur im Jahresbetrage aufgenommen wird.

§. 985.

ζ. Arbeits-Hauptbuch.

Dem Arbeits-Hauptbuch ist dasselbe Tabellenbild zum Grunde zu legen. Die Bezeichnung der Einnahme und Ausgabe sowohl in der Aufschrift, als in der Geschichtsspalte soll indeß nach Anleitung der §§. 628 und 629. hergestellt, und hier ausnahmsweise zum Aufkommen (§. 749.) zwischen der sechsten und siebenten Spalte der Geldanschlag mit den Abtheilungen: a) von ursprünglichen Arbeitsschuldigkeiten, b) von Abverdienungen, eingeschaltet werden.

§. 986.

η. Hauptbücher sonstiger Rechnungsgegenstände.

Auch zur Einrichtung der Hauptbücher der noch übrigen Rechnungsgegenstände, namentlich der Jagd- und Fischereinutzungen, der Mineralien, Materialien und Industriewaaren, wird der im §. 984. angegebene Tabellenbau benutzt. Die Spaltenrubriken für die Größenberechnung sind, je nachdem es die Natur der einzelnen Gegenstände erfordert, in der Art, wie für das Forstmaß (§. 983.), zu bilden. Sodann ist zur Ausgabe die Spaltenrubrik des Geldanschlags, wie bei dem Frucht-Hauptbuche, einzuordnen, der jährliche Abschluß ebenfalls nach der hierzu verordneten Einrichtung auszuführen, und das wirkliche Soll zur Einnahme, wie zur Ausgabe nur im Jahresbetrage aufzunehmen.

§. 987.

e. Hauptbücher über Oberrechnungsverwaltungen.

Für die Hauptbücher über die Oberrechnungsverwaltungen endlich soll die zum Rent-Hauptbuche (§. 980.) vorgeschriebene Tabellenform in Anwendung kommen; jedoch muß unter dem Ist eine Spalte für das zweite Quartal des nächstfolgenden Rechnungsjahres hinzutreten, da die Hülfsbücher der Oberrechenämter erst in diesem Quartale geschlossen werden. Die Tabelle führt die Rubrik: Hauptbuch der (Name und Titel der Buchhalterei), worunter der Name des Oberrechenamtes, die Einnahme, oder die Ausgabe, nebst der Zahl des Rechnungsjahres so, wie bei dem Rent-Hauptbuche, darzustellen ist.

§. 988.

K. Dauer der Hauptbücher.

Was die Dauer der Hauptbücher betrifft, so werden sie zu derselben Zeit eröffnet, und geschlossen, wie die Handbücher der einschlägigen Erhebungszweige in den betreffenden Instanzen.

§. 989.

V. Buchstellung.

Die Stellung der Hauptbücher zum Zwecke der darauf gegründeten Prüfungen geschieht in der Urschrift, worin dieselben geführt worden. Sie werden daher sämmtlich nur einfach und nur ein Mal ausgeführt; mithin ist in der Buchhaltung zugleich die Buchstellung enthalten. Jedes

Hauptbuch darf sich in einem Bande nicht über 1200 Seiten erstrecken, und muß zu derselben Zeit der Rechnungskammer eingereicht werden, wenn der Termin zur Stellung der einschlägigen Rechnungen eintritt.

§. 990.

VI. Buchhalterei-Uebersichten. 1. Im Allgemeinen.

Nach den im §. 938. aufgestellten Zwecken der Buchhalterei soll dieselbe neben der General-Kontrolle auch vorzüglich dazu dienen, die monatlichen oder vierteljährigen Fälligkeiten der vorausbestimmbaren Einkünfte und Ausgaben nachzuweisen, und die Resultate des ganzen Finanzwesens von einem Jahre in einer Darstellung umfassen zu können. Diese Zwecke werden ausgeführt durch die Kontroll-Extrakte und durch die Wirthschafts-Uebersichten.

§. 991.

2. Kontroll-Extrakte.

Die Kontroll-Extrakte sind Auszüge aus den Hauptbüchern, worin die monatlichen oder vierteljährigen Fälligkeiten der vorausbestimmbaren Einkünfte und Ausgaben im Soll summarisch dargestellt werden. Ihr Tabellenbau besteht aus den Spaltenrubriken der Hauptbücher der betreffenden Einkünfte und Ausgaben vom Etat-Soll ab bis zu dem wirklichen Soll einschließlich. Die Tabelle hat, unter der Aufschrift: Kontroll-Extract, den Namen des Hauptbuches und der Buchhalterei nebst Angabe des Quartals und des Rechnungsjahres zu bezeichnen, woraus der Extrakt genommen ist und wozu er gehört. Der Vortrag in demselben erstreckt sich nur auf die Angabe der Rubriken und ihrer Beträge. Sie sind vierteljährig anzufertigen und an die Rechnungskammer einzureichen, von welcher sie zur Prüfung der Nachweisungen, und hauptsächlich zur Abhaltung der Lokal-Revisionen benutzt werden.

§. 992.

3. Wirthschafts-Uebersichten. a. Geldübersichten. α. Eintheilung.

Hinsichtlich der wirthschaftlichen Uebersichten sind zunächst die Geldeinkünfte, allen anderen Einnahmezweigen gegenüber, besonders zu behandeln. Bei der Geldwirthschaft machen verschiedene finanzielle Interessen verschiedene Uebersichten nothwendig. Es muß übersehen werden können: 1) wie sich die Rechnungsverwaltung zur Wirthschaft in allen einzelnen Rechenämtern an und für sich gestaltet hat, (General-Rechnungsverwaltungs-Uebersicht); 2) was in den einzelnen Rechenämtern im Ganzen an eigener Erhebung, als durchgängige Prinzipal-Einnahme, aufgekommen und eben so an Ausgaben verwendet worden ist, (Prinzipal-Rechnungsverwaltungs-Uebersicht); ferner 3) wie viel unter jedem Einnahmezweige und unter jeder Einnahme- und Ausgaberubrik in jedem Rechenamte die Einnahme und die Ausgabe beträgt, (General-Rechnungsrubrikat-Uebersicht), endlich 4) welche Beträge sich unter den bezeichneten Gesichtspunkten, in ihrer Ausdehnung auf den ganzen Staat, und abgesehen von einzelnen Rechenämtern, ergeben, (Haupt-Finanz-Uebersicht).

§. 993.

β. General-Rechnungsverwaltungs-Uebersicht.

Die General-Rechnungsverwaltungs-Uebersicht ist dasjenige Verzeichniß, worin unter sämmtlichen, einzeln hinter einander vorgetragenen, Geld-Rechenämtern ihre Einnahmen und ihre Ausgaben rubrikenweise summarisch dargestellt werden. Der Tabellenbau derselben besteht auf einer Bogenfläche aus folgenden Spaltenrubriken: A) Einnahme, 1) Etat-Soll, 2) Benennung der Rubriken, 3) Zugang, 4) Abgang, 5) wirkliches Soll, 6) Ist, 7) Rest, mit den unter die Rechenspalten zu ordnenden Münzscheiden; B) Ausgabe, mit denselben Spaltenrubriken; C) Verhältniß der Ist-Einnahme zur Ist-Ausgabe, 1) Vorrath, 2) Dezeß, beide mit den unterzuordnenden Münzscheiden. Zur Tabellenaufschrift stehet, unter der eigenthümlichen Benennung der Uebersicht mit dem Zusatze der Bezeichnung der Buchhalterei und des Rechnungsjahres, zunächst die Benennung des Oberrechenamtes, oder des Einnahmezweiges nebst dem Namen des Spezial-Rechenamtes mit vorgesetzter laufender Nummer. Der Vortrag beschränkt sich bloß auf die Darstellung der einzelnen Rubriken und ihrer summarischen Beträge aus jedem Rechenamte. Die Seitensummen werden transportirt. Diese Uebersicht ist aus den Hauptbüchern auszuziehen und bezüglich der einzelnen Erhebungszweige immer früher zu vollenden, als die darüber geführten Hauptbücher zur Rechnungskammer eingereicht werden müssen. Wenn in einem Staate zwei Instanzen der Buchhalterei bestehen; so sind von den Buchhaltereien erster Instanz die fraglichen Spezial-Uebersichten von den unter ihre Kompetenz gehörigen Spezial-Rechenämtern herzustellen und der General-Buchhalterei einzureichen. Letztere hat die eingereichten Uebersichten in einen Band aufzunehmen, und eine gleiche Uebersicht über die Verwaltung des General-Rechenamtes und der Provinzial-Rechenämter voranzufügen. (Anlage 33.)

§. 994.

γ. Prinzipal-Rechnungsverwaltungs-Uebersicht.

Prinzipal-Rechnungsverwaltungs-Uebersicht wird das Verzeichniß genannt, welches unter sämmtlichen einzeln hinter einander entwickelten Einnahmezweigen alle einschlägige Rechenämter einzeln mit den Gesammtbeträgen der Einnahme eigner Erhebung und der Ausgabe eigner Rechnungslast (Inkumbenz) zusammenstellt. Zu Folge des Zweckes dieser Uebersicht, welche die gesammte prinzipale Einnahme und Ausgabe eines Gebiets aus einem Rechnungsjahre nachzuweisen hat, müssen in dieselbe auch die bloßen Zahlkassen, denen spezielle, von den ordentlichen Rechenämtern zwar einzunehmende, aber an sie unangetastet abzuliefernde Einkünfte zugewiesen sind, mit dieser Einnahme als selbstständige Kassen, und die Natural-Rechenämter mit den Geldanschlägen der, nach der Taxe veranschlagten, unentgeltlich zu verabreichenden, Gegenstände, welche nicht, wie die Verkaufspreise, schon in andern Aemtern verrechnet sind, in durchlaufenden Posten, aufgenommen werden. Ein- und Ablieferungen und Zuschüsse sollen als

Mediat=Einnahmen und Ausgaben darin zwar aufgeführt, aber genau von der eigenen Erhebung und der Inkumbenz=Verwendung getrennt seyn, damit letztere an und für sich rein erhalten, zugleich aber auch mit den ersteren dergestalt zusammengestellt erscheinen, daß in ihren Gesammtbeträgen sich die Uebereinstimmungspunkte mit den Ergebnissen der General=Uebersicht darbieten können. Eben so ist es mit den abverdienten Posten und den Geldanschlägen von Abverdienungen zu halten, da solche sich in Beziehung auf den Prinzipal=Bestand gegen einander ausgleichen. Der Tabellenbau dieser Uebersicht ist auf einer Bogenfläche durch folgende Spaltenrubriken herzustellen: A) Einnahme, 1) Etat=Soll; 2) Namen der Rechenämter; 3) Zugang; 4) Abgang; 5) wirkliches Soll, a) in eigner Erhebung, α) aus Vorjahren, β) im Rechnungsjahre, b) in Einlieferungen, Zuschüssen und Abverdienungen, c) Gesammt=Soll; 6) Ist; 7) Rest, beide mit den Unterrubriken des wirklichen Soll's; B) Ausgabe, unter Anwendung der voraufgeführten Spaltenrubriken, wobei die zweite Hauptspalte ausscheidet, die fünfte aber die Unterrubriken erhält: a) in Inkumbenz=Verwendung, b) in Ablieferungen und abverdienten Posten; C) Verhältniß der Ist=Einnahme zur Ist=Ausgabe, a) Vorrath, b) Dezeß. Alle Rechenspalten sind mit den Unterrubriken der Münzscheiden zu versehen. Die Tabelle wird im Hauptraum des Kopfes mit dem eigenthümlichen Namen der Uebersicht, unter Bezeichnung der Buchhalterei und des Rechnungsjahres, überschrieben. Der materielle Vortrag geschieht nur mit den einzelnen Rechenämtern und den Total=Summen der bei ihnen, nach Andeutung der einzelnen Rechenspalten der Uebersicht, in Einnahme und Ausgabe erwachsenen Beträge, welche in ihren Seitensummen zu transportiren sind. Die Oberrechenämter, welche allen Einnahmezweigen angehören, werden zuerst vorgetragen; dann folgen die Spezial=Rechenämter, nach den besonderen Einnahmezweigen abgetheilt. Die Prinzipal=Uebersicht ist, auf den Grund der General=Verzeichnisse des §. 993., von der Buchhalterei einziger Stelle, oder zweiter Instanz auszuführen, und von jener am 1ten Juni, von dieser am 1ten Juli des nächstfolgenden Rechnungsjahres, nebst den Spezial-Uebersichten, bei der höchsten Finanzstelle einzureichen. (Anlage 34.)

§. 995.

δ. General-Rechnungsrubrikat-Uebersicht.

Die General-Rechnungsrubrikat-Uebersicht besteht in dem Verzeichnisse sämmtlicher, nach den Einnahmezweigen einzeln hinter einander dargestellten, Sachrubriken der Einnahme und der Ausgabe, worunter alle einschlägige Rechenämter einzeln mit den, zu der betreffenden Rubrik erwachsenen, Gesammtbeträgen aufgeführt werden, sofern die Einnahme zur eigenen Erhebung, und die Ausgabe zur Inkumbenz des Rechenamtes gehört. Es sind derselben für die, von einander zu trennenden, Einnahmen und Ausgaben folgende Spaltenrubriken zum Grunde zu legen: 1) Etat-Soll; 2) Namen der Rechenämter; 3) Zugang; 4) Abgang; 5) wirkliches Soll; 6) Ist; 7) Rest. Die Rubrik der Tabelle führt, unter dem eigenthümlichen Namen der Uebersicht nebst der Bezeichnung des Gebietes und des Rechnungsjahres, die Aufschrift: Einnahme (oder Ausgabe) und darunter die Benennung des Einnahmezweiges, oder der Ausgaberubrik. Unter jedem Einnahmezweige, bezugsweise jeder Ausgaberubrik sind die, darunter in den einzelnen Rechenämtern aufgekommenen, Summen neben die Namen der Rechenämter einzutragen; die Seitensummen zu transportiren; jedoch keine Wiederholung der Rubriken anzuwenden. Ein- und Ablieferungen, Zuschüsse, abverdiente Posten und Geldanschläge aus Abverdienungen kommen nicht vor. Oberrechenämter werden bei der Einnahme also nicht verzeichnet, sofern sie nicht eigene Erhebungen haben; mit letzteren aber sind sie unter die einschlägigen Einnahmezweige zu stellen. Die Rubrikat-Uebersicht wird von der Buchhalterei höchster Stelle entworfen, auf die beiden vorhergehend angeordneten Uebersichten (§. 993 — 994.) gegründet, und zugleich mit diesen abgegeben. (Anlage 35.)

§. 996.

c. Haupt-Finanz-Uebersicht.

Die Haupt-Finanz-Uebersicht ist das Verzeichniß sämmtlicher, nach den einzelnen Einnahmezweigen einzeln vorgetragenen, Sachrubriken der Einnahme und der Ausgabe mit ihren, in allen Rechenämtern zusammen erwachsenen, Totalbeträgen an Prinzipal-Einnahme und Inkumbenz-Ausgabe. Sie besteht also nur in der Wiederholung der Rubriken der General-Rubrikat-Tabelle, indem hinter einander folgend zuerst die Einnahme-, dann die Ausgaberubriken mit den Totalsummen, unter Ausscheidung des Vortrags der Rechenämter, aufgeführt; die Seitensummen transportirt; und am Schlusse das Verhältniß der Einnahme zur Ausgabe, als Abschluß, dargestellt werden. Zum Tabellenbau dienen die im §. 995. zur Rubrikat-Uebersicht vorgeschriebenen Spaltenrubriken, unter der Aufschrift der Bezeichnung der Uebersicht, des Gebiets, des Rechnungsjahres und der Einnahme, oder der Ausgabe. Die Haupt-Uebersicht wird ebenfalls von der Buchhalterei höchster Stelle angefertigt, und gleichzeitig mit den anderen Uebersichten zur höchsten Finanzstelle befördert.

§. 997.

b. Natural-Uebersichten.

Alle in Natur verrechnete Gegenstände außer Gelde werden nach den einzelnen Zweigen nur in einer General-Rechnungsverwaltungs-Uebersicht dargestellt. Dieser Uebersicht ist das im §. 993. gegebene Tabellenbild durchaus, jedoch mit der Modifikation zum Grunde zu legen, daß bei den unsicheren Einkünften kein Rest; bei den Forstnutzungen in Einnahme hingegen an dessen Stelle der Ueberschuß verzeichnet werden; und anstatt der Münzscheiden die besonders erforderlichen Scheiden des Gemäßes, Gewichts rc. einzuordnen sind.

Neuntes Hauptstück.

Nachweisungen.

Erstes Kapitel.

Allgemeine Grundsätze.

§. 998.

1. Wesentliche Natur der Nachweisungen. a. Begriff.

Nachweisungen sind summarische, die Lage des Rechnungshaushalts bezeichnende, Auszüge aus den Hülfsbüchern, welche der vorgesetzten Revisionsbehörde zu bestimmten Zeiten zur Einsicht und Prüfung vorgelegt werden.

§. 999.

b. Zweck.

Sie haben den Zweck: die Oberaufsicht mit dem jederzeitigen Stande des Rechnungshaushalts in jedem Amte in ununterbrochener Bekanntschaft zu erhalten; die theilweise Ausführung der Buchhaltung zu begründen; die Rechner zur Abrechnung mit sich selbst, so wie zur Durchsicht der Bestände zu nöthigen; und endlich die Lokal- und Rechnungsrevision zu unterstützen.

§. 1000.

c. Umfang.

Eine Nachweisung kann sich nur auf eine einzelne Rechenamts-Kompetenz erstrecken; muß aber hierin den Auszug aus den zwei neben einander laufenden Hülfsbüchern enthalten, so fern und so lang dieser Nebeneinanderlauf gestattet ist.

§. 1001.

d. Inhalt.

Der Inhalt der Nachweisungen besteht in der Angabe dessen, was zu dem Zeitpunkte, wo sie angefertigt werden, in Einnahme und Ausgabe überhaupt; was an beiden rein in dem von ihnen besonders begrenzten Zeitraume aufgekommen oder verwendet worden; und was in Bestand verblieben ist. Der Bestand muß immer als wirklicher Vorrath vom Rechner unter der Nachweisung besonders bescheinigt werden. In Nachweisungen aus solchen Hülfsbüchern, worin Sachaufwand von der Einnahme abzusetzen ist, wird der Betrag desselben von dem gezogenen Bestand vorerst in Abzug gebracht, und der Rest als wirklicher Vorrath vertreten.

§. 1002.

2. Uebersichtlichkeit.

Alle Linien im Tabellenbilde der Nachweisungen sind, wenn sie nicht in dem Formular gegeben worden, nach Vorschrift des §. 691. auszuziehen. Die Darstellung der Einnahmen und Ausgaben, so wie der Rubriken hängt von der Einrichtung der einzelnen Nachweisungen ab.

§. 1003.

3. Beziehung auf die Hülfsbücher.

Mit den Hülfsbüchern treten die Nachweisungen durch Anführung der Pagina des betreffenden Hülfsbuches für jeden Artikel in Beziehung, und stehen mit den Abschlüssen der Hülfsbücher in genauer Kontrolle.

§. 1004.

4. Vortrag.

Ihr Vortrag besteht durchgängig nur aus Sach- oder Spaltenrubriken, die entweder schon im Formular angegeben sind, oder erst bei der Ausfertigung eingetragen werden. Die Münze und das Maß sind nur in zwei Scheiden, nach Vorschrift des §. 954., aufzuführen.

§. 1005.

5. Integrität der Schrift.

Die Schrift darf durchaus, namentlich in den Zahlen,

keine Veränderung enthalten, und muß so deutlich seyn, daß kein Wort und keine Zahl unverständlich bleiben kann.

§. 1006.

6. Eintheilung.

Die Nachweisungen zerfallen in monatliche und Quartal-Nachweisungen. Aus Tagehandbüchern werden nur monatliche Nachweisungen geliefert, da sich aus diesen von selbst die Quartal-Nachweisungen ergeben.

Zweites Kapitel.

Monatliche Nachweisungen.

§. 1007.

I. Im Allgemeinen. 1. Begriff.

Monatliche Nachweisungen sind Auszüge aus dem Tagebuche (Tagehandbuche), welche von Monat zu Monat eingereicht werden, und durchgängig nur in der Darstellung des monatlichen Abschlusses bestehen.

§. 1008.

2. Anfertigungszeit.

Sie sollen am letzten Tage eines jeden Monats, nachdem das Tagebuch zuvor ordnungsmäßig abgeschlossen worden ist, angefertigt werden. Falls der letzte Tag ein Sonntag oder ein Festtag ist, so geschieht die Anfertigung an dem nächstfolgenden Tage.

§. 1009.

3. Einreichungszeit.

Von da ab müssen die monatlichen Nachweisungen mit der ersten Post, oder mit dem ersten Boten abgesendet werden. Langen sie hiernächst in der gewöhnlichen Kommunikationszeit nicht an; so ist sofort ein Erinnerungsreskript mit Androhung einer Ordnungsstrafe zu erlassen; diese im Versäumungsfalle auch zu vollziehen, und ein Expresser, nach Umständen ein Kommissarius, abzusenden. Gänzliche Verweigerung wird mit Entlassung geahndet.

§. 1010.

II. Monatliche Nachweisungen sicherer Geldgefälle.

Die monatlichen Nachweisungen der sicheren Geldeinkünfte werden, in Berücksichtigung des §. 552., unter folgender Tabellenform ausgefertigt: 1) Bezeichnung des Monats und des Jahres; 2) Pagina des Tagebuches; 3) Einnahme, a) Gesammt-Einnahme, b) Uebertrag, c) Reineinnahme; 4) Ausgabe, a) Gesammt-Ausgabe, b) Uebertrag, c) Reinausgabe; 5) Abschluß, a) Gesammt-Einnahme, b) Gesammt-Ausgabe, c) Vorrath. Unter die Rechenspalten treten die Münzscheiden in Gulden und Kreuzer. Die Tabellenrubrik führt die Ueberschrift: Monatliche Nachweisung des (Name des Rechenamtes) aus dem (Name des Tagebuches) von (Zahl des Rechnungsjahres). In den Nachweisungen der, von dem Januar ab folgenden, Monate sollen immer die vorhergehenden Nachweisungen in der Reihenfolge der Monate wiederholt werden, so zwar, daß die letzte Nachweisung aus einem Rechnungsjahre alle monatliche Nachweisungen aus demselben auf einer Bogenfläche darstellt. Die fraglichen Nachweisungen werden, bei Spezial-Rechenämtern aus den Steuer-, Sportel- und Geldstrafen-Tagebüchern vom Monat Januar, aus Rent-Tagebüchern vom Monat Januar bis März einschließlich; bei Oberrechenämtern aber vom Monat Januar bis zum April, beziehungsweise zum Mai einschließlich, zweifach für die neben einander laufenden Hülfsbücher, und zwar die eine für das fortgesetzte Hülfsbuch des nächstverflossenen, die andere für das Tagebuch des gegenwärtigen Rechnungsjahres ausgefertigt. Der auf diesen beiden Nachweisungen bescheinigte Vorrath bildet alsdann den wirklichen Kassenbestand, welcher durch Zusammentrag auf der Nachweisung aus dem laufenden Rechnungsjahr in eine Summe gezogen wird. (Anlage 36.)

§. 1011.

III. Monatliche Arbeits-Nachweisungen.

Zur Herstellung der monatlichen Arbeits-Nachweisungen bedarf es immer nur des einfachen Tagebuchsabschlusses unter nachstehenden Spalten: 1) Pagina des Tagebuches; 2) aufgekommene Arbeitstage, a) Gesammtbetrag, b) Uebertrag, c) Reinbetrag; 3) verwendete Arbeitstage, mit denselben Unterrubriken; 4) Abschluß, a) Gesammtbetrag des Aufkommens, b) Gesammtbetrag der Verwendung, c) Bestand. Sie erhalten die Aufschrift: Arbeits-Nachweisung des (Name des Rechenamtes) vom (Bezeichnung des Monats und Rechnungsjahres).

§. 1012.

IV. Monatliche Frucht-Nachweisungen.

Unter einer der vorhergehenden analogen Tabellenrubrik ist zu den monatlichen Frucht-Nachweisungen das, §. 1010. vorgeschriebene, Formular mit der Abänderung zu verwenden, daß an die Stelle der ersten Hauptspalte die Rubrik: Fruchtgattungen aufgenommen, hierunter die einzelnen Fruchtgattungen nach den Maßverhältnissen abgetheilt, und die, diesen Abtheilungen zukommenden, Maßbenennungen ihnen gegenüber in den Rechenspalten eingerückt werden. Die Frucht-Nachweisungen werden, für die Monate Januar bis März einschließlich, zweifach für die beiden neben einander laufenden Hülfsbücher, nach Anleitung des §. 1010., ausgefertigt. (Anlage 37.)

§. 1013.

V. Monatliche Forst-Nachweisungen.

Der Tabellenbau für die monatlichen Forst-Nachweisungen besteht in Scheitelrichtung aus folgenden Spalten: 1) Rechnungsverhältnisse; 2) Pagina des Tagebuches; 3) Kubikfuß; 4) Klafter; 5) Wellen; 6) Stück; 7) Fuder, Bütten; 8) Wagen; 9) Zentner, Pfund. In Querrichtung werden unter die erste Spalte diejenigen Rubriken eingerückt, welche in dem, §. 1010. gegebenen, Formular von Nr. 3 ab in Scheitelrichtung erscheinen. Die Aufschrift hat den Namen und den Inhalt der Nachweisung in Nachbildung der, §. 1011. bestimmten, Tabellenrubrik zu bezeichnen. Unter der Nachweisung sind die in Bestand verbliebenen Beträge, nach Vorschrift des §. 581., zu verzeichnen und zu bescheinigen. Für die Monate November und Dezember müssen aus den beiden, für das laufende und für das nächstfolgende Rechnungsjahr bestehenden, Tagebüchern zwei besondere Nachweisungen entworfen, und solche nach Anleitung des §. 1010. behandelt werden. (Anlage 38.)

§. 1014.

VI. Monatliche Nachweisungen aus den Tagehandbüchern.

Zu den monatlichen Nachweisungen aus den Tagehandbüchern ist der zur Frucht-Nachweisung (§. 1012.) gegebenen Tabellenbau in Anwendung zu bringen, so zwar, daß in der ersten Spalte unter der Einschrift: Sachrubriken, alle sonst in neben einander stehenden Spalten aufgeführten thatsächlichen Rubriken vorgetragen, und ihnen gegenüber die Rechnungsverhältnisse in den Rechenspalten dargestellt werden. Eben so sind die Tabellenaufschriften nach der, zur befragten Frucht-Nachweisung erforderlichen, Hauptrubrik, in spezieller Modifikation auf die hier nothwendigen Bezeichnungen, einzurichten.

Drittes Kapitel.

Quartal-Nachweisungen.

§. 1015.

1. Im Allgemeinen. 1. Begriff.

Quartal-Nachweisungen sind vierteljährige Auszüge aus den Handbüchern oder systematische summarische Darstellungen des Standes des Rechnungshaushalts am Schlusse eines jeden Quartals.

§. 1016.

2. Inhalt.

In den Quartal-Nachweisungen sind alle Haupt- und Unterrubriken summarisch aufzuführen. Posten kommen darin nicht vor, wenn sie nicht zugleich die Stelle einer Rubrik vertreten, wohin z. B. die nach Monaten kolligirten Beträge gehören. Der arithmetische Vortrag geschieht im wirklichen Soll, Ist und Rest (Ueberschuß). Unter dem Soll muß regelmäßig ersichtlich seyn, wie viel das bereits bestimmte Soll überhaupt, und wie viel das fällige Soll in dem gegenwärtigen Quartal und im Ganzen beträgt. In gleicher Art muß unter dem Ist nachgewiesen werden, wie viel in dem gegenwärtigen Quartal, wie viel in vorigen Quartalen und wie viel im Ganzen eingenommen, oder verwendet worden. Aus dem Verhältnisse des Gesammt-Ists zu dem fälligen Gesammt-Soll ergiebt sich dann der Rest (Ueberschuß); aus dem Verhältnisse des fälligen Gesammt-Solls zu dem Total-Soll aber das noch nicht fällige Soll.

§. 1017.

3. Anfertigungszeit.

Zur Anfertigung der Quartal-Nachweisungen werden die ersten drei Tage nach dem Schlusse des betreffenden Quartals und, wenn hierunter ein Sonntag oder Festtage begriffen sind, so viel Tage mehr verstattet.

§. 1018.

4. Einreichungszeit.

Ihre Einreichung ist an dieselben Vorschriften gebunden, welche dieserhalb (§. 1009.) zu den monatlichen Nachweisungen gegeben sind.

§. 1019.

II. Quartal-Geld-Nachweisungen.

Sämmtliche Quartal-Nachweisungen für sichere Geldgefälle sind in nachstehender Tabellenform auszufertigen: 1) Pagina des Handbuches. 2) Total-Soll. 3) Fälliges Quartal-Soll. 4. Fälliges Gesammt-Soll. 5) Benennung der Rubriken. 6) Ist in vorigen Quartalen. 7) Ist im jetzigen Quartal. 8) Gesammt-Ist. 9) Rest. Unter die Rechenspalten treten die Unterrubriken der Münzscheiden. Die Aufschrift muß die Benennung der Nachweisung, des Rechenamtes, des Quartals und des Rechnungsjahrganges enthalten, und hierunter die Rubrik: Einnahme oder Ausgabe, aufgenommen seyn. Letztere beide Rubriken sind hinter einander durchzuführen, und hiernächst ihre Summen zum Abschlusse zu stellen. Alle Quartal-Geld-Nachweisungen werden, und zwar bei Spezial-Rechenämtern, mit Ausnahme der Industrie-Geld-Nachweisungen, vom ersten Quartale; bei Oberrechenämtern aber durchgängig vom ersten und zweiten Quartale eines jeden Jahres, für die beiden gleichlaufenden Handbücher des verflossenen und gegenwärtigen Rechnungsjahres besonders, also in zwei Ausfertigungen geliefert; die verbleibenden Bestände auf der Nachweisung zum neuesten Handbuche zusammengetragen, und hiernächst ihr Gesammt-Betrag als wirklicher Vorrath bescheinigt. (Anlage 39.)

§. 1020.

III. Quartal-Arbeits-Nachweisungen.

Die Quartal-Arbeits-Nachweisungen sind nach dem Vorbilde der Geldnachweisungen einzurichten, die Aufschrift muß indeß nach der hier erforderlichen Bezeichnung modifizirt werden, und bezugsweise die Rubrik: Aufgekommene Arbeitstage, oder Verwendete Arbeitstage, enthalten. Auch sind die Rechenspalten nur für die — Tage einfach zu verwenden.

§. 1021.

IV. Quartal-Frucht-Nachweisungen.

Unter den zur eigenthümlichen Bezeichnung der Aufschrift und der Rechenspalten, welche bis zur Eintragung offen zu lassen sind, erforderlichen Abänderungen soll die, §. 1019. vorgeschriebene, Tabellenform auch für die Quartal-Frucht-Nachweisungen in Anwendung gebracht werden. In der Rubrikenspalte sind die einzelnen Fruchtgattungen hinter einander folgend, jede mit den ihr zukommenden Rubriken vorzutragen, und der Einnahme gegenüber auf einer Bogenfläche die Ausgabe, von Fruchtgattung zu Fruchtgattung, aufzustellen. Eben in diesen Abtheilungen werden die Summen gezogen, und solche hiernächst zum Abschlusse wiederholt (§. 633.). Die Quartal-Frucht-Nachweisungen sind für die beiden, im ersten Quartale jedes Jahres zugleich bestehenden Handbücher, nach deßhalbiger Vorschrift des §. 1019., zweifach zu besorgen. (Anlage 40.)

§. 1022.

V. Quartal-Forst-Nachweisungen.

Der Ausfertigung der Quartal-Nachweisungen über die verrechneten Forstnutzungen ist ein Tabellenbau mit nachstehenden Spaltenrubriken zum Grunde zu legen. 1) Pagina des Handbuches. 2) Rechnungsverhältnisse. 3) Reviere. 4) Gewinnungsarten. 5) Holzarten. 6) Bauholz, a) Landbauholz, b) Wasserbauholz, c) Bergbauholz, d) Schiffsbauholz. 7) Werkholz. 8) Nutzholz. 9. Brandholz, a) Feuerholz, b) Kohlholz, c) Schwelholz. 10) Rinde. 11) Säfte. 12) Saamen. 13) Laub. 14) Kohlen. 15) Theer. 16) Kienruß. 17) Pech. Die Rechenspalten sind mit den, dem betreffenden Gegenstande zukommenden, Maßscheiden zu versehen. Da die Gewinnung und die Verabfolgung der Forstnutzungsgegenstände nach forstwirthschaftlichen Grundsätzen zunächst bestimmt werden, und solche sich nicht in der Art, wie andere Einkünfte gleichmäßig auf die verschiedenen Quartale vertheilen; so sind innerhalb der Spalte der Rechnungsverhältnisse diese selbst nur in folgenden Abtheilungen aufzuführen: 1) Einnahme, a) Soll, b) Ist, c) Ueberschuß; 2) Ausgabe, a) Soll, b) Ist, c) Rest; 3) Abschluß, a) Ist-Einnahme, b) Ist-Ausgabe, c) Bestand. Bei der Buchhaltung muß der Unterschied zwischen dem Gesammt-Ist im jetzigen Quartale und dem Gesammt-Ist im vorhergehenden Quartale berechnet, und als das besondere Ist des ersteren Quartals gebucht werden. Die Direktion des Vortrags in historischer und arithmetischer Hinsicht bleibt der desfallsigen Vorschrift des §. 768. unterworfen. Zur Tabellenrubrik ist die Form der Aufschrift der Geld-Nachweisungen, in besonderer Anpassung auf die hier erforderlichen Benennungen, zu gebrauchen. Von dem letzten Jahres-Quartale werden, für die gleichlaufenden Handbücher des gegenwärtigen und des nächstfolgenden Rechnungsjahres, abgesondert, die Quartal-Forst-Nachweisungen in zweifacher Ausfertigung geliefert, und nach §. 1019. mit einander in Verbindung gesetzt. (Anlage 41.)

Zehntes Hauptstück

Revision.

§. 1023.

1. Begriff.

Die Revision des Rechnungswesens überhaupt ist die Prüfung sowohl der Rechnungsverwaltung des herrschaftlichen Vermögens an sich, als der darüber ausgeübten Dispositionsgewalt und der über beides geführten Kontrolle.

§. 1024.

2. Eintheilung.

Hiernach betrifft die Revision im Allgemeinen entweder die Rechnungswirthschaft, oder die Buchhaltung, oder die Finanzwirthschaft.

Erstes Kapitel.

Revision der Rechnungswirthschaft.

§. 1025.

1. Begriff.

Die Revision der Rechnungswirthschaft wird diejenige amtliche Prüfung genannt, welcher die Beschaffenheit der geführten Rechnungsverwaltung eines Rechenamtes zu jedem Zeitpunkte des Rechnungsjahres und auf den Grund der, zur Ermittelung der einschlägigen Thatsachen zulässigen, Beweismittel ausgesetzt ist.

§. 1026.

2. Eintheilung.

Unter ihr sind als besondere Arten begriffen: 1) die Revision der Nachweisungen; 2) die eigentliche

Rechnungs-Revision; 3) die Lokal-Revision und 4) die Rechenamts-Visitation.

Erster Titel.

Revision der Nachweisungen.

§. 1027.

1. Begriff.

Die Revison der Nachweisungen besteht in der sorgfältigen Prüfung der monatlichen und vierteljährigen Nachweisungen über den Stand des Rechnungshaushalts, und in der Erlassung der nach dem Ergebnisse derselben erforderlichen Verfügungen.

§. 1028.

2. Gesichtspunkte. a. Form und organische Ordnung.

Zum Gegenstande der Revision gehört zunächst die Prüfung der Form und der organischen Ordnung. Bei vorgefallenen Verstößen hiergegen wird die betreffende Nachweisung dem Rechner zur Verbesserung, oder Umarbeitung, und zwar zum ersten Male nur auf dessen Kosten, im Rückfalle aber zugleich mit Ansetzung der angemessenen Ordnungsstrafe, zurückgefertigt.

§. 1029.

b. Kalkül und Vortrag.

Diesem nachgängig ist der Kalkül und der Vortrag genauer Prüfung zu unterwerfen, und jeder Mangel oder Fehler in der Weise zu moniren und weiter zu behandeln, wie solches bei der Revision der Rechnungen vorgeschrieben ist.

§. 1030.

c. Verhältniß mehrerer korrespondirender Nachweisungen zu einander.

Auch muß sich die Prüfung auf das richtige Verhältniß derjenigen Nachweisungen zu einander erstrecken, welche sich entweder kontrolliren, oder auf sonst irgend eine Art in Beziehung mit einander stehen. Namentlich gilt dieß für die Vergleichung der, zu einer Rechenamts-Kompetenz gehörigen, monatlichen und Quartal-Nachweisungen.

§. 1031.

d. Amtsthätigkeit des Rechners.

Ueberdieß soll auf die Amtsthätigkeit und den Fleiß, welche, nach den Resultaten der Nachweisungen, der Rechner auf die Beitreibung der Gefälle verwendet hat, ein vorzügliches Augenmerk gerichtet, und hiernach im nöthigen Falle sofort die geeignete Verfügung erlassen werden. Als Anhaltepunkte hierzu dienen die Hauptbücher.

Zweiter Titel.

Rechnungs-Revision.

Erster Abschnitt.

Allgemeine Grundsätze.

§. 1032.

1. Begriff.

Die Rechnungs-Revision ist dasjenige Verfahren, worin der Rechner vor der vorgesetzten Revisionsbehörde seine Rechnungswirthschaft durch eine vollständige, historische Darstellung in einer förmlichen Rechnung und durch den zureichenden Urkundenbeweis aller vorgetragenen Thatsachen zu rechtfertigen unternimmt; die Revisionsbehörde aber diese unternommene Rechtfertigung der gesetzlichen Prüfung unterwirft, und in Folge der letzteren entscheidet.

§. 1033.

2. Nothwendigkeit des Verfahrens. a. Amtsthümlichkeit (Offizialität).

Vor bestandener Revision kann weder der Rechner Befreiung von der ihm wegen der Rechnungswirthschaft aufliegenden Verantwortlichkeit, noch die Herrschaft die Ueberzeugung von der Richtigkeit der Rechnungsverwaltung, noch endlich die sonst dabei betheiligten Privaten Sicherheit wegen ihres obwaltenden Interesses erlangen. Der Zustand einer solchen Unsicherheit muß aber nach allgemeinen Rechtsgrundsätzen durchhin so bald thunlich gehoben werden; daher ist denn auch das Revisionsverfahren überall nothwendig. Hieraus folgt, daß es von der Revisionsbehörde immer von Amts wegen (ex officio) vorgenommen wird, und daß der Rechner nicht allein sich demselben auszusetzen verpflichtet, sondern auch dasselbe zu fordern berechtiget ist.

§. 1034.

b. Modifikation.

Befreiung von der Revisionspflicht, oder Ermäßigung derselben findet nirgends Statt; wohl aber kann höchsten Orts Befreiung von den nachtheiligen Folgen der Revision (nach §. 888.) bewilliget werden, in welchem Falle jedoch zugleich der Fond anzuweisen ist, welcher den, dadurch etwa erwachsenden, Schaden zu ersetzen hat.

§. 1035.

c. Revisionsfrist. α. Zur ersten Mittheilung.

Der Rechner ist befugt binnen 6 Monaten, von Zeit der eingereichten Rechnung ab, die erste Mittheilung über die Statt gehabte Prüfung seiner Rechnung zu erwarten. Erfolgt sie bis dahin nicht; so kann er sofort Beschwerde bei der vorgesetzten Behörde und, in Ermangelung schleuniger Remedur, bis zu der höchsten Stelle führen.

§. 1036.

β. Zur Beendigung.

Eben so hat er das Recht, die Beendigung des Revisionsverfahrens über eine vorhergehende Rechnung vor Eintritt des Termins zur Stellung der nächstfolgenden Rechnung zu verlangen. Jeden Falles kann er bis zu dieser Beendigung die Ablegung der nächstfolgenden Rechnung rechtlich aussetzen, auch sobald seit seiner letzten Handlung drei Monate fruchtlos verstrichen sind, den im vorhergehenden §. bezeichneten Weg der Beschwerde einschlagen, und selbst, sofern ein solcher Verzug ein Jahr überschreitet, die Provokationsklage bei dem kompetenten Gerichte anstellen. (§. 1292.) Gleiche Befugniß zur Provokation ist ihm zugestanden, wenn die Rechnung, von Zeit der Einreichung ab, fünfzehn Monate zur Revision vorgelegen hat, ohne daß ihm eine deßfallsige Verfügung mitgetheilt worden.

§. 1037.

γ. Folgen versäumter Frist. aa. Für den Rechner selbst.

Ist während einer derartigen Verzögerung der Revisionsbehörde ein Jahr verstrichen, und dadurch eine dem Rechner zugemuthete Erledigung, ohne dessen Verschulden, ganz oder theilweise unmöglich geworden, oder mit Kosten verknüpft; so wird er überdieß im ersteren Falle von der Erledigung, in so weit sie, wenn auch nur wegen Unaufklärbarkeit, nicht mehr ausführbar ist, eo ipso entbunden, und kann im anderen Falle wenigstens Ersatz der Kosten verlangen. In Beziehung dieser und der in den §§. 1035 und 1036. enthaltenen Vergünstigung wird indeß jede, von dem Rechner ausgegangene, Verzögerung im vierfachen Betrage ihrer Zeitlänge an der Berechnung der Verzugszeit von Seiten der Revisionsbehörde abgesetzt.

§. 1038.

bb. Für die Erben des Rechners.

αα. Bei den vom Rechner eingereichten Rechnungen.

Nach dem Tode des Rechners genießen seine Erben hinsichtlich der Revision im Allgemeinen die ihm selbst zugestandenen Befugnisse. In Absicht ihrer besonderen Berücksichtigung sollen sie aber auch über keine Rechnung ihres Erblassers, die, schon bei dessen Lebzeiten eingereicht, bis zur ersten, an die Erben ergehenden, Revisionshandlung ein Jahr lang erfolglos zur Revision vorgelegen hat, weiter Rechenschaft zu geben verpflichtet seyn, wenn sie nicht selbst einen positiven Anspruch daraus bilden. Dasselbe Recht findet für die Erben Statt, wenn von der letzten Revisionshandlung des Erblassers bis zur nächsten Mittheilung von der Revisionsbehörde mehr als ein Jahr verflossen ist. In beiden Fällen wird die betreffende Revision als abgeurtheilt betrachtet, und mit dieser Fiktion nur die Wirkung eines günstigen rechtskräftigen Justifikations-Bescheids verbunden.

§. 1039.

ββ. Bei den von den Erben eingereichten Rechnungsbüchern.

Sind von den Erben selbst Rechnungen oder Hülfsbücher

zur Revision eingereicht worden; so bleiben ihnen die im §. 1038. zugestandenen Vergünstigungen nicht allein hier gleichfalls gewährt, sondern es soll auch das Revisionsverfahren, wenn die Justifikation über drei Jahre hinaus nicht erfolgt, nur zum Vortheile, nicht zum Nachtheile der Erben fortgesetzt werden können. Im ersteren Falle wird die Fiktion des §. 1038. angenommen; jedoch muß in Berechnung der Zeit des Eintritts derselben jeder von den Erben verursachte Zeitverlust im vierfachen Betrage zur Absetzung gelangen.

§. 1040.

3. Eigenthümlichkeit des Verfahrens. A. Stellung der Personen. a. Richter ohne Kläger.

Die Nothwendigkeit der Revision begründet (nach §. 1033.) die Pflicht des Rechners zur Rechtfertigung vor derselben. Mit der Amtseinsetzung sind zugleich die gesetzlichen Fälle der Verpflichtung im Voraus sowohl dem Rechner, als der Revisionsbehörde bekannt. Zur Einleitung des Revisionsverfahrens bedarf es daher nirgends einer Klage, einer Anzeige oder eines Gerüchtes; sondern die Revision ist auch von ihrem Anfangspunkte aus überall beiderseitig von Amts wegen zu bethätigen.

§. 1041.

b. Richterliche Funktion. α. Bei Eröffnung des Verfahrens.

Bei Versäumung des Rechnungstermins von Seiten des Rechners fordert ihn demnach die Revisionsbehörde zur Erfüllung der Revisionspflicht auf, und verfolgt dieselbe nach Maßgabe der, über die Verbindlichkeit zur Rechnungslegung (§. 921. folg.) gegebenen Vorschriften. Denuntiationen werden daneben über einzelne Thatsachen allerdings angenommen, und sowohl für die ordentliche Rechnungs-Revision, als für die Lokal-Revision und Rechenamts-Visitation in Erwägung gezogen.

§. 1042.

β. Im Verlauf des Verfahrens.

Der Revisionsbeamte hat im Laufe der Revision sein Augenmerk ebenso auf die Herstellung der Rechtfertigung des

Rechners, als auf die Mängel derselben zu richten. Er muß deßhalb dem Rechner die gesetzlichen Mittel der Rechtfertigung in offenkundiger Verhandlung und in so weit an die Hand geben, als solches unter gewissenhafter Vermeidung jeder Begünstigung, jeder Umgehung rügenswerther Mängel und jeder sonstigen Kollusion geschehen kann.

§. 1043.

c. Obliegenheit des Rechners. *α.* Beibringung der Rechtfertigungsmittel.

Im Uebrigen ist der Rechner zur Beibringung aller derjenigen Mittel verpflichtet, welche zu seiner Rechtfertigung überhaupt erforderlich, oder ihm zur Produktion besonders bezeichnet worden sind. Ihn selbst trifft folglich zum wenigsten der aus der Unterlassung erwachsende Schaden.

§. 1044.

β. Selbsthandlung.

Auch hat er jede ihm während des Revisionsverfahrens aufliegende Handlung selbst zu vollziehen, ohne daß er sich durch einen Andern vertreten lassen dürfte. In Fällen eigener umumgänglicher Verhinderung kann ihm indessen, bei dringenden Erledigungsgegenständen, jedoch nur auf ausdrückliche, von ihm bei der Rechnungskammer nachgesuchte, Erlaubniß, verstattet werden, solche ausnahmsweise von einem behörig bevollmächtigten und zugleich zur betreffenden Handlung befähigten, Inländer vollziehen zu lassen.

§. 1045.

B. Beschaffenheit des Gegenstandes. a. Unveräußerlichkeit.

Ueber sämmtliche der Revision unterliegende materielle Gegenstände stehet weder der Revisionsbehörde, noch dem Rechner Dispositions-Befugniß zu (§. 18.); sie sind also auch im Revisionsverfahren als durchaus unveräußerlich zu betrachten. Nur über Formalien kann die Revisionsbehörde verfügen.

§. 1046.

b. Vergleiche.

Vergleiche dürfen aus diesem Grunde durchaus nicht Statt finden. Selbst gegen fallirte Rechner sind sie, nach erschöpfter Kaution, als letztes Ausfluchtsmittel zum Ersatze des zugefügten Schadens, nur dann ausnahmsweise zulässig, wenn zuvor die höchste Erlaubniß hierzu eingeholt worden ist.

§. 1047.

C. Charakteristik der Verhandlung selbst. a. Thätigkeit des Rechners. α. Erste Handlung. aa. Grunsatz.

Obgleich der Rechner bei der Revision als diejenige Person erscheint, von welcher die Leistung des Gegenstandes derselben verlangt wird, obgleich er also selbst der Angesprochene ist; so hat er dennoch, nach Amtspflicht und in Betracht der sonst ihm verbleibenden Gefahr, die erste Handlung in dem auf den Anspruch gegen ihn gerichteten Verfahren. Sie bestehet in der, von Amts wegen zu bewerkstelligenden, Einreichung der Rechnung.

§. 1048.

bb. Zweck.

Der Zweck dieser Einreichung geht dahin, daß der Anspruch an den Rechner als erfüllt, d. h. daß seine Rechnungswirthschaft aus dem bestimmten Zeitraume als hinlänglich gerechtfertiget, und er von der deßhalb auf ihm ruhenden Verantwortlichkeit frei erkannt werden möge.

§. 1049.

cc. Inhalt.

Die erste Handlung in Einreichung der Rechnung soll die vollständige, ordnungsmäßige Geschichtserzählung der Rechnungswirthschaft aus einem bestimmten Zeitraume, und zugleich die Ausführung ihres zureichenden Beweises durch die Produktion der erforderlichen Urkunden enthalten. Die Form des Revisionsverfahrens besteht folglich in der eigenthümlichen Untersuchung, welche, durchhin von Amts wegen beiderseitig bethätiget, mit der Beweisproduktion beginnt, unter gleichzeitigem, und in Beziehung auf gegenwärtige Verhandlung allerersten, Vortrage der zum Beweise ausgesetzten Thatsachen.

§. 1050.

3. Weitere Handlungen des Rechners. aa. Ueberhaupt.

Nach eingereichter Rechnung sind die weiteren Handlungen zu deren Berichtigung und Vervollständigung entweder nur zulässig, oder nothwendig.

§. 1051.

bb. Aus eigner Bewegung.

Zulässig sind sie, sofern sie von dem Rechner aus eigner Bewegung ausgehen, und zwar in jeder Lage der Revision, vorbehältlich der Ordnungsstrafen wegen des dabei obwaltenden Versäumnisses.

§. 1052.

cc. Auf Veranlassung des Revisionsrichters.

Nothwendig dagegen erscheinen dieselben, sobald sie von Revisions wegen anbefohlen worden sind. Ihre Nichtbefolgung wird, nach fruchtlos angewendeter Ordnungsstrafe höchsten Grades, mit Entlassung geahndet.

§. 1053.

b. Thätigkeit des Revisionsrichters. α. Untersuchungs-Maxime.

aa. Ueberhaupt.

Dem Rechner stehet weder über den Gegenstand seiner Rechtfertigung selbst, noch über die Mittel zu letzterer Dispositions-Befugniß zu. Der Revisionsrichter ist daher in Ansehung der herzustellenden Rechtfertigung des Rechners eben so wenig an den Vortrag, als an die Beweisproduktion zur Rechnung unbedingt gebunden. Vielmehr kann und soll er in beider Rücksicht, in den Grenzen der Gesetze, die Mittel und Wege einschlagen, die am sichersten und schnellsten zur Wahrheit führen, namentlich auf den, durch die Rechnungsordnung vorgeschriebenen, Mitteln bestehen.

§. 1054.

bb. Umfang der Beweismittel.

Zur Herstellung der Wahrheit dürfen jedoch, in gerechtfertigter, oder zu ahndender Ermangelung des Urkundenbeweises, keine andere Beweismittel als Augenschein, Zeugen, oder Sachverständige gebraucht werden. Der

Eid des Rechners ist von den Beweismitteln durchhin ausgeschlossen, so fern nicht die ihm bei dem Urkundenbeweise zugestandene Glaubwürdigkeit (§. 365 — 367.) dadurch bedingt wird.

§. 1055.

cc. Diszeptation und vorläufige historische Untersuchung.

Nach der Lage des Anfangspunktes der Revision kann weder ein Diszeptations-Verfahren, noch eine vorläufige Feststellung des Bestandes der Rechnungswirthschaft Statt finden, vielmehr ist das Verfahren nur auf die Prüfung und Berichtigung des Rechnungsbeweises in Verbindung mit der bereits dargestellten Rechnungsgeschichte, nach Form und Materie, gerichtet.

§. 1056.

3. Untersuchungsform. aa. Dekreturen.

Die Thätigkeit des Revisionsrichters, dem Rechner gegenüber, äußert sich nur in den an diesen gerichteten Dekreturen.

§. 1057.

bb. Inhalt derselben.

Die Dekreturen haben die Erledigung der Gebrechen im formellen und materiellen Vortrage und im Beweise zum Gegenstande, und müssen so vollständig seyn, daß die Erledigung ebenfalls sofort vollständig geschehen kann.

§. 1058.

cc. Anzahl.

In Folge dieser Vollständigkeit der Dekreturen wird regelmäßig über ein Gebrechen nur ein Mal dekretirt, und dem Rechner liegt sodann ob, dasselbe in einer Handlung gänzlich zu erledigen. Nachholungen in dieser Verhandlung gehören zur Ausnahme.

§. 1059.

γ. Untersuchungsmittel. aa. Ueberhaupt.

Für die Untersuchung müssen überall diejenigen Anhaltepunkte und Gründe gegeben seyn, nach welchen nicht allein die Aufgabe der erwarteten Rechnungsleistung ermessen;

sondern auch die Prüfung selbst angeknüpft, und in ihrer Richtung und Entwickelung behandelt werden kann. Der Inbegriff dieser Gründe und Anhaltepunkte wird unter den Untersuchungsmitteln verstanden.

§. 1060.

bb. Gesetze und Instruktionen.

Zunächst gehören hierher die, in dieser Ordnung, oder sonst in einzeln erlassenen Gesetzen, oder in der besonderen Instruktion des Rechners enthaltenen, Vorschriften über die von letzterem zu gewährende Rechnungsleistung und die Prüfung derselben. Sie sollen das positive Verfahren gegen jede Willkür dergestalt bedingen und garantiren, daß dem Rechner nirgends gegen ihren Inhalt; in ausdehnender oder beschränkender Erklärung aber nur für die Zukunft, nicht für die Vergangenheit eine erhebliche Leistung zugemuthet werden darf. In letzterem Falle ist die Erklärung, als ein besonderer Zusatz zur Instruktion, in einem besonderen Reskripte auszufertigen, und dadurch die Positivität ihres Inhaltes herzustellen.

§. 1061.

cc. Urkunden.

Als Mittel zur Erforschung der Wahrheit der wirklich vorgetragenen Thatsachen dienen die Urkunden, (Etats, Inventarien, Verzeichnisse,) in der Art, wie solches seines Orts vorgeschrieben worden.

§. 1062.

dd. Kontrollen.

Die Vollständigkeit des Rechnungsvortrages wird hingegen außerdem noch durch dessen Vergleichung mit den geführten Hauptbüchern ermittelt, welche zu diesem Ende von der Buchhalterei rechtzeitig in Bereitschaft zu stellen sind.

§. 1063.

aa. Anwendung.

Da die Hauptbuchhaltung gesetzlich eingeführt, und der Rechner niemals berechtiget ist, sich der angeordneten Beaufsichtigung auf irgend eine Weise zu entziehen; so kann ihm auch nirgends ein Einwand gegen die Benutzung der Hauptbücher bei der Revision zugestanden werden. Die solcher Gestalt zu erlangende Ermittelung der Rechnungsvollständigkeit findet daher überall ungehinderte Anwendung.

§. 1064.

ββ. Beweiskraft.

In Erwägung ferner, daß die Hauptbücher von verpflichteten Beamten geführt werden, und diese bei der Rechnungswirthschaft selbst durchaus nicht betheiligt erscheinen, genießt auch der Inhalt jener Bücher so lange volle Beweiskraft gegen den Rechner, bis von letzterem, in indirektem Gegenbeweise, die Wahrheit seiner abweichenden Behauptung vollständig dargethan worden ist.

§. 1065.

4. Sicherung der Rechner gegen Willkür der Revisionsbehörden.

a. Ueberhaupt.

Die Wichtigkeit der Stellung der Rechner und der bedeutende Einfluß, welchen die Resultate des Revisionsverfahrens auf ihre Ehre und Amtssubsistenz haben müssen, berechtiget sie zu der zuverlässigsten Gewährschaft für die lauterste Gerechtigkeit der in Revisionssachen ergehenden Urtheile.

§. 1066.

b. Schriftlichkeit.

Die erste Bedingung hierzu ist, daß das Verfahren selbst, seinem ganzen Inhalte und seinem Betriebe nach, durch sinnliche Zeichen der Beobachtung eines jeden Dritten für Gegenwart und Zukunft fähig (d. h. objektiv anschaulich) gemacht werde. Dieß geschieht durch die Schriftlichkeit des Verfahrens. Es sind daher alle in das Revisionsverfahren eingreifende Verhandlungen schriftlich abzufassen.

§. 1067.

c. Offenkundbarkeit. *α.* Im Allgemeinen.

Als zweite Hauptbedingung zu seiner Erreichung fordert der gedachte Zweck, daß die Akten über das Revisionsverfahren den Interessenten zur Beobachtung und Einsicht wirklich offen gestellt werden.

§. 1068.

β. Regel der Zulässigkeit.

Jeder Interessent hat daher das Recht, alle Revisionsverhandlungen zu jeder Zeit, so lange sein Interesse daran begründet ist, in Einsicht zu nehmen, oder Abschrift davon auf seine Kosten zu verlangen.

§. 1069.

γ. Beschränkung. aa. Ueberhaupt.

Nur wenn die Verhandlung sich in einer solchen Lage befindet, daß aus ihrer Mittheilung Kollusionen, Suggestionen oder sonst Vereitelung der Wahrheitserforschung zu befürchten wären, darf und muß die Einsicht, oder Abschrift derselben versagt werden. Sobald aber dieser Zustand der Verhandlung vorüber gegangen, findet wieder vollständige Offenstellung Statt.

§. 1070.

bb. Unverletzbarkeit der Rechnung und Urkunden.

Bei der Mittheilung oder Offenstellung der Rechnungen oder Urkunden während des Revisionsverfahrens sind solche in unbedingter Unverletztheit zu erhalten. Ueberhaupt dürfen nach ihrer Einreichung nur diejenigen Abänderungen darin gemacht werden, welche nach Vorschrift dieser Ordnung ausdrücklich erlaubt sind. Jede andere Abänderung während, oder nach der Revision ist straffällig, und unter geeigneten Umständen als Fälschung zu behandeln, welche für besonders qualifizirt erachtet werden soll, wenn die Veränderungen an irgend einem Gegenstande, der einem Notate unterzogen worden, zur Umgehung oder Bloßstellung des letzteren gereicht.

§. 1071.

δ. Garantie der Offenkundbarkeit.

Die Versagung und Offenstellung der Akten zur Einsicht und zur Abschriftnahme findet daher unter strenger Verantwortlichkeit Statt. Die unzeitige Offenstellung wird als gebrochene Amtsverschwiegenheit; die unrechtliche Versagung als mißbrauchte Amtsgewalt bestraft. Diese kann der Rechner oder dessen Erbe, so lange er betheiligt ist; jene sollen die Vorgesetzten des Revisionsamts verfolgen.

§. 1072.

c. Oeffentlichkeit und Veröffentlichung.

Oeffentlichkeit des Verfahrens vor der Revisionsbehörde ist als zweckwidrig überall untersagt. Eben so die Veröffentlichung desselben durch den Druck während der Anhängigkeit. Eine solche Veröffentlichung nach geschlossenem Verfahren kann jedoch in den Schranken der Preßgesetzgebung geschehen.

§. 1073.

d. Unpartheilichkeit und Verantwortlichkeit.

Die Sicherung der Rechner verlangt ferner, daß kein Revisionsrichter zugleich materiell als Partei bei dem Rechnungswesen interessirt, oder auf seinem Standpunkte über allen Zwang erhaben, folglich einer Verantwortlichkeit nicht unterworfen sey. Aus diesem Grunde giebt es keinen Revisionsrichter in eigner Sache und keine Kabinets-Revision; wohl aber kann auf dem Wege der Gnade, wodurch sich die Lage des Rechners nicht verschlimmert, in Revisionssachen höchsten Orts verfügt werden.

§. 1074.

e. Berufungsrecht.

Damit überdieß die amtliche Subsistenz der Rechner nicht von der Ansicht eines einzigen richterlichen Amtes abhängig gemacht werde, ist denselben das Recht zugestanden, sich von den gegen sie ergangenen Justifikationsbescheiden auf die Intelligenz und wiederholte Beurtheilung eines andern Richters zu berufen. Dieß Recht wird das Berufungsrecht genannt.

§. 1075.

f. Perhorreszenzrecht.

Dagegen soll das Recht, den ordentlichen Revisionsrichter abzulehnen, und an dessen Stelle einen anderen zu erbitten — das Perhorreszenzrecht den Rechnern nur unter der Bedingung verstattet seyn, daß sie ein eigenes Interesse des ersteren bei der Revisionssache beweisen.

Zweiter Abschnitt.

Revisionsverfahren in erster Instanz.

§. 1076.

Eintheilung.

Das Rechnungs-Revisions-Verfahren zerfällt in das materielle und in das formelle Verfahren.

Erster Unterabschnitt.

Materielles Revisionsverfahren.

§. 1077.

1. Begriff.

Unter dem materiellen Revisionsverfahren ist der Inbegriff derjenigen Formen zu verstehen, auf welchen das Wesen und der Inhalt der Verhandlungen selbst beruhen.

§. 1078.

2. Eintheilung.

Es wird abgetheilt in das Produktions- und in das Justifikations-Verfahren.

Erste Eintheilung.

Produktions-Verfahren.

§. 1079.

1. Begriff.

Das Produktions-Verfahren besteht in sämmtlichen Handlungen, welche die Vorlage der Rechnung nebst Urkunden, die Ermittelung der Zureichenheit oder der Mangelhaftigkeit, und die Berichtigung und Vervollständigung der Rechnung und ihres Beweises betreffen.

§. 1080.

2. Hauptakte.

Hauptakte dieses Verfahrens sind die Rechnungs-Prüfung, die Monita und die Beantwortungen.

Erster Absatz.

Rechnungs-Prüfung.

I.

Allgemeine Grundsätze.

§. 1081.

1. Begriff.

Die Rechnungs-Prüfung ist die Untersuchung der Richtigkeit und Zureichenheit der Rechnung und ihres Beweises. Was unter ihr zu beobachten, gilt eben so von der Hauptrechnung, als von den damit etwa produzirten Nebenrechnungen.

§. 1082.

2. Umfang.

Jeder Gegenstand, welcher mit einer gesetzlichen Vorschrift versehen, muß der Prüfung unterworfen werden. Es steht daher dem Revidenten durchaus nicht das Recht zu, zwischen erheblichen und unerheblichen Gegenständen, bezüglich seiner darauf zu verwendenden Aufmerksamkeit, nach Willkür zu unterscheiden. Er soll vielmehr alle, auch die geringfügigsten Mängel hervorheben, und, wofern deren sofortige Abänderung nicht erlaubt ist, zur Verbesserung ausstellen.

§. 1083.

3. Einreichungshandlung.

Die Prüfung wird mit der Einreichung der Rechnung zuerst thätig. Der Revident muß hierbei genau darauf achten, daß die produzirten Rechnungsliteralien in dem begleitenden Verzeichnisse, welches in zweifacher Ausfertigung der Rechnung beizulegen ist, richtig enthalten sind. Wird das Verzeichniß richtig befunden, so ist im Duplikat die Einreichung zu quittiren; im gegentheiligen Falle aber das Eingereichte sofort zur Berichtigung, auf Kosten des Rechners, zurückzufertigen.

§. 1084.

4. Hülfsmittel.

Zu weiterer Untersuchung hat der Revident hiernächst

sich in den Besitz der zur Revision der betreffenden Rechnung erforderlichen Hülfsmittel zu setzen. Es gehören dahin die Hauptbücher, die korrespondirenden und nächstvorhergehenden Rechnungen nebst den darüber verhandelten Revisionsakten, ferner die einschlägigen Etats, Inventarien, Verzeichnisse und Holzlagerkarten.

§. 1085.

5. Bestandtheile.

Die Rechnungsprüfung hat vier wesentliche, unter sich spezifisch verschiedene, Bestandtheile des Verfahrens, und zwar: 1) die Formal-Prüfung, 2) die arithmetische Prüfung, 3) die historische Prüfung und 4) die Beweis-Prüfung, wovon die ersteren beiden zur Probatur (§. 146.), die letzteren beiden zur Material-Revision (§. 147.) gehören.

II.

Formal-Prüfung.

§. 1086.

1. Begriff.

Die Formal-Prüfung besteht in der Untersuchung aller, die äußere und innere Form, so wie den Organismus der Rechnung und Urkunden betreffenden Merkmale.

§. 1087.

2. Gegenstände. a. Aeussere Form.

Zur Herstellung der Formal-Prüfung ist bei der äußeren Form der Rechnungen und Urkunden das Augenmerk auf den Einband, das Format, den Beschnitt, die Schilder, die Aufschriften und auf die Stärke der Bände zu richten.

§. 1088.

b. Innere Form. α. Der Rechnung.

In Ansehung der inneren Form der Rechnungen unterliegen der Beobachtung die Handschrift, das Material, die Vollständigkeit des Titels, die Angabe des Rechnungsjahres, der Kautionsvermerk, die Unterschriften des Rechners, die Richtigkeit der Register, der Mobiliar-Inventarien und der allgemeinen Nachrichten, die Paginirung, die Ununterbrochenheit der Ordnungsnummern, die Anrufung der Urkunden und der Gebrauch der Linien.

§. 1089.

β. Der Urkunden.

Unter der formalen Prüfung der inneren Form der Urkunden sind nur die Nummerirung und Reihenfolge, die Paginirung und das Format des Papiers oder der Abfassung begriffen; während die übrigen Formerfordernisse der Beweisprüfung ausgesetzt bleiben.

§. 1090.

c. Organismus.

Rücksichtlich des Organismus der Rechnungen sind der Tabellenbau überhaupt, die respektive Ausfüllung oder Aufnahme der Spaltenrubriken, die Augenfälligkeit und Trennung der Sachrubriken von den Posten, die Darstellung der letzteren selbst und die Richtigkeit der Wiederholungen Gegenstände der Untersuchung.

§. 1091.

d. Duplikat.

Außerdem gehöret zur Formal-Prüfung die Vergleichung und Gleichstellung des Rechnungs-Duplikats mit dem Originale, worauf zur Vermeidung nachfolgender Irrungen besonderer Fleiß verwendet werden muß.

§. 1092.

3. Aufnahme der Mängel. a. Unterlassungen.

Alle Formfehler, die aus Unterlassungen entstanden sind, bleiben in der Rechnung von dem Revidenten unverändert oder unergänzt, und werden, Behufs der geeigneten Nachholung, dem Rechner in Notaten bezeichnet. Ausgenommen hiervon sind alle Fehler in den Registern, den Mobiliar-Inventarien und den allgemeinen Nachrichten, so wie alle Abweichungen des Rechnungs-Duplikats vom Originale, welche sofort von dem Revidenten korrigirt werden sollen.

§. 1093.

b. Schreibfehler.

Eben so sind alle wesentliche und zweideutige Schreibfehler nur dem Rechner zur Aufklärung und Abänderung zu notiren. Unzweideutige Schreibfehler indessen, welche nothwendig im Sinne der erforderlichen Korrektur verstanden werden müssen, sind von dem Revidenten selbst zu verbessern.

III.

Arithmetische Prüfung.

§. 1094.

1. Begriff.

Die arithmetische Prüfung ist die Untersuchung aller auf Zahlensätze und deren Verhältnisse gegründeter Vorträge und Resultate.

§. 1095.

2. Gesichtspunkte. A. Für die Rechnung. a. Auswerfung der Zahlen.

Sie ist zunächst darauf gerichtet, ob alle vorgetragene Posten auch mit ihren Größen in den Rechenspalten in Ziffern wirklich und deutlich ausgeworfen; ob darin alle Zahlenresultate pünktlich gezogen; ob die vorschriftsmäßigen Größenberechnungen angewendet; ob die Zahlen ununterbrochen vorgetragen, gehörig benannt und eingerichtet worden sind; auch ob auf einer Seite in einer Rechenspalte nicht mehr als 30 Einträge vorkommen.

§. 1096.

b. Postenberechnung. *α*. An und für sich.

Jeder Rechnungsposten ist dann in der Richtigkeit der angegebenen Größe an und für sich selbst, sowohl in dem Soll, als in dem Ist, sorgfältig zu prüfen, und namentlich dahin zu sehen, daß die Kollektivzahlen richtig gezogen sind.

§. 1097.

β. Im Soll, Ist und Rest.

Zur Ermittelung des richtigen Verhältnisses des Soll's zum Ist und Unterschiede eines jeden Postens muß nachgerechnet werden, ob bei Resten die Summe des Ist's und des

Restes mit dem Betrage des Soll's; bei den Ueberschüssen aber die Summe des Ueberschusses und des Soll's mit dem Betrage des Ist's übereintrifft.

§. 1098.

c. Summirung.

Vorzügliche Aufmerksamkeit ist hiernächst auf die Addition der zu einer und derselben Rubrik gehörigen Posten, mithin auf das Richtigstehen der Summen, Postensummen, Seitensummen oder Transporte zu verwenden.

§. 1099.

d. Zusammenträge und Wiederholungen.

Gleiche genaue Nachrechnung ist den Schluß- und Totalsummen sowohl an und für sich, als im Verhältnisse des Soll's zum Ist und Reste zu widmen, und hierbei, dem Kalkül vorgängig, die Richtigkeit des Zusammentrages der einzelnen Seitensummen, oder der Wiederholung der Rubriken in den Zahlensätzen zu ermitteln.

§. 1100.

e. Abschluß.

Ein wichtiger Gegenstand der Kalkülprüfung wird endlich in dem gezogenen Abschlusse dargeboten, wobei gewissenhaft darauf zu achten, ob eine Vergleichung, oder ein Vorrath, ein Rezeß, oder ein Dezeß zum wirklichen Resultate desselben gehört. Bei vorgefundenem Rezesse ist die Untersuchung sofort, nach Maßgabe der Erheblichkeit desselben, auf die Art seiner Herbeiführung und seiner Versteckung oder Offenstellung zu richten (§. 723.). Der Dezeß ist, wenn er durch unterlassene Buchung ordnungsmäßiger Einnahmen, oder durch verbotene Vorschüsse entstanden, als nicht geschrieben, unbedingt zu streichen (§. 724.); wenn er aber durch die aus dem folgenden Jahre herangezogenen Ausgaben herbeigeführt worden, in den Beträgen derselben zum Ersatze zu stellen, wogegen die einschlägigen Belege, auf Gefahr und Kosten des Rechners, aus dem Urkundenbande herauszunehmen, und letzterem zur Verwendung bei der einschlägigen nachfolgenden Rechnung einzuhändigen sind. Die Zulässigkeit gebildeter Vorräthe ist nach besonderer Instruktion zu beurtheilen.

§. 1101.

B. Für die Urkunden.

Auch in den Urkunden muß der Kalkül, konsequent den hierüber zur Rechnung gegebenen Vorschriften, durchgesehen, besonders verglichen werden, ob die Restenverzeichnisse sowohl Posten für Posten, als in den Summen mit der Rechnung genau übereinstimmen.

§. 1102.

3. Art der Bezeichnung der Mängel.

Jeder arithmetische Fehler ist immer an der Stelle wo, und in der Art, wie er gefunden wird, zum Notate auszustellen, selbst wenn er sich auch nachfolgend wieder heben sollte, indem hier die Hebung selbst in dem Betrage, womit sie von der korrespondirenden fehlerhaften Stelle abweicht, monirt werden muß. Dagegen wird weder während noch nach dem Revisionsverfahren irgend eine Abänderung an dem arithmetischen Vortrage vorgenommen, wohl aber müssen Zahlen, die gar nicht ausgeworfen waren, dem Rechner zur Nachführung bezeichnet werden. Bei gewöhnlichen Auszügen aus Rechnungen sind die Zahlen in ihren, durch das Revisionsverfahren berichtigten, Größen, unter Bezugnahme auf die betreffende Nummer des Verfahrens, aufzunehmen.

IV.

Historische Prüfung.

§. 1103.

1. Begriff.

Die historische Prüfung ist die Ermittelung der Beschaffenheit der Sprache, des Styles, der Rubrikenstellung und der Wahrheit und Zureichenheit der Postengeschichte.

§. 1104.

2. Gesichtspunkte. a. Rubrikenstellung.

Zur ersten Aufgabe dieser Prüfung gehört die Untersuchung der Rubrikenstellung. Es muß hierbei darauf Rücksicht genommen werden, ob die Rubriken richtig gebildet, und ob alle zum betreffenden Rechnungsvortrage gehörenden Rubriken wirklich aufgenommen worden sind. Jeder hieran vorgefundene Mangel ist nach der besonderen Beschaffenheit in einem Notate auszustellen, und ein etwa dabei offenbar vorliegendes grobes Versehen als solches zu bezeichnen.

§. 1105.

b. Postengeschichte. *α*. Ueberhaupt.

Hinsichtlich des Vortrages der einzelnen Rechnungsthatsachen ist die Prüfung nach dem ganzen Umfange der hierunter zu beobachtenden Vorschriften zu bethätigen. Der Revident muß deßhalb zur Sicherung dieser umfassenden Prüfung immer von dem juristischen Gesichtspunkte ausgehen, ob, wenn die geschichtliche Beschaffenheit eines Postens in irgend etwas von dem dabei Berechtigten oder Verpflichteten bestritten, oder von herrschaftlicher Seite in Zweifel gezogen, oder endlich von dem Rechner zu Ausflüchten benutzt werden wollte, die Postengeschichte alle diejenigen Merkmale enthalte, welche Gegenstand eines, die Ermittelung der Thatsache erschöpfenden, Beweisthema's werden könnten.

§. 1106.

β. Inhalt und Ausdruck.

Namentlich hat er in dieser Absicht darauf zu sehen, daß der Vortrag deutsch, leicht verständlich, wahr und angemessen sey, und daß die etwa angeführten Quellen hinreichende Zuverlässigkeit gewähren.

§. 1107.

γ. Integrität.

Nicht weniger soll er darüber wachen, daß der Vortrag in seinem Inhalte und seiner Darstellung in völliger Integrität erhalten worden. Sobald daher die Geschichte eines Postens von der früheren Wortfassung, ohne vorhergegangene deßhalbige Injunktur, abweicht, oder sich unzulässige Abbreviaturen, Rasuren, Durchschreibungen und Unterpunktirungen ausgestrichener Worte vorfinden; so sind solche Gebrechen nicht allein in Notaten auszustellen, sondern auch die Spuren der etwa dabei vorwaltenden Verdächtigung zu verfolgen. Einschiebungen ganzer Sätze sind, unter der Bedingung des §. 726., nur dann passiren zu lassen, wenn sie zu keiner gefährlichen Bemäntelung haben mißbraucht werden können.

§. 1108.

δ. Spezielle Geschichtserzählung.

Ins Besondere muß bei den einzelnen Arten der Posten deren spezielle Gestaltung in Erwägung gezogen werden. Es ist daher zu beurtheilen, ob bei wiederkehrenden temporären, bei ständigen unterbrochenen und bei Terminal-Posten die zu ihrer historischen Feststellung nöthigen Zeiträume gehörig bezeichnet; ob bei Kollektiv- und Quotisations-Posten die erforderlichen factischen und arithmetischen Anhaltepunkte in angemessener Darstellung gegeben; und ob bei Pachtungen die Person der Pächter, der Pachtgegenstand, die Pachtzeit und das Pachtquantum zureichend vorgetragen worden sind.

§. 1109.

ε. Vollständigkeit.

Außerdem ist die Vollständigkeit der Postengeschichte ein wichtiger Gegenstand der historischen Prüfung. Aus diesem Grunde bedarf es der reiflichsten Nachforschung, ob alle zum Rechnungsfond aufgekommene Einkünfte und Verwendungen unter der Postengeschichte aufgenommen, hauptsächlich ob die Vorräthe aus vorhergehenden Rechnungen; die auf den Grund des Justifikations-Bescheids zu gewährenden Beträge; die Ueberschüsse, Zuschüsse, Ausgabereste und die erwachsenen Verzugszinsen gehörigen Orts gebucht erscheinen.

§. 1110.

ζ. Richtigkeit.

Dagegen muß aber die Prüfung sich auch dahin erstrecken, ob keine zu der vorliegenden Rechnung nicht gehörige Posten untergelaufen, besonders ob keine Rechnungsergebnisse aus früheren oder späteren Jahren hierher verzogen; ob keine ausgeschiedene Posten nochmals aufgeführt; ob an der Stelle der ursprünglichen Schuldner keine andere unbefugter Weise aufgenommen; ob keine herabgesetzte Posten in ihrem früheren größeren Betrage, keine Abschlagszahlungen oder Vorschüsse, ohne deßhalbige definitive Dekretur, verrechnet; auch keine Posten, zur Deckung von Fehlern erfunden, verändert oder verschwiegen worden sind; endlich ob ein und derselbe Posten nicht mehrfach in gleicher oder veränderter Form, in ganzem oder theilweisem Betrage zur Rechnung gekommen ist, in welch letzterem Falle die Bestimmung des §. 279. Anwendung findet.

§. 1111.

2. Ordnung.

Eben so ist die Ordnung der Posten genauer Beobachtung auszustellen und hierunter zu prüfen, ob jeder Posten unter der ihm zugehörigen Rubrik erscheint; sodann ob die Postenfolge, die Art der Ausscheidung von Posten und die Bezeichnung des Postenmangels richtig eingehalten worden ist.

§. 1112.

3. Art der Bezeichnung und Berichtigung der Mängel im historischen Vortrag.

Jeder Mangel im historischen Vortrage ist, wenn er nicht in einem offenbaren, sogleich von dem Revisor zu korrigirenden, Schreibfehler besteht, in ein Monitum zu bringen, und die Berichtigung dem Rechner aufzugeben, welcher sie wo möglich durch die Hand dessen, der die Reinschrift der Rechnung besorgte, ausführen zu lassen hat. In gleicher Weise müssen ganz ausgelassene Posten behandelt werden, damit die Postengeschichte nirgends zweifelhaft bleibe, und die Rechnung zum urkundlichen Nachweise ihres Inhalts nicht unbrauchbar mache.

V.

Beweis-Prüfung.

§. 1113.

1. Begriff.

Die Beweis-Prüfung besteht in der Untersuchung der Zureichenheit der Belegung der aufgeführten Thatsachen, der Beschaffenheit der Urkunden und der Uebereinstimmung der Rechnungsgeschichte mit den Kontrollen.

§. 1114.

2. Gegenstände.

Die in dem gegebenen Begriffe entwickelten drei Gesichtspunkte sind daher auch die Hauptgegenstände der Beweis-Prüfung, welche in ihrer praktischen Behandlung spezifisch von einander getrennt gehalten werden müssen.

§. 1115.

A. Kontrollirung.

Um die Vollständigkeit der Rechnungsgeschichte auch von der Seite zu sichern, wo dieselbe nicht unmittelbar durch die produzirten Urkunden unterstützt erscheint, sind die Rechnungen sowohl mit den Hauptbüchern, als mit den vorhergehenden und den korrespondirenden Rechnungen, in allen mit einander in Beziehung stehenden Posten, genau zu vergleichen, und jede erhebliche Abweichung wenigstens als Rechnungsfehler zu behandeln. Sollten sich hierbei Irrungen in kontrollirenden Rechnungen selbst vorfinden; so müssen solche, wofern sie noch verfolgt werden können, entweder zur Revisionsverhandlung über das betreffende Rechnungsbuch aufbehalten, oder zur besonderen Behandlung verwiesen werden.

§. 1116.

B. Prüfung der Belegung. a. Vollständigkeit. α. Im Allgemeinen.

In Hinsicht der Vollständigkeit der Belegung der einzelnen Rechnungsposten muß vor Allem dahin gesehen werden, daß der Beweis durch Urkunden geführt worden, und daß überall da Belege vorliegen, wo solche nach den Vorschriften über die Nothwendigkeit der Produktion der Urkunden (§. 372 — 392.) erforderlich sind.

§. 1117.

β. Einzelne Gesichtspunkte.

Daher ist namentlich zu untersuchen, ob das Daseyn der behaupteten, und das Nichtdaseyn der sonst gewöhnlichen Thatsachen, ob der Ausfall und das Ausscheiden von Posten, ob jede eingetretene Veränderung an denselben und der Ab- und Zugang gehörig beurkundet; ferner ob die nöthigen Lebensatteste beigebracht; ob die den Zahlensätzen zum Grunde liegenden Berechnungen und Reduktionen auf den Urkunden vorschriftsmäßig ausgeführt; und ob für ein Mehr oder Weniger keine Zweifel darin übrig gelassen worden sind; endlich ob die besonderen Bedingungen der Einnahmen und Ausgaben erfüllt; ob die fingirten Posten, die abgetragenen verbrieften Schulden, die Zahlungen und Leistungen an den Rechner selbst, und die sämmtlichen Reste, nach Bestand und Rechtfertigung, mit den zureichenden urkundlichen Abfassungen belegt erscheinen.

§. 1118.

b. Uebereinstimmung. *α.* Ueberhaupt.

Zugleich hiermit muß sich die Prüfung auch auf die Uebereinstimmung der Urkunden mit den betreffenden Posten, in historischer und arithmetischer Hinsicht, ausdehnen, und in deren Verfolge überall in Erwägung gezogen werden, ob sich nirgends Spuren einer ordnungswidrigen Verwaltung herausstellen, und diese eben so wenig durch Empfangs- oder Zahlungsverzug Schaden erlitten hat.

§. 1119.

β. In den Thatsachen.

Jede Abweichung des historischen Inhaltes einer Urkunde von der betreffenden Postengeschichte, worunter entweder die Identität des Gegenstandes selbst leidet, oder auch nur einzelne eigenthümliche Nebenmerkmale daran zweifelhaft werden, ist als ein Mangel zu betrachten, dessen Ausstellung niemals unterbleiben darf.

§. 1120.

γ. In den Zahlensätzen. aa. Bei unbedingter Verrechnung.

Gleichmäßige Ausstellung findet Statt, wenn eine Urkunde, bei unbedingter Verrechnung, mit dem arithmetischen Vortrag nicht durchaus übereinstimmt, jedoch abgesehen von denjenigen Bruchtheilen, welche in der Rechnung nicht ausgedrückt zu seyn brauchen.

§. 1121.

bb. Bei theilweiser Verrechnung.

Sind indessen gewisse Beträge, welche mit Anderen

gemeinschaftlich bezogen werden, wegen ihrer Untrennbarkeit in der Einnahme, dem Rechner zur Erhebung im Ganzen, aber zur Verrechnung nur mit demjenigen Antheile, welcher dem Rechnungseigenthümer zukommt, übertragen; so ist nicht allein auf die richtige Einstellung dieses Betrages, sondern auch darauf zu achten, daß jährlich zu dem betreffenden Einnahmeposten eine Urkunde beigebracht sey, worin die Art der Vertheilung spezifizirt berechnet, und die behauptete Abführung der Antheile an die Miteigenthümer mit Quittungen, als Beilagen, gehörig erwiesen worden ist.

§. 1122.

c. Einfache Benutzung.

Von Wichtigkeit und deßhalb zu bethätigen ist überdieß die Nachforschung, daß keine Urkunde zu mehrfacher Belegung mißbraucht worden, d. h. daß sie, wenn auch mehrmals angerufen, doch nicht verschiedene Posten, aus einem und demselben Beweisgrunde unterstützt, und daß eine Urkunde überhaupt da nicht zu mehrfacher Anrufung gedient hat, wo die betreffenden Posten, ihrer Natur nach, mit separaten und selbstständigen Urkunden belegt seyn müssen.

§. 1123.

C. Prüfung der Beschaffenheit der Urkunden. a. Glaubwürdigkeit.

α. Urheberschaft und Originalität.

Bei Prüfung der Beschaffenheit der Urkunden kommt zunächst in Frage, ob die Aussteller von dem Gegenstande der Urkunde hinreichende Kenntniß haben konnten; ob sie zu deren Ausstellung berechtiget oder verpflichtet waren; und ob die Namensunterschriften von jedem Interessenten und in gehöriger Art vollzogen worden sind. Ferner ist zu berücksichtigen, ob die Urkunden in Original vorliegen, und, wenn nicht, ob der Grund ihrer abschriftlichen Einreichung hinlänglich angegeben und an sich rechtfertigend ist, auch ob die Abschrift selbst den erforderlichen Glauben verdient.

§. 1124.

β. Unmittelbare und mittelbare Ausstellung.

Nächst diesem muß in Ansehung der Empfangnahmen

ermittelt werden, ob die Zahlungen an dem ursprünglichen Gläubiger geschehen, oder, wenn sie Namens desselben oder an seiner Stelle an Andere abgeführt wurden, ob sich die Vollmachten, die Cessionen oder Assignationen und die Legitimationen in Richtigkeit befinden, und durch deren Annahme dem herrschaftlichen Interesse keine Beschwerung oder Gefahr erwachsen ist.

§. 1125.

b. Gültigkeit. α. Sprache und Schrift.

Bei Untersuchung der Gültigkeit der Urkunden bleibt, in Ansehung ihrer Form, der Material-Revision nur vorbehalten, die Sprache, die Schrift überhaupt und besonders die Namenszüge, so wie den Ausdruck der Zahlen zu überwachen, da alle übrige Formerfordernisse vor die Beachtung der Probatur gehören.

§. 1126.

β. Legitimität.

Hinsichtlich der Legitimität der Urkunden ist hingegen zu prüfen, ob die beigebrachten Belege überall, wo die bloße Ausstellung von Seiten der Interessenten nicht hinreicht, mit den erforderlichen Dekreturen der Verwaltungsbehörde ausgewiesen; ob sie, nach Bedürfniß, mit dem Sichtscheine versehen und nach besonderer landesgesetzlicher Vorschrift eingerichtet sind; so wie ob die ausstellenden Personen selbstständig zu disponiren befugt waren.

§. 1127.

γ. Gegenstand und Selbstständigkeit.

Auf gleiche Art muß in Hinsicht des Gegenstandes selbst darauf geachtet werden, daß die Urkunden, ihrem Inhalte nach, vollständig, aber nicht mit unzulässigen Einstreuungen beladen, und hinsichtlich der Größenbestimmung nach Rechnungsjahrgängen vorschriftsmäßig abgefaßt; namentlich daß in den Quittungen ihre wesentlichen Merkmale enthalten, daß sie nicht in andere Ausfertigungen ordnungswidrig aufgenommen, definitiv gestellt, und nöthigenfalls mit der Bezeichnung des Verfalltermins und der Münzsorten versehen sind. Ueberdieß ist hierunter dahin zu sehen, daß die wirklich erfolgte Zahlung keinem Zweifel Raum läßt, daß jede Urkunde für sich, oder mit ihren Beilagen ein selbstständiges Ganze bildet, und daß in Betreff der Art der Zahlung, bei Anweisungen, Kompensationen oder anderen Abrechnungen, neben der Bezeichnung der Zahlungsart, ohne Vorbehalt Quittung erfolgt ist.

§. 1128.

c. Echtheit. α. Integrität.

Zur Wahrung der Unverletztheit der Urkunden soll untersucht werden, ob keine Urkunde in ihrem Material beschädiget; nicht durch Worte oder Durchstreichungen in sich selbst wieder aufgehoben; nicht durch Korrekturen oder Rasuren zweifelhaft gemacht; nicht in zulässigen Einschaltungen ohne Beglaubigung gelassen; und überhaupt nicht in ihrer ursprünglichen Form verändert, noch weniger aber nachgebildet, oder unterschoben worden ist. In letzterer Beziehung ist bei aufgefundenen Mängeln zugleich zu ermitteln, welche Schuld dabei etwa dem Rechner zur Last falle, und das Resultat hiervon besonders aufzunehmen.

§. 1129.

β. Mehrfache Ausstellung.

Weiter ist in Betracht der Echtheit der Urkunden mit Umsicht darüber zu wachen, daß keine Urkunden, die im Widerspruche mit einander stehen, oder in mehrfachen Ausfertigungen einen und denselben Betrag wiederholen, passirt werden, und wenn ein derartiger Fall vorkommen sollte, sofort die geeigneten Schritte zur Sicherstellung aller Interessenten geschehen. Eben so sind die aufgefundenen Parzial-Urkunden nicht zu dulden, und bei produzirten Duplikat-Urkunden ist zu erwägen, ob sie in gehöriger Ausfertigung erscheinen.

§. 1130.

3. Aufnahme der Urkundenmängel.

Alle in den Urkunden aufgefundene Mängel werden in Notaten ausgestellt, niemals aber Abänderungen daran vorgenommen. Vielmehr ist, wenn die Mängel durch Vernehmung des Rechners gehoben werden können, solche zu bewerkstelligen; sonst aber nach Bedürfniß entweder die Nachbringung des fehlenden Beleges, oder die Produktion neuer Urkunden oder wenigstens berichtigender Erklärungen von Seiten der Interessenten aufzugeben.

Zweiter Absatz.

Monita.

§. 1131.

1. Begriff.

Die Monita (Notaten, Ausstellungen) sind interlokutorische Dekreturen zur Berichtigung und Vervollständigung einer Rechnung und ihres Beweises.

§. 1132.

2. Eintheilung.

Sie sind entweder assertorische, oder injunktive (aufgebende), oder permissive (befugende, nachlassende).

§. 1133.

a. Assertorische.

Die assertorischen Notaten sind solche, deren Vorwurf von dem Rechner nur anerkannt zu werden braucht, um ein Erkenntniß darauf zu begründen.

§. 1134.

b. Injunktive.

Die injunktiven Monita fordern von dem Rechner immer noch eine nothwendige Thätigkeit und Erledigung, bei deren Eintritt der Vorwurf geheilt wird, deren Unterlassung aber niemals von dem Rechner abhängen kann.

§. 1135.

c. Permissive.

Permissive Monita endlich werden diejenigen genannt, welche dem Rechner eine Erledigung in der Art bloß anheim stellen, daß, wenn er sie unterläßt, der daraus folgende gesetzliche Nachtheil von ihm zu tragen ist.

§. 1136.

3. Abfassung. a. Ueberhaupt.

Die Monita müssen, als revisionsrichterliche Dekreturen, schriftlich, in bestimmtem Style, kurz, würdig und dispositiv abgefaßt; jedoch weder mit einem Eingange, welcher durch die Aufschrift der Verhandlungen selbst ersetzt wird, noch mit einer Schlußformel, oder Angabe des Orts, der Zeit und des Namens der Revisionsbehörde, als welches letztere dem Mittheilungsdekrete vorbehalten bleibt, versehen werden.

§. 1137.

b. Angemessenheit. α. Deutlichkeit und Bestimmtheit.

Ihrem Inhalte nach sollen die Monita deutlich, bestimmt und vollständig den Gegenstand der Ausstellung bezeichnen, und mehrere einzelne Auflagen darin von einander trennen. Die Gründe derselben sind nur dann, wenn sie nicht aus dem Anrufen des Mangels von selbst hervorleuchten, aufzunehmen, und in gedrängter Kürze der Abfassung des Notats einzuverleiben. Die Bestimmung des Ortes und der Zeit der Erledigung bleibt jedoch ebenfalls dem Mittheilungsdekrete überlassen.

§. 1138.

β. Allegationen. aa. Rechnungsstellen.

Bei jedem Notate ist die Seite und die Ordnungsnummer der Rechnung, worauf es sich bezieht, so wie auch, wenn es eine Urkunde betrifft, überdieß noch die Nummer der letzteren anzugeben, damit hierdurch der Betreff sicher gestellt und die Auffindung der Rechnungsstelle erleichtert werde.

§. 1139.

bb. Gesetze.

Wenn zur bestimmteren Begründung eines Monitums die Anrufung der einschlägigen gesetzlichen Stellen räthlich erscheint; so sind solche, unter genauer Bezeichnung der betreffenden Gesetze, Verordnungen, Verfügungen oder Instruktionen, speziell anzuführen.

§. 1140.

γ. Subjektive Haltung.

In Beziehung der subjektiven Haltung der Monita, gegenüber dem Rechner, ist zu beachten, daß dieselben als bloße Interlokute nicht geeignet sind, dem Rechner in Rücksicht der Verwaltung oder der Rechnungsführung Zurechtweisungen und Verweise zu ertheilen, oder sonstige bittere Bezeichnungen und Betrachtungen einzustreuen. Vielmehr müssen sie, frei von jeder Anzüglichkeit und allen Bestandtheilen, welche bloß Inhalt eines definitiven Erkenntnisses seyn können, nur so viel in sich aufnehmen, als erforderlich ist, die gesetzlich zu beabsichtigende Vernehmlassung des Rechners zu bewirken. Am wenigsten sollen sie Leidenschaftlichkeit verrathen; sondern überall in dem besonnenen Ausdrucke unbefangener Amtsruhe gehalten werden.

§. 1141.

c. Behandlung konnexer Gegenstände.

Wenn mehrere Mängel zwar in wesentlicher Beziehung mit einander stehen, aber dennoch nicht unter einem Monitum umfaßt zu werden vermögen; so sind die in solcher Art konnexen Notaten immer gegenseitig anzurufen.

§. 1142.

d. Wiederkehrende Monita.

Kommen in einer und derselben Verhandlung verschiedene Rechnungsstellen vor, bei welchen ein und derselbe Grund der Ausstellung obwaltet; so sollen diese wiederkehrenden Monita, anstatt einer wiederholten gleichförmigen oder umgearbeiteten Abfassung, nur das früher gezogene Notat zu ihrer Stelle in Bezug nehmen. Monita dieser Art zu früheren oder korrespondirenden Rechnungen sind hiernach von solcher Behandlung ausgeschlossen; jedoch können sie nach Bedürfniß angerufen werden.

§. 1143.

e. Wiederholte Monita.

Wird die Beantwortung auf irgend ein Monitum nicht zureichend befunden, und dadurch eine neue Dekretur nothwendig; so hat sich ein solches wiederholtes Monitum an das frühere mit dessen Nummer anzulehnen, und unter Angabe der Gründe der Unzureichenheit der Beantwortung das noch zu Erledigende deutlich vorzuschreiben.

§. 1144.

k. Abfassung der einzelnen Arten der Monita. α. Der Assertorischen.

aa. Ueberhaupt.

Die Abfassung der assertorischen Notaten beschränkt sich lediglich auf die Bezeichnung des vorgefundenen Mangels mit den diesen selbst zureichend erschöpfenden Merkmalen. Diese Dekreturen bestimmen also nur den Grund der Verfügung, während der dispositive Bestandtheil derselben, welcher die prozessualische gesetzliche Folge hieraus anzugeben, mithin die bloße Vernehmlassung aufzuerlegen hätte, der allgemeinen Verfügung des Mittheilungsdekretes vorbehalten wird.

§. 1145.

bb. Bei Kalkülfehlern.

Betreffen die Monita ins Besondere Kalkülfehler; so ist der vorgefundene fehlerhafte Zahlensatz zuerst, dann der berichtigte, und zuletzt das daraus folgende Mehr oder Weniger zu benennen, jeder von diesen drei Zahlensätzen aber von den anderen durch zwischengesetzte Worte zu scheiden.

§. 1146.

β. Der Injunktiven.

In den injunktiven Notaten ist neben genauer Bezeichnung des auszustellenden Mangels zugleich die erwartete Erledigung selbst gehörig zu bestimmen.

§. 1147.

γ. Der Permissiven.

Bei den permissiven Notaten muß überdieß noch der Nachtheil speziell bezeichnet werden, der im Falle der Nichterledigung eintreten soll, indem sie, unter der Regel, daß dem Rechner keine Disposition über die Rechtfertigungsmittel zusteht, zur Ausnahme gehören und nur aus besonderen Gründen Statt finden dürfen.

§. 1148.

4. Rechtmässigkeit. a. Positivität.

Jedes Monitum soll durchhin auf der rechtlichsten Grundlage beruhen. Hieraus folgt zunächst, in Anwendung des §. 1060., daß es keinen Gegenstand zur Ausstellung bringen darf, wenn nicht dabei offenbar gegen eine positiv gesetzliche Bestimmung gefehlt worden ist.

§. 1149.

b. Unverfänglichkeit.

Außerdem darf es nicht verfänglich, d. h. in der Art mehrdeutigen Sinnes abgefaßt seyn, daß es dem Rechner in der Auffindung des Irrthumes, oder in seiner sonstigen Verantwortlichkeit irre führt, und ihn, gegen seine Absicht, zu Zugeständnissen verleitet, die für ihn nachtheiliger sind, als sie den Sachumständen nach hätten seyn können.

§. 1150.

c. Suggestionen.

Dagegen sollen aber auch in Fällen, worin die Schuldlosigkeit des Rechners hauptsächlich nur aus der von ihm selbst ausgehenden freien Entwickelung der Thatumstände einleuchten kann, alle Suggestionen vermieden, mithin jene, anders woher in Erfahrung gebrachten, Thatumstände nicht schon in das Monitum aufgenommen und zur Beantwortung hingewiesen werden.

§. 1151.

5. Bekanntmachung. a. Mittheilungsdekretur.

Die Eröffnung der Notaten an den Rechner geschieht vermittelst eines Mittheilungsdekretes, welches entweder besonders ausgefertigt, oder an dem Schlusse der Notaten angefügt wird, und zugleich die Frist der Beantwortung bestimmt.

§. 1152.

b. Insinuation.

Die Zustellung der Monita an den Rechner geschieht regelmäßig unter amtlichem Siegelverschlusse auf dem gewöhnlichen Kommunikationswege. Nur wenn besondere Umstände größere Sicherung erfordern, soll eine förmliche Publikation oder eine ordentliche Insinuation, und zwar letztere entweder durch die Rechnungskammerboten, oder durch die requirirte einschlägige Justizstelle Statt finden.

Dritter Absatz.

Beantwortungen.

§. 1153.

1. Begriff.

Beantwortungen sind Vernehmlassungen zur Befolgung der Notaten und zum Zwecke der Abstellung der in der Rechnung und den Urkunden bezeichneten Mängel. Jeder darin vorgebrachte Grund zur Erledigung des Monitums kann nur als Rechtfertigungsmittel betrachtet werden.

§. 1154.

2. Eintheilung.

Die Beantwortungen sind entweder anerkennende, oder erläuternde, oder rein befolgende.

§. 1155.

a. Anerkennende.

Durch die anerkennenden Beantwortungen wird die Wirklichkeit des monirten Vorwurfs bestätiget; sie sind daher wirkliche Eingeständnisse.

§. 1156.

b. Erläuternde.

Unter den erläuternden Beantwortungen werden die Deduktionen über das betreffende Sachverhältniß verstanden, wodurch sich die angezogenen Zweifel in den notirten Stellen auflösen, und hiermit das Monitum selbst gehoben wird.

§. 1157.

c. Rein befolgende.

Die rein befolgenden Beantwortungen sind solche, deren Aufgabe lediglich in sträcklicher Ausführung der im Notate auferlegten Handlung besteht, und die daher nur die Anzeige der gegenwärtigen, oder das Versprechen der zukünftigen Befolgung des Notats zu ihrem Inhalte haben.

§. 1158.

3. Abfassung. a. Ueberhaupt.

In Hinsicht ihrer Form sind die Beantwortungen schriftlich, in bestimmtem und bündigem Style, ohne Eingang, Schlußbitte und Formel, Zeit- und Ortangabe und Unterschrift abzufassen. Ihre Betreffe werden durch Annahme der Nummer des zugehörigen Monitums angegeben, und die Schlußbezeichnungen durch den Einsendungsbericht ersetzt. Findet sich der Rechner ausnahmsweise zu einer Bitte veranlaßt, so ist solche im Laufe des Vortrags, ohne weitere Auszeichnung, geziemend vorzubringen.

§. 1159.

b. Angemessenheit. α. Deutlichkeit und Vollständigkeit.

Als Vernehmlassung auf Dekreturen, welche bestimmte Erledigungen, Anerkennungen oder Erörterungen vorschreiben, können die Beantwortungen sich immer nur streng in den Grenzen des Monitums bewegen, ohne sich in weit ausholende Abschweifungen zu verirren. Dabei müssen sie deutlich seyn, und die Aufgabe vollständig erschöpfen.

§. 1160.

β. Gesetzmässigkeit.

Der Rechner darf darin nur positive, d. h. gesetzlich gebilligte Rechtfertigungsgründe für sich anführen, auf eigene Ansichten über das Rechnungswesen aber eben so wenig eingehen, als ihm selbst ein Monitum ohne gesetzliche Begründung gezogen werden soll. Dagegen bleibt ihm jedoch vorbehalten, eigene, zur Vervollkommnung des Rechnungswesens nach seiner Meinung dienliche, Ansichten bei der Oberbehörde in besonderen Berichten zu entwickeln.

§. 1161.

γ. Allegationen.

Allegationen werden in ihnen so, wie bei den Notaten behandelt; indessen ist es nicht erforderlich, die monirte Rechnungsstelle nochmals anzurufen.

§. 1162.

c. Vollzähligkeit.

Kein Notat darf in der Beantwortung übergangen werden. Bei einem Versehen hiergegen geht die Verhandlung an den Rechner, auf dessen Kosten, zur Vervollständigung zurück. Verweigerung der erforderlichen Beantwortung wird mit Amtsentsetzung geahndet.

§. 1163.

d. Subjektive Haltung.

Der Revisionsbehörde gegenüber hat der Rechner in den Beantwortungen nicht allein niemals eine überreizte Empfindlichkeit an den Tag zu legen und beißende Anspielungen einzustreuen, sondern auch den der Amtsstellung anpassenden Ton in ruhigem, bescheidenem Vortrage zu beobachten. Ungebührliche Abfassungen werden dem Rechner, auf seine Kosten, und nach Ermessen unter Verfälligung in eine kongruente Ordnungsstrafe, zur Reinigung zurückgefertigt.

§. 1164.

e. Konnere und wiederkehrende Beantwortungen.

Stehen Beantwortungen derselben Verhandlung mit einander in wesentlichem Zusammenhange, oder beruhen mehrere auf einem und demselben Rechtfertigungsgrunde; so sind sie, als konner oder wiederkehrend, in eben der Art wechselsweise anzurufen oder in Beziehung zu stellen, wie solches bei den Notaten (§. 1141. und 1142.) vorgeschrieben worden.

§. 1165.

f. Wiederholte Beantwortungen.

Hat die Unzureichenheit der ersten Beantwortung eine weitere Monirung zur Folge gehabt; so ist die wiederholte Beantwortung zwar den allgemeinen Regeln gemäß herzustellen, dieselbe jedoch nunmehr so gewiß erschöpfend abzufassen, als bei einer nochmaligen Unzureichenheit die Verhandlung auf Kosten des Rechners weiter gepflogen und er außerdem noch, nach Maßgabe der Umstände, mit Ordnungsstrafe belegt werden soll.

§. 1166.

g. Abfassung der einzelnen Arten der Beantwortungen.

α. Der Anerkennenden.

Anerkennende Beantwortungen haben sich in der Regel auf die Worte: anerkannt, zugestanden, einbekannt, eingeräumt rc. zu beschränken. Nur wenn das Zugeständniß zur Anwendung einer Ordnungsstrafe, oder zur Verdachtschöpfung die Veranlassung seyn könnte, oder wenn sonst Gründe eines qualifizirten Geständnisses vorhanden sind, dürfen die besonderen Umstände zusätzlich in bündigem Vortrage angeführt werden.

§. 1167.

β. Der Erläuternden.

Zu den erläuternden Beantwortungen ist ein anpassender Deduktionsstyl anzuwenden, und das unterliegende wahre Sachverhältniß kurz, aber dennoch so erschöpfend darzustellen, daß keine Zweifel mehr übrig bleiben.

§. 1168.

γ. Der rein Befolgenden.

Die rein befolgenden Beantwortungen sind nur mit dem Worte: befolgt, nach Bedürfniß mit Hinzusetzung der Art der Befolgung, abzufassen.

§. 1169.

4. Beilagen. a. Art der Anfügung.

Urkunden oder sonstige schriftliche Beweismittel, welche nachgebracht werden sollen, oder doch wenigstens zur Rechtfertigung dienen, sind in einem besonderen Hefte beizulegen. Mehrere bekommen unter sich fortlaufende Nummern. Jeder einzelne Beleg erhält aber entweder die Nummer, wozu er in der Rechnung gehört, oder, wenn er selbstständig ist, die etwa für ihn offenstehende, oder eine zwischenliegende, mit einem beigesetzten kleinen lateinischen Buchstaben zu unterscheidende, Nummer. Die Bezeichnung von Beilagen und die Anrufung geschicht wie in der Rechnung.

§. 1170.

b. Beschaffenheit.

Jeder zur Revisionsverhandlung nachgebrachte Beleg muß, seiner Beschaffenheit nach, in jeder Beziehung den hierüber gegebenen allgemeinen und den, zu dem einschlägigen Rechnungszweige besonders gegebenen, Vorschriften entsprechen, und hiernach beurtheilt werden.

§. 1171.

5. Einsendung.

Die Beantwortungen sind an die Revisionsbehörde einzureichen und mit einem Einsendungsberichte zu begleiten, welcher entweder an dem Schlusse der Beantwortungen angefügt, oder besonders ausgefertigt wird, je nachdem die Mittheilungsdekretur zu den Notaten in der einen oder der anderen Art abgefaßt worden.

Zweite Eintheilung.

Justifikations-Verfahren.

§. 1172.

1. Begriff.

Das Justifikations-Verfahren ist der Inbegriff sämmtlicher Handlungen, welche die Aburtheilung über die Zureichenheit, Berichtigung oder Vervollständigung der Rechnung und ihres Beweises, so wie über die darauf beruhende Verantwortlichkeit des Rechners betreffen.

§. 1173.

2. Verhältniß zu dem Produktions-Verfahren.

Das Produktions-Verfahren steht zu dem Justifikations-Verfahren in dem Verhältnisse der Untersuchung eines Falles zu der Gesetzanwendung auf den ermittelten Bestand desselben. In jenem hat also der Revisor, in der Qualität eines Instruktionsrichters, die zu einem klaren Begriffe der vorgefundenen Rechnungsmängel erforderlichen Merkmale zu sammeln, und in Gewißheit zu setzen; in diesem muß von dem Rechnungsrathe der Begriff wirklich bestimmt, der bestimmte Thatbegriff dem Gesetzbegriffe subsumirt, und das Verhältniß beider zu einander in einer Schlußfolge ausgesprochen werden.

§. 1174.

3. Hauptakte.

Die Hauptakte des Justifikations-Verfahrens bestehen in der Schöpfung der Spezial-Erkenntnisse, in der Abrechnung und in dem Justifikations-Bescheide.

Erster Absatz.

Spezial-Erkenntnisse.

§. 1175.

1. Begriff.

Die Spezial-Erkenntnisse (Beschlüsse) sind diejenigen definitiven revisionsrichterlichen Verfügungen, worin die auf das, durch jedes einzelne Monitum und seine Beantwortung ermittelte, Sachverhältniß nothwendig anwendbare gesetzliche Bestimmung als wirkliches, für diesen Fall geltendes und zu erfüllendes, Rechnungsrecht ausgesprochen wird.

§. 1176.

2. Eintheilung.

Die Spezial-Erkenntnisse sind entweder freisprechende, oder lossprechende (entbindende), oder verurtheilende.

§. 1177.

a. Freisprechende.

Freisprechende sind diejenigen Beschlüsse, worin ausgesprochen wird, entweder daß schon durch die Beantwortung des Monitums dem gesetzlichen Anspruche volles Genüge geschehen, oder daß die Voraussetzung des Notats, zu Folge der Verhandlung, als unbegründet befunden worden sey.

§. 1178.

b. Lossprechende.

Unter den entbindenden (lossprechenden) Erkenntnissen sind solche zu verstehen, welche erklären, daß entweder die Ungewißheit des Thatbegriffes eine Subsumtion unter einen Gesetzbegriff nicht zulasse und die Sache also, so wie sie liege, vor der Hand belassen werden müsse; oder daß die gemachte Ausstellung durch die Beantwortung zwar nicht gehoben, aber doch in so weit gerechtfertiget oder aufgeklärt erscheine, daß kein Nachtheil daraus zu befürchten, und kein Grund vorhanden sey, den Rechner seiner deßhalbigen Verantwertlichkeit nicht zu entheben.

§. 1179.

c. Verurtheilende.

Verurtheilende Beschlüsse endlich werden diejenigen genannt, wodurch die Erfüllung der, auf den erwiesenen Fall des begründet erfundenen Notats anwendbaren, gesetzlichen Bestimmung ausgesprochen wird, mag nun diese Erfüllung zum Vortheile, oder zum Nachtheile des Rechners gereichen.

.§ 1180.

3. Abfassung. a. Ueberhaupt.

Die Spezial-Erkenntnisse sind hinsichtlich der Form, der Angemessenheit, der Anrufung von Rechnungs- oder Gesetzstellen im Allgemeinen nach den deßhalbigen Vorschriften über die Notaten abzufassen. Die Wiederholung des Inhalts der Letzteren ist jedoch darin zu vermeiden, und jeder Beschluß durch Annahme der Nummer des zugehörigen Notats mit der Verhandlung in Zusammenhang zu setzen.

§. 1181.

b. Konnexe und wiederkehrende Beschlüsse.

Eben so sind die in wesentlicher Beziehung mit einander stehenden Beschlüsse wechselseitig anzurufen, und wiederkehrende Beschlüsse derselben Verhandlung, welche auf einerlei Entscheidungsgrund beruhen und einerlei Inhalt haben, bloß durch Bezugnahme auf den verwandten vorhergehenden Beschluß herzustellen.

§. 1182.

c. Abfassung der einzelnen Arten der Beschlüsse. *α*. Der freisprechenden und Entbindenden.

Die freisprechenden und die entbindenden Beschlüsse sind in den möglich kürzesten Ausdruck zu fassen. Für jene genügen, je nach ihrem Gegenstande, die Worte: erledigt, beseitigt, gerechtfertigt ꝛc.; diese sind, wenn sie auf Ungewißheit des Falles beruhen, mit: entbunden, losgesprochen, absolvirt ꝛc., wenn sie hingegen von befriedigender, obgleich nicht zureichender Aufklärung ausgehen, mit: beruht, passirt ꝛc. zu bezeichnen. Nach Bedürfniß werden jedoch die Gründe des Beschlusses in Kurzem angegeben, auch sonstige Erwägungen berührt, und zugleich auf eine etwa vorgetragene Bitte das Geeignete verfügt.

§. 1183.

β. Der Verurtheilenden.

In den verurtheilenden Beschlüssen muß hingegen die Schlußfolge aus der Gesetzanwendung zureichend ausgedrückt, die Urtheilsauflage genau bestimmt, und namentlich die Beträge des Ersatzes, oder der Vergütung speziell in Worten angegeben werden. Entscheidungsgründe sind, wo sie nicht aus dem Sachverhältniß ohne Erklärung hervorgehen, in bündigem Vortrage zu entwickeln.

§. 1184.

4. Gesetzlichkeit.

So wenig wie in den Notaten die gesetzlichen Grenzen überschritten werden dürfen, eben so wenig ist es zulässig, daß den Beschlüssen ein Gesetzbegriff unterlegt werde, welcher entweder gar nicht vorhanden, oder doch durch eine unzulässige Erklärung aus anderen gesetzlichen Bestimmungen künstlich gebildet worden ist.

§. 1185.

5. Verweise und Ordnungsstrafen.

Sind die den Erkenntnissen zu Grunde liegenden Ausstellungen von der Art, daß, auch nach erfolgter Beantwortung, deßhalbige Verweise oder Ordnungsstrafen gesetzlich nothwendig erscheinen; so sind solche in den betreffenden Beschlüssen zugleich auszusprechen. Es kommt hierbei nicht darauf an, ob letztere selbst im Uebrigen freisprechend oder entbindend abgefaßt werden müßten.

§. 1186.

6. Bekanntmachung.

Die Bekanntmachung der Beschlüsse an den Rechner ist durch eine Mittheilungsdekretur in derselben Art, wie bei den Notaten, zu bewerkstelligen; jedoch muß diese unter Amtssiegelverschluß auf dem gewöhnlichen Kommunikationswege abgehen, eine Empfangsbescheinigung durch den überbringenden Boten oder die Post eingezogen werden.

Zweiter Absatz.

Abrechnung.

§. 1187.

1. Begriff.

Abrechnung wird derjenige arithmetische Abschnitt des Justifikations-Verfahrens genannt, worin die von dem Rechner zu ersetzenden und ihm zu vergütenden, oder die ab- und zuzusetzenden Beträge zusammengestellt, und durch Vergleichung der Summen beider gegen einander die Reinbeträge des Ersatzes oder der Vergütung, des Verlustes oder des Ueberschusses, ermittelt werden. Die einzelnen Beträge (Posten) werden hierbei unmittelbar von den, sie erkennenden, Beschlüssen normirt; die Beschlüsse selbst aber müssen in dieser Hinsicht von den Grundsätzen der Abrechnung ausgehen.

§. 1188.

2. Grundsatz.

Alles, was durch das Verschulden des Rechners zu wenig zur Einnahme, oder zu viel zur Ausgabe gebracht worden, wird demselben zum Ersatze; alles, was hingegen in selbiger Weise zu viel in Einnahme, oder zu wenig in Ausgabe erscheint, demselben zur Vergütung gesetzt, in so fern die Vergütung nicht gesetzlich ausgeschlossen ist. Bei dem Ersatze bleibt dem Rechner der Regreß an den betheiligten Schuldner, oder Gläubiger vorbehalten und überlassen; bei der Vergütung aber wird das Interesse der etwa betheiligten Schuldner oder Gläubiger von Amts wegen gewahrt.

§. 1189.

3. Art der Vergütung und des Ersatzes. a. Ueberhaupt.

Alle Ersatz- und Vergütungsposten werden, in welchem Gegenstande sie auch ursprünglich bestehen mögen, in Geld geleistet.

§. 1190.

b. Bei Geldrechnungen. α. Im Allgemeinen.

Sämmtliche in dem arithmetischen Bestande einer Geldrechnung vorgefundene Mängel, und zwar sowohl materielle, als bloße Rechnungsfehler, werden durch Aufrechnung zum Ersatze, oder zur Vergütung ausgeglichen.

§. 1191.

β. Fehler im Soll.

I) Ist das Soll durch Verschulden des Rechners unrichtig gestellt worden; so wird 1) bei seiner Uebereinstimmung mit dem Ist und Unterschiede, a) wenn es zu hoch gegriffen, der übersetzte Betrag, α) in der Einnahme, unter auferlegter Produktion der Bescheinigung des Schuldners über die Rückerstattung, zur Vergütung; β) in der Ausgabe aber, vorbehältlich des dem Rechner an den Empfänger offen erhaltenen Regresses, zum Ersatze notirt. b) Wenn es hingegen zu niedrig gehalten worden, so ist der fehlende Betrag α) in der Einnahme, vorbehältlich des Regresses des Rechners an den Schuldner, zum Ersatze; β) in der Ausgabe indessen, unter auferlegter Beibringung einer Bescheinigung des Gläubigers über die Nachzahlung, zur Vergütung auszubringen. 2) Bei Nichtübereinstimmung des Soll's mit dem Ist und Unterschiede bedarf es bloß der Richtigstellung des ersteren, sofern Ist und Unterschied schon an und für sich richtig stehen. Ein Gleiches findet Statt, wenn II) die Unrichtigkeit des Soll's auf einem Irrthume der disponirenden Verwaltungsbehörde beruht, während dieser selbst die Sorge für die etwa nöthige Nacherhebung, oder Rückerstattung hinzuweisen ist.

§. 1192.

γ. Fehler im Ist.

Sind im Ist, bei richtig befundenem Soll und Unterschiede, Fehler eingelaufen; so muß es, wenn es in der Einnahme zu niedrig, oder in der Ausgabe zu hoch steht, um den betreffenden Betrag zum Ersatze; wenn es aber in der Einnahme zu hoch, oder in der Ausgabe zu niedrig gehalten worden, in gleicher Art zur Vergütung gebracht werden.

§. 1193.

δ. Fehler im Unterschiede.

1) Erscheint in der Einnahme ein Rest, bei richtig stehendem Soll, Ist und übereinstimmendem Restenverzeichnisse, in seinem Betrage unrichtig gebucht; so wird, wenn er zu groß, die Differenz dem Rechner unter auferlegter Produktion einer Bescheinigung des Restanten über die Rückerstattung, zur Vergütung; wenn er aber zu klein, solche vorbehältlich des Regresses des Rechners an den Restanten, zum Ersatze gebracht. 2) Letzteres findet auch Statt, wenn der Rest gar nicht aufgeführt worden, und zwar mit dessen ganzem Betrage. 3) Liegt der Irrthum indessen bloß im Rechnungseintrage vor, während der betreffende Rest im Restenverzeichnisse richtig steht; so ist nur dessen Richtigstellung erforderlich. 4) Sind Irrthümer in Ansehung eines und desselben Postens sowohl in dem Restenverzeichnisse, als in dem Rechnungseintrage enthalten; so werden sie hierin nur berichtiget, bei dem Verzeichnisse aber in ihrem Mehr oder Weniger nach den vorigen Regeln entweder zur Vergütung oder zum Ersatze ausgeworfen. 5) Unrichtigkeiten in den Ueberschüssen sind, bei richtig stehendem Ist, nur auf ihren wirklichen Betrag zurückzuführen. Eben so werden 6) unrichtige Reste in der Ausgabe behandelt, und solche in den festgestellten Beträgen zur nächstfolgenden Rechnung fortgeführt.

§. 1194.

a. Fehler im Soll, Ist und Unterschiede.

Kommen im Soll, Ist und Unterschiede eines und desselben Postens zugleich, oder in einem und dem anderen Fehler vor; so ist zunächst zu ermitteln, was sich aus diesen Zahlenverhältnissen überhaupt für ein Mehr oder Weniger herausstellt, und solches alsdann nach den Vorschriften der vorhergehenden §§. 1191 — 1193. zu beurtheilen.

§. 1195.

c. Bei Natural-Rechnungen. α. Ueberhaupt.

In Hinsicht der Ausgleichung der Fehler im arithmetischen Vortrage der Rechnungen über die in Natur verwalteten Gegenstände außer Gelde kommt es darauf an, ob diese von der Art sind, daß sie durch das Ab- und Zumessen und durch das Lagern in ihrer Quantität vermindert werden können, oder nicht. In letzterem Falle findet die Ausgleichung durch Ersatz und Vergütung in eben der Art Statt, wie bei den Geldrechnungen.

§. 1196.

β. Veranschlagung der Natural-Gegenstände zu Gelde.

Sämmtliche in Natur verrechnete Gegenstände werden zu diesem Zwecke nach dem laufenden Preise in dem betreffenden Rechnungsjahre, und zwar nach dem höchsten Preise zum Ersatze, nach dem niedrigsten aber zur Vergütung angeschlagen, damit jedes Interesse an absichtlichen Fehlern möglichst ausgeschlossen bleibe.

§. 1197.

γ. Abrechnung bei Körnerfrüchten und Saamen. aa. Ersatz.

Kommen arithmetische Fehler in der Verrechnung derjenigen Naturalgegenstände vor, welche, ihrer Beschaffenheit nach, während der Verwaltung selbst dem Verluste ausgesetzt sind, wohin hier nur die aufgespeicherten Körnerfrüchte und Saamen gezählt werden sollen; so ist zu unterscheiden, ob durch den Fehler selbst der Bestand in seiner Wirklichkeit vermindert worden ist, oder nicht. In ersterem Falle, also wenn durch Verschulden des Rechners factisch zu wenig vereinnahmt, oder factisch zu viel verausgabt worden, sind die respektiven Beträge, nach Anleitung der §§. 1195. und 1196. zum Ersatze zu bringen.

§. 1198.

bb. Bestands-Ab- und Zusetzung.

In allen anderen Fällen, wenn also bei unverändertem Bestande der Irrthum bloß in einem Kalkülfehler beruht, oder wenn der Bestand durch den Fehler selbst factisch vermehrt worden ist, soll die Differenz nur durch Zu- oder Absetzung am Speicherbestande ausgeglichen werden, je nachdem durch den Kalkülfehler der Bestand sich entweder zu gering oder zu hoch berechnet. Zugleich hierbei muß, wenn der Speicherbestand durch überhobene Einnahme factisch vermehrt worden ist, oder derselbe, bei unverändertem Zustande, durch zu wenig abgeführte Ausgabe zu hoch berechnet erscheint, die Absetzung durch die Produktion einer Bescheinigung von dem betreffenden Schuldner, oder Gläubiger, über die Zurückzahlung, oder die Nachzahlung, bedingt werden.

§. 1199.

cc. Differenzen zwischen dem Speicher- und Rechnungsbestande.

Obgleich bei den, zur treuen verantwortlichen Verwahrung und Verrechnung übergebenen, Speicherfrüchten, wegen des möglichen Abganges während der Rechnungsverwaltung, die Quantitäten nicht unbedingt vertreten werden können (§. 338.); so soll dennoch, zur Ausgleichung der Differenzen zwischen dem Rechnungs- und dem Speicherbestande, ein bestimmter Maßstab der Vertretung angenommen werden. Es ist daher der Abgang, wenn er ein Prozent oder weniger beträgt, gut zu heißen, sobald von dem Rechner die Ursache desselben wenigstens mit Wahrscheinlichkeit nachgezeigt wird; wenn er aber ein Prozent überschreitet, neben dieser Nachzeigung, entweder in dem überschreitenden Betrage, nach Vorschrift des §. 1196., zu ersetzen, oder die entschuldigende

Ursache seiner Herbeiführung gehörig zu beweisen. Zur Ermittelung des reinen Abganges muß übrigens derjenige Betrag, welcher in Rechnung schon als Ueberschuß in Einnahme gestellt worden ist, von seinem Gesammtbetrage abgesetzt werden.

§. 1200.

d. Abrechnungsform. *α.* Bei Geldrechnungen.

Zur Herstellung der Abrechnung bei Geldrechnungen werden unter den beiden Hauptspalten: Ersatzposten und Vergütungsposten, welchen beiden die Münzscheiden in Gulden und Kreuzern unterzuordnen sind, die einzelnen respektiven Beträge, auf den Grund der einzelnen Beschlüsse, eingetragen; hiervon Seitensummen, so wie aus diesen durch Zusammenträge die Schlußsummen gebildet; und hierauf, nach dem Verhältnisse der beiden Schlußsummen zu einander, die Summen des reinen Ersatzes, oder der reinen Vergütung gezogen.

§. 1201.

β. Bei Natural-Rechnungen.

Die Abrechnungen über die in Natur verwalteten Gegenstände werden, wenn diese im Lagern und dem Auf- und Abmessen keinem Verluste ausgesetzt sind, auf dieselbe Weise veranlagt und behandelt. Bei den Fruchtrechnungen werden sie hingegen in die Spaltenrubriken 1) Ersatzposten in Gelde, 2) Bestandsabrechnung, a) Zusetzung, b) Absetzung, abgetheilt, und die Hauptspalte Nr. 1. mit den Münzscheiden in Gulden und Kreuzer überschrieben, die übrigen Spalten aber mit den Maßscheiden, nach Bedürfniß der im zugehörigen Beschlusse angegebenen Benennung, versehen. In Hinsicht der letzteren ist sodann der Zusammentrag, unter Anrufung der einzelnen Beschlußnummern, gleichnamig zu bewirken, und sofort nach Anleitung des vorigen §. weiter zu verfahren. Diejenigen Beträge, durch welche, nach §. 1198., der Speicherbestand vermehrt erscheint, werden jedoch in den Spalten nicht ausgeworfen, sondern am Schlusse der Abrechnung besonders verzeichnet und summirt.

§. 1202.

e. Ordnungsstrafen.

Die in den Beschlüssen angesetzten Ordnungsstrafen sind von der Abrechnung zu trennen, und dem einschlägigen Rechenamte zur Einziehung besonders zu übertragen.

§. 1203.

f. Ersatz- und Vergütungsleistung. *α.* Aus Geldrechnungen.

aa. Während der Dienstzeit des Rechners.

Während der Dienstzeit des Rechners sollen die Summen des reinen Ersatzes, oder der reinen Vergütung zur nächstfolgenden Rechnung als erster Posten der außerordentlichen Einnahme, oder der außerordentlichen Ausgabe verwiesen, und sogleich nach ergangenem rechtskräftigem Justifikations-Bescheide in die Hülfsbücher eingetragen werden.

§. 1204.

bb. Nach beendigter Dienstzeit.

Bei dem Austritte des Rechners aus dem Dienste ist die Vergütung sofort nach geschlossenem Verfahren an denselben zu zahlen; der Ersatz hingegen von ihm ebenfalls sogleich an das betreffende Rechenamt abzuführen, und die Quittung hierüber, vor Einlösung der Kaution, bei der Rechnungskammer zu produziren.

§. 1205.

β. Bei sonstigen Rechnungen.

In derselben Art muß die Abführung der Ersatz-, oder Vergütungssummen bei den zu Geld veranschlagten Gegenständen bewirkt; für den ersteren Fall jedoch auch zugleich die besondere Uebertragung an die zur Einnahme angewiesene Kasse ausgefertigt werden.

§. 1206.

g. Gewährung der Frucht-Ab- und Zugänge.

Folgt aus der Abrechnung bei Fruchtrechnungen ein Abgang an Früchten; so ist solcher, wenn er nach Vorschrift des §. 1199. entweder nicht mit Wahrscheinlichkeit, oder nicht mit Gewißheit gerechtfertigt werden kann, im Geldanschlage zu den Geldersatzposten zu stellen, sonst aber als Speicherverlust zu erkennen. Hat sich ein Zugang herausgestellt; so muß derselbe in gleicher Art als Ueberschuß behandelt werden. Nur die, eine Bestandsvermehrung begründenden, Beträge (§. 1198.), welche zur Absetzung dekretirt sind, werden auch zur Absetzung an den Vorräthen in der nächstfolgenden Rechnung, unter der Rubrik: Vorrath, gebracht, und in solcher Art sofort in den Hülfsbüchern verrechnet. Außer den Fällen des Ersatzes werden überdieß die Rechnungsfehler, auch wenn sie in den Resten vorkommen, für die künftige Verrechnung richtig gestellt, und die Garantie gegen diesen Spielraum der Verantwortlichkeit in den Speicherkarten gegeben, deren Einträge immer unter den Augen der Fruchtmesser geschehen, und in ihrer Kontrolle mit den Hülfsbüchern keine unverrechnete Auf- oder Abmessung unentdeckt lassen.

Dritter Absatz.

Justifikations-Bescheid.

I.

Natur des Justifikations-Bescheides.

§. 1207.

1. Begriff.

Der Justifikations-Bescheid ist das Haupterkenntniß am Schlusse der Rechnungsrevision, worin, auf den Grund der ergangenen Spezial-Erkenntnisse, die auf die ganze Rechnung nothwendig anwendbare gesetzliche Bestimmung, im Rechts- und Disciplinar-Bestande, als wirkliches für diese Rechnung geltendes Recht ausgesprochen, und der Rechner nach Maßgabe desselben seiner Verantwortlichkeit darüber enthoben wird.

§. 1208.

2. Inhalt. a. Rechtsbestand. α. Quittirung.

Zum Rechtsbestande des Justifikations-Bescheides gehören die Quittirung, das Resultat der Abrechnung und die Verfügungen zu künftiger Befolgung (Injunkten). Unter der Quittirung ist diejenige Erklärung verstanden, welche den Rechner seiner Verantwortung über die, durch die betreffende Rechnung vertretene, Verwaltung in der Art enthebt, daß diese Rechnung für richtig befunden, oder für gesetzlich gerechtfertigt erkannt wird. Sie geschieht entweder unbedingt, oder mit Vorbehalt der nach den Beschlüssen noch zu gewährenden Leistungen, und nach Umständen unter dem Anfügen der sich daraus ergebenden Zurechtweisungen.

§. 1209.

β. Abrechnungsresultate.

Das Abrechnungsresultat ist bei reiner Geldabrechnung in den Ersatz- und Vergütungsposten-Summen und in dem, aus dem Verhältnisse beider zu einander hervorgehenden, reinen Ersatze, oder der reinen Vergütung; bei der Abrechnung aus Fruchtrechnungen aber in den Beträgen der Geldersatzposten, der Absetzung an dem Bestande, des Speicherverlustes, oder des Ueberschusses aufzuführen.

§. 1210.

γ. Injunkte.

Sämmtliche Injunkten oder Auflagen zu künftiger Befolgung sind indessen nur summarisch mit ihren Betreffen, unter Anrufung der einschlägigen Nummern der Spezial-Erkenntnisse, anzugeben.

§. 1211.

b. Disziplinar-Bestand.

Der Disziplinar-Bestand umfaßt alle, durch die Revision veranlaßten, die amtliche Führung des Rechners betreffenden Eröffnungen; daher in ihm der Betrag der etwa ergangenen Ordnungsstrafen; ein nöthig befundener allgemeiner Verweis; oder aber die verdiente Belobung des Rechners, wegen ausgezeichneter Pflichterfüllung, aufzunehmen sind.

§. 1212.

3. Abfassung.

Für die Abfassung des Justifikations-Bescheides gelten im Angemeinen die zu den Notaten über Schriftlichkeit, Styl, Haltung und Angemessenheit gegebenen Regeln. In Ansehung seiner Form muß indessen der Hauptinhalt mit einem Eingange und einem Schlusse versehen werden. Im Eingange sind nach den Anfangsworten: in Rechnungs- oder Revisionssachen ꝛc., der Rechner und die Rechnung, letztere nebst ihren Zubehörungen, genau zu benennen, und hieran der Uebergang zu dem Hauptinhalte, unter Beziehung auf die gepflogenen Verhandlungen oder die ergangenen Beschlüsse, und mit der Formel: **wird hierdurch zu Recht erkannt**, anzuknüpfen. Im Hauptinhalte wird hiernächst die Entbindung des Rechners von der hier aufgehabten Verantwortlichkeit entweder unbedingt durch die Erklärung der **richtig befundenen** Rechnung ausgesprochen und die etwa verdiente Belobung in würdigem Ausdrucke angefügt, oder sie wird nur bedingungsweise auf den Grund der **Rechtfertigung** und nach dem Grade derselben, unter dem Vorbehalt oder dem Anfügen der Modifikationen ertheilt, wobei von diesen selbst, in anpassender Wortfügung und unter Abtheilungsnummern, zuerst das Abrechnungsresultat, sodann die Injunkten, und zuletzt die Disziplinar-Verfügungen einzurücken sind. Den Beschluß macht die Formel: **von Rechts wegen**, wonach die Bestimmung des Ortes und der Zeit, der Namen des erkennenden Revisionsamtes und die Unterschrift folgen.

§. 1213.

4. Bekanntmachung.

Von dem Justifikations-Bescheide ist der Rechner auf dieselbe Art, wie von den Beschlüssen, in Kenntniß zu setzen.

II.

Wirkung des Justifikations-Bescheides.

§. 1214.

1. .. .satz.

Jede durch einen rechtskräftigen Justifikations-Bescheid abgeurtheilte Rechnung gilt, nach dessen Maßgabe, für durchaus abgethan, und es können über ihn hinaus späterhin weder gegen den Rechner, noch von demselben weitere Ansprüche aus der Rechnung gebildet werden.

§. 1215.

2. Modifikation. a. Ueberhaupt.

Ausnahmen hiervon finden nur auf den Grund ausdrücklicher gesetzlicher Bestimmungen Statt.

§. 1216.

b. In Beziehung auf die Herrschaft. α. Im Verhältnisse zum Rechner selbst. aa. Vertretene Rechnungsthatsachen. αα. Regel.

Sind die Thatsachen der Rechnungswirthschaft bereits vertreten, d. h. in der Rechnung zur Prüfung ausgestellt gewesen; so kann der Rechner nach dem Justifikations-Bescheide aus einer im Revisionsverfahren abgeurtheilten Thatsache niemals, wegen eines anderen Gegenstandes aber nur dann wieder belangt werden, wenn die neuen Ausstellungen wirkliche Verbrechen oder Kalkülfehler betreffen.

§. 1217.

ββ. Verjährung der Verbrechen.

Fälschung, Betrug, Amts- und sonstige Verbrechen des Rechners können mithin auch noch nach dem Justifikations-Bescheide, jedoch nur innerhalb derjenigen Verjährungszeit verfolgt werden, welche die Kriminal-Gesetzgebung für solche Verbrechen vorschreibt.

§. 1218.

γγ. Verjährung des Kalküls.

Ueber die nach dem §. 1216. zur Wiederaufnahme geeigneten Kalkülfehler soll indessen sowohl von dem Rechner, als gegen denselben nur dann wieder neu verhandelt werden können, wenn sie vor Ablauf von fünf Jahren, vom Tage des Justifikations-Bescheides an gerechnet, wieder zur Sprache gelangen.

§. 1219.

bb. Nicht zur Rechnung vertretene Handlungen. αα. Rechnungsthatsachen.

Auf diejenigen, zur Rechnung zwar aufgekommenen, aber in derselben aus Vorsatz, oder aus Irrthum nicht vorgetragenen, Thatsachen kann der ergangene Justifikations-Bescheid keine Beziehung haben. Der Rechner muß daher, auch noch nach abgeurtheilter Rechnung, für solche Ergebnisse ohne

Einschränkung haften, und zwar hinsichtlich des Ersatzes so lange, als die Verjährungszeit für Civil-Klagen dauert; in Betreff der Strafverfolgung aber bis zum Ablaufe der Kriminal-Verjährungszeit.

§. 1220.

ββ. Andere Amtshandlungen.

Nicht weniger bleibt der Rechner auch nach dem Justifikations-Bescheide in Ansehung aller derjenigen, zum Vortrage in der Rechnung zwar nicht geeigneten, aber doch solcher Amtshandlungen verantwortlich, welche der Bestimmungsgrund von anderen zur Rechnung aufgekommenen Ergebnissen gewesen sind, mögen diese nun wirklich verrechnet worden seyn, oder nicht.

§. 1221.

β. Im Verhältnisse zu den Erben des Rechners.

Die Erben des Rechners sollen nach dem Justifikations-Bescheide überhaupt nur dann aus einer abgeurtheilten Rechnung, innerhalb eines Zeitraumes von fünf Jahren, weiter in Anspruch genommen werden können, wenn entweder ihr Erblasser bereits eine wiedererhobene Ausstellung anerkannt hatte, oder sie selbst durch einen Kalkülfehler reicher geworden seyn sollten. Dagegen steht es ihnen frei, vor Ablauf von fünf Jahren jedweden Anspruch aus Kalkülfehlern zu ihrem Vortheile zu bilden.

§. 1222.

c. In Beziehung auf Dritte. α. Im Verhältnisse zum Rechner und dessen Erben.

Die Wirkung des Justifikations-Bescheides erstreckt sich indeß keineswegs auf die Rechtsverhältnisse zwischen Dritten und dem Rechner oder dessen Erben, selbst wenn solche eine bereits verrechnete Thatsache betreffen sollten.

§. 1223.

β. Im Verhältnisse zur Herrschaft.

Gegen die Vorträge und Beweismittel in den bereits abgeurtheilten Rechnungen kann von einem Dritten, dem Staate oder der Standesherrschaft gegenüber, nur dann ein

Anspruch gebildet werden, wenn er dabei durch die mißbrauchte öffentliche Fides des Rechners in Schaden gebracht worden ist. In allen anderen Fällen, namentlich wenn er sich, gestützt auf das dem Rechner gewidmete Privatvertrauen, zu nachtheiligen Handlungen für ihn hat verleiten lassen, kann er sich nur an den Rechner oder dessen Erben halten.

§. 1224.

3. Edition der Rechnungen und Urkunden.

Die Edition der justifizirten Rechnungen an Gerichte und die Ertheilung von beglaubigten Abschriften aus denselben sind überall erlaubt, wenn ein Rechner oder dessen Erbe, oder ein Dritter sich derselben zum Beweise oder zur Begründung von Forderungen bedienen will, welche mit den verrechneten, betreffenden Thatsachen in juridischer Beziehung stehen.

Zweiter Unterabschnitt.

Formelles Revisionsverfahren.

§. 1225.

1. Begriff.

Unter dem formellen Revisionsverfahren werden diejenigen Verfahrensformen verstanden, welche durch die äußere Einrichtung, die Zeit, den Ort und die Folge der Revisionshandlungen bedingt werden.

§. 1226.

2. Revisions-Direktion. a. Begriff und Umfang.

Das erste Bedürfniß des formellen Verfahrens besteht in der Revisions-Direktion, d. h. der organischen Leitung des gesammten Geschäftsganges aller bei der Revision vorkommenden Amtshandlungen. Sie ist den respektiven Dirigenten übertragen, welche unter einander in genauem Einklange handeln, und den Geschäftsbetrieb bis zu seiner speziellsten Entfaltung zu überwachen haben.

§. 1227.

b. Ressortzutheilung.

Die Direktion hat vor Allem die Zutheilung der eingehenden Sachen zu dem ihnen zukommenden Ressort zu besorgen. Alle Eingaben müssen daher von dem ersten Direktor präsentirt, und sofort an die Dirigenten der Ressortabtheilungen zugetheilt, und eben so sollen im Verfolg hiervon alle ausgehende Erlasse seiner Einsicht ausgesetzt werden.

§. 1228.

c. Distribution.

Die Distribution der Arbeiten an die einzelnen Beamten geschieht hiernächst von den Dirigenten des Revisionsrathes, oder der Revision, welchen von da ab die Leitung des Geschäftsganges innerhalb ihrer Abtheilung bis zum Sachbeschluß obliegt.

§. 1229.

d. Unterschriftliche Vollziehung.

Alle mundirte Ausfertigungen werden von dem Abtheilungs-Dirigenten und dem ersten Direktor unterschriftlich vollzogen.

§. 1230.

3. Revisionsort. a. Regel.

Der Ort zur Verhandlung der Rechnungsrevision ist in der Regel an dem Sitze der Rechnungskammer.

§. 1231.

b. Ausnahmen.

Ausnahmen von dieser Regel können nur aus besonders dringlichen und höheren Orts gebilligten Gründen angeordnet werden, wovon denn die betheiligten Rechner sofort in Kenntniß zu setzen sind.

§. 1232.

4. Form und Folge der Revisionshandlungen. A. Bei untauglichen Rechnungen. a. Verfahren.

Untaugliche Rechnungen werden sofort, wie sie angelangt, wieder an den Rechner zur Umarbeitung, oder Verbesserung, auf dessen Kosten, unter Anberaumung einer kurzen Frist, nach deren Ablauf das Kontumazial-Verfahren eintritt, zurückgefertigt.

§. 1233.

b. Merkmale.

Als **untauglich** ist eine Rechnung zu betrachten, 1) wenn der Titel oder die Rubrikeneinschriften ganz oder zum Theile fehlen; 2) wenn die Rechnung von einer unleserlichen Hand gestellt worden, oder als Schmutzschrift anzusehen ist; 3) wenn sie oder die Urkunden gar nicht, oder nicht vorschriftsmäßig eingebunden sind, 4) wenn die Rechnung nicht paginirt, oder die Urkunden nicht nummerirt erscheinen; 5) wenn die arithmetischen Einträge und Summen ganz oder theilweise fehlen, oder nicht in den richtigen Spalten verrechnet sind; 6) wenn der historische Vortrag ganz oder in vielen Posten entstellt ist; 7) wenn die Rechnung im Inhalt selbst oder in ihren Zubehörungen offenbar an Unvollständigkeit leidet; und 8) überhaupt in allen Fällen, worin Rechnung oder Urkunden in Gestalt, Einrichtung und Ausführung den gegebenen Vorschriften größtentheils nicht entsprechen.

§. 1234

B. Bei revisionsreifen Rechnungen. A. Einrichtung des Revisions-Protokolls.

Alle Rechnungen, welche nicht an den vorher aufgezählten Mängeln leiden, sind der ordentlichen Revision auszusetzen. Sämmtliche hierunter gepflogene Verhandlungen sollen bis zum Revisionsschlusse in organischem Zusammenhange schriftlich aufgenommen werden. Diese schriftliche zusammenhängende Aufnahme der Verhandlungen wird das **Revisions-Protokoll** genannt. Zur Begründung seiner **übersichtlichen** Darstellung ist dasselbe auf einer Bogenfläche unter folgenden Spaltenrubriken auszuführen: 1) Monita; 2) Beantwortungen; 3) Nummer der nachgebrachten Belege; 4) Beschlüsse; 5) Abrechnung, letztere Spalte mit den, nach §. 1200. und 1201. bezugsweise für reine Geldabrechnungen oder für Fruchtabrechnungen anzuwendenden, Unterrubriken. Im Tabellenkopfe, so wie auf dem Umschlage führt es die Aufschrift seines Namens nebst hinzugesetzter Bezeichnung der zugehörigen Rechnung und des Jahrganges derselben. (Anlage 42.) Die Verhandlung im Protokolle selbst ist, zum

Zwecke der Herstellung einer inneren Ordnung nach der Qualität der vorgefundenen Rechnungsfehler und zur Erleichterung des Geschäftsganges zwischen der Probatur und der Material-Revision, unter die vier Abtheilungen: 1) Formal-Prüfung; 2) Kalkül-Prüfung; 3) Geschichts-Prüfung und 4) Beweis-Prüfung zu bringen, und jede dieser Abtheilungen ihres Orts quer durch die vier ersten Hauptspalten des Protokolls hindurch mit ausgezeichneter Kanzleischrift einzuschreiben und mit einer Grundlinie zu unterziehen.

§. 1235.

C. Verlauf der Verhandlung selbst. a. Virguliren und Bezeichnung der Monita.

Im Verfolg der Rechnungsprüfung wird jeder richtig befundene Posten in der Rechnung und den Restenverzeichnissen, so wie jede tadellose Urkunde mit einer Virgel (√), jeder in Ausstellung zu bringende Gegenstand aber mit m bezeichnet, und das Zeichen immer nahe an die betroffene Stelle geschrieben.

§. 1236.

b. Entwurf der Notaten. α. Ueberhaupt.

Gleichzeitig hiermit sind die Notaten auf abgesonderten Bogen, unter den vier Verhandlungsabtheilungen, im Konzepte zu entwerfen, und in ihrer Aufnahme nach den Seiten und der Nummerfolge in der Rechnung zu richten.

§. 1237.

β. Nach Maßgabe der Amtsbesetzung.

Ist die Revision in eine Probatur und eine Material-Revision abgetheilt; so wird jenes Geschäft zwischen den Probatoren und den wirklichen Revisoren in der Art getheilt, daß die ersteren den Entwurf der Notaten über die Formal- und Kalkül-Prüfung; letztere die Abfassung derselben in der Geschichts- und der Beweis-Prüfung zu besorgen haben. Jedoch bleibt auch bei dieser Geschäftstheilung dem wirklichen Revisor das Recht und die Obliegenheit, den Entwurf des unter ihm arbeitenden Probators, zum Zwecke einer gleichmäßigen und vollständigen Abfassung der Notaten, zu überprüfen, und ihm die nöthig erachteten Zusätze oder Abänderungen einzuschalten.

§. 1238.

e. Nummerirung der Notaten.

Sobald die Notaten im Entwurfe vollendet worden sind, werden sie durch die vier Abtheilungen hindurch mit laufenden Nummern versehen, und diese Nummern sofort bei den monirten Stellen an das Monitumszeichen herangeschrieben, damit auch von diesen Stellen aus das zugehörige Notat ohne Schwierigkeit in dem Protokolle aufzuschlagen ist.

§. 1239.

d. Abschrift der Notaten.

Nach vollzogener Nummerirung sind die Notaten zum Revisions-Protokolle selbst in dessen erster Spalte, von dem hierzu angewiesenen Expedienten, in Reinschrift zu bringen; der Entwurf selbst aber muß bis zu geschlossenem Revisionsverfahren registrirt werden.

§. 1240.

e. Abgang der Notaten.

Die Reinschrift wird hiernächst nur von dem wirklichen Revisor, welcher die Instruktion geleitet hat, unterfertiget; das Mittheilungsdekret sofort erlassen, von dem Dirigenten der Revisions-Abtheilung und dem Direktor der Rechnungskammer unterschriftlich vollzogen; und alsdann hiermit das Protokoll an den Rechner, unter Beifügung des betreffenden Rechnungs-Duplikats und nöthigen Falls unter Beischluß der Urkunden, hinausgegeben.

§. 1241.

f. Entwurf der Beantwortungen.

Der Rechner hat, sobald ihm die Monita zugestellt worden, sich ohne Verzug der Beantwortung derselben zu unterziehen, und sie ebenfalls, im Verfolge der Notaten, zuerst im Konzepte zu entwerfen, um theils der möglichsten Bündigkeit im Style nachstreben, theils im einstweiligen Besitze seiner Vernehmlassung bleiben zu können.

§. 1242.

g. Ausfertigung in duplo und Einreichung.

Hiernächst muß er die entworfenen Beantwortungen in die zweite Spalte des Protokolls, den Notaten gegenüber und so viel möglich unter Einhaltung der Räume von diesen, in Reinschrift besorgen, zugleich das so weit gediehene Revisions-Protokoll selbst nochmals, als **Duplikat**, in Abschrift nehmen lassen, und dann beide Exemplare des Protokolls, unter der Addresse der Rechnungskammer, einsenden. Das Original-Exemplar verbleibt von da ab bei den Akten der Rechnungskammer; das Duplikat wird ein künftiger Bestandtheil der Rechenamts-Registratur, und während des weiteren Fortganges der Revisionsverhandlungen zu den nöthigen Mittheilungen an den Rechner verwendet.

§. 1243.

h. Vorläufige Prüfung.

Die Beantwortungen sind, nach ihrem Eingange bei der Rechnungskammer, der Revisions-Abtheilung vom Direktor zuzutheilen, und hier von dem Revisor der betreffenden Rechnung vorerst dahin in Prüfung zu ziehen, ob sie sämmtlich von der Zureichenheit sind, daß auf sie **endlich** verfügt werden kann.

§. 1244.

i. Wiederholte Monirungen.

Findet derselbe eine oder die andere Beantwortung zu einem endlichen Erkenntnisse noch nicht geeignet; so hat er die erforderlichen wiederholten Notaten zu entwerfen; sie zu Protokoll, welches als ein **fortgesetztes** zu bezeichnen ist, abschriftlich bringen zu lassen; neben die betroffenen Beantwortungen in der vierten Spalte den Vermerk: **zur weiteren Verhandlung verwiesen**, einzuschreiben; und die Verhandlung, im gewöhnlichen Wege und durch eine abermalige Mittheilungsdekretur, an den Rechner zur wiederholten Beantwortung abgehen zu lassen.

§. 1245.

k. Einreichung zur Justifikation.

Ist hiernächst die wiederholte Beantwortung eingegangen, oder sind die ersten Beanwortungen sämmtlich zur Aburtheilung reif befunden worden; so muß die, bis hierher in der Instruktion beendigte, Revisionsverhandlung durch den Abtheilungs-Dirigenten an den Direktor, Behufs Zutheilung an den Rechnungsrath, abgefertigt werden.

§. 1246.

l. Summarische Prüfung.

Der hier ernannte Referent hat die eingegangenen Beantwortungen ebenfalls zunächst in ihrer Zureichenheit einer allgemeinen Prüfung zu unterwerfen, und wenn er auch hier noch solche Mängel entdecken sollte, wodurch eine oder die andere Beantwortung zur definitiven Aburtheilung noch nicht fähig erscheint, solches zum Vortrage und zur geeigneten Beschlußnahme zu bringen.

§. 1247.

m. Weitere Monirung.

Die weitere Entwerfung der Notaten und ihre Aufnahme zum Protokoll geschieht dann unter denselben Formen, welche dieserhalb im §. 1244. vorgeschrieben sind, mit der Modifikation, daß das hinzugefügte Protokoll als ein anderweit fortgesetztes zu bezeichnen ist.

§. 1248.

n. Entwurf und Ausfertigung der Beschlüsse.

Sind diese anderweiten Notaten in den wieder eingereichten Beantwortungen erledigt, oder dergleichen überhaupt nicht gezogen worden, so müssen von dem Referenten, nöthigen Falls unter Beiordnung eines Korreferenten, die Beschlüsse im Konzepte entworfen, zum Vortrage gebracht und, wenn sie zu Collegial-Beschlüssen erhoben sind, zur Reinschriftnahme in den zwei Exemplaren des Revisions-Protokolls an die Expedition befördert werden.

§. 1249.

o. Aus- und Abfertigung der Abrechnug.

Nach gefaßten und mundirten Beschlüsse geht das Protokoll zunächst wieder zur Revisions-Abtheilung zurück, damit hier, auf den Grund der Beschlüsse, die Abrechnung aufgestellt, dem Protokolle, in den zweifachen Exmplaren, inserirt, und hiernach das geschlossene Protokol im Duplikate dem Rechner zur Kenntnißnahme und Rücksendung mitgetheilt werde.

§. 1250.

p. Abfassung und Mittheilung des Justifikations-Bescheides.

Den Beschluß des Verfahrens macht die Abfassung des Justifikations-Bescheides, welcher, nach Wiedereinlangung des Duplikat-Protokolls, von dem vorigen Referenten des Rechnungsrathes zu entwerfen, zur Abstimmung zu bringen, und darauf zur Expedition abzugeben ist. Hierin müssen sodann von ihm dreifache Reinschriften, für die beiden Protokolle und für den Rechner selbst, genommen; das Exemplar zum Hauptprotokolle als Original, die anderen beiden Exemplare als Abschriften ausgefertigt; und hiernach diese letzteren mit dem Duplikat-Protokolle dem Rechner zugestellt werden.

§. 1251.

5. Zeitbestimmungen. a. Im Allgemeinen.

Damit die einzelnen Handlungen des Revisionsverfahrens gehörig befördert, in der nothwendigen Ordnung erhalten und in ihrem Verfolge der Willkürlichkeit entzogen werden können, sollen dieselben durchgängig an gewisse Zeitbestimmungen — Fristen im allgemeinen Sinne — gebunden, und hiernach festgesetzt werden, ob an einem bestimmten Termine (Tagfahrt), oder ob innerhalb eines bestimmten Zeitraures (Frist in engerer Bedeutung) die einzelnen Handlungen zu vollziehen sind.

§. 1252.

b. Eintheilung.

Die Zeitbestimmungen sind an und für sich 1) monitorische oder arktatorische; 2) dilatorische oder peremtorische und 3) gemischte.

§. 1353.

α. Monitorische und Arktatorische.

Je nachdem die Erledigung der auferlegten Handlung, mithin die Einhaltung der Frist von der freien Wahl des Rechners abhängt, oder nicht, sind die Zeitbestimmungen entweder monitorisch (Mahnfristen), oder arktatorisch (Zwangsfristen).

§. 1254.

β. Dilatorische und Peremtorische.

Geht mit dem Ablaufe des vorgeschriebenen Zeitraumes das Recht und die Verbindlichkeit zur auferlegten Handlung sofort selbst verloren; so wird die Zeitbestimmung eine peremtorische (zerstörliche) genannt; bleibt hingegen beides auch noch nach Ablauf der Frist erhalten, wird daher zu dessen Ausübung ein weiter zu verstattender Zeitraum nothwendig, so heißen diese Zeitbestimmungen dilatorische (verzögerliche) Fristen.

§. 1255.

γ. Gemischte.

Jede Auflage kann, in Beziehung auf Freistellung oder Zwang, auf Verlust oder Erhaltung der Handlung, nur in einer gemischten Verfügung bestehen. Sie befiehlt entweder eine Handlung bei Verlust, oder bei Nichtverlust, oder sie stellt eine Handlung frei bei dem Nachtheile ihres Verlustes, wenn sie in einer bestimmten Zeit nicht ausgeübt werden sollte. Hiernach sind denn die Fristen entweder zerstörliche Mahnfristen, oder zerstörliche oder verzögerliche Zwangsfristen. Verzögerliche Mahnfristen hingegen, welche der Willkürlichkeit keine Schranken setzen, sind eben so unzulässig, wie Dekreturen, welche eine Handlung in Zeit und Annahme frei stellen, dem Charakter richterlicher Verfügungen widersprechen, und deßhalb nicht vorkommen dürfen.

§. 1256.

c. Fristräume. α. Bei Handlungen des Rechners. aa. Grösse der Fristen.

Dem Rechner soll zur Beantwortung der Notaten, oder

zu der etwa angeordneten Umarbeitung der Rechnung immer eine Frist wenigstens von vier Wochen; für alle übrige Handlungen aber eine, nach Ermessen zu bestimmende, Frist von zehn bis vierzehn Tagen anberaumt werden. Tagfahrten sind nur aus besonders dringlichen Gründen, namentlich wenn des Rechners persönliches Erscheinen nothwendig wird, anzusetzen.

§. 1257.

bb. Qualität der Fristen.

Die dem Rechner anberaumten Zeitbestimmungen sind für nothwendige, mithin unerläßliche Handlungen als dilatorische Zwangsfristen; für frei gestellte Handlungen, als peremtorische Mahnfristen; und für Handlungen, die in irgend einer Anerkennung von Seiten des Rechners bestehen, als peremtorische Zwangsfristen, gleich bei der ersten Ansetzung zu betrachten und zu verfolgen, auch wenn sie, dieser ihrer Qualität nach, nicht in den sie verfügenden Dekreturen bezeichnet seyn sollten.

§. 1258.

β. Für Handlungen der Revisionsbehörde.

Bei der Revisionsbehörde, sey es im Rechnungsrathe, oder in der Revisions-Abtheilung, sollen zwar, in Erwägung der hier zu meister Zeit konkurrirenden Rechnungssachen, die einzelnen, zum inneren Sachbetriebe erforderlichen, Handlungen an keine gesetzlich bestimmte Fristen gebunden, sondern diese Zeitbestimmungen dem Ermessen der respektiven Dirigenten, nach Maßgabe der grade obliegenden Geschäftslast, überlassen seyn. Dagegen wird der Gesammtbetrieb jeder Rechnungssache in seinem Anfangs- und Endpunkte dergestalt begrenzt, daß, in so weit der Betrieb nicht durch Verzögerungen des Rechners selbst aufgehalten wird, die Notaten vor Ablauf des sechsten Monats nach eingereichter Rechnung, und der Justifikations-Bescheid vier Wochen vor dem Eintritte des nächstfolgenden Rechnungstermins, so gewiß dem Rechner mitgetheilt seyn müssen, als sonst nicht allein aller aus dem Verschleif erwachsende Nachtheil von den betheiligten Beamten zu vertreten, sondern ihnen auch die angemessene Ordnungsstrafe aufzuerlegen ist.

§. 1259.

d. Fristenlauf.

Der Lauf der dem Rechner verwilligten Fristen ist auch im Revisionsverfahren von den, §. 902. gegebenen, Regeln bedingt. Eben so sind hiernach die Fristerstreckungen zu behandeln, welche, wenn solche vor Ablauf des früheren Fristraumes nachgesucht werden, in Beziehung aller Arten von Fristen von dem Rechnungsrathe ertheilt werden können, wofern nicht eine solche Erstreckung gesetzlich untersagt seyn sollte.

§. 1260.

6. Verfahren bei dem Ungehorsame. a. Begriff von Ungehorsam.

Zur Aufrechthaltung des Zweckes aller Fristen müssen bei deren Versäumung die Folgen der letzteren gegen den Ungehorsam in Anwendung gebracht werden. Der rechnungsprozessualische Ungehorsam besteht in Unterlassung der in einer Dekretur vorgesehenen Handlung des Rechners, deren Nichtvollziehung mit einer bestimmten Folge gesetzlich verknüpft werden soll.

§. 1261.

b. Folgen. α. Bei monitorisch peremtorischen Fristen.

Ist die Auflage nach §. 1257. an eine zerstörliche Mahnfrist gebunden, so geht mit deren Ablauf das Recht zu der frei gestellten Handlung verloren.

§. 1262.

β. Bei arktatorisch peremtorischen Fristen.

War in gleicher Weise die Vornahme einer Handlung von einer zerstörlichen Zwangsfrist bedingt, so wird, wenn solche fruchtlos verstrichen, die betreffende Ausstellung sofort als eingeräumt betrachtet; der daraus folgende Thatbegriff dem Urtheile unterzogen; und in diesem auch die, etwa durch den Ungehorsam verwirkte, Ordnungsstrafe ausgesprochen.

§. 1263.

γ. Bei arktatorisch dilatorischen Fristen.

Sind hingegen die auferlegten Handlungen nothwendig zu erfüllen, und ihnen deßhalb nur verzögerliche Zwangsfristen anberaumt zu betrachten; so ist an den Ablauf einer solchen Frist sogleich dasjenige Verfahren, welches zur Verfolgung des Ungehorsams bei Einhaltung des Rechnungstermins (§. 891. — 898.) vorgeschrieben ist, in analoger Anwendung anzuschließen.

§. 1264.

c. Reinigung vom Ungehorsam.

Nach Maßgabe der einzelnen im Revisions-Protokolle enthaltenen Verfügungen, ist hiernach die Folge des Ungehorsams zu bestimmen, dabei jedoch, wegen des Zusammenhanges der Verhandlung und der nothwendigen Erfüllung der arktatorisch dilatorischen Verfügungen, das Ungehorsamsverfahren von diesen Verfügungen zunächst ausgehen zu lassen, und die Folge des Ungehorsams erst dann für wirklich eingetreten zu erachten, wenn sie bereits in den darauf gerichteten Beschlüssen ausgesprochen worden. Aus letzterer Bestimmung folgt denn, daß die Nachholung einer dekretlich vorgesehenen Handlung von dem Rechner vor erfolgter Beschlußnahme immer noch angenommen, und in dessen Folge der Ungehorsam, von dieser Zeit ab, für gereiniget betrachtet werden muß.

§. 1265.

7. Aktenrequisition.

Sind zum Verfolg des Revisionsverfahrens die Einsicht besonderer, nicht zu den unmittelbaren Materialien der betreffenden Rechnung gebrachten, Akten nothwendig; so sind solche, wenn sie zu den Registraturen der Rechnungskammer gehören, von daher, nach §. 135., zu entnehmen, sonst aber von der einschlagenden Behörde, nach deren Stellung entweder durch ein angemessenes Requisitionsschreiben zu erbitten, oder durch Reskripte zu verlangen.

§. 1266.

8. Nachträgliche Monita.

Wenn sich nach der Mittheilung der ersten Notaten an den Rechner späterhin bei wiederholter Durchsicht neue Ausstellungen ergeben; so müssen solche nachträgliche Monita, so lange ihr Verfolg noch zulässig erscheint, immer in ein besonderes, als ein nachträgliches zu bezeichnendes, Revisions-Protokoll aufgenommen, und von hier ab dem gewöhnlichen Revisionsverfahren unterworfen werden.

§. 1267.

9. Revisions-Kalender.

Um die Direktion der Rechnungskammer in den Stand zu setzen, den Geschäftsbetrieb auf allen Punkten leicht übersehen zu können, sollen nicht allein, nach Bedürfniß des Umfanges der Amtsarbeiten, besondere Uebersichten angeordnet und den einzelnen Beamten zur Herstellung hingewiesen; sondern außerdem auch noch eine General-Uebersicht, unter dem Namen eines Revisions-Kalenders, von dem Dirigenten der Revisions-Abtheilung geführt werden. Letztere muß, unter bezugsweiser Angabe der Zeitbestimmungen, enthalten: die Bezeichnung der Rechnung mit Namen und Jahrgang, den Rechnungstermin, den Tag der Einsendung, den Verfolg der Reifheitsprüfung, die Abfertigung der Notaten, den Eingang der Beantwortungen, den Verfolg weiterer Monirung, die Abfassung der Beschlüsse, die Aufstellung und Abfertigung der Abrechnung und endlich den Abgang des Justifikations-Bescheides.

Dritter Abschnitt.

Revisionsverfahren in der Berufungs-Instanz.

§. 1268.

I. Grundbestimmungen der Berufung. 1. Nothwendigkeit der Rechtskraft der Erkenntnisse.

Der Zweck der im Revisionsverfahren ergehenden Urtheile ist, daß das darin ausgesprochene Recht als wirkliches unabänderliches Recht bestehen, und in seinen Folgen von dem Rechner erfüllt werden solle. Diese Eigenschaft des unabänderlichen Bestehens und Wirkens der Erkenntnisse wird ihre Rechtskraft genannt, deren Nothwendigkeit im Zwecke des Verfahrens überhaupt von selbst gegeben ist.

§. 1269.

2. Unhemmbarkeit der Rechtskraft von Seiten des Richters. a. Regel.

Aus diesem Grunde darf von Seiten des erkennenden Richters das eigene Erkenntniß nie wieder aufgehoben oder abgeändert werden, damit er selbst nicht dem Eintritte der Rechtskraft störend entgegen wirke.

§. 1270.

b. Modifikationen. α. Verbesserung, Ergänzung, Erläuterung.

Wohl aber ist es ihm erlaubt, von Amts wegen, oder auf Antrag des Rechners, Schreibfehler, Kalkülfehler mit Einschluß unrichtiger Zahlensätze, und andere Fehler in einzelnen Worten, Namen und Betreffen zu verbessern; ferner das Erkenntniß in Beziehung auf verhandelte, der Entscheidung bedürfende, aber übergangene Gegenstände, zu ergänzen; und endlich anscheinende Dunkelheiten, Zweideutigkeiten und Widersprüche in der Abfassung, bei verbleibendem wirklichem Sinn und Inhalt, zu erläutern.

§. 1271.

β. Restitution.

Eben so kann er in denjenigen Fällen, auf Ansuchen, Restitution ertheilen, worin wegen nicht rechtzeitiger Erledigung dem Rechner ein gesetzlicher Nachtheil zuerkannt war; nunmehr aber diese Erledigung von ihm nicht allein vollständig nachgeholt, sondern auch zugleich erwiesen wird, daß er nicht früher in den Besitz der dazu erforderlichen Mittel gekommen sey und hätte kommen können.

§. 1272.

3. Hemmbarkeit der Rechtskraft von Seiten des Rechners.

a. Im Allgemeinen.

Vermöge der dem Rechner verstatteten Befugniß, sich von den ergangenen Bescheiden ab auf die Intelligenz eines anderen Richters zu berufen, wird hingegen der Eintritt der

Rechtskraft von der Zustimmung der Rechner in so weit und so lange abhängig gemacht, als diese Befugniß, im Bedürfnisse der Garantie ihres amtlichen Rechtszustandes, von ihnen gesetzlich ausgeübt werden kann und will.

§. 1273.

b. Bestimmung des Rechtsmittels.

Als Rechtsmittel zur Abwendung der eröffneten richterlichen Verfügungen ist den Rechnern allein die Berufung (Appellation) in demjenigen Sinne zugestanden, worin sie die einschlagende Landesgesetzgebung anordnet.

§. 1274.

c. Gesetzliche Grenzen des Rechtsmittels. α. Ausdehnung.

Die Berufung kann nur zwei Mal ergriffen, mithin über denselben Gegenstand nur ein drittes Urtheil erzielt werden. Das dritte Urtheil tritt demnach mit seiner Eröffnung sofort in Rechtskraft.

§. 1275.

β. Richterliche Verfügungen. aa. Erkenntnisse und Rechtsbestand.

In Ansehung der richterlichen Verfügungen findet die Berufung nur gegen Bescheide der Justifikation und zwar bloß gegen den Rechtsbestand derselben Anwendung. Unter Justifikations-Bescheiden werden hier sowohl die Spezial-Erkenntnisse, als der Haupt- oder Justifikations-Bescheid verstanden.

§. 1276.

bb. Disziplinar-Bestand.

Von den Dispositionen des Disziplinar-Bestandes der Erkenntnisse hat keine Appellation Statt; sondern es kann dagegen nur durch einfache Supplikationen an die erkennenden oder die vorgesetzten Behörden, bis zur höchsten Stelle hinauf, eingekommen werden. Die Disziplinar-Verfügungen sind daher auch einer Abänderung von dem sie erkennenden Revisionsrichter fähig.

§. 1277.

γ. Rechtsgrund.

Jede Berufung setzt eine wirklich erlittene Beschwerde,

d. h. irgend eine dem Rechner nachtheilige Verfügung voraus, welche entweder überhaupt nicht, oder nicht in ihrer Anwendung die Folge einer gesetzlichen Bestimmung ist. Von dem Justifikations- (Haupt-) Bescheide kann überdieß nur in so weit appellirt werden, als er eine selbstständige Beschwerde enthält; nicht aber in den Punkten, worin er unmittelbar und folgerichtig auf den, ihm vorausgegangenen, rechtskräftigen Spezial-Erkenntnissen beruht.

§. 1278.

δ. Gegenstand.

Ueberdieß ist eine Appellation nur dann zulässig, wenn der Werth ihres Gegenstandes diejenige Appellationssumme erreicht, welche dazu am Orte der Berufung gemein- oder partikularrechtlich erfordert wird.

§. 1279.

ε. Zeit.

Endlich ist der Gebrauch der Appellation an eine bestimmte Zeit gebunden. Es gelten deßhalb sowohl für die Einwendung, als für die Einführung und die Rechtfertigung derselben diejenigen Nothfristen, in Begriff, Ausdehnung und Natur, welche für diese Handlungen in der einschlagenden Landesgesetzgebung vorgeschrieben sind. Mit dem unbenutzten Ablaufe einer jeden dieser Fristen hat das berufene Erkenntniß seine Rechtskraft beschritten.

§. 1280.

d. Suspensiv- und Devolutiv-Kraft.

Durch die ergriffene Appellation wird die Befolgung oder Vollstreckung des berufenen Erkenntnisses gehemmt, (Suspensiv-Kraft der Berufung); und in der Berufungsinstanz kann weder bei der Instruktion, noch bei der Entscheidung irgend eine richterliche Person mitwirken, welche bei der Abfassung des früheren Erkenntnisses betheiligt gewesen. Vielmehr geht das ganze Verfahren auf ein anderes Richtercolleg über (Devolutiv-Kraft der Berufung), mag nun die Appellation an einen anderen Gerichtshof, oder nur an einen **anderen** Senat desselben Gerichtes gebracht werden sollen.

§. 1281.

e. Sicherung gegen die Suspensiv-Kraft.

Damit indessen die Ergreifung der Appellation von dem Rechner nicht mißbraucht werde, um sich widerrechtlich dem Ersatze der von ihm verursachten Schäden zu entziehen; so soll derselbe vorerst für die Ersatzsumme, so weit sie durch eine gestellte Kaution nicht gedeckt wird, sein Vermögen, nach dessen Zureichenheit bis zu dem gleichkommenden Betrage, gerichtlich zum Pfand stellen. Der Pfandbrief hierüber ist zugleich mit der Einwendung zu produziren.

§. 1282.

II. Zuständigkeit und Instanzenzug der Berufungsgerichte. 1. In Staaten.

a. Mit zwei Rechnungskammer-Instanzen.

In **Staaten**, worin zwei Instanzen der Rechnungskammern hergerichtet sind, geht die Berufung von der Provinzial-Rechnungskammer an die Ober-Rechnungskammer, und hierin von dem einen Senate zu dem anderen als zur dritten Instanz. Wenn von der Ober-Rechnungskammer in **erster** Instanz entschieden worden; so ist die Berufung an das Ober-Appellationsgericht zu bringen, wobei die dritte Instanz ebenfalls in einem anderen zweiten Senate gegeben wird.

§. 1283.

b. Mit **einer** Rechnungskammer.

Ist in einem **Staatsgebiete** nur **eine** Rechnungskammer bestellt; so findet der Appellationszug in derselben Art Statt, wie in dem Falle, worin eine Ober-Rechnungskammer in erster Instanz entscheidet.

§. 1284.

2. In Standesherrschaften.

Die Anwendbarkeit eines Instanzenzuges von den **standesherrlichen** Rentkammern ab, ist von dem partikularrechtlichen Satzungen über die Gerechtsamen der Standesherrschaften abhängig. Im Zweifel geht die Berufung zunächst an dasjenige Gericht, worin jene Kammern, als Verklagte, Recht zu nehmen haben, und von hier ab zur dritten Instanz an den nächstvorgesetzten Gerichtshof. Auf gleiche Weise wird in diesem Falle die Kammer als ein gesetzlich zulässiger, durch das Dienstverhältniß der Rechner bedingter, gewillkürter Gerichtsstand, und die daraus folgende Entsagung der Rechner auf die dritte Instanz im ordentlichen Gerichtsstande, als ein eben so zu Recht bestehender Verzicht betrachtet werden müssen.

§. 1285.

III. Verfahren. 1. Vor dem berufenen Revisionsrichter. a. Einwendung.

Will der Rechner von dem Rechtsmittel der Appellation Gebrauch machen; so muß er diese, vor Ablauf der hierzu vorgeschriebenen Nothfrist, bei dem beschwerenden Richter in einer schriftlichen Erklärung einwenden, und um Ertheilung einer Bescheinigung über die rechtzeitig geschehene Einwendung bitten. Hiermit ist in erster Instanz, wenn die Berufung von einem Spezial-Erkenntnisse ergriffen wird, zugleich das Gesuch um Zufertigung einer Abschrift des Erkenntnisses und der solches besonders bedingenden Instruktion zu verbinden.

§. 1286.

b. Apostel.

Der beschwerende Revisionsrichter hat hierauf ohne allen Verzug die Bescheinigungsdekretur (Apostel) nebst der erbetenen Abschrift zu ertheilen, und ist die erstere nur dann abzuschlagen berechtigt, wenn die Frist versäumt, oder die Berufung gegen kein Erkenntniß im Rechtsbestande gerichtet, oder der Einwendungschrift, im Falle die Vermögensverpfändung vorgängig erfordert wird, der Pfandbrief gar nicht, oder nicht in befriedigender Art beigelegt worden ist.

§. 1287.

2. Vor dem Berufungsrichter. a. Einführung.

Hiernächst ist bei dem Appellationsrichter, innerhalb der hierzu bestimmten Frist, die Berufung vermittelst einer schriftlichen Erklärung einzuführen, worin die Absicht, dieselbe hier anbringen zu wollen, ausgesprochen und um ihre Annahme gebeten wird. Die Einführungsschrift muß das Vorhandenseyn derjenigen Requisite nachzeigen, welche als Bedingungen der Appellation überhaupt gesetzlich bestehen. In dieser Absicht sind ihr die Apostel und das beschwerende Erkenntniß nebst der dasselbe speziell bedingenden Instruktion (§. 1285.) beizufügen. Vor der Ober-Rechnungskammer hat der Rechner alle hierzu und weiter erforderliche Handlungen selbst und im gewöhnlichen Revisionsgeschäftswege zu besorgen; vor Gerichtshöfen aber solche von einem bevollmächtigten Prokurator ausführen zu lassen. Die Tragung der hier entstehenden Kosten ist nach den darüber in fiskalischen Sachen geltenden Grundsätzen zu beurtheilen.

§. 1288.

b. Weiteres Verfahren. α. Von Seiten des Rechners.

Von der Einführung ab bleibt das weitere Verfahren, dem Rechner gegenüber — mithin die Verfügung auf dieselbe; die sofortige Verwerfung der Appellation; ihre Annahme und gleichzeitige reformatorische Entscheidung oder Erkennung von Appellationsprozessen; die Einreichungszeit, und die Erfordernisse der Rechtfertigungsschrift, so wie die hieran weiter zu knüpfende Verhandlung — den Grundsätzen der einschlagenden Landesgesetzgebung unterworfen. Jedoch sollen in der Rechtfertigung weder neue Thatsachen, noch neue Beweise berücksichtigt; sondern die dadurch etwa zu begründenden Urtheilsabänderungen in den Weg der Restitution (§. 1271.) verwiesen werden.

§. 1289.

β. In Beziehung auf die Rechnungskammern. aa. Sachbetrieb.

Die Rechnungskammern, von welchen appellirt worden ist, sind bei dem Sachbetriebe der Berufung nicht weiter zu betheiligen, als erforderlich ist, um sie nach Bedürfniß zur Akteneinsendung, d. h. zur Vorlegung der Revisionsverhandlungen nebst den Rechnungen und Zubehörungen, so wie zur Berichterstattung zu vermögen. Die Zeitbestimmungen hierzu sind nicht unter 30 Tagen anzusetzen.

§. 1290.

bb. Disziplinar-Verhältniss. αα. Zwischen Rechnungskammern.

In diesem Verhältnisse der oberen zu der unteren Instanz üben die Ober-Rechnungskammern gegen die Provinzial-Rechnungskammern die, ihnen gegen letztere ohnehin zustehende, Disziplinar-Gewalt aus. Die Fristen zur Befolgung ihrer Verfügungen gelten als dilatorische Zwangsfristen, deren Ablaufe die, §. 1263. verordneten, Einschreitungen folgen.

§. 1291.

ββ. Zwischen Gerichtshöfen und Rechnungskammern.

Den Gerichtshöfen wird dagegen durch die an sie gelangte Appellation niemals eine Disziplinar-Gewalt über die berufenen Rechnungskammern eingeräumt, und eben so wenig die sonst zwischen diesen Behörden bestehende Wechselstellung dadurch in etwas verändert. Gerichtshöfe können daher ihren Verfügungen zur Akteneinsendung und Berichterstattung, den Rechnungskammern gegenüber, nur durch das anzudrohende Präjudiz Folge zu sichern suchen, daß, im Versäumungsfalle, der Bitte des Appellanten gemäß erkannt werden solle. Dieß Präjudiz ist jedoch erst nach fruchtlosem Ablaufe der ersten Frist, unter einer weiteren Zeitbestimmung von 30 Tagen, anzudrohen, und diese Erstreckung als eine peremtorische Zwangsfrist zu betrachten. Das erkannte Präjudiz hat die säumige Rechnungskammer dienstverantwortlich zu vertreten.

§. 1292.

IV. Gerichtszuständigkeit und Verfahren bei Provokationen.

Provokationen können erst nach vergeblicher Beschwerdeführung bei den vorgesetzten Behörden, und nur an denjenigen Gerichtshöfen, welche auch in der Appellation zuständig sind, angebracht werden. Sie müssen schriftlich abgefaßt seyn, und eine bestimmte Bitte darüber enthalten, was als Rechnungsrecht in dem Fragefalle betrachtet werden solle, wofern die provozirte Rechnungskammer die ihr obliegende Revisionshandlung in der anzuberaumenden Frist nicht vollziehe. Dieser Antrag darf jedoch nur auf ein solches Präjudiz gerichtet seyn, welches als Wirkung eines günstigen Justifikations-Bescheides betrachtet werden könnte. Die angegangenen Gerichtshöfe erlangen hierdurch ebenfalls keinerlei Disziplinar-Gewalt über die provozirte Rechnungskammer. Vielmehr haben sie derselben nur eine peremtorische Zwangsfrist von wenigstens 30 Tagen unter dem Präjudize anzuberaumen, daß so gewiß bis dahin die betreffende rückständige Revisionshandlung vollzogen, und, wie geschehen, nachgewiesen seyn müsse, als sonst die befragte Rechnung, dem provokantischen Antrage gemäß, in den Betreffen des verzögerten Verfahrens für gerechtfertiget erkannt werden, und diesem Erkenntnisse in so weit, vom Tage der Eröffnung ab, die Wirkung eines rechtskräftigen Justifikations-Bescheides beigelegt erscheinen solle. Das angedrohte Präjudiz wird nach fruchtlos verstrichener Frist, ohne weiteres Anrufen von Seiten des Rechners, wirklich ausgesprochen, und von der säumigen Rechnungskammer, nach Vorschrift des §. 1291., verantwortet. Gegen einen solchen Ausspruch kann nur die Restitution, unter den hierfür gemein- oder partikularrechtlich bestehenden Bedingungen, nachgesucht werden.

Dritter Titel.

Lokal-Revision.

§. 1293.

1. Begriff.

Nach der im Prinzipe (§. 18. u. 32.) ausgesprochenen Nothwendigkeit einer mehrzeitigen Prüfung der laufenden Verrechnung, ist die Abhaltung von Revisionen an Ort und Stelle der Verwaltung, als unabweisbare Folge davon, zu bewerkstelligen. Unter Lokal-Revisionen sind diejenigen Revisionen verstanden, welche zur Prüfung der laufenden Rechnungsverwaltung, an dem Sitze der Rechenämter, und auf den Grund der Hülfsbücher, der sonstigen Rechnungs- und Dienstliteralien, der Bestände und der Angaben des Rechners selbst abgehalten werden.

§. 1294.

2. Revisions-Kommissäre.

Sie sind von einem, aus der Zahl der Rechnungsräthe oder der wirklichen Revisoren zu bestellenden, Kommissär, welchem nach Bedürfniß Probatoren beigegeben werden, zu vollziehen.

§. 1295.

3. Eintheilung.

Die Lokal-Revisionen sind entweder ordentliche, oder außerordentliche, oder solche, welche bei eintretendem Amtswechsel Statt finden.

Erster Abschnitt.

Ordentliche Lokal-Revision.

§. 1296.

1. Begriff.

Die ordentliche Lokal-Revision ist die am Rechenamtssitze zu vollziehende Revision, welche zu bestimmten Zeitpunkten und mit Vorwissen der Rechner geschieht.

§. 1297.

2. Zweck.

Sie besteht zu dem Zwecke, damit die Realisirung der gesetzlichen Vorschriften in der Verwaltung gesichert, der wirkliche Zustand derselben eben so, wie die Nachweisungen darüber, fortgesetzt zur Kenntniß der Oberaufsicht gebracht, und eine tadellose Rechnungsstellung dadurch vorbereitet werde.

§. 1298.

3. Zeitpunkte.

Ihre Abhaltung ist von Quartal zu Quartal auszuführen, und für jedes Rechenamt hierzu regelmäßig derselbe Tag vorzubestimmen.

§. 1299.

4. Hülfsmittel.

Zu den Hülfsmitteln der Revision gehören die Kontroll-Extrakte, die Nachweisungen, die vorhergehenden Rechnungen und Hülfsbücher, die Restenverzeichnisse, die Holzlagerkarten, Inventarien, Heblisten und sonstigen Verzeichnisse.

§. 1300.

5. Verfahren. A. Eröffnung. a. Benachrichtigung des Rechners.

Sobald der Kommissär an dem Orte des Rechenamtssitzes angelangt ist, hat er dem Rechner hiervon Anzeige zu machen, die Stunde der Geschäftseröffnung zu bestimmen, und sich in dieser selbst einzufinden.

§. 1301.

b. Pflicht desselben.

Dem Rechner liegt ob, sofort nach erhaltener Eröffnung sich zur Abhaltung der Revision bereit zu halten; die Hülfsbücher und sonstige Rechnungs- und Dienstliteralien, so wie die Behältnisse der Bestände für den Kommissär offen zu stellen; dem Geschäfte überall persönlich beizuwohnen, und dasselbe nach Kräften zu befördern. Nur bei unumgänglicher Verhinderung, bei erheblicher Krankheit oder häuslichen Unfällen kann er die Verlegung des Revisionstages erwarten. Einer sonstigen Verweigerung folgt, nach fruchtlos angewendeter höchster Ordnungsstrafe, die Dienstentsetzung.

§. 1302.

B. Prüfung des Rechnungshaushalts. A. Untersuchung der Haushaltslage.

Zur Grundlage der Revision ist zuerst der Haushalt in der unmittelbar vorgefundenen Lage der Hülfsbuchführung und der Bestände zu untersuchen, und hieran erst die Prüfung der Buchführung und der Verwaltung anzuschließen. Jenes geschieht durch die Bestandsrevision, den Bücherabschluß und die Bilanzirung.

§. 1303.

a. Bestandsrevision.

Das Geschäft beginnt mit der Revision der Bestände, wobei zuvörderst dem Rechner die pflichtmäßige Erklärung abzunehmen ist, daß er alle seine Vorräthe, und darunter kein fremdes Eigenthum der Untersuchung ausstellen werde.

§. 1304.

α. Kassensturz.

Bei der Revision des Kassenbestandes (Kassensturz) ist neben genauester Aufzählung des Vorrathes, ein sorgfältiges Augenmerk auf die gehörige Sortirung, die ordnungsmäßige Verpackung und die Richtigkeit der Aufschriften zu wenden. Hiernächst werden alle Metallgeldrollen und Packete gewogen und mit der Gewichtstabelle verglichen; einzelne Rollen und Packete in Metall- oder Papiergeld erbrochen und in Sorte und Summe nachgesehen.

§. 1305.

β. Speichersturz.

Die Aufmessung der Speicherfrüchte (Speichersturz) muß, nach vorgängiger Prüfung der Richtigkeit der Fruchtmaße, von Lager zu Lager in Vergleichung mit der Speicherkarte geschehen, und daneben die richtige Einrichtung und Führung der Speicherkarte selbst und die Anordnung der Fruchtlager der Revision ausgestellt werden.

§. 1306.

aa. Partial- und Totalsturz.

Von dem Ermessen des Kommissärs hängt es ab, sämmtliche vorräthige Speicherfrüchte, oder nur einen Theil derselben, hierbei jedoch immer ganze Lager, stürzen zu lassen. Nur bei der Revision zu Anfange des dritten Jahresquartals sollen jedes Mal alle Früchte, zur Ermittelung des Abganges und des Ueberschusses, aufgemessen werden.

§. 1307.

bb. Zulässige Differenzen.

Der Unterschied zwischen dem Maßgehalte der einzelnen Lager und der Speicherkarte darf höchstens nur ein Prozent betragen.

§. 1308.

cc. Folgen der Ueberschreitung.

Ist die Differenz bei den einzelnen Fruchtlagern größer, so sind, neben der erforderlichen Disziplinar-Einschreitung, sämmtliche Früchte auf Kosten des Rechners aufzumessen, wofern er nicht vorher die Gründe eines solchen Verlustes angezeigt und dargethan hätte.

§. 1309.

γ. Magazinrevision.

Die Aufnahme der Magazine geschieht durch Nachzählung, Abwiegung oder Abmessung sämmtlicher darin befindlicher Gegenstände, oder einzelner, nach Auswahl bestimmter, Abtheilungen derselben.

§. 1310.

d. Holzbesicht.

Den Holzbesichten sind die Revierförster und Förster der betreffenden Distrikte beizuwohnen verpflichtet, und dazu regelmäßig heranzuziehen. Sämmtliche, von ihnen aufzuweisende, Holzlager sind mit den Lagerkarten, in Situation und Bestand, zu vergleichen, und in ihrer Oertlichkeit zu untersuchen. Hinsichtlich des Bestandes muß auf die gehörige forstmäßige Zurichtung, besonders auf die Aufklafterung des Holzes gesehen, und alle oder einzelne Quantitäten nachgemessen werden. Auch können die Holzbesichte ohne Zuziehung der Forstbeamten zu jeder Zeit vorgenommen, und damit, bei vorgefundenen erheblichen Differenzen, außerordentliche Lokalrevisionen verbunden werden.

§. 1311.

e. Scheuerrevision.

Bei der Scheuerrevision sind die Gegenstände entweder abzuwiegen, oder zu zählen, oder aber, namentlich die, welche nach Gewicht verrechnet werden, im Umfange zu messen und ihre Quantitäten nach dem Kubikmaße zu ermitteln.

§. 1312.

b. Abschluss des Tagebuches.

Nach vollendeter Bestandsrevision ist jedes einschlägige Tagebuch (Tagehandbuch), so wie es liegt und von dem Rechner aufsummirt ist, nach der Form des monatlichen Abschlusses mit rother Tinte abzuschließen.

§. 1313.

c. Bilanzirung desselben mit den Beständen.

Mit dem Ergebnisse jedes Abschlusses ist der vorgefundene bezügliche Bestand sofort in Bilanz zu stellen, und das Resultat hiervon, Behufs nachheriger Aufnahme zum Protokolle, genau zu notiren.

§. 1314.

B. Prüfung der Hülfsbücher.

Von hier ab beginnt die eigentliche Hülfsrechnungsprüfung, welche, ähnlich der Rechnungsprüfung, die Veranlagung, den Kalkül, die Eintragung und die Beweisung als ihre vier Hauptgegenstände unter sich enthält.

§. 1315.

a. Veranlagung.

In Ansehung der **Veranlagung** ist, nach Beschaffenheit der verschiedenen Arten der Hülfsbücher, darauf zu sehen, daß die Erfordernisse derselben überhaupt vorhanden, namentlich daß ihre Kompetenzen gewahrt, und daß der Einband, die Aufschriften, die Paginirung, die spezielle Ausfüllung der Spaltenrubriken, die Herstellung der Uebersichtlichkeit, die Aufnahme der Rubriken und der schon bekannten Posten vorschriftmäßig und rechtzeitig besorgt worden sind.

§. 1316.

b. Kalkül.

Die **arithmetische** Prüfung geschieht im Allgemeinen unter denselben Gesichtspunkten, wie bei der Jahresrechnung, zu welchen noch die Bildung der Transporte und der monatlichen und Quartalabschlüsse, so wie die Anwendung der Größenberechnung zu zählen sind. Uebrigens erstreckt sich diese Prüfung im Tagebuche nur bis zu dem schon revidirten Quartal hinauf; bei dem Handbuche aber hat sie nur zu ermitteln, ob sich unter Addition der Reinerträge des Tagebuches aus der nicht revidirten Periode zu dem letzten revidirten Quartalabschlusse des Handbuches, diejenigen Summen ergeben, welche die Gesammt-Einnahme und Ausgabe des Tagebuches nachweisen.

§. 1317.

c. Eintragung. α. Im Allgemeinen.

Bei der **Eintragung** ist, in analoger Anwendung der Grundsätze der historischen Rechnungsprüfung, zu beobachten, ob dieselbe zu gehöriger Zeit, vollständig, in angemessenem

Vortrage, und unter wechselseitiger Anrufung der korrespondirenden Pagina in den Hand- und Tagebüchern, geschehen ist.

§. 1318.

β. Kontrollirung der Hülfsbücher. aa. Unter sich.

Nach Anleitung dieser Anrufung ist sodann zu untersuchen, ob sich alle Einträge im Tagebuche auch in dem Handbuche, und umgekehrt alle Einträge in dem letzteren auch im Tagebuche befinden.

§. 1319.

bb. Mit den Speicher- und Holzlagerkarten.

Bei den Frucht- und Forsthülfsbüchern ist hieran die Vergleichung des Tagebuches mit den Speicher-, oder Holzlagerkarten anzuschließen.

§. 1320.

cc. Mit den Nachweisungen.

Hierauf folgt die Prüfung der Wahrheit der eingereichten monatlichen und Quartal-Nachweisungen, welche, wenn sie nicht durchaus mit den Abschlüssen der Hülfsbücher übereinstimmen, zur Veranlassung der geeigneten weiteren Untersuchung dienen müssen.

§. 1321.

γ. Integritätsprüfung.

Hinsichtlich der Integrität des Vortrages dürfen keine Rasuren, keine Durchschreibungen oder Unterpunktirungen ausgestrichener Stellen, und noch weniger unzulässige Einschiebungen passirt werden, so wie denn auch besonders zu beachten ist, ob keine Blätter aus den Büchern herausgeschieden und keine neue eingezogen worden sind.

§. 1322.

d. Beweisprüfung. α. Prüfung der Vollständigkeit der Eintragung.

In der Beweisprüfung ist zunächst die Vollständigkeit des Vortrages nach den Kontroll-Extrakten, den vorhergehenden Rechnungen und Hülfsbüchern, den Restenverzeichnissen, den Inventarien, Heblisten und anderen Verzeichnissen zu ermitteln.

§. 1323.

β. Prüfung der Belegung und der Beschaffenheit der Urkunden.

Die Prüfung der Belegung ins Besondere und der Beschaffenheit der Urkunden wird im Allgemeinen nach den darüber zur Rechnungsrevision gegebenen Bestimmungen ausgeführt. Sie geht indeß regelmäßig nur bis zu dem Endpunkte der vorangegangenen Lokal-Revision zurück; läßt Interimsscheine und Partial-Quittungen, wenn sie an und für sich nicht verwerflich sind, passiren; wacht dabei aber immer über der ordnungsmäßigen Aufbewahrung der Urkunden.

§. 1324.

C. Prüfung der Verwaltung.

Im Verfolg der Prüfung der Hülfsbücher hat der Kommissär noch alle diejenigen Merkmale in reifliche Erwägung zu nehmen, woraus die Art und Weise einer tüchtigen Verwaltung, d. i. die Rechnungswirthschaft, beurtheilt werden kann.

§. 1325.

a. Erhebung. α. Im Allgemeinen.

Vor Allem hat er hierunter in Betreff der Erhebung zu beobachten, ob der Rechner alle angefallene Einnahmequellen flüssig gemacht hat; ob keine außerhalb des Rechnungsjahres fällige Einnahmen ohne Erlaubniß eingezogen; ob die Fälligkeitstermine gewahrt; die erwachsenen Verzugszinsen verrechnet; das aufgekommene Agio gebucht; die inexigibilen Posten zur Abverdienung gebracht; ob ferner die ordentlichen Erhebungen und die sonstigen Einnahmetage vorschriftsmäßig eingehalten; und ob die Quittungen gehörig ertheilt worden sind; endlich ob keine verwerfliche Assignationen oder Cessionen und kein Verzug im Empfange Statt gefunden haben.

§. 1326.

β. Behandlung exekutionsreifer Posten.

Sind fällige Posten vorhanden, welche, obgleich sie vorschriftsmäßig schon zum Zwangsverfahren hätten gebracht seyn sollen, diesem noch nicht unterliegen; so muß der Rechner, wenn er dieß Versäumniß nicht zu rechtfertigen vermag, veranlaßt werden, unter den Augen des Kommissärs, gegen die betreffenden Schuldner das Zwangsverfahren einzuleiten.

§. 1327.

b. Verausgabung.

In Ansehung der Verwendung der Einkünfte ist zu ermitteln, ob der Rechner die Zahlungen zu gehöriger Zeit und unter der erforderlichen Autorisation abgeführt, nichts in seinen Nutzen verwendet und die Zahlungstage pünktlich eingehalten hat; ferner ob die Zahlungen in das gegenwärtige Rechnungsjahr gehören, und an keine unbefugte Personen geleistet worden sind; endlich ob sich keine unerlaubte Vorschüsse vorfinden, ob die Ablieferung der Ueberschüsse ordnungsmäßig erfolgt, und ob bei Assignationen, Cessionen, Kompensationen und Retentionen den gesetzlichen Vorschriften ein Genüge geschehen ist.

§. 1328.

c. Verwahrung der Bestände. α. An und für sich.

Nächst diesem muß in Betreff der Art und Weise der Aufbewahrung der Bestände selbst, besondere Aufmerksamkeit auf den Verschluß, die Reinhaltung und die Behandlung der aufbewahrten Gegenstände verwendet; ins Besondere bei Kassen, auf deren Beschaffenheit, Einrichtung und örtliche Aufstellung; bei Scheuerverwaltungen aber auf die richtige Führung der Drescherei-Rechnungsbücher gesehen werden.

§. 1329.

β. Erhaltung der Behältnisse.

Nicht weniger ist hinsichtlich des baulichen Zustandes der Bestands-Lokale und Behältnisse darüber Aufsicht zu führen, daß dieselben zu der betreffenden Verwahrung überhaupt nachhaltig geeignet, und hinlänglich fest gegen Einbruch und Feuersgefahr sind; ferner daß sie sich in der erforderlichen baulichen Beschaffenheit befinden und, wo thunlich, noch zu verbesserter Einrichtung gebracht werden.

§. 1330.

C. Revision der Registratur. a. Grundlagen.

Als ein Gegenstand der Rechenamtsverwaltung überhaupt sind hiernach auch die Registraturen der Rechenämter der Lokal-Revision zu unterwerfen. Zur Grundlage derselben dienen die Geschäfts-Journale, die Repertorien und die Versendungsbücher, wovon letztere beide Verzeichnisse (nach §. 149.) im Verhältnisse zu dem Aktenbestand in den Gefachen als Einnahme- und Ausgabebelege gelten. In Ansehung der Zeit zur Aufarbeitung der Registraturgeschäfte, sollen für die ordnungsmäßige Reponirung eines jeden zur Registratur reifen Aktenstückes 5 Tage gut geheißen werden.

§. 1331.

b. Verfahren.

Bei der Abhaltung der Revision selbst ist vor Allem die allgemeine Anordnung mit dem bestehenden Registratur-Systeme zu vergleichen, und auf die Veranlagung neuer Aktenfaszikel, da wo die Revision auf solche führt, besonders Acht zu haben. Zur Spezialprüfung sind zum wenigsten 15 Gefache, nach beliebiger Auswahl des Kommissärs, auszusetzen, und eben so bei wenigstens 30 Nummern des Geschäfts-Journals nachzusehen, ob die darunter befindlichen, zur Registratur reifen, Aktenstücke in gehöriger Zeit und gehörigen Orts registrirt worden sind.

§. 1332.

c. Folge vorgefundener Unordnung.

Stellen sich während dieser Prüfung Irregularitäten heraus, welche von dem Rechner sofort nicht zureichend entschuldigt werden können, so ist, vorbehältlich der Anwendung disziplinarischer Mittel, die ganze Registratur auf Kosten des Rechners zu revidiren.

§. 1333.

D. Revision der Rechenamts-Mobiliar-Inventarien.

Der Registraturrevision folgt die Untersuchung des Mobiliar-Bestandes der Rechenämter, welche sich auf die vorhergehenden Inventarien und die deßhalbigen Kontrollen zu stützen hat.

§. 1334.

E. Aufnahme und Abstellung der vorgefundenen Mängel. a. Ueberhaupt.

Alle bei der Lokal-Revision vorgefundene Rechnungs- und Verwaltungsmängel sind sofort dem Rechner mit dem erforderlichen Weisung zur Abstellung bemerklich zu machen. In den Rechnungsbüchern wird jede tadellose Stelle mit einem einfachen, jede fehlerhafte mit einem doppelten Querstriche; jeder unbrauchbare Beleg aber mit einer durchstrichenen Nulle, und jeder brauchbare mit einem p bezeichnet.

§. 1335.

b. Kassen-Ueberschüsse, Vorräthe und Dezesse.

Hat sich bei der Kassenverwaltung ein Ueberschuß, ein Vorrath oder ein Defizit herausgestellt; so muß im ersteren Falle der Ueberschuß so lange als herrschaftliches Eigenthum in Beschlag genommen werden, bis der Rechner den wahren Eigenthümer desselben aus anderen Beweisgründen, als dem Abschlusse selbst, vollständig erwiesen hat. Im anderen Falle aber ist derjenige Betrag, welcher den vorschriftsmäßigen Bestand überschreitet, sogleich zur Ablieferung verpacken zu lassen, und endlich im letzten Falle ohne Aufschub die nöthige Untersuchung gegen den Rechner einzuleiten, wofern er den fehlenden Betrag unter den Bedingungen des §. 284. nicht ersetzen, oder solcher sich nicht nach nochmaliger, hiernach besonders zu motivirender, Prüfung der Hülfsbuchführung aufgelöset haben sollte.

§. 1336.

c. Speicher-Ab- und Zugang.

Bei Speicherfrüchten ist, unter Anwendung der Bestimmungen der §§. 1197—1199., das Defizit als Speicherverlust, der Zugang am Vorrathe aber als Speicherüberschuß zu erkennen. Das hierüber herausgestellte Resultat muß jedoch immer vorerst zur Beschlußnahme der Rechnungskammer selbst ausgestellt werden, deren Dekreturen alsdann, so weit nicht auf Ersatz erkannt werden sollte, als Einnahme- oder Ausgabebelege gelten.

§. 1337.

F. Revisions-Protokoll. a. Ueberhaupt.

Ueber die Abhaltung der Revision ist immer, und zwar über jede auf einer eigenen Hülfsbuchführung beruhende Verwaltung besonders, ein Protokoll aufzunehmen.

§. 1338.

b. Abfassung.

In diesem Protokolle müssen, nach sachgemäßer Einleitung, die Hauptakte der Lokal-Revision besonders entwickelt, und solche auf dem Rande als die eigenthümlichen Rubriken der Verhandlung benannt werden.

§. 1339.

c. Unterschriftliche Vollziehung.

Das geführte Protokoll ist von dem Rechner, nach Vorlesung und Genehmigung, unterschriftlich anzuerkennen, und ihm dann in einer beglaubigten Abschrift zu den Rechenamtsakten zuzustellen. Verweigert der Rechner die Unterschrift aus einem anderen Grunde, als weil anders protokollirt, wie verhandelt worden sey, so ist nach fruchtlos angewendeter höchster Ordnungsstrafe eine solche Renitenz mit Dienstentsetzung zu ahnden. Bei Anführung jenes Grundes aber hat der Kommissär den Rechner die Merkmale der Abweichung des Protokolls von dem Revisionsergebnisse angeben zu lassen, solche, wenn er sie begründet findet, noch als nachträgliche Berichtigung aufzunehmen; sonst aber besonders zu protokolliren; hiernächst den eigentlichen Sachverhalt dem Rechner deutlich aus einander zu setzen; diese Erläuterung ebenfalls zu Protokoll zu nehmen; letzteres vom Rechner unterschreiben zu lassen; und hierauf, nach getroffenen Sicherheitsmaßregeln zur unveränderten Erhaltung der Sachlage, die Verhandlungen an die Rechnungskammer, Behufs der vom dieser deßhalb zu veranlassenden gerichtlichen Untersuchung einzusenden. Sollte der Rechner auch die unterschriftliche Anerkennung des letzteren Protokolls verweigern; so ist er seines Amtes zu entsetzen, welches auch alsdann folgt, wenn in obigem Falle durch die gerichtliche Untersuchung der Sachverhalt, so wie ihn der Kommissär zur Belehrung des Rechners besonders protokollirt hat, richtig befunden wird.

§. 1340.

G. Wirkung der Revision.

Die Wirkung der in der Lokal-Revision als vorhanden dargestellten, Ergebnisse mit den dadurch bedingten Verfügungen bezieht sich nur auf die laufende Verwaltung, und besteht auch in dieser Beziehung nur so lange, als durch eine nachfolgende Prüfung nicht eine weitere Berichtigung nothwendig erachtet wird. Sie ist daher überall nicht präjudizirlich für die Rechnungsstellung selbst, welche vielmehr in sich selbst und in ihren Beilagen die vollständige Rechtfertigung ihrer Vorträge so wie sonst enthalten muß. Nur wenn der Kommissär über irgend einen Gegenstand, der auch in gleicher Eigenschaft in der Rechnung selbst erscheinen muß, ausdrücklich seine motivirte Gutheißung ausgesprochen hat; so kann solcher bei der Rechnungsrevision nicht weiter dem Rechner zur Verantwortung gestellt werden.

Zweiter Abschnitt.

Außerordentliche Lokal-Revision.

§. 1341.

1. Begriff.

Außerordentlich wird diejenige Lokal-Revision genannt, welche zu nicht vorausbestimmter Zeit und ohne Vorwissen der Rechner erfolgt.

§. 1342.

2. Zweck.

Sie soll dazu dienen, die Rechner für eine Revision unvorbereitet zu finden, um die Ueberzeugung zu schöpfen, ob dieselben, auch ohne dem Auge der Oberaufsicht ausgesetzt zu seyn, ihre Verwaltungen ununterbrochen in tadellosem Stande erhalten, oder nicht.

§. 1343.

3. Anwendung.

Die außerordentliche Lokal-Revision kommt bei einem Amte im Jahre regelmäßig nur einmal und nur auf besondere Verfügung der Rechnungskammer zur Anwendung, namentlich zu Zeitpunkten, wo eben, dem gewöhnlichen Geschäftslaufe nach, ein bedeutenderer Zusammenfluß von Amtsarbeiten vorangegangen und als beseitigt zu erwarten ist. Besondere Veranlassungen brauchen indessen hierzu nicht gegeben zu seyn, obschon nach Maßgabe der Persönlichkeit und Amtstüchtigkeit des Rechners hierzu Bestimmungsgründe zu entnehmen sind.

§. 1344.

4. Erfordernisse. a. Im Allgemeinen.

Die Revision selbst soll übrigens auf alle Gegenstände einer ordentlichen Lokal-Revision verbreitet und in der Behandlung derselben nach den hierin darüber gegebenen Vorschriften ausgeführt werden.

§. 1345.

b. Eröffnung.

Nach dem besonderen Zwecke dieser Prüfung ist aber das Geschäft in einer Art zu eröffnen, daß dem Rechner keine Vorbereitungen mehr übrig gelassen werden können. In der Regel muß daher alsbald, wenn der Revisionsbeamte an dem Amtssitze angelangt ist, das Geschäft von ihm mit der persönlichen Anmeldung bei dem Rechner begonnen, ohne Unterbrechung vollendet und zwischenzeitig der eine Schlüssel zu den Behältnissen der Vorräthe in Besitz genommen werden.

§. 1346.

c. Verschluss. α. Der Behältnisse.

Kann die Revision jedoch ohne Unterbrechung nicht zu Ende geführt werden, so sollen die Behältnisse der noch nicht vollständig gestürzten Bestände unter Revisions-Siegelverschluß gelegt werden.

§. 1347.

β. Der Rechnungsbücher.

Eben so sind die noch nicht in der Revision durchgeführten Rechnungsliteralien, namentlich die Hülfsbücher, unter Kreuzband zu versiegeln, wofern der Revisor nicht vorziehen sollte, hierin von Seite zu Seite die Zahl der Einträge zu bezeichnen, und am Schlusse durch einen Revisionsvermerk die weitere Eintragung unmöglich zu machen.

§. 1318.

5. Geschäftsgang.

Der organische Geschäftsgang, so wie die Aufnahme des Protokolls, richten sich nach den, darüber zur ordentlichen Revision gegebenen, Vorschriften.

Dritter Abschnitt.

Lokal-Revision bei eintretendem Amtswechsel.

§. 1349.

1. Begriff und Zweck.

Damit bei eintretendem Amtswechsel die Rechenamts-Verwaltung möglichst sicher gestellt, jede Ablegung von Stückrechnungen vermieden, der Geschäftsgang im regsten Betriebe forterhalten und die schnelle Befriedigung aller Interessenten bewirkt werden könne, sollen hierbei immer Revisionen an den Amtssitzen Statt finden. Es sind dieß Lokal-Revisionen, wodurch die Rechnungsverwaltung von dem vorigen Rechner abgenommen und, bei völligem Geschäftszusammenhange, einem andern Rechner übertragen wird.

§. 1350.

2. Anwendung.

Sie finden Statt bei jeder Art des Wechsels der Beamten, werde dieser nun durch ehrenvollen Austritt, durch Suspension, Remotion, oder Entsetzung, oder durch den Tod des vorigen Rechners veranlaßt. Jedoch ist das Verfahren nach Maßgabe dieser Veranlassungsgründe, unter Berücksichtigung der §§. 904. — 907. und 912. — 914., von verschiedenem Umfange.

§. 1351.

3. Verfahren. A. Einleitung.

Zur Einleitung des Verfahrens sind alle bei der Ab- und Uebernahme der Rechnungsverwaltung betheiligte Interessenten auf einen bestimmten Termin an den betreffenden Amtssitz einzuladen, und die hierzu angesetzten Tagfahrten nicht anders als bei unvermeidlichen Umständen zu verlegen.

§. 1352.

B. Personal-Betrieb. a. Gegenwart der Interessenten.

Sämmtliche Verhandlungen sollen im Beiseyn der Interessenten geschehen, und daher auch auf deren unausgesetzter persönlicher Gegenwart bestanden werden. Besonders gilt dieß von dem neu eintretenden Rechner, welcher zu eigener Sicherung selbstthätig die Ergebnisse der Verwaltung in jeder Richtung bis ins Detail zu verfolgen, seine Anstände vorzutragen, und in dieser Art dem Revisor zur Hand zu gehen hat.

§. 1353.

b. Stellvertretung. α. Zulassung eines Mandatars.

Sind Hindernisse vorhanden, welche das Erscheinen des abtretenden Rechners nicht zulassen; so kann ihm, auf seine Kosten, verstattet werden, sich durch einen selbsterwählten, aktiven herrschaftlichen und gehörig bevollmächtigten, Rechnungsbeamten vertreten zu lassen. Die Erben haben, auch bei eigenem persönlichen Erscheinen, immer einen Bevollmächtigten, unter den Bedingungen des §. 909., zuzuziehen, welchem der Geschäftsbetrieb an deren Stelle allein zugestanden wird.

§. 1354.

β. Ernennung eines Offizial-Mandatars.

Sollte ein Interessent von Seiten des abgetretenen Rechners sowohl die persönliche Erscheinung, als die Ernennung eines zulässigen Mandatars verweigern; so ist für denselben sofort von Amts wegen ein Anwalt, nach den Bestimmungen des §. 1353., zu ernennen, und mit diesem, nach seiner gerichtlichen Verpflichtung, das Geschäft abzuhalten. Die Erben des Rechners werden jedoch durch solche Verweigerung der ihnen (nach §. 909.) zustehenden Befreiung von den Kosten der Stellvertretung verlustig.

§. 1355.

C. Sachbetrieb. a. Eröffnung des Verfahrens.

An dem zur Abhaltung des Geschäfts vorbestimmten Tage hat der kommittirte Revisor die Interessenten im Lokale des Rechenamtes zu versammeln; sie mit dem Zwecke der Verhandlung und ihrem dabei einzuhaltenden Benehmen vertraut zu machen; die Vollmachten der ernannten Anwälte zu prüfen; die etwa angelegten Siegel gerichtlich abnehmen zu lassen; hierüber ein Protokoll aufzunehmen; und von da ab sofort zur Abhaltung der Revision selbst zu schreiten.

§. 1356.

b. Prüfung des Rechnungshaushalts. α. Im Allgemeinen.

Hierin ist zunächst dem Rechnungshaushalte dieselbe sorgfältige Prüfung zu widmen, und in deren Verfolg nach jeder Richtung hin eben so zu verfahren, wie bei der ordentlichen Lokal-Revision. Doch sind die Mängel der Verwaltung, welche keine vertretbare Schäden begründen, nur dem neuen Rechner zur Abstellung hinzuweisen, die übrigen aber förmlichen Notaten zu unterziehen.

§. 1357.

β. Rückständige Rechnungen.

Ist noch die Ablegung einer Rechnung rückständig; so werden alle dazu gehörige und erforderliche Literalien von den übrigen Papieren ausgeschieden, dem vorigen Rechner, oder dem Anwalte seiner Erben, und zwar bei Remotionen und Dienstentsetzungen nur gegen spezifizirte Bescheinigung, zur Rechnungsstellung übergeben, und dazu eine Frist von drei Wochen anberaumt. Bei ehrenvollem Austritte des Rechners zur Zeit der Rechnungsstellung wird das Verfahren über das Rechnungswesen (nach §. 904.) hiermit geschlossen, und sofort zur Abnahme der Registraturen und Lokale geschritten.

§. 1358.

γ. Feststellung der Reste. aa. Auf den Grund des Restenverzeichnisses.

In jedem anderen Falle sind diesem nachgängig die Reste

zu prüfen und in Richtigkeit zu stellen. Zu solchem Zwecke müssen sie zuerst genau im Soll mit dem Reversalverzeichnisse verglichen, und die noch ausstehenden Reste ausgezogen werden. Mit diesem Auszuge schließt die Untersuchung (nach §. 906.) bei Suspensionen des Rechners und dem Eintritte eines interimistischen Verwalters.

§. 1359.

bb. Durch neue Anrufung.

Sonst aber ist weiterhin zur Anrufung der Reste selbst auf den Grund des Auszuges zu schreiten. Den Amtsboten werden in dieser Absicht von dem Auszuge einzelne, nach Ortschaften zusammengestellte, Abtheilungen überhändigt, um sofort die Reverse der Restanten im gewöhnlichen Wege einzuholen.

§. 1360.

3. Behandlung der nichtfälligen Posten.

Damit auch zureichende Sicherheit darüber erlangt werde, daß auf die noch nicht fälligen Posten keine ungebuchte Vorauszahlungen von den Schuldnern geschehen sind, müssen durch öffentliche Bekanntmachung sämmtliche Schuldner des betreffenden Rechenamts aufgefordert werden, so gewiß bis zu einem bestimmten Tage nachzuweisen, ob sie Vorauszahlungen geleistet haben, als sonst nach geschlossener Abnahme des Amtes, wenn dabei deren Existenz nicht herausgestellt worden, keine Rücksicht mehr darauf genommen werden solle. Nach Verfluß des Termins ist die Ausschließung öffentlich auszusprechen, und in Folge hiervon jeder sich später meldende Schuldner an den vorigen Rechner oder dessen Erben zu verweisen.

§. 1361.

c. Revision der Registraturen, Mobilien, Lokale und Behältnisse.

Hiernächst sind die Registraturen und Mobilien nach Vorschrift der §§. 1330. — 1333.; die Lokale zur Amtswohnung und Aufbewahrung der Bestände aber, so wie die sonstigen zu letzterem Zwecke bestimmten Behältnisse, auf den Grund des Bauinventariums, von dem herrschaftlichen Baubeamten abzunehmen, hierbei die nöthigen Reparaturen mit dem Kostenanschlage zu verzeichnen, und diejenigen, welche hiervon dem Rechner instruktionsmäßig zur Last fallen, demselben zur Gewährung im Kostenanschlage zu notiren.

§. 1362.

d. Revisions-Protokoll.

Alle im Rechnungswesen der laufenden Verwaltung vorgefundenen Mängel werden in derselben Art, wie in der ordentlichen Revision in Notaten ausgestellt; die Beantwortungen darauf aber sogleich zum Protokolle abgegeben; die Beschlüsse und die Abrechnung von dem Kommissär hiernächst entworfen; eine Erklärung darüber den Interessenten abgenommen und solche gleichfalls zum Protokolle verzeichnet. Dieß Protokoll ist im Uebrigen durchaus eben so, wie bei der ordentlichen Revision, einzurichten; die unterschriftliche Vollziehung jedoch von Seiten des Protokollführers überhaupt, von Seiten der Interessenten aber nur zu den Beantwortungen und zu der Schlußerklärung nothwendig.

§. 1363.

e. Richtigstellung der Rechnungsbücher.

In Folge der Verhandlung sind die Hülfsbücher an allen monirten Stellen von dem Revisor mit rother Tinte zu berichtigen; die Belege vom Rechner vollständig und in vollgültiger Eigenschaft zu liefern; und der reine Ersatz, oder die reine Vergütung zu, oder aus den Beständen zu zahlen. Diesem nachgängig wird die Verwaltung dem neu eintretenden Rechner in der Art überwiesen, daß er die vorausgegangene Hülfsbuchführung so, als sey sie von ihm selbst geschehen, zu betrachten hat.

§. 1364.

f. Uebergabe-Protokoll.

Behufs dieser Ueberweisung ist ein förmliches Uebergabe-Protokoll aufzunehmen. Zur Einleitung hierin wird der Veranlassung, des bisherigen Revisions-Geschäftsverlaufs, so wie des Zwecks des gegenwärtigen Protokolls Erwähnung gethan, und zugleich angeführt, daß und wie der neu eintretende Rechner dabei thätig gewesen sey und sein eigenes Interesse gewahrt habe. Sodann folgt, unter abschriftlichem Anschlusse des Revisions-Protokolls, die Aufzeichnung der Resultate in den Abschlussen der Hülfsbücher und in den Größen der verbliebenen Bestände. Hieran schließt sich die Aufzählung der übrigen zu übergebenden Berufsmittel, namentlich der Rechnungsliteralien, worauf die Rechnungsführung gegründet werden soll, ferner der Registraturen, der Lokale, Behältnisse und Mobilien, entweder in inserirter besonderer Spezifizirung (§. 177.), oder unter Hinweisung auf die deßhalb beigefügten Inventarien und Verzeichnisse. Das Protokoll sowohl, als die Anlagen, sind von dem neuen Rechner zur Anerkennung der Richtigkeit und der geschehenen Ueberlieferung mit seiner Namensschrift eigenhändig zu unterfertigen.

§. 1365.

g. Interims-Quittung.

Den Interessenten von Seiten des abgetretenen Rechners wird ebenfalls sofort eine Abschrift des Revisions-Protokolls zugefertigt, und ihnen auf den Grund desselben zugleich von dem Kommissär über die bereits erledigten Verpflichtungen interimistisch quittirt.

§. 1366.

h. Absolutions-Bescheid.

Nach geschlossenem Lokal-Verfahren hat der Kommissär die entworfenen Beschlüsse nebst der übrigen Verhandlung sofort vor den Rechnungsrath zu bringen. Haben sich die Interessenten von Seiten des abgetretenen Rechners in ihrer Schlußerklärung bei den entworfenen kommissarischen Beschlüssen beruhigt; so sind diese ohne Weiteres zu bestätigen; wenn nicht, so ist im ordentlichen Wege des Justifikations-Verfahrens weiter zu verhandeln. In jenem Falle wird alsbald; in diesem erst nach dem Wiedereingange der mitgetheilten neugenommenen Beschlüsse ein Absolutions-Bescheid erlassen, worin jene Interessenten entweder unbedingt, oder nach Maßgabe der Spezial-Erkenntnisse von der weiteren

Vertretung der betreffenden laufenden Rechnungsverwaltung losgesagt werden.

Vierter Titel.

Rechenamts - Visitation.

§. 1367.

1. Begriff.

Die Rechenamts-Visitation ist diejenige Lokal-Untersuchung, welche sich neben den Rechnungsbüchern, sonstigen Literalien und Angaben des Rechners, auf alle übrige zur Ermittelung und Klarstellung des Rechnungshaushalts überhaupt zulässige Mittel gründet, namentlich auf die Vernehmung der Restanten und anderer Personen gestützt ist, welche uber Rechnungsverhältnisse und Dienstführung wahrscheinlich einen erheblichen Aufschluß ertheilen können.

§. 1368.

2. Zweck.

Ihr Zweck besteht in der Prüfung des Rechnungshaushalts überhaupt, besonders aber in der Ermittelung der zur Anzeige gekommenen, oder sonst in Erfahrung gebrachten Dienstverbrechen.

§. 1369.

3. Veranlassung. a. Unmittelbar von der Rechnungskammer aus.

Die Visitation wird entweder unmittelbar von der Rechnungskammer aus, oder in Folge der Lokal-Revision, und zwar dort, wie hier, aus besonders dringlichen Verdachtsgründen einer unredlichen Rechnungsverwaltung veranlaßt. In ersterem Falle hat die Rechnungskammer, nach beschlossener Anordnung der Visitation, hierzu alsbald einen Kommissär zu ernennen, und diesen zugleich mit einem zureichenden Kommissorium zu versehen. Der Rechner ist gehalten, sich der solcher Gestalt angeordneten Visitation unbedingt zu unterziehen, daher denn auch seinen Vorstellungen hiergegen keine Folge gegeben werden kann.

§. 1370.

b. Bei Gelegenheit der Lokal-Revision.

Haben sich im Verfolg der Lokal-Revision jene Verdachtsgründe herausgestellt; so ist der Kommissär verpflichtet, ohne Verzug die nöthigen Schritte zur Einleitung der Visitation zu thun, und den Rechner hiervon gleichzeitig in Kenntniß zu setzen. In Berücksichtigung dieses, dem Rechner in seiner Stellung keineswegs gleichgültigen, vielmehr seine Ehre nahe berührenden Verfahrens, bleibt diesem indessen vorbehalten, sogleich gegen die beschlossene Visitation bei der Rechnungskammer einzukommen. Nur muß er, wenn seine deßhalbige Vorstellung Berücksichtigung finden soll, solche dem Kommissär zur Durchsicht und Bescheinigung der geschehenen Produktion vorlegen, damit sich dieser in den Stand gesetzt sehe, seinen Bericht dazu abstatten zu können. Die Kommunikation geschieht durch Eilboten, um das Verfahren, welches bis zu eingegangener höherer Entscheidung beruhen zu lassen ist, vor größerem Verschleif zu sichern. Die Kosten hierfür, so wie für den dadurch veranlaßten längeren Aufenthalt des Kommissärs hat der Rechner in dem Falle, wenn sein Gesuch abgewiesen wird, zu tragen.

§. 1371.

4. Verfahren. a. Im Allgemeinen.

Das Verfahren schließt alle bei der außerordentlichen Lokal-Revision vorkommende Handlungen in sich und macht dem Rechner auf dieselbe Weise wie dort verpflichtet. Es beginnt in der Eröffnung mit der Sicherstellung der Behältnisse und Bücher. Im Fortgange hängt es aber von der Dringlichkeit der einzelnen Untersuchungsgegenstände ab, welcher Gang des Verfahrens im Einzelnen gewählt werden muß.

§. 1372.

b. Feststellung des Thatbestandes.

Zunächst ist der Thatbestand des bezüchtigten Verbrechens, d. h. der Inbegriff aller thätsächlichen Merkmale, welche zum gesetzlichen Begriffe desselben gehören, festzustellen.

§. 1373.

c. Erhaltung der Spuren.

Zu diesem Zwecke sind überall die nöthigen Besichte aufzunehmen; alle sich darbietende Indizien zu sammeln; und für die Erhaltung der Spuren Sorge zu tragen, welche das Verbrechen zurückgelassen haben sollte.

§. 1374.

d. Zeugenverhöre.

Nicht weniger müssen über die betreffende Vorfallenheit alle diejenige Personen, von welchen darüber Auskunft zu erwarten ist, unter Handgelöbniß und mit dem Bedeuten als Zeugen vernommen werden, daß sie über denselben Gegenstand nach Umständen noch eidlich vor Gericht zur Abhörung kommen würden.

§. 1375.

5. Folgen des Verfahrens. a. Bei erfundener Unschuld.

Ergiebt sich aus dem Verfolg der Untersuchung, daß die Verdachtsgründe sich entweder ganz auflösen, oder wenigstens dergestalt geschwächt werden, daß der Beweis der Schuld nicht mehr erwartet werden kann; so ist die Visitation alsbald aufzuheben, und dem Rechner nach den Resultaten derselben die nöthige Eröffnung zu machen.

§. 1376.

b. Bei begründeter Verdächtigung. *α*. Sicherung gegen den Rechner.

Wird hingegen der Verdacht wider den Rechner durch die Untersuchung in der Art verstärkt, daß es zur Erlangung völliger Gewißheit des bezüchtigten Verbrechens nur noch der Einschreitung des Kriminal-Gerichts bedarf; so muß der Rechner ohne Aufschub von seinem Amte suspendirt, jeder Bestand in Beschlag genommen, und sobald möglich ein interimistischer Verwalter eingesetzt werden.

§. 1377.

β. Antrag auf strafrechtliche Untersuchung.

Alsbald nach der Sicherstellung oder neben ihr zugleich wird bei dem zuständigen Gerichte in Form einer ordentlichen Denuntiation auf strafrechtliche Untersuchung angetragen. Die Visitationsakten dienen hierbei als Beilagen zur zureichenden Substanziirung der Denuntiation und als Mittel der Erforschung der Wahrheit bei dem Verlauf der strafrechtlichen Untersuchung.

Zweites Kapitel.

Revision der Buchhalterei.

§. 1378.

1. Begriff und Zweck.

Die Wichtigkeit der Hauptbücher für das Kameral-Rechnungswesen überhaupt, und ihr Einfluß auf die Rechnungs- und Lokal-Revision macht auch ihre Prüfung nothwendig, um dadurch ihre Vollständigkeit und Wahrhaftigkeit und hiermit das öffentliche Vermögen selbst sicherer zu stellen. Das Verfahren, welches in dieser Absicht einzuleiten ist, wird die Buchhalterei-Revision genannt.

§. 1379.

2. Hülfsmittel.

Zu ihren Hülfsmitteln gehören die Etats, die Verwaltungsakten, die Geschäftstagebücher, die Nachweisungen und Rechnungen.

§. 1380.

3. Zeit der Vornahme. a. Im Allgemeinen.

Die Buchhalterei-Revision kann zu jeder Zeit von dem hierzu bestellten vorgesetzten Beamten aus eigener Bewegung vorgenommen werden, wo sie denn die Aufnahme eines Protokolls nur in dem Falle erfordert, wenn sich straffällige Mängel in der Buchhaltung vorfinden.

§. 1381.

b. Bei Gelegenheit der Lokal- und Rechnungs-Revision.

Haben sich bei Gelegenheit der Lokal- oder Rechnungs-Revision Differenzen zwischen den Rechnungsbüchern und den Hauptbüchern ergeben, welche die richtige Führung der letzteren selbst in Zweifel stellen; so ist hiervon immer Veranlassung zur Buchhalterei-Revision zu nehmen, und darüber jedes Mal ein vollständiges Protokoll aufzunehmen, welches sich besonders über den Verhalt jener zweifelhaften Stellen zu verbreiten hat.

§. 1382.

4. Gegenstände.

Gegenstände der Revision sind die Form und organische

Ordnung, der Kalkül und der historische Vortrag der Hauptbücher. Ihre Prüfung erfolgt unter analoger Anwendung der hierüber zur Rechnungs-Revision ertheilten Vorschriften.

§. 1383.

5. Obliegenheit des Buchhalters.

Jeder Buchhalter, welcher von der Revision betroffen wird, hat die von ihm geführten Hauptbücher ohne Säumen offen zu stellen, der Revision persönlich beizuwohnen und den Revidenten im Verfolg der Prüfung dienstwillig zu unterstützen.

§. 1384.

6. Folgen der entdeckten Mängel.

Da wegen des Mangels eines jeden Interesses an der Rechnungswirthschaft, worin sich die Buchhalter befinden sollen, die Aufmerksamkeit derselben durch keinen pekuniären Nachtheil, der ihnen sonst aus jeder Irregularität drohen möchte, rege erhalten werden kann; so sollen alle Nachlässigkeiten derselben in der Buchhaltung weit strenger, wie in ähnlichen Fällen bei den Rechnern, geahndet werden.

§. 1385.

a. In Form und organischer Ordnung.

Alle Formfehler und Verletzungen der organischen Ordnung sind daher jedes Mal mit Verweisen, oder bei deren fruchtlosen Anwendung mit angemessenen Ordnungsstrafen zu rügen.

§. 1386.

b. Im Materiellen. *α*. Mängel in Gegenstand und Betrag.

Mängel in dem historischen Vortrage werden in derselben Weise; jeder Fehler in dem Betrage der Posten aber immer zum wenigsten mit einer Ordnungsstrafe von 3 Gulden geahndet.

§. 1387.

β. Mängel in Beziehung auf Sichtschein und Eintragung.

Sind in Beziehung der Ertheilung des Sichtscheines, oder der Eintragung der betroffenen Posten überhaupt Nachlässigkeiten begangen worden; so muß in jedem Falle, mag nun eine Ausfertigung visirt, aber nicht eingetragen, oder eingetragen, aber nicht visirt, oder endlich beides unterblieben seyn, immer eine Ordnungsstrafe von wenigstens 5 Gulden angewendet werden.

§. 1388.

c. Kostenersatz.

Alle Kosten, welche zur Aufklärung und Berichtigung der von der Buchhalterei begangenen Nachlässigkeiten und der, daraus weiter entsprungenen, Irrungen erwachsen, hat der betroffene Buchhalter aus seinen Mitteln zu ersetzen.

§. 1389.

d. Folgen des Betrugs und der Fälschung.

Sollte sich ein Buchhalter so weit vergangen haben, daß er sich, zur Beeinträchtigung des herrschaftlichen Vermögens, einem Betruge oder einer Fälschung, sey es in Kollusion mit dem Rechner, oder ohne dieselbe, hingegeben hätte; so ist er, nach erbrachtem Beweise, wobei die Regeln der §§. 437 und 438. zur Anwendung kommen, sofort seines Amtes zu entsetzen.

Drittes Kapitel.

Revision der Finanz-Wirthschaft.

§. 1390.

1. Begriff und Grundsatz.

Getrennt von dem Revisionsverfahren der Rechnungswirthschaft und der Buchhaltung sind die, in deren Folge aufkommenden, Finanzfragen überhaupt und die Anstände in der, von den Verwaltungsbehörden zu vertretenden, Finanz-Wirthschaft zu behandeln, damit jeder Beamte nur in den Grenzen seines Berufes der Verantwortung ausgesetzt werde. Die Revision der Finanz-Wirthsaft besteht in der Prüfung der, von den disponirenden Behörden in ihren Verfügungen und Anordnungen im Ganzen wie im Einzelnen beobachteten, Grundsätze des Wirthschafts-Systems, und in der Anwendung der hiernach zu ergreifenden Maßregeln.

§. 1391.

2. Umfang.

Die Revision ist folglich auf den Geist des Wirthschafts-Systemes überhaupt, und auf die Gesetzlichkeit der Bewirthschaftung im Besonderen zu richten. Auch wenn hierbei der Rechner selbst **mittelbar** zur Erledigung irgend eines Anstandes mitzuwirken hätte, gehört dennoch der Gegenstand selbst zur Vertretung der disponirenden Behörde, welcher die deßhalb nöthige Verfügung an den Rechner überlassen bleibt.

§. 1392.

A. Beurtheilung des Wirthschafts-Systemes. a. Gesichtspunkte.

Im Verfolg der Prüfung der Rechnungswirthschaft und der Buchhaltung ist zunächst, nach Grundsätzen der Philosophie der Finanzgesetzgebung, in Erwägung zu ziehen, ob die Formen der Rechnungsverwaltung und das System der Bewirthschaftung selbst allen denjenigen Anforderungen entsprechen, welche an die möglichste Vervollkommnung der Gesetzgebung gestellt werden können. In Ansehung der Formen ist deßhalb der Gesichtspunkt festzuhalten, ob sie bis in die speziellsten Fugen der Verrechnung hinein in dem genauesten organischen Einklange mit einander stehen, und daneben in ihrer Einrichtung zur Sicherung des öffentlichen Vermögens, zur klarsten Uebersichtlichkeit und zur Erleichterung und Vereinfachung der Oberaufsicht und Verrechnung selbst keine Verbesserung räthlich oder nothwendig machen. In Rücksicht des Systems der Finanz-Wirthschaft aber muß bei den Einkünften in Frage gezogen werden: ob sie behörig festgestellt und rechtlich begründet sind; ferner ob und wie sie in ihrem Aufkommen mehr gesichert, ergiebiger und flüssiger gemacht und daneben für die Kontribuenten so eingerichtet werden können, daß sie in Größe, Gegenstand, Vertheilung, Umlage und Erhebung die größeste Verhältnißmäßigkeit und Erleichterung darbieten. Hinsichtlich der Bedürfnisse hingegen ist zu erwägen: ob sie nach Ursache und Rechtsgrund zureichend ermittelt sind, und ob und wie sie mehr beschränkt, besser regulirt oder wenigstens in der Art ihrer Bestreitung genugender angeordnet werden können.

§. 1393.

b. Masregeln.

Führt diese Beobachtung zu Resultaten, welche zur Vervollkommnung der Gesetzgebung benutzt zu werden verdienen; so sind deßhalb entweder von der Rechnungskammer selbst, so weit es in ihren Wirkungskreis einschlägt, die nöthigen Verfügungen zu erlassen, oder solche von ihr wenigstens höchsten Orts, oder bei der bestehenden Gesetzgebungs-Kommission mittelst Gutachten in Antrag zu bringen, welches zugleich mit dem betreffenden Gesetzentwurfe zu begleiten ist.

§. 1394.

B. Prüfung der Gesetzlichkeit der Bewirthschaftung. a. Ueberhaupt.

In Ansehung der von den Verwaltungsbehörden dienstverantwortlich auszuübenden Dispositionsbefugniß hat die Wirthschaftsrevision die Gesetzlichkeit der Bewirthschaftung selbst in Prüfung zu nehmen, und darüber zu wachen, daß alle Dispositionen im Geiste des positiven Finanzsystemes erlassen, und sowohl den allgemeinen Gesetzen, als den einzelnen Verordnungen und Instruktionen entsprechend seyen.

§. 1395.

b. Gegenstände.

Die Prüfung der Gesetzlichkeit der Bewirthschaftung geht aus von den Etats, den einzelnen Wirthschaftsdekreturen und den Rechnungen selbst.

§. 1396.

a. Etats. aa. Prüfung.

Bei den Etats ist zu untersuchen, ob sie in vorschriftsmäßiger organischer Ordnung, in richtigem Kalkül und historischem Vortrage aufgestellt, und unter Mitwirkung aller derjenigen Behörden, welchen diese gesetzlich zusteht, vollzogen worden sind; ferner ob sie nirgends die Finanz-Dispositionsbefugniß überhaupt, und besonders nicht die Kompetenzen der einzelnen Verwaltungszweige überschreiten; endlich ob sie alle öffentliche Einkünfte und Bedürfnisse so viel möglich vollständig enthalten, und in beiderlei Hinsicht mit den Kräften des öffentlichen Vermögens in einem solchen Verhältnisse stehen, daß sie eine nachhaltige, und mit der möglich größesten Erleichterung der Kontribuenten ausführbare, Bewirthschaftung zulassen.

§. 1397.

bb. Masregeln.

Alle vorgefundene formale, arithmetische und historische Mängel sind den einschlägigen disponirenden Verwaltungsbehörden in angemessenen Dienstschreiben zur Verbesserung auszustellen, und ist hierauf, nöthigen Falls unter Verwendung an die höhere oder höchste Stelle, zu bestehen, damit daraus keine, später nicht zu beseitigende, Irrthümer in die Rechnungsverwaltung selbst übergehen. Sonstige materielle Gebrechen sind zur Abstellung zu empfehlen, oder in wichtigen Fällen sofort höchsten Orts zur Anzeige zu bringen. Waren die Etats von den Landständen genehmigt; so sollen solche Gebrechen nur der obersten Finanzbehörde zur Kenntniß gebracht werden, damit solche zur Beseitigung der Uebelstände bei der nächsten Finanzperiode Veranlassung nehmen.

§. 1398.

β. Einzelne Wirthschaftsdekreturen. aa. Prüfung.

Die disponirenden Behörden haben die von ihnen erlassenen Wirthschaftsdekreturen, mögen sie die Vereinnahmung, oder die Verausgabung betreffen, ihrem ganzen Inhalte nach zu vertreten. Die Prüfung derselben hat daher zunächst ihr Verhältniß zu den vollzogenen Etats zu würdigen, und dann weiter zu ermitteln, ob die Abweichungen von den Etats gesetzlich zureichend motivirt erscheinen; ob die Dekreturen selbst die besondere Dispositionsbefugniß nicht überschreiten, nicht zur Verschleppung des öffentlichen Vermögens, oder zur Bedrückung der Kontribuenten gereichen; auch ob sie die Rechenamtskompetenzen gehörig eingehalten haben und alle Eigenschaften von vollgültigen Urkunden, sowie die zu ihrem Inhalte besonders erforderlichen Merkmale besitzen, und im Kalkül richtig gestellt sind.

§. 1399.

bb. Masregeln. αα. Bei besonders gravirenden Fällen.

Haben sich in Folge dieser Untersuchung Gebrechen herausgestellt, welche entweder auf einer gefährlichen Ueberschreitung der Dispositionsbefugniß beruhen, oder zu einem beabsichtigten oder vollzogenen Vermögensverschleife, oder zu einer Veruntreuung gedient haben; so ist, nach festgestelltem Thatbestande, hiervon höhern oder höchsten Orts, mit gutächtlichem Antrage, zur weiteren Entschließung die Anzeige zu machen.

§. 1400.

ββ. Bei anderen Fällen.

Sind hingegen die vorgefundenen Mängel nicht von solcher Erheblichkeit; so sollen sie einzeln verzeichnet, und der einschlägigen Dispositions-Behörde zur Abstellung oder Ausgleichung für die nächstfolgenden Rechnungsjahre empfohlen werden. Namentlich ist derselben hierbei die Sorge zu überlassen, daß, zur Unschädlichmachung der Kalkülfehler im Soll, das Zuviel in der Einnahme, oder Ausgabe durch Rückzahlung an den Schuldner, oder an die Verwaltung; das Zuwenig darin aber zur Nacherhebung, oder zur Nachzahlung gebracht werde. Bei abgelehnter, oder sonst unterlassener Erledigung ist hier überall die Verwendung an die höchste Stelle vorbehalten.

§. 1401.

γ. Verhältniß der Rechnungen zu der Bewirthschaftung.

Im Verhältnisse der Bewirthschaftung zu der inneren Gestaltung der Rechnungen selbst muß endlich sorgfältig darüber gewacht werden, daß weder die organische Form, noch der historische Vortrag der letzteren unter Einfluß der Wirthschaftsdekreturen leidet. Finden sich dergleichen Gebrechen, so sind solche vor die einschlägige Verwaltungsbehörde zu ihrer Maßnahme zu bringen; in den Rechnungen selbst aber von Revisions wegen berichtigen zu lassen.

Giessen, gedruckt bei Carl Lichtenberger.

Anlagen.

Anlage 1. zu § 342.

Speicherkarte für 18....

Kornlager No. 1.

1. Monat	2. Tag	Zugang			Abgang			Lagerbestand		
		3.	4.	5.	6.	7.	8.	9.	10.	11.
		a.	m.	g.	a.	m.	g.	a.	m.	g.

Gerstenlager.

1. Monat	2. Tag	Zugang			Abgang			Lagerbestand		
		3.	4.	5.	6.	7.	8.	9.	10.	11.
		a.	m.	g.	a.	m.	g.	a.	m.	g.

Haferlager.

1. Monat	2. Tag	Zugang			Abgang			Lagerbestand		
		3.	4.	5.	6.	7.	8.	9.	10.	11.
		a.	m.	g.	a.	m.	g.	a.	m.	g.

Waizenlager.

1. Monat	2. Tag	Zugang			Abgang			Lagerbestand		
		3.	4.	5.	6.	7.	8.	9.	10.	11.
		a.	m.	g.	a.	m.	g.	a.	m.	g.

Kornlager No. 2.

1. Monat	2. Tag	Zugang			Abgang			Lagerbestand		
		3.	4.	5.	6.	7.	8.	9.	10.	11.
		a.	m.	g.	a.	m.	g.	a.	m.	g.

Anlage 2. zu § 353.

Drescherei - Tagebuch der Scheuerverwaltung

Erntejahr 18 .... zu .... Zeitjahr 18 ....

Monat.	Tag.	Betrag der Anlage an Fruchthalmen.		Benennung der Fruchtgattung.	Körnerertrag.						Stroherträg.				Spreu.	
					Gute Frucht.			Schlechte Frucht.			Lang Stroh.		Kurz Stroh.			
1.	2.	3.	4.	5.	6.	7.	8.	9.	10.	11.	12.	13.	14.	15.	16.	17.
		Fdr.	Gbd.		A.	M.	G.	A.	M.	G.	Fdr.	Gbd.	Fdr.	Gbd.	Ctr.	Pf.

Anlage 3. zu §. 355.

Ord. Nr.	Nr. des Beleges.	Betrag der zur Schauer gekommenen Fruchthalmen.		Benennung der Fruchtgattung.	Pag. des Dresch-Tagebuches.	Körnerertrag.						Strohertrag.				Spreu.	
						Gute Frucht.			Schlechte Frucht.			Lang Stroh.		Kurz Stroh.			
1.	2.	3.	4.	5.	6.	7.	8.	9.	10.	11.	12.	13.	14.	15.	16.	17.	18.
		Sch.	Gb.			A.	M.	G.	A.	M.	G.	Sch.	Gb.	Sch.	Gb.	Ztr.	Pf.

Anlage 4. zu §. 362.

(zu 1. a.)

Eichen. 5006 Kf.

Ab. 500 713 74

zu 224 36

(zu 1. b.)

Eichen. 725 Kf.

Ab. 402 209

(zu 1. c.)

Erlen: 209 Kf.

Ab. 135

(zu 1. d.)

Tannen. 1795 Kf.

zu 203 316

(zu 2.)

Eschen. 739 Kf.

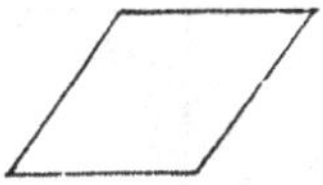

(zu 3.)

Birken. 12 St.

(zu 4. a.)

Buchen. 17 Kft.

zu 20 21 9

(zu 4. b.)

Buchen. 30 Kf.

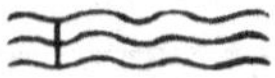

(zu 5.)

Kiefern. 2 Kft.

Ab. 1 4

zu 2 3

(zu 6.)

Ulmen. 20 St.

Anlage 5. zu den §. §. 552. und 557.

Rent-Tagebuch des Rentamtes …

Rechnungsjahr 18 … **Monat** … *Zeitjahr 18 …*

Pag. des Handbuches 1.	Einnahme. Geldbetrag 2. fl.	3. xr.	4. dl.	Einzahler und Gegenstand 5.	Tag 6.	Ausgabe. Empfänger und Gegenstand 7.	Geldbetrag 8. fl.	9. xr.	10. dl.	Pag. des Handbuches 11.
				Abschluss des		**Monats (März).**				
	1000.	30.	—	Gesammt-Einnahme		Gesammt-Ausgabe	800.	20.	2.	
	400.	—	—	Uebertrag		Uebertrag	200.	—	—	
	600.	30.	—	Reineinnahme		Reinausgabe	600.	20.	2.	

	fl.	xr.	dl.
Gesammt-Einnahme	1000.	30.	—
Gesammt-Ausgabe	800.	20.	2.
Vorrath.	200.	- 9.	2.

Anlage 6. zu §. 571.

Arbeits-Tagebuch des Rechenamtes ....

Rechnungsjahr ...... Monat .... 18...

Pag. des Handbuches. 1.	Aufgekommene Arbeitstage. Betrag. 2.	Aufgekommene Arbeitstage. Bezeichnung der Arbeitsschuldigkeit und der Arbeiter. 3.	Tag. 4.	Verwendung der Arbeitstage. Bezeichnung der Verwendung und der Arbeiter. 5.	Verwendung der Arbeitstage. Betrag. 6.	Pag. des Handbuches. 7.

Anlage 7.

Rechnungsjahr 18.....

Frucht - Tagebuch des Monat

Pag. des Handbuches.	Einnahme:																					Tag.
	Fruchtgattungen und Beträge.																				Einzähler und Gegenstände.	
	Waizen.			Kern.			Korn.			Gerste.			Hafer.			Erbsen.			Linsen.			
1.	2.	3.	4.	5.	6.	7.	8.	9.	10.	11.	12.	13.	14.	15.	16.	17.	18.	19.	20.	21.	22.	23.	24.
	A.	M.	G.	A.	M.	G.	A.	M.	G.	A.	M.	G.	A.	M.	G.	A.	M.	G.	A.	M.	G.		

Rechenamtes . . . .

Zeitjahr 18. . . .

Ausgabe.																						Pag. d. Handbuches 47.
Empfänger und Gegenstände 25.	Fruchtgattungen und Beträge.																					
	Waizen:			Korn:			Dinkel:			Gerste:			Hafer:			Erbsen:			Linsen:			
	26.	27.	28.	29.	30.	31.	32.	33.	34.	35.	36.	37.	38.	39.	40.	41.	42.	43	44.	45.	46.	
	A.	M.	G.	A.	M.	G.	A.	M.	G.	A.	M.	G.	A.	M.	G.	A.	M.	G.	A.	M.	G.	

Frucht-Tagebuch des Monat

Rechnungsjahr 18....

Pag. des Handbuches	Einnahme.																										Tag
	Fruchtgattungen und Beträge.																										
	Weizen			Gersten			Hirsen			Oelsamen			Kartoffeln			Heu		Grummet		Stroh langes		Stroh kurzes		Klafter		Einzahler und Gegenstände.	
1.	2.	3.	4.	5.	6.	7.	8.	9.	10.	11.	12.	13.	14.	15.	16.	17.	18.	19.	20.	21.	22.	23.	24.	25.	26.	27.	28.
	A.	M.	G.	A.	M.	G.	A.	M.	G.	A.	M.	G.	A.	M.	G.	Ctr.	Pf.	Ctr.	Pf.	Stk.	Gbd.	Stk.	Gbd.	Stk.	Gbd.		

Anlage 8.

Rechenamtes . . . .

. . . . Zeitjahr 18 . . .

Ausgabe.																										Pag. des Handbuches
	Fruchtgattungen und Beträge.																									
Empfänger und Gegenstände.	Wicken.			Gersten.			Hirsen.			Welschkorn			Kartoffeln			Heu.		Grummet		Stroh langes		Stroh kurzes		[illegible]		
29.	30.	31.	32.	33.	34.	35.	36.	37.	38.	39.	40.	41.	42.	43.	44.	45.	46.	47.	48.	49.	50.	51.	52.	53.	54.	55.
	A.	M.	G.	A.	M.	G.	A.	M.	G.	A.	M.	G.	A.	M.	G.	Ctr.	Pf.	Ctr.	Pf.	[illegible]	[illegible]	[illegible]	[illegible]	[illegible]	[illegible]	

XII S. 525.

Anlage 9. zu §. 578.

Forst-Tagebuch der Revierverwaltung ....

Rechnungsjahr 18..... Monat .... Zeitjahr 18....

Pag. des Handbuches	Einnahme.										Tag.	Ausgabe.										Pag. des Handbuches
	Naturalbeträge.									Distrikte und Gegenstände.		Empfänger und Gegenstände.	Naturalbeträge.									
1.	2.	3.	4.	5.	6.	7.	8.	9.	10.	11.	12.	13.	14.	15.	16.	17.	18.	19.	20.	21.	22.	23.
	Klf.	Stl.	Wll.	St.	Fdr.	L.	Wg.	Ztr.	Pf.				Klf.	Stl.	Wll.	St.	Fdr.	L.	Wg.	Ztr.	Pf.	

Anlage 10. zu S. 612.

Geldhandbuch des Rentamtes ....

Rechnungsjahr: **II. Laufende Einnahme.** 18.....

Verfalltermin.		Nr. der Belege.	Soll.			Postengeschichte.	Ist.			Tag des Tagebuches	Rest.		
Monat. 1.	Tag. 2.	3.	fl. 4.	xr. 5.	d. 6.	7.	fl. 8.	xr. 9.	d. 10.	11.	fl. 12.	xr. 13.	d. 14.

Anlage 11. zu §. 613.

Geld-Handbuch des Rentamtes ....

Rechnungsjahr: **Ausgabe.** 18...

Verfall-termin.		Nr. der Belege	Soll.			Postengeschichte.	Ist.			Pag. des Handbuchs	Rest.		
Monat	Tag		fl.	xr.	₰		fl.	xr.	₰		fl.	xr.	₰
1.	2.	3.	4.	5.	6.	7.	8.	9.	10.	11.			

Anlage 12. zu § 614.

Handbuch der directen Steuer des Steueramtes ....

Rechnungsjahr: **II. Laufende Einnahme.** 18....

Jährliches Soll.			Monatliches Soll.			Namen und Wohnort der Steuerpflichtigen.	Januar.							Februar.							(Folgen die übrigen Monate und ihre Abschlüsse.)
							Ist.			Regist. Numm.	Rest.			Ist.			Regist. Numm.	Rest.			
1.	2.	3.	4.	5.	6.	7.	8.	9.	10.	11.	12.	13.	14.	15.	16.	17.	18.	19.	20.	21.	
fl.	kr.	₰	fl.	kr.	₰		fl.	kr.	₰		fl.	kr.	₰	fl.	kr.	₰		fl.	kr.	₰	

Anlage 13. zu S. 619.

Sportel - Handbuch ....

Rechnungsjahr: II. Laufende Einnahme. 18 ....

Verfallzeit.		Soll.						Gesammt-Soll.			Geschäfts-Nr.	Bezeichnung der Zahlungspflichtigen und der Gegenstände.	Ist.			Pag. des Tagebuches.	Rest.		
		Sporteln.			Schreibgebühren.														
1.	2.	3.	4.	5.	6.	7.	8.	9.	10.	11.	12.	13.	14.	15.	16.	17.	18.	19.	20.
Monat.	Tag.	fl.	xr.	hl.	fl.	xr.	hl.	fl.	xr.	hl.			fl.	xr.	hl.		fl.	xr.	hl.

Anlage 14. zu §. 628.

Arbeits-Handbuch des Rechenamtes . . . .

Rechnungsjahr: **Aufgekommene Arbeitstage.** 18. . . .

Leistungzeit:		Nr. der Belege.	Soll.	Bezeichnung der Arbeitsschuldigkeit und die Arbeiter.	Ist.	Pag: des Tage buches.	Rest.
Monat.	Tag.						
1.	2.	3.	4.	5.	6.	7.	8.

Anlage 13. zu §. 629.

Arbeits-Handbuch des Rechenamtes ....

Rechnungsjahr: **Verwendung der Arbeitstage.** 18 ...

Leistungszeit.		Nr. der Belege.	Soll.	Bezeichnung und Verwendung der Arbeiter.	Ist.	Pag. des Tagebuches.	Rest.
Monat.	Tag.						
1.	2.	3.	4.	5.	6.	7.	8.

Anlage 16. zu §. 630.

Frucht-Handbuch des Rechenamtes ....

Rechnungsjahr: **II. Laufende Einnahme.** (1. Waizen.) 18....

Verfalltermin.		N.º der Belege.	Soll.			Postengeschichte.	Ist.			Pag. des Tage-buches.	Rest.		
Monat.	Tag.												
1.	2.	3.	4.	5.	6.	7.	8.	9.	10.	11.	12.	13.	14.

Anlage 17. zu S. 637.

Forst-Handbuch des Forstrechenamtes . . . .

Einnahme.

Rechnungsjahr . . . I. (Herrschaftliche) Waldungen. . . . S. . . .

(1. Holz.)

Verfallzeit.		Nr. der Belege.	Soll.		Postengeschichte.			Ist.		Pag. des Tagebuchs.	Ueberschuss.	
Monat. 1.	Tag. 2.	3.	3.	4.	Revieren und Distrikten. 6.	Holz- und Gewinnungsarten. 7.	Forst- und Verbrauchssortimente. 8.	9.	10.	11.	12.	13.

Anlage 18. zu §. 638.

Forst-Handbuch des Forstrechenamtes . . . .

Rechnungsjahr: 18 . . . . . .

Ausgabe

I. (Herrschaftliche) Waldungen.

1. (Holz.)

Verfallzeit.		Nr. der Belege.	Soll.		Postengeschichte.				Ist.		Pag. des Tagebuchs.	Rest.	
Monat.	Tag.				Reviere und Distrikte.	Holz- und Sortirungsarten.	Forst- und Verbrauchssortimente.	Empfänger und Empfangstitel.					
1.	2.	3.	4.	5.	6.	7.	8.	9.	10.	11.	12.	13.	14.

Anlage 19. zu § 659.

Schlachtsteuer Tagehandbuch des Steueramtes ....

Rechnungsjahr: **Einnahme.** 18 . . .

Zeit des Eingangs.		Specielle Posten-geschichte.	Scharren-Schlachtsteuer.															Haus-Schlachtsteuer.															Ausserordentliche Einnahme.			Gesammtbetrag.		
Monat.	Tag.		Von Ochsen und Rindern.			Von Kühen und Farsen.			Von Kälbern.			Von Schweinen.			Von Schafvieh.			Von Ochsen und Rindern.			Von Kühen und Farsen.			Von Kälbern.			Von Schweinen.			Von Schafvieh.								
1.	2.	3.	4.	5.	6.	7.	8.	9.	10.	11.	12.	13.	14.	15.	16.	17.	18.	19.	20.	21.	22.	23.	24.	25.	26.	27.	28.	29.	30.	31.	32.	33.	34.	35.	36.	37.	38.	39.
			fl.	xr.	dl.	fl.	xr.	dl.	fl.	xr.	dl.	fl.	xr.	dl.	fl.	xr.	dl.	fl.	xr.	dl.	fl.	xr.	dl.	fl.	xr.	dl.	fl.	xr.	dl.	fl.	xr.	dl.	fl.	xr.	dl.	fl.	xr.	dl.

Anlage 20. zu 660.

Tagehandbuch des Steueramtes . . . .

Rechnungsjahr: **Ausgabe.** 18 . . .

Zahlungszeit		№ der Belege	Specielle Postengeschichte	Besoldungen und Gratificationen			Diäten und Raisekosten			Hebgebühren			Bureaukosten			Amts-Geräthschaften			Miethe			Baukosten für Amtslokale			Ablieferungen			Restitutionen			Ausserordentliche Ausgaben			Gesammtbetrag		
Monat	Tag																																			
1.	2.	3.	4.	5.	6.	7.	8.	9.	10.	11.	12.	13.	14.	15.	16.	17.	18.	19.	20.	21.	22.	23.	24.	25.	26.	27.	28.	29.	30.	31.	32	33.	34.	35.	36	37
				fl	xr	hl	fl	xr	hl	fl	xr	hl	fl	xr	hl	fl	xr	hl	fl	xr	hl	fl	xr	hl	fl	xr	hl	fl	xr	hl	fl	xr	hl	fl	xr	hl

Anlage 21. zu §. 735.

Rentrechnung des Rentamtes ....

Rechnungsjahr: II. Laufende Einnahme. 18...

Ordn. Nr. 1.	Nr. der Belege. 2.	Soll. fl. 3.	Soll. xr. 4.	Soll. d. 5.	Postengeschichte. 6.	Ist. fl. 7.	Ist. xr. 8.	Ist. d. 9.	Rest. fl. 10.	Rest. xr. 11.	Rest. d. 12.	Nr. des Resten-Rechtf.-Verzeichnisses. 13.

Anlage 22. zu §. 236.

Rentrechnung des Rentamtes . . . .

Rechnungsjahr: **Ausgabe.** 18 . .

Ordn. Nr. 1.	Nr. der Belege. 2.	Soll. 3. fl.	4. xr.	5. ₰	Postengeschichte. 6.	Ist. 7. fl.	8. xr.	9. ₰	Rest. 10. fl.	11. xr.	12. ₰

Anlage 23. zu § 766.

Forst-Rechnung des Forstrechenamtes . . . .

Rechnungsjahr: **Einnahme.** 18 . . .

I. (Herrschaftliche) Waldungen.

1. (Holz.)

Ordn. Nr. 1.	Nr. der Belege 2.	Soll. 3.	Soll. 4.	Postengeschichte: Reviere und Distrikte. 5.	Postengeschichte: Holz- und Gewinnungsarten. 6.	Postengeschichte: Forst- und Verbrauchssortimente. 7.	Ist. 8.	Ist. 9.	Ueberschuss. 10.	Ueberschuss. 11.

Anlage 24. zu §. 766.

Forst-Rechnung des Forstrechenamtes . . . .

Rechnungsjahr: **Ausgabe.** 18 . . .

I. (Herrschaftliche) Waldungen.

1. (Holz.)

Ordn. Nr. 1.	Nr. der Belege. 2.	Soll. 3.	4.	Postengeschichte. Reviere und Distrikte. 5.	Holz- und Gewinnungsarten. 6.	Forst- und Verbrauchssortimente. 7.	Empfänger und Eingangstitel. 8.	Ist. 9.	10.	Rest. 11.	12.

Anlage 25. zu §. 807.

Geld-Handbuch des Rentamtes . . . .

Rechnungsjahr: I. Resten-Einnahme. 18 . . . . .

Lauf. Ordn. Nr.	Ordn. Nr. der Rechn. von 18 . .	Nr. der Belege.	Rest-Soll.			Restengeschichte:		Ist.			Pag. des Tagebuches.	Rest.		
			fl.	xr.	d.	Resten-Entstehung.	Benennung der Restanten und der Rückstände.	fl.	xr.	d.		fl.	xr.	d.
1.	2.	3.	4.	5.	6.	7.	8.	9.	10.	11.	12.	13.	14.	15.

Anlage 26. zu §. 823.

Rentrechnung des Rentamtes . . . .

Rechnungsjahr. **I Resten-Einnahme.** 18. . .

Ordn. Nr.	Rest-Soll.			Restengeschichte.		Ist.			Rest.			Ordn. Nr. des Resten-Rechts-Verz.
	fl.	xr.	d.	Resten-Jahrgang	Benennung der Restanten und der Rückstände.	fl.	xr.	d.	fl.	xr.	d.	
1.	2.	3.	4.	5.	6.	7.	8.	9.	10.	11.	12.	13.

Anlage 27. zu §. 849.

Rechtfertigungs-Verzeichniss der Geldreste des Rentantes.

Rechnungsjahr: .... 18. . . .

Ordn.-Nr.			Restengeschichte.		Restbetrag im						Nr. der Belege.	Rechtfertigungs-gründe.
laufende	der Rechnung vom 18..	des Rückst. Verz.	Resten Entstehung	Benennung der Restanten und der Rückstände.	Einzelnen.			Ganzen.				
1.	2.	3.	4.	5.	6.	7.	8.	9.	10.	11.	12.	13.
					fl.	kr.	dl.	fl.	kr.	dl.		

Anlage 28. zu §. 859.

Reversal-Verzeichniss der Geldreste des Rentamtes.

Rechnungsjahr: .... 18....

Ordn.-Nr.			Restengeschichte.		Restbetrag im						Anerkenntniss der Restanten durch Beischrift ihrer Namen.
laufende	des Rechn.-Jahrs	der Rechn. vom 18..	Restenjahrgang	Benennung der Restanten und der Rückstände.	Einzelnen.			Ganzen.			
1.	2.	3.	4.	5.	6.	7.	8.	9.	10.	11.	12.
					fl.	kr.	d.	fl.	kr.	d.	

Anlage 29. zu §. 874.

Register.

Rubriken.		Waizen.	Korn.	Kern.	Gersten.	Haber.	Erbsen.	Linsen.	Wicken.	Bohnen (?)	Hirsen.	Oelsamen.	Kartoffeln.	Heu.	Grummet.	Langstroh.	Krummstroh.	Flachs.
1.	2.	R. 3.	R. 4.	R. 5.	R. 6.	R. 7.	R. 8.	R. 9.	R. 10.	R. 11.	R. 12.	R. 13.	R. 14.	R. 15.	R. 16.	R. 17.	R. 18.	R. 19.
Einnahme.	Vorrath.																	
	Ständige Grundzinsen.																	
	Erbpächte v. Gütern.																	
	Mühlenerbpächte.																	
	Sackzehnten.																	
	Selbstadministr. Zehnten. (?)																	
	Verpachtete Zehnten.																	
	[illegible] Grundst.																	
	Große Zeitpächte.																	
	Kleine Zeitpächte.																	
	Mühlen-Zeitpächte.																	
	Zehnten-Zeitpächte.																	
	Ernte.																	
	Ankauf.																	
	Einlieferungen.																	
	Zuschläge (?).																	
	S. S.																	
Ausgabe.	Ständige Abgaben.																	
	Zur Hofhaltung.																	
	Abgaben (?).																	
	Zum Marstall.																	
	Zur herrsch. Gärten.																	
	Besoldungen.																	
	Pensionen.																	
	Lohn.																	
	Geschenke.																	
	Zum Bauwesen.																	
	Verkauf.																	
	Ablieferungen.																	
	Restitutionen (?).																	
	Erledigungen (?).																	
	Niedergeschl. Posten.																	
	Abweichende Posten (?).																	
	S. S.																	

Anlage 30. zu §. 875.

Register.

1. Hauptabtheilungen.	2. Holzarten.	Reviere. 3.	Bauholz. Eichenholz. 4.	Bauholz. Weichholz. 5.	Werkholz. [illegible] 6.	Werkholz. Weichholz. 7.	Nutzholz. [illegible] 8.	Nutzholz. Weichholz. 9.	Brennholz. [illegible] 10.	Brennholz. Weichholz. 11.	Brennholz. [illegible] 12.	Brennholz. [illegible] 13.	Rinde. 14.	[illegible] 15.	[illegible] 16.	[illegible] 17.	[illegible] 18.	[illegible] 19.	[illegible] 20.	[illegible] 21.
Einnahme.	Eichen.																			
	Buchen.																			
	Hainbuchen.																			
	Birken.																			
	S. S.	S. S.																		
Ausgabe.	Eichen.																			
	Buchen.																			
	Hainbuchen.																			
	Birken.																			
	S. S.	S. S.																		

Anlage 31.

Rent-Hauptbuch . . . .

I. Rentamt

Rechnungsjahr:

Ein-

Etat-Soll.		Postengeschichte.	Zugang.		Abgang		Wirkliches																		
							Jahresbetrag.		Monatlicher															
									Januar.		Februar.		März.		April.		Mai.		Juni.		Juli.		August	
fl.	xr.		fl.	xr.	fl.	xr.	fl.	xr.	fl.	xr.	fl.	xr.	fl.	xr.	fl.	xr.	fl.	xr.	fl.	xr.	fl.	xr.	fl.	xr.
1.	2.	3.	4.	5.	6.	7.	8.	9.	10.	11.	12.	13.	14.	15.	16.	17.	18.	19.	20.	21.	22.	23.	24.	25.

zu S. 980.

nahme. 18 . . .

Soll.								Ist.												Rest.		Nr. der Beilagen	Bemerkungen.
Betrag.								Quartalbeträge.										Jahresbetrag					
Septbr.		Oktbr.		Novbr.		Dezbr.		1. Quart. 18 . . .		2. Quart. 18 . . .		3. Quart. 18 . . .		4. Quart. 18 . . .		1. Quart. 18 . . .							
fl. 26.	kr. 27.	fl. 28.	kr. 29.	fl. 30.	kr. 31.	fl. 32.	kr. 33.	fl. 34.	kr. 35.	fl. 36.	kr. 37.	fl. 38.	kr. 39.	fl. 40.	kr. 41.	fl. 42.	kr. 43.	fl. 44.	kr. 45.	fl. 46.	kr. 47.	48.	49.

Anlage 32.

Forst-Hauptbuch . . . .

A. Forst-

Aus-

I. (Herrschaftliche)
(Holz.)

Rechnungsjahr:

Etat-Soll.		Postengeschichte.				Zugang.		Abgang.		Wirkliches							
		Reviere und Distrikte. 3.	Holz- und Gewinnungsarten. 4.	Sorten und Verbrauchssortimente. 5.	Empfangstitel. 6.					Jahresbetrag.		Quartal					
												4. Quartal 18...		1. Quartal 18...		2. Quartal 18...	
1.	2.					7.	8.	9.	10.	11.	12.	13.	14.	15.	16.	17.	18.

zu S. 983.

. . . .

rechenamt . . . .

gabe.

Waldungen.

18. . . . .

Soll.				Ist.												Geldanschlag				Gesammt-Rest.		Nr. der Beilagen.	Bemerkungen.
beträge.				Quartalbeträge.										Jahresbetrag.		zu den Verkaufspreisen		nach der Taxe					
3. Quart. 18. . .		4. Quart. 18. . .		4. Quart. 18. . .		1. Quart. 18. . .		2. Quart. 18. . .		3. Quart. 18. . .		4. Quart. 18. . .				fl.	kr.	fl.	kr.			41.	42.
19.	20.	21.	22.	23.	24.	25.	26.	27.	28.	29.	30.	31.	32.	33.	34.	35.	36.	37.	38.	39.	40.		

Anlage 33. zu §. 993.

General-Rechnungsverwaltungs-Uebersicht

Rechnungsjahr (A.) Renten. 1. Rentamt .... 18 ..

Einnahme													Ausgabe													Verhältniss der Ist-Einnahme zur Ist-Ausgabe			
Etats-Soll		Benennung der Rubriken	Zugang		Abgang		Wirkliches Soll		Ist		Rest		Etats-Soll		Benennung der Rubriken	Zugang		Abgang		Wirkliches Soll		Ist		Rest		Vermehrung		Verringerung	
fl.	kr.		fl.	kr.	fl.	kr.	fl.	kr.	fl.	kr.	fl.	kr.	fl.	kr.		fl.	kr.	fl.	kr.	fl.	kr.	fl.	kr.	fl.	kr.	fl.	kr.	fl.	kr.
1.	2.	3.	4.	5.	6.	7.	8.	9.	10.	11.	12.	13.	14.	15.	16.	17.	18.	19.	20.	21.	22.	23.	24.	25.	26.	27.	28.	29.	30.

Anlage 34. zu S. 994.

Prinzipal-Rechnungsverwaltungs-Uebersicht ……………

Rechnungsjahr 18 …..

Etats-Soll		Namen der Rentämter.	Einnahme.														Ausgabe.														Verhältniss der Ist-Einnahme zur Ist-Ausgabe.			
			Zugang		Abgang		Wirkliches Soll								Ist	Rest	Etats-Soll		Zugang		Abgang		Wirkliches Soll						Ist	Rest	Vorschuss		Ersatz	
							In eigener Erhebung				In Einlieferung von Rentämtern		Gesammt-Soll										In Zahlung an Unterrentämter (?)		In Ablieferung an Zentralkasse (?)		Gesammt-Soll							
							Aus Vorjahren		Aus Rechnungsjahr						[illegible]	[illegible]													[illegible]	[illegible]				
fl. 1.	kr. 2.		fl. 4.	kr. 5.	fl. 6.	kr. 7.	fl. 8.	kr. 9.	fl. 10.	kr. 11.	fl. 12.	kr. 13.	fl. 14.	kr. 15.			fl. 20.	kr. 21.	fl. 22.	kr. 23.	fl. 24.	kr. 25.	fl. 26.	kr. 27.	fl. 28.	kr. 29.	fl. 30.	kr. 31.			fl. 36.	kr. 37.	fl. 38.	kr. 39.

Anlage 35. zu §. 995.

General-Rechnungsrubrikat-Uebersicht ....

Einnahme.

Rechnungsjahr: 1. (Renten.) 18....

Etat-Soll.		Namen der Rechenämter.	Zugang.		Abgang.		Wirkliches Soll.		Ist.		Rest.	
fl. 1.	kr. 2.	3.	fl. 4.	kr. 5.	fl. 6.	kr. 7.	fl. 8.	kr. 9.	fl. 10.	kr. 11.	fl. 12.	kr. 13.

Anlage 36. zu §. 1010.

Monatliche Nachweisung . . . .

aus dem . . . . *von 18* . . .

Bezeichnung des Monats und des Jahres.	Pag. des Tagebuchs	Einnahme.						Ausgabe.						Abschluss.					
		Gesammt-Einnahme.		Uebertrag.		Reineinnahme.		Gesammt-Ausgabe.		Uebertrag.		Reinausgabe.		Gesammt-Einnahme.		Gesammt-Ausgabe.		Vorrath.	
		fl.	kr.	fl.	kr.	fl.	kr.	fl.	kr.	fl.	kr.	fl.	kr.	fl.	kr.	fl.	kr.	fl.	kr.
1.	2.	3.	4.	5.	6.	7.	8.	9.	10.	11.	12.	13.	14.	15.	16.	17.	18.	19.	20.
18 . . . . **Januar.**																			
18 . . . . **Februar.**																			
E. E.																			

Anlage 37. zu § 1012.

Frucht-Nachweisung ....

vom Monat .... 18....

Frucht-gattungen.	Pag. des Tage-buches.	Einnahme.						Ausgabe.						Abschluss.					
		Gesammt-Einnahmen.		Uebertrag.		Reineinnahmen.		Gesammt-Ausgaben.		Uebertrag.		Reinausgaben.		Gesammt-Einnahmen.		Gesammt-Ausgaben.		Vorrath.	
1.	2.	3.	4.	5.	6.	7.	8.	9.	10.	11.	12.	13.	14.	15.	16.	17.	18.	19.	20.

Anlage 38. zu §. 1013.

Forst-Nachweisung . . . .

vom Monat . . . . 18 . . .

Rechnungsverhältnisse. 1.	2.	Pag. des Tagebuches. 3.	Kubikfuss. 4.	Klafter. 5.	Wellen. 6.	Stück. 7.	Fuder. 8.	Bütten. 9.	Wagen. 10.	Zentner. 11.	Pfund. 12.
Einnahme.	Gesammt-Einnahme . . .										
	Uebertrag										
	Reineinnahme										
Ausgabe.	Gesammt-Ausgabe . . .										
	Uebertrag										
	Reinausgabe										
Abschluss.	Gesammt-Einnahme . .										
	Gesammt-Ausgabe . . .										
	Vorrath										

Anlage 39. zu §. 1019.

(Geld)-Nachweisung . . . .

vom . . . . Quartal 18 . . . . . .

(Einnahme.)

Pag. des Hand-buches. 1.	Total-Soll. 2.	3.	Fälliges Quartal-Soll. 4.	5.	Fälliges Gesammt-Soll. 6.	7.	Benennung der Rubriken. 8.	Ist in vorigen Quartalen. 9.	10.	Ist im jetzigen Quartal. 11.	12.	Gesammt-Ist. 13.	14.	Rest. 15.	16.
	fl	xr	fl	xr	fl	xr		fl	xr	fl	xr	fl	xr	fl	xr

Anlage 40. zu §. 1021.

Frucht-Nachweisung ....

vom .... Quartal 18 ....

(Einnahme).

Pag. des Handbuches. 1.	Total-Soll. 2. 3.	Fälliges Quartal-Soll. 4. 5.	Fälliges Gesammt-Soll. 6. 7.	Benennung der Rubriken. 8.	Ist in vorigen Quartalen. 9. 10.	Ist im jetzigen Quartal. 11. 12.	Gesammt-Ist. 13. 14.	Rest. 15. 16.

Anlage 41.

Forst-Nachweisung vom ...... Quartal

Pag. des Handbuches. 1.	Rechnungs-verhältnisse. 2.	Reviere. 3.	Gewinnungs-arten. 4.	Holzarten. 5.	Bauholz.							
					Land-bauholz. 6.	7.	Wasser-bauholz. 8.	9.	Berg-bauholz. 10.	11.	Schiffs-bauholz. 12.	13.
					Stck.	Kl.	Stck.	Kl.	Stck.	Kl.	Stck.	Kl.

zu S. 1022.

18 . . . . . .

Werk-holz.		Nutz-holz.	Brandholz.							Rinde.		Säfte.		Saamen.		Laub.	Kohlen.		Theer.		Kienruss.		Pech.	
			Feuer-holz.			Kohl-holz.	Deputatholz.																	
14.	15.	16.	17.	18.	19.	20.	21.	22.	23.	24.	25.	26.	27.	28.	29.	30.	31.	32.	33.	34.	35.	36.	37.	38.
Cbf. 14.	St. 15.	St. 16.	Kl. 1	Schfn.	Wll.	Kl.	Kl.	Schfn.	Wll.	Ztr.	Kf.	Ztr.	Kf.	Ztr.	Kf.	Wagen.	Fdr.	Bütten.	Ztr.	Kf.	Ztr.	Kf.	Ztr.	Kf.

Anlage 42. zu §. 1234.

Revisions-Protocoll zur ....

Monita. 1.	Beantwortungen. 2.	№ der nachgebrachten Belege. 3.	Beschlüsse. 4.	Abrechnung: Ersatzposten. 5. fl	Abrechnung: Ersatzposten. 6. xr	Abrechnung: Vergütungsposten. 7. fl	Abrechnung: Vergütungsposten. 8. xr

Kolibri 360 GmbH
Ferdinand-Jühlke-Straße 7
99095 Erfurt, Deutschland
produktsicherheit@kolibri360.de